재일한인 외교문서 연구총서 제2권

외교문서로 보는
1970년대 재일한인 시대 표상

동의대학교 동아시아연구소 편

박희영·이행화·이경규·이수경·소명선
이재훈·김선영·기즈키 나기사 공저

박문사

발간사

　본 재일한인 외교문서 연구총서 제2권은 동의대학교 동아시아연구소 인문사회연구소 지원사업(2020년 선정, 과제명「해방이후 재일조선인 관련 외교문서의 수집 해제 및 DB구축」)을 통해서 수집된 1970년대 전후의 재일한인 관련 외교문서를 중심으로 살펴본 연구성과물로 구성되어 있다. 1965년 한일 간의 국교정상화 이후 재일한인에게는 5년간의 법적지위협정 시행기간을 맞이하게 된다. 본 외교문서 연구총서 제2권에서는 법적지위협정 시행기간 동안에 제대로 해결되지 못한 재일한인 문제들이 1970년대 이후에는 어떠한 모습으로 드러나게 되는지, 그리고 이러한 문제들의 해결을 위해 한국 정부와 일본 정부는 어떠한 노력을 기울이고 있는지를 살펴보고자 기획하였다. 특히, 사할린 한인 귀환 문제, 재일한인의 법적지위 및 대우 문제, 재일한인의 북송 문제, 조총련계 재일한인 모국방문단, 일본 내 반한단체의 동향, 원폭피해자 문제 등에 관련된 외교문서를 중심으로 다루었다.

한일 국교 정상화 협상 테이블에서 한국 정부는 재일한인의 귀국 문제가 아니라 재일한인이 일본에 거주할 수 있도록 하는 협정영주권 문제에 집중하였으며, 일본 정부로서는 북한이 요구하는 북송사업 추진에 나서게 되는 배경이 되었던 것이다. 1965년 한일 국교정상화 이전까지 재일한인 관련 문제의 가장 큰 이슈는 재일한인의 북송 문제였기 때문에 1958년 2월 박노학 등이 화태억류자 귀환을 위해 펼친 사할린 한인 귀환운동은 큰 반향을 일으키지 못했다. 그때까지 사할린 한인 귀환 문제는 국내외적으로 주목받기 힘든 정치적 상황에 있었다. 한일협정 체결 중에도 사할린 한인 귀환 문제는 협상 테이블에 오르지 못했다. 한국 정부는 사할린 한인 귀환 문제에 대해 줄곧 소극적인 입장을 보여왔는데, 한일 국교 정상화 과정을 거치면서 적극적이고 주체적인 입장으로 바뀌어가게 된다. 「사할린 한인 귀환 문제」 관련 외교문서는 사할린 한인 귀환을 위한 한국정부의 대응과 관련 국가 간의 협의 과정, 그리고 수많은 진정서 및 귀환 과정의 스토리 등이 담겨져 있는 외교문서로서, 사할린 한인 귀환 문제를 둘러싼 다양한 해결방안이 모색되고 있는 정황을 이해할 수 있는 귀중한 자료이다.

그리고 1970년대에 들어서도 재일한인의 법적지위 문제에 대해 한일 양국 정부의 대응은 좀처럼 달라지지 않았다. 한국측이 재일한인의 영주권과 처우 문제에 대해 적극적으로 나서는 반면에, 일본측은 강제퇴거를 강화하려는 그간의 입장만을 고수하면서 재일한인의 기본권이 침해되는 엄중한 상황을 맞이하게 되었다. 일본측은 주로 강제퇴거 조항을 명분으로 외국인에 대해 강제 추방할 수 있는 권리가 주권국가 일본의 자주적인 권한임을 강조하여 1978년 이후 점차 협정영주권자의 강제송환을 늘려나가는 방향으로 나아갔다. 「재일한인의 법적지위 문제」 관련 외교문서는 재일한인들의 법적지위 문제 해결을 위한 한국 정부와 일본 정부 간의 교섭 과정, 그리고 재일한인들의 법적지위 문제 해결을 위해 적극적으로 나서는 각종 사회단체의 활동 상황을 파악할 수 있는 기초자료라고 할 수 있다.

이 외에도 본 연구총서에서는 「재일한인 북송사업」과 「조총련계 재일한인 모국방문단」, 「일본 내 반한단체」, 「원폭피해자 문제」 등에 관련된 연구성과물을 다루었다. 지금까지 재일한인 관련 외교문서에 대한 선행연구는 한일회담 관련 외교문서를 연구하는 과정 속에서 일부 재일한인의 북송사업 및 법적지위협정 문제를 다루고 있을 뿐, 해방이후부터 현재까지의 재일한인 사회에 대한 전체상을 파악할 수 있는 연구는 거의 전무한 상태이다. 특히, 한국인 연구자는 재일한인 연구를 통해 일본의 내셔널리즘을 점검·수정하는 것에 집중한 나머지, 재일한인 사회와 문화에 한국이 어떠한 형태로 개입해 왔는지에 대해서는 그다지 관심을 두지 않았다.

따라서 본 연구팀에서는 앞으로 한국 정부의 재일한인 정책을 비판적이고 상대적인 관점에서 통합적 연구를 추진하기 위해, 한국 정부의 재일한인 관련 외교문서는 물론이고 민단을 비롯한 재일한인단체가 발행한 자료를 수집하여 심화연구를 진행할 계획이다. 이를 통해, 재일한인을 연구하는 한국인 연구자의 중립적인 포지션을 비판적으로 사유하고, 한국인의 내셔널리즘까지 포괄적으로 점검·수정할 수 있는 새로운 연구방법론을 모색·제시하고자 한다.

마지막으로 이번 외교문서 연구총서 제2권을 발간함에 있어서 흔쾌히 출판에 동의해주시고 원고 집필에 협조해주신 집필진 선생님들께 깊이 감사드린다. 그리고 이번 총서 출판에 아낌없는 후원을 해주신 도서출판 박문사에도 감사드리는 바이다.

2025년 5월
동의대학교 동아시아연구소
소장 이경규

목차

발간사 · 003

011 교착상태 속의 사할린 한인동포 귀환문제와 당사국의
상황 인식 　　　　　　　　　　　　　　　　　박희영
1970년~1979년까지의 외교문서를 중심으로
  1. 들어가며　　　　　　　　　　　　　　　　　　　　12
  2. 1970년대 사할린 한인동포 귀환문제 관련 한국, 소련, 일본의
     상반된 인식과 교착상태　　　　　　　　　　　　　　14
  3. 1970년~1975년 외교문서 속의 사할린 한인동포 귀환문제
     사례와 의미　　　　　　　　　　　　　　　　　　　18
  4. 교착상태 속의 사할린 한인동포 귀환문제　1975년~1979년
     외교문서 사례　　　　　　　　　　　　　　　　　　32
  5. 나가며　　　　　　　　　　　　　　　　　　　　　49

053 1970년대 재일한인 법적지위 및 대우 문제 고찰　이행화 · 이경규
한 · 일 실무자회의를 중심으로
  1. 들어가며　　　　　　　　　　　　　　　　　　　　54
  2. 제1차~제2차 실무자회의　　　　　　　　　　　　　56
  3. 제3차~제4차 실무자회의　　　　　　　　　　　　　59
  4. 제5차 실무자회의 및 비공식 실무자회의　　　　　　62
  5. 일본 정부의 국제인권규약 비준　　　　　　　　　　72
  6. 나오며　　　　　　　　　　　　　　　　　　　　　74

109 외교문서 속의 1970년대 일본 내 「반한단체」의 동향　　이수경
　　어느 사회운동가의 기록으로 보는 인권·사상·민주화운동과의 연동
　　1. 들어가며　　110
　　2. 일본의 「반한단체」와 「혐한단체」의 의미와 배경　　113
　　3. 1960~70년대 일본측 운동단체에서 활동한 일본인 S.T씨의 기억　　120
　　4. 1973년의 외교문서에 나타나는 「반한단체」의 일례　　135
　　5. 다양한 「반한단체」의 성립과 활동 (1950년대~1970년대)　　139
　　6. 나가며　　147

151 외교문서로 보는 한국인 원폭피해자 문제　　소명선
　　우리 정부의 교섭 과정과 대응 방식을 중심으로
　　1. 들어가며　　152
　　2. 구호를 호소하는 한국인 원폭피해자의 전달되지 않는 목소리　　157
　　3. 원폭피해자의 구호활동과 우리 정부의 대응방식　　163
　　4. 도일치료 실현에 이른 과정　　192
　　5. 도일치료와 도일치료 중단 이후　　203

217 조총련계 재일동포 모국방문단　　이재훈
　　외교사료관 소장 외교사료(1975~1979)를 중심으로
　　1. 들어가며　　218
　　2. 모국방문단에 대한 조력자들　　221
　　3. 모국방문단과 외교문서　　226
　　4. 이후의 모국방문단　　241
　　4. 나가며　　258

261 소설과 외교문서로 본 재일한인 북송사업 　　　　　　　김선영
　　　　가와사키 에이코의 소설 『일본에서 「북한」으로 간 사람들의 이야기』와
　　　　1979~1981년 외교문서를 중심으로
　　　　1. 들어가며　　　　　　　　　　　　　　　　　　　　　262
　　　　2. 가와사키 에이코의 소설 속 북송: 일본에서 「북한」으로 간
　　　　　 사람들의 이야기　　　　　　　　　　　　　　　　　264
　　　　3. 외교문서(1979~1981)로 본 북송사업　　　　　　　　276
　　　　4. 나가며　　　　　　　　　　　　　　　　　　　　　300

305 사할린 잔류 코리안 「귀환 운동사」 　　　　　　　　기즈키 나기사
　　　　일본에서의 당사자·지원자에서 정치·행정 영역으로
　　　　1. 들어가며　　　　　　　　　　　　　　　　　　　　　306
　　　　2. 귀환 운동의 시작　　　　　　　　　　　　　　　　　308
　　　　3. 귀환 운동의 시민 운동화　　　　　　　　　　　　　315
　　　　4. 정치·행정 공간과 운동의 합류　　　　　　　　　　325
　　　　5. 맺으며　　　　　　　　　　　　　　　　　　　　　336

참고문헌·339

찾아보기·351

교착상태 속의 사할린 한인동포 귀환문제와 당사국의 상황 인식
1970년~1979년까지의 외교문서를 중심으로

박희영
(국립한밭대학교 인문사회대학 일본어과 부교수)

1. 들어가며

사할린 지역은 현재는 러시아 영토이지만 역사적으로 일본과 러시아 양국의 특수한 이해관계 속에서 공동 관할구역이었던 곳이고, 사할린 한인동포는 일제강점기 시절 강제로 이주되었다가 일본의 패망 후, 사할린에 남겨진 우리의 동포들을 지칭한다.

그동안 사할린 지역과 한인동포, 그리고 그들을 바라보는 국가 간 서로 다른 시선과 입장의 차이는 해방 이후 오랜 시간이 흘렀음에도 불구하고 아직도 제대로 정립되지 못한 채, 남겨진 우리들에게 아픈 상처와 수많은 과제들을 남겨 놓고 있다. 해방 이후 해결될 것으로 기대되던 사할린 관련 제 문제들은 공전할 뿐 좀처럼 해결의 실마리를 찾지 못하고 미궁과 같은 상황 속으로 계속 빠져들었다. 그 이유로는 주변국가 간의 복잡한 이해관계, 지속적인 이데올로기의 대립구도, 관련 당사국의 의도된 정치적 계산, 안정되지 못한 경제 등 여러 가지 상황을 들 수 있다.

해방 이후에도 외면받았던 사할린 지역과 그곳에 남겨진 한인동포들의 귀환문제는 그 해결의 실마리를 찾기까지 지난한 시간이 흘렀고, 현재 일정부분 실질적이고 의미있는 결실을 거두기까지 복잡한 흐름과 지난한 과정이 있었다.[1] 이러한 상황은 진전과 퇴보, 그리고 교착상태

---

[1] 각계 각층의 지속적인 노력 끝에 제도적, 법률적 효력을 갖추게 되어 「사할린동포 지원에 관한 특별법」이 제정(2020년 4월 29일), 공포(2020년 5월 26일)되어 「사할린동포 지원에 관한 특별법(사할린동포법)」 및 그 시행령과 시행규칙이 시행(2021년 1월 1일)되었다. 일제강점기 사할린 지역으로 강제 동원되고 해방 이후에도 강제 억류된 지 약 83년 만에 이루어진 일이다. 박희영(2022) 「사할린 한인동포 귀환문제를 둘러싼 시대 인식과 의미 연구」,『일본근대학연구』제78집, 한국일본근대학회, pp.113-114.

의 부침의 연장선 속의 쉽지 않은 시대의 흐름 속에서 이루어낸 결과물이라 할 수 있을 것이다.

하지만 무엇보다도 해방 이전부터 비롯된 한국과 일본, 소련 정부의 방임과 무책임, 비협조가 해방 이후에도 이어지며, 지켜주지 못한 국가와 전후 반성하지 않는 국가와 방관하는 국가가 현재까지 남긴 상흔과 과제들의 무게를 살펴볼 수 있게 된다.

따라서 본고에서는 먼저 1970~75년까지의 한국의 외교문서 사례를 통하여 사할린 한인동포 귀환문제를 중심으로 주변 당사국인 한국과 일본, 소련 정부의 대응 방식과 그들의 상반된 인식을 살펴보고자 한다. 이를 통하여 주변 당사국의 상황 인식, 특히 한국과 일본, 그리고 당시의 소련정부의 입장을 면밀히 확인함으로써, 궁극적으로 국가의 의미와 책임에 대하여 생각해 볼 수 있을 것이다. 여기서 1970~75년까지로 한정한 이유는 사할린 문제 관련하여 1970년대 이전 조금이나마 진전이 있었던 시기부터 1970년대 중반 이후 다시 교착상태로 빠지기까지 책임 있는 주변 당사국들의 과도기적 시대 상황의 배경과 흐름을 찾아보고 비교해보기 위함이다.

다음으로 사할린 한인동포 귀환문제와 관련하여 특히 교착상태에 빠져있던 시기인 1975~79년까지의 한국 생산 외교문서에 주목하였다. 당시의 우리 정부의 대응과 주변 국가들과의 협의 사항, 사할린 한인동포 귀환 과정, 사할린재판, 사할린 한인동포 귀환을 위한 다양한 진정서 등의 내용을 담고 있는 한국에서 생산된 시대별 외교문서들의 사례들을 통하여 그 속에 담겨진 함의를 구체적으로 살펴보고자 한다. 특히 이 시기는 사할린 한인동포 귀환문제가 주변 당사국들의 기본적인 입장차이의 고수로 인하여 교착상태에 빠져있었음에도 불구하고, 해결의 실마리를 찾기 위한 한국과 일본의 민간 시민차원의 의미 있는 움직임이 지속적으로 활발히 전개되고 있었던 시기이기도 하다. 박노학과 미하라 레이(三原令), 다카기 겐이치(高木健一) 등 한국과 일본의 민간 차원의 적극적인 활동을 당시의 외교문서 사례를 통하여 그 양상과 의미를 파악해 보고자 한다.

2. 1970년대 사할린 한인동포 귀환문제 관련 한국, 소련, 일본의 상반된 인식과 교착상태

사할린 한인동포들의 사할린 지역으로의 이주가 본격화된 것은 일본이 제국주의 확장 하에 중일전쟁, 태평양전쟁을 일으키면서였고, 「모집, 관알선, 강제징용」과 같은 형태의 국가총동원령에 의한 조직적인 방식으로 진행되었다. 해방 이후 본질적인 의미에서 책임 주체의 당사국인 일본의 무책임한 회피적인 태도, 미국과 소련의 미온적이고 적극적이지 못한 태도와 사할린 한인동포에 대한 제대로 된 정보와 인식의 결여, 해방 이후 한국 국내외의 복잡한 정치적 사회적 상황, 그리고 이에 따른 한국 정부의 방관적인 태도는 결국 해방된 조국으로의 귀환을 기대하고 꿈꿔왔던 사할린 한인동포에게 좌절감을 안겨주며 그들의 귀환 문제가 오랜 기간 해결되지 못하게 만든 단초로 작용하였다.[2]

이처럼 1965년 한일협정 이전까지 사할린 한인동포 귀환문제는 복잡한 상황에 따른 다양한 현실적 제약으로 인하여 국내외적으로 중심 이슈로 논의될 수 없는 상황과 흐름에 놓이게 되었다. 이런 흐름 속에서

---
2) 박희영(2022), 앞의 논문, pp.119-120.

박정희 정부가 들어서면서 오랜 기간 부침을 겪고 있었던 한일국교정상화와 관련한 협상이 조금씩 진척되어 1965년 6월 한일기본조약과 함께 부속 협정 등이 체결되었다. 하지만 문제는 이 협상 과정 속에서도 사할린 한인동포 귀환문제와 관련한 논의는 제대로 다루어지지 않았다는 것이다. 그렇지만 한일협정 체결 직후인 1966년부터는 그동안 사할린 한인동포 귀환문제에 대해 무책임하고 소극적 자세를 보여온 한국 정부가 늦게나마 본격적이고 적극적이고 주체적인 입장에서 사할린 한인동포 교섭을 진행하며 조금씩 의미 있는 움직임[3]을 보이게 되었다.

한혜인은 당시 한국 정부의 표면적인 입장을 다음과 같이 정리하고 있는데 「① 사할린 한인동포 귀환문제가 발생한 것은 기본적으로 일본에 의한 강제 동원에 의한 것이므로, 전후 처리 일환으로 일본 정부의 자국민 귀환방식과 동일한 형태로 진행시켜야 함, ② 일본의 패전과 함께 사할린 지역이 소련영토로 바로 귀속되지 않고 일본영토로 남아있었으므로 재일한국인의 경우와 같이 법적지위협정에 합치된다고 봄, ③ 소련은 사할린 한인동포의 한국으로 귀환 상황이 벌어질 경우, 그들의 출국을 허가하지 못한다는 입장이기 때문에 우선 일본으로 송환하여 희망 유무에 따른 한국과 일본의 선택적 정착에 대한 논의를 진행해야 한다」[4]는 입장이었다는 것이다. 이를 통하여 전후 처리 및 보상과 관련한 일본에 의한 강제 동원의 책임성을 명확히 하고자 하는 의도와

---

[3] 한혜인에 따르면 이 움직임을 『박노학 등에 의한 「화태억류귀환한국인회」의 적극적인 사할린 한인동포 귀환활동에 대한 정부의 책임 회피성 대응, 1959년 시작된 재일동포의 북송에 대한 대응적 차원의 움직임, 그리고 국내의 한일협정 반대로 인한 약화된 정권의 정당성을 회복하기 위하여 사할린 한인동포 문제를 일본과 소련의 문제로 부상시켜 반일과 반공 감정을 불러일으키는 기재로 활용하였다』고 설명하고 있다. 한혜인(2011) 「사할린 한인 귀환을 둘러싼 배제와 포섭의 정치」『史學研究』제102호, 한국사학회, p.180.

[4] 한혜인(2011), 앞의 논문, pp.180-181.

사할린 한인동포를 재일한국인과 같은 인식 속에서 상정, 소련의 불허를 대비한 우선적 일본으로의 송환에 대한 한국 정부의 입장과 의도를 파악할 수 있다.

소련의 입장은 기본적으로 사할린에서 귀환을 원하는 한인동포가 없다는 인식 속에서 다른 지역의 한인동포에 대한 취급과 다르지 않다는 태도, 한국과는 국교 미수교 상태라는 점의 강조, 냉전체제 속에서 무엇보다 한국보다 북한의 입장을 우선시하는 입장, 그리고 사할린 한인동포 귀환문제는 일본과 논의할 대상과 성격이 아니라는 점의 강조 속에 조건을 상정한 부정적이고 비협조적인 태도로 일관하였다.

일본의 인식은 사할린 한인동포의 귀환문제는 기본적으로 일본이 아닌 한국으로의 정착에 기반해야 하고 그에 드는 일체의 경비도 한국이 부담해야 한다는 무책임한 입장이었다. 이것이 전제로 이루어진다면 일본이 어느 정도의 비용을 부담할 수도 있다는 입장을 아울러 내비쳤다. 그리고 이 문제의 또 한편의 복잡한 지점으로 소련이 사할린 한인동포의 한국 송환을 거부하는 부정적인 상황이 외교상 장애요인으로 영향을 미치고 있음을 지속적으로 강조하였다.

이와 같은 일본 정부의 입장을 이연식은 「귀환에 드는 경비의 지불주체」와 「귀환하는 사할린 한인동포의 수용주체」의 입장에서 인식하며 다음과 같이 3가지 지점으로 분석하였다. 『① 지속적으로 사할린 한인동포의 일본 국내 정착을 거부한 것은 1950년대부터 시작된 재일조선인북송사업을 통해서 알 수 있듯이 한인동포들의 일본 본토 거류를 허용하지 않겠다는 일본의 「순혈주의」가 뿌리 깊게 작용하고 있음을 보여준다는 점, ② 사할린 한인동포의 귀환과 관련한 비용 부담을 초창기 처음에 거부한 것은 일본 정부의 귀환 희망자 규모의 예상 및 파악 결여와 한일협약 체결로 인하여 모든 전후처리와 관련한 비용 문제는 해결되었다고 인식했기 때문임, 그 후 일정부분의 귀환 비용 부담을 시사한 것은 선편 알선 등 간단한 편의 제공 정도를 의미한 것으로 파악함, ③ 소련의 부정적 입장을 끊임없이 강조한 것은 실제 소련과의 교섭과 관련한 분위기를 반영한 것이기도 하지만, 기본적으로 일본 정부가 지녀야 할 책임을 회피하기 위함』[5]이라는 것이었다.

이를 통하여 일본의 순혈주의와 한일협약 이후 모두 배상처리의 완료, 소련의 부정적인 입장을 강조함으로써 구조적인 책임회피의 근거를 만들려고 하는 당시 일본의 입장을 확인할 수 있었다.

결국 이러한 상황 속에서 한국 정부는 사할린 한인동포 귀환문제가 진척되지 못하고 교착상황에 들어가게 된 근본적인 원인을 소련의 비협조와 일본의 부정적이고 무책임한 입장의 견지 때문으로 몰아갔다. 이는 한국 정부가 노력하고 있음에도 불구하고 한인동포 귀환과 관련한 경비와 거류지에 대한 일본의 부정적인 태도와 소련의 거부 때문에 사할린 한인동포의 귀환문제가 해결되지 않고 있음을 강조한 것으로 해석할 수 있다.[6]

---

5) 이연식(2014) 「사할린한인 귀환문제에 대한 전후 일본 정부의 대응」 『동북아역사논총』제46호, 동북아역사재단, pp.328-329.
6) 하지만 한혜인에 따르면 『실제로는 한국 정부가 사할린 한인동포의 귀환시 발생하는 한국 내의 현실적인 문제를 가장 고려하였다고 언급하며, 다음과 같이 ① 사할린 한인동포의 규모에 대한 정확한 실태 파악의 불가능, ② 오랜 기간 동안 공산치하에 그들이 거주했다는 사상의 문제, ③ 다수의 귀환희망자로 인하여 인도상의 문제를 뛰어넘어 난민 문제로 발전할 수 있다는 점』의 3가지 관점을 실제적으로 한국 정부가 인식한 가장 큰 문제로 분석하고 있다. 한혜인(2011), 앞의 논문, pp.181-182.

3. 1970년~1975년 외교문서 속의 사할린 한인동포 귀환문제 사례와 의미

해방 이후 오랜 시간이 흘러서야 사할린 한인동포 귀환문제가 의미 있는 결실을 거두게 된 데에는 쉽지 않았던 지난하고 복잡한 과정이 있었고, 국내외 안팎으로 표출되었던 중층적인 문제점이 그 중심에 자리 잡고 있었음을 확인할 수 있다. 그리고 여러 가지 이유를 들 수 있겠지만, 특히 사회적, 정치적, 역사적으로 복잡하게 얽혀있는 국가 간 이데올로기, 이해관계를 둘러싼 서로 달리 처해 있는 각국의 입장의 차이는 오랜 기간 그 문제점을 극복해 나가는데 있어서 가장 커다란 장해 요인으로 작용하고 있었음을 분명히 알 수 있게 된다.

본장에서 제시하는 외교문서 문서철은 1970년에서 1975년까지의 사할린 한인동포 귀환문제를 둘러싼 한국 정부의 외교적 대응방식과 이와 관련한 각국의 긴밀한 협의 사항, 사할린 한인동포 귀환을 원하는 수많은 국내외 탄원서와 진정서, 사할린 한인동포 귀환문제의 다양한 교섭의 과정 등을 담아 내고 있는 외교문서들이다.

따라서 사할린 한인동포 귀환문제와 관련하여 1970년부터 1975년까지 각 문서철에 담겨있는 중심 내용을 바탕으로 이 시기의 전체적인 흐름과 맥락을 확인하고 과정에 있어서 핵심적인 사항들을 짚어 보고자 한다.[7]

먼저 <사할린 교포 귀환문제, 1970> 문서철[8]은 1970년 1월 외무부가 주제네바대사 앞 훈령을 작성하다 폐안한 기술 내용으로 시작한다.

---

7) 이경규 외(2023)「해방이후 재일한인 외교문서 해제집4(1970~1974)」박문사, pp. 259-267.
8) 공개번호 3966「사할린교포 귀환문제, 1970」, 외교사료관 소장.

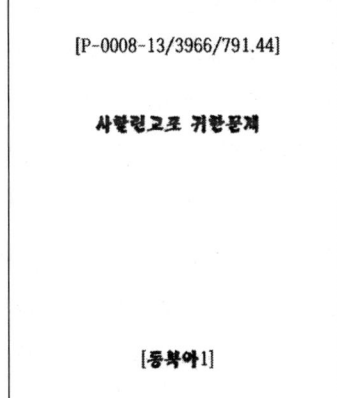 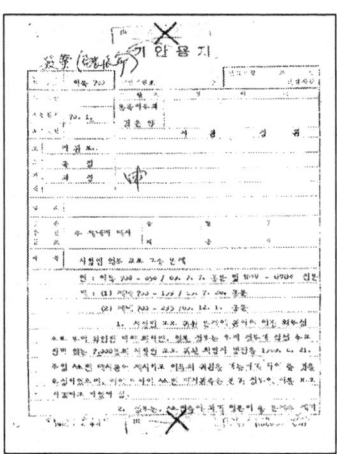

〈그림1〉 사할린 교포 귀환문제, 1970

폐안한 내용은 다음과 같다. 일본 정부는 한국 정부가 작성하여 수교한 바 있는 7,000명의 사할린 한인 동포 귀환 희망자 명단을 1969년 8월 21일 주일 소련대사관에 제시하고 이들의 귀환을 위한 협조를 요청하였으며 소련대사관 측은 본국 정부에 보고하겠다고 한 내용이다. 그리고 국제적십자위원회(ICRC) 당국이 우선 1,500명의 일본 귀환 희망자 구출 교섭이 현실적으로 가능성 있는 유일한 방안이라고 생각한다는 점과 관련하여 일본 귀환 희망자 1,500명이라는 숫자에 따를 경우 잔여 귀환 희망자의 귀환이 봉쇄될 우려 등을 감안하여, 일본 정부의 대소련 접촉이 진행되는 상황에서 조급히 서두를 필요는 없는 것으로 판단하고 있다는 내용을 담고 있다. 따라서 1,500명을 위한 제한적 방안을 우선 보류하고 7,000명 전원 구출을 위한 일본 정부의 대소련 접촉을 지원하는 노력을 해주도록 ICRC 측에 요청을 바란다는 내용이 기술되어 있다. 이어지는 문서는 주제네바 대사가 외무부에 1970년 1월 14일 일본 귀환 희망자의 구출문제를 우선적으로 소련 측에 제기하겠다는 요지의 ICRC 공한에 대한 입장을 조속히 통지해 줄 것을 요청하는 내용을 담고 있다. 이에 외무부는 1970년 1월 22일 일본 귀환 희망자의 구출 문제를 소련측에 우선적으로 제기하겠다는 ICRC 측의 생각에 대해 다음과 같이 주제네바 대사에게 회신하였다. 그 내용은 ① 제1단계로 일본 귀환 희망자의 송환교섭을 시작하는데 동의하고, ② 그 수는 1,500명으로 한정하지 말고 그들의 의사를 공정한 방법으로 확인해야 한다는 것, ③ 일본 정착을 희망하지 않는 사할린 교포에 대하여도 ICRC의 이산가족 재회 원칙에 의거하여 지속적으로 송환교섭을 계속 추진해야 한다는 내용으로 이루어져 있다.

다음으로 〈사할린 교포 귀환관계 진정서, 1970〉 문서철9)은 화태억류귀환한국인회의 1970년 7월 3일 사할린 한인동포에 관한 성명문과 1970년 12월 17일 탄원서로 구성되어 있다.

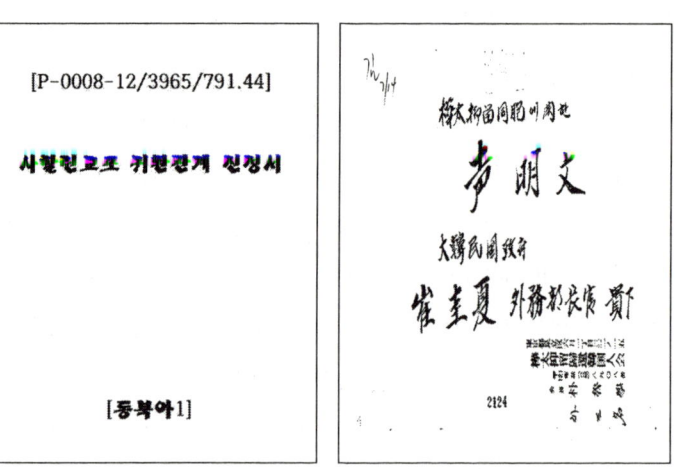

〈그림2〉 사할린 교포 귀환관계 진정서, 1970

---

9) 공개번호 3965「사할린 교포 귀환관계 진정서, 1970」외교사료관 소장.

최규하 외무부장관 앞의 1970년 7월 3일 사할린 한인동포에 관한 성명문은 다음과 같다. 먼저 자신들이 사할린에서 일본에 귀국하여 1958년 사할린 한인동포의 실정을 알리고 귀환 촉진을 요청한 데 대해 일본 외무성 측은 한국 정부의 요청이 없다고 하고, 사할린 한인동포에 대한 자료가 있느냐고 질문한 바 있으나 1967년에 약 7000명의 사할린 한인동포 명단을 작성하여 제출하였더니 소련 정부에서 화태 거주 한국인 중 귀국을 희망하는 사람이 없다고 답변하였음을 설명하고 있다. 그리고 한국에 매장되어 있는 일본인 유골을 일본 후생성에서 수집하는 것을 한국 정부가 1970년 6월 24일 허가하였다는 보도에 본회와 사할린 한인동포 가족들의 심정은 비통하고 유감임을 알리고 있다. 이어 사할린 한인동포들의 서신에는 한일회담 시 사할린 한인동포 문제에 대해 언급이 없이 조약이 맺어진 것에 대한 원성이 많음을 설명하며, 전후 25년을 맞이하는 이 시점에 정부는 소극적인 교섭에서 적극적인 교섭으로 나서서 사할린 한인동포의 귀환을 촉진해 줄 것을 요망한다는 내용이 담겨져 있다.

〈그림3〉 화태억류귀환한국인회 탄원서

〈그림3〉 문서는 1970년 12월 17일 화태억류귀환한국인회 회장 박노학 외 4인의 주일대사 앞 탄원서이다. 그 내용을 살펴보면 다음과 같다. 사할린 한인동포는 강압에 의하여 반 이상이 북한 국적을 취득하였고 다음으로 소련 국적이고 나머지 소수가 무국적라는 사실을 적시하고 있다. 그리고 현시점에서 북한이나 소련 국적자는 귀환이 쉽지 않으나 소련 정부측에서는 무국적자에 한하여 일본 정부가 입국을 허가하면 일본으로 출국허가를 하겠다는 내용을 설명하고 있다. 현재 귀환을 희망하는 사람들은 6,924명이며 그중 귀환이 가능한 무국적자가 1,450명이니, 인명이 유한하니 우선 이들만이라도 조속히 귀환할 수 있도록 노력을 바란다는 내용을 담고 있다. 이러한 상황에 대하여 외무부는 주일대사에게 현재 한국 정부가 계속 노력하고 있다는 취지로 회답할 것을 통지하고 있다.

다음으로 〈사할린동포 귀환문제, 1971〉 문서철10)은 1971년 7월 31일 주일대사가 일본으로 귀환한 사할린 한인동포의 협정영주권 문제에 관하여 외무부장관에 대한 보고로 시작한다.

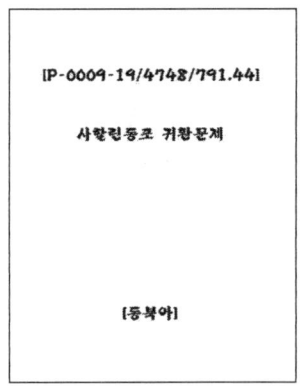 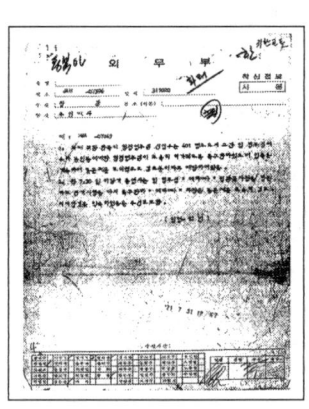

〈그림4〉 사할린동포 귀환문제, 1971

---

10) 공개번호 4748 「사할린동포 귀환문제, 1971」 외교사료관 소장.

내용을 살펴보면 사할린에서 귀환한 한국인의 협정영주권 신청자 수는 401명으로 그간 일본의 법무성에 여러 번 협정영주권이 조속히 허가되도록 촉구한 바 있으며, 일본 측은 동 문제를 호의적으로 검토 중이라고 답변하였다. 7월 30일 주일대사관 이남기 총영사는 일본 법무성 에바타 입관국 차장을 방문, 귀환 사할린 한인동포에 대한 조속한 협정영주권 허가를 촉구하였으며 에바타 차장은 동 문제를 조속히 검토하여 처리할 것이라고 약속하였음을 우선 보고하였다. 그리고 주한 일본대사관 하시즈메 참사관은 1971년 7월 31일 외무부 동북아과장을 방문, 일본 외무성 동구1과장이 주일 소련참사관과 면담한 내용을 다음과 같이 알려왔음을 보고한다. ① 동구1과장이 일본 정부가 소련 측에 수교한 7,000명의 사할린 한인동포 귀환 희망자의 출국의사를 조사하여 주기 바라며 출국을 희망하는 한국인이 있을 경우 이들의 출국을 허가할 것인지 검토해 줄 것을 요청한 데 대하여 소련 참사관은 동 의뢰가 일본 정부의 희망인지 또는 한국의 희망인지를 문의해 옴, ② 동구1과장은 한국의 공식 요청은 없으나 일본은 종전부터 한국 정부가 관심이 있는 것으로 알고 있으므로 요청하는 것이라고 답변하였다.

이어지는 문서에서는 1971년 8월 12일 주일대사는 일본 법무성 에바타 차장에게 사할린 귀환 한국인들에 대한 협정영주권이 조속히 허가되도록 조치할 것을 재차 촉구한 데 대하여 동 차장은 현재 법무성에서 이들의 협정영주권 신청을 허가하는 방향으로 조치 중에 있다고 밝혔다고 외무부에 보고하는 내용이 담겨있다.

다음으로 〈재사할린 동포 귀환관계 진정서, 1972〉 문서철[11]은 1971년 12월 13일 해외문제 연구소 사무국장 이홍구가 박정희 대통령 앞으로

---

11) 공개번호 5633 「재사할린 동포 귀환관계 진정서, 1972」 외교사료관 소장.

보낸 진정서 내용으로 시작한다.

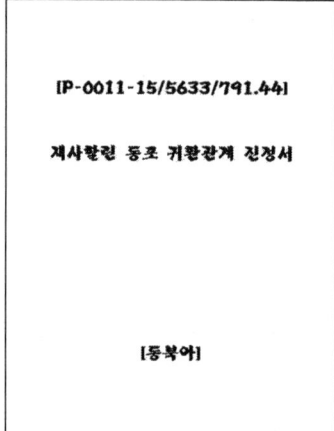 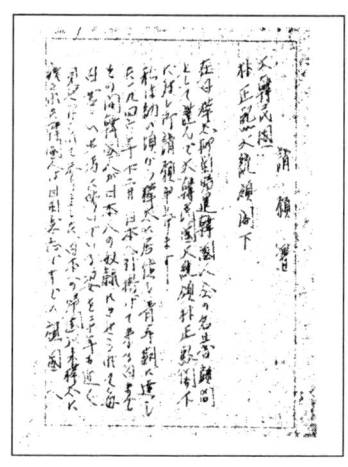

〈그림5〉 재사할린 동포 귀환관계 진정서, 1972

내용을 살펴보면 사할린 억류 한국인의 참상을 직접 목격하고 그들의 생활을 위하여 노력하고 있는 일본인 와카사씨의 박정희 대통령 앞의 청원서 내용이 담겨있다. 이어지는 문서는 이에 대한 1972년 1월 5일의 다음과 같은 회신 내용을 담고 있다. ① 진정인은 일본인으로서 인도주의 정신에 입각하여 사할린에 억류되어 있는 한국인 한인동포 구출과 일본으로 귀화한 사할린 한인동포들의 안정된 생활 영위를 위한 사회활동을 전개하고 있음에 사의를 표하며, ② 정부는 사할린 내 귀환 희망 동포의 조속한 송환을 위하여 관련국인 일본 및 국제적십자사를 통한 교섭을 진행시켜 왔으나, 현재까지 진전이 이루어지지 못하고 있는 실정임을 설명하고, ③ 사할린에서 귀환하여 현재 일본에 거주하고 있는 동포들에 대하여 영주권을 부여하도록 일본 정부에 촉구하여 온 결과, 일본 정부는 현재 동인들에게 영주권을 부여하고 있다는 사실을 알려주고 있다. 그리고 다음 문서로 화태억류귀환한국인회 회장 박노학의 소련 외상 그로미코 앞의 사할린 한인동포의 조속한 귀환의 협조를 바라는 청원서가 눈에 띈다. 화태억류귀환한국인회 회장 박노학의 다양한 층위 앞의 진정서는 1970년대에도 지속되고 있었다. 그 외에도 다양한 단체에서 같은 취지의 탄원서와 진정서가 이어지고 이에 대한 한국정부의 입장을 밝히는 회신도 계속된다.

이외에도 1972년 3월 14일 사할린억류교포귀환촉진회의 민간 외교단체 등록 관련 외무부 검토 내용이 있다. 사할린억류교포귀환촉진회는 사할린 한인동포의 가족 및 연고자를 정회원으로 하여 동 회의 취지에 찬동하는 자를 명예회원으로 하여 조직된 단체로서 외무부의 민간 외교단체 등록을 신청하여 왔음을 알리고 이에 대한 검토 의견을 요청한다. 한국정부는 등록은 가능하나 민간단체의 활동이 사할린 한인동포의 귀환교섭에 지장을 주는 일이 없어야 함을 회신하는 내용으로 구성되어 있다.

다음으로 〈재사할린 동포 귀환문제, 1971~1972〉 문서철[12]은 1972년 1월 27일 일본과 소련의 각료회담을 계기로 일본과 소련의 입장과 태도의 작은 변화와 그에 따른 한국의 대응을 주요 내용으로 하고 있다.

---

12) 공개번호 5634 「재사힐린 동포 귀환문제, 1971~72」 외교사료관 소장.

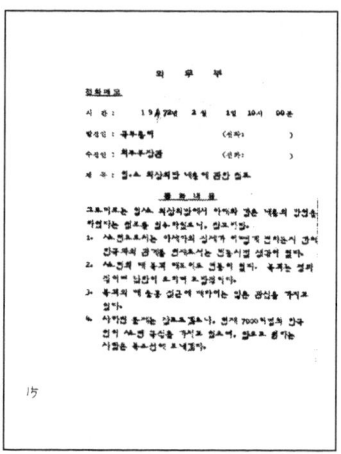

〈그림6〉 재사할린 동포 귀환문제, 1971~72

1972년 1월 27일 일본의 후쿠다 외상과 소련의 그로미코 외상과의 회담이 있은 직후 다음날인 28일 주일대사로부터 외무부장관 앞의 착신 전보의 내용으로 시작된다. 내용을 살펴보면, 1월 28일 도쿄신문은 외무성 소식통을 인용하여 「후쿠다 외상은 그로미코 외상과의 회담에서 재소 한국인 약 7천 명 가운데 귀환 희망자에 관하여는 인도적 입장에서 소련 정부가 귀국을 허가하도록 요청하였는바, 이는 소련과 외교관계가 없는 한국 정부의 요청에 따라 행한 것으로 그로미코 외상은 문제의 검토를 약속하였다고 말한다. 그러나 소련과 북한과의 관계로 보아 한국정부의 요청은 실현 가능성이 아주 희박하다」고 보도하였다. 이에 관하여 외무성 북동아과를 통하여 확인한바 차후 교섭의 편의를 위하여 일본 측이 이야기를 해둔 것이라고 말하였다.

이후 1월 29일 주일대사 앞으로 주한일본대사 마에다 공사와 윤석헌 차관의 면담요록을 송부하여 참고하게 한다. 면담요록 중 사할린 한인동포에 관한 내용은 다음과 같다. 마에다 공사는 「후쿠다 외상과 그로미코 외상 간의 제2차 정기 각료 회담시 후쿠다 외상은 사할린에 있는 한인 송환 희망자의 송환이 실현되도록 하여주기 바란다고 말한바, 그로미코 외상은 검토하겠다고 답변하였다. 이것은 좋은 징조라고 생각되며 이상을 전달하여 드린다」고 하자, 이에 윤차관은 「검토하겠다는 것은 어느 쪽으로도 해석될 수 있는데, 특별히 좋은 징조로 해석할 여유가 있는가?」라고 묻자, 마에다 공사는 「종전에 이 문제를 제기하면 소련 측은 사할린에 송환을 희망하는 한인이 없다고 부인하던가, 그 요청을 전적으로 무시하였는데 이번에는 검토하겠다고 답변하였으므로 결과에 대하여서는 물론 예측할 수 없으나 약간의 태도 변화가 있는 것으로 해석된다」고 답한다.

그리고 이어지는 다음 문서는 1972년 2월 7일 공노명 동북아과장과 하시즈메 주한일본대사관 참사관과의 면담요록을 담고 있다. 그 내용은 하시즈메 참사관이 공노명 과장과의 오찬 석상에서 지난번 일·소정기외상회의 시 사할린 한인동포 송환문제에 관한 후쿠다 외상과 그로미코 소련 외상과의 면담록에 대하여 알려주고 있다.

이 면담요록에 대하여 한혜인은 다음과 같이 「한국의 외무부가 공개한 면담요록에서는 의도를 제대로 파악할 수 없지만, 일본대사관에서 입수한 원문을 통해 보면, 일본 정부는 사할린 한인동포의 귀환문제가 일본의 문제가 아닌, 한국에서 부탁한 일이라는 것을 분명히 하고 있고, 소련은 사할린 한인동포 귀환문제를 일본과의 특별한 문제로 인식하지 않고 소련의 국내법적인 범위 내에서 고려한다는 이야기로, 즉 일소외상회담의 핵심 포인트는 사할린 한인동포의 귀환문제는 일본이 주체가 아니라 한국의 요청에 의한 것이라는 것, 따라서 일소평화회담의 본질

적인 의제가 아니라는 사실을 확인한 내용이라고 볼 수 있다」고 분석하고 있다.13)

다음 문서를 보면 한국 정부도 소련의 이러한 입장을 어느 정도 파악하고 있었던 것으로 보인다. 그 내용은 1972년 2월 1일 외무부 일소외상회담 내용에 관한 첩보문서에서 확인할 수 있는데, 그로미코가 일소외상회담에서 다음과 같은 내용의 발언을 하였다는 첩보에 근거하고 있다. ① 소련은 아세아의 정세가 어떻게 변하든지 간에 한국과의 관계를 현재로서는 변동시킬 생각이 없다. ② 소련의 대북한 태도에도 변동이 없다. 북한은 평화적이며 남한이 오히려 도발적이다. ③ 북괴의 대중공 접근에 대하여 많은 관심을 가지고 있다. ④ 사할린 문제는 검토하겠으나, 현재 7000여명의 한국인이 소련 국적을 가지고 있으며 앞으로 원하는 사람은 북조선에 보내겠다.

이를 통하여 소련이 사할린 한인동포 문제에 대해 그다지 관심이 없었고, 한국과의 관계를 새롭게 정립할 생각도 계획도 없고, 북한과의 기존의 관계 및 정책 방향성의 변동 또한 없다는 입장인 것을 알 수 있게 되고 한국 정부도 인지하고 있었다는 점이다.

하지만 한국 외무부에서는 소련의 그로미코 외상의 발언을 통하여 기존의 출국불가라는 소련의 입장이 변화한 것으로 분석하였다.14)

그럼에도 불구하고 한국 정부는 1972년 2월 17일 문서에서 다음과 같은 내용의 기안을 한다. 내용을 보면 한국 정부는 일제에 의해 강제징용되어 사할린에 억류 중인 출경 희망 교포 7,000여 명의 귀환을 위한 교섭 경위 및 관계 국가와 기관의 태도를 고려하여 다음과 같은 대책

---

13) 한혜인(2011), 앞의 논문, pp.183-184.
14) 한혜인(2011), 앞의 논문, p.185.

에 따라 사할린 한인동포 귀환 교섭 추진을 건의한다. ① 일·소 간 교섭에 의하여 출경 희망 한인동포를 일단 일본에까지 송환 후 자유의사에 따라 한국 또는 일본에 정착토록 함, ② 송환된 자의 자유의사 확인 방법에 관하여는 일본 측과 교섭함, ③ 송환된 자의 한국 귀환 시 정착 문제 및 보안 문제 등은 관계부처와 협의함, ④ 출경 희망자 7,000명 중 일본 정착 예상 희망자 1,500명을 감안하여 5,500명의 한국 정착을 위한 정착금 보조에 55억 원의 예산이 필요함을 건의한다는 내용이다.

그리고 다음과 같이 각국과 관계 기관의 입장에 대한 분석이 담겨 있다. 일본은 사할린 한인동포들은 전원 한국으로 귀환하여야 하며, 귀환 경비도 한국 측이 부담할 것을 조건으로 하고 있고, 한국이 출국 희망자 전원을 인수한다면 일본 측 소요 경비 부담 조건으로 대소 접촉을 하겠다는 입장으로 1966년 10월 이후 소련과 접촉 중임을 밝히고 있다. 소련은 공식적으로는 귀환 희망 한국인이 사할린 내에 없다는 부정적 태도를 취해 왔으며, 비공식적으로는 일본 정부가 한국 정부의 요청에 의하여 교섭하고 있는 것이라는 인식하에 일본이 최종 행선지일 경우 출경을 허가하겠다는 입장을 표명해 왔고, 1972년 1월 일·소 정기 각료회의 시 후쿠다 외상이 사할린 한인동포 송환 희망자에 대한 송환 실현을 요청한 데 대해 그로미코 외상은 검토하겠다고 답변하였다. ICRC는 한국 측의 협조 요청에 호의적인 반응을 보이고 있는바, 7,000명 전원을 한국이 인수한다는 확약을 한 다음에 교섭하거나, 7,000명 전부의 일괄 귀환 교섭보다는 일본 거주 희망자 1,500명에 대한 귀환 교섭 개시가 좋다는 의견을 표명하는 한편 소련 적십자사와 접촉하겠다고 하는 입장임을 면밀히 분석하여 기술하고 있다.

이어지는 다음 문서에서는 사할린 교포 귀환 문제에 관한 1972년

2월 18일 청와대, 외무부, 중앙정보부 회의 후 다음과 같은 결정 사항을 확인할 수 있다.

① 재사할린 교포에 대한 구출 노력은 계속되어야 함, ② 일·소 외상 간의 면담 내용을 실현시키도록 일본 정부에 계속 촉구하면서, 소련의 반응을 보아 일본 정부와 입장을 절충하도록 함, ③ 재사할린 한국인의 사할린 체류의 역사적 경위를 고려하여 거주지 선택의 자유 및 사할린에서 출경 후 거주지 선택을 보장하고, 만약 일본이 사할린 한인동포들의 정착 권리를 부정할 경우 책임은 일본에 귀속함을 촉구함, ④ 한국 귀환 시 국내 정착을 위하여 적절한 원호 대책이 강구되어야 함에 유의하며, 일본 정부가 상당한 위로금을 지급하도록 교섭함, ⑤ ICRC에 대해서는 같은 문제에 계속 관심을 갖고 협조하도록 교섭함, ⑥ 일본 정부를 통한 교섭이 여의치않을 경우 ICRC 주재 한국, 일본, 소련의 적십자 간 회담 개최 등 여타 효과적인 교섭 방안을 강구한다는 내용이다.

다음으로 〈재사할린 동포 귀환 교섭, 1974~1975〉[15]와 〈재사할린 동포 귀환 문제, 1975〉 문서철에서는 앞서 살펴본 바와 같은 유사한 협상의 흐름이 재현되고 있음을 확인할 수 있다.

즉 사할린 한인동포의 귀환을 위해 일본 측이 소련과 교섭을 하였으나 같은 형태의 문제, 일본·소련 간의 교섭대상의 내용이 아니라는 소련 측의 거부와 비협조적 반응으로 좌절되는 반복적 양상의 패턴을 확인할 수 있게 된다.

---

15) 공개번호 7740 「재사할린 동포 귀환 교섭, 1974~75」 외교사료관 소장.

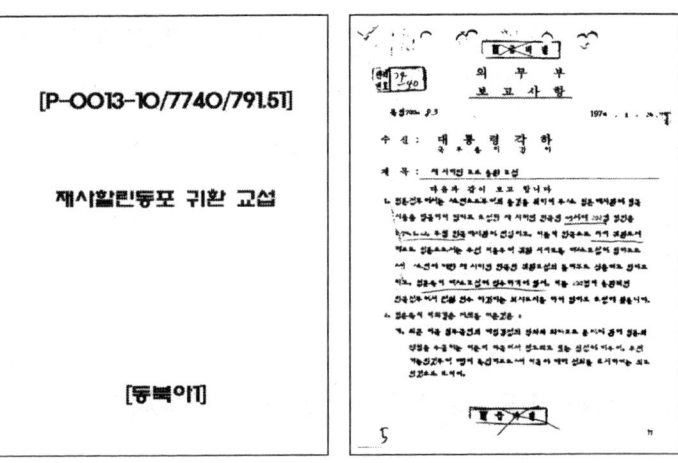

〈그림7〉 재사할린 동포 귀환 교섭, 1974~75

　이상과 같이 1970년부터 1975년까지의 외교문서를 살펴보면 일본 정부가 민간차원과 외상회의나 수뇌회담과 같은 외교적 차원 등의 다양한 측면을 통하여 소련과 교섭을 시도한 것으로 확인할 수 있다. 일본 정부는 사할린 한인동포 귀환 희망자명부를 바탕으로 1971년부터 출국허가 의사를 확인하는 가운데, 1972년의 후쿠다-그로미코 외상회담을 계기로 사할린 한인동포의 송환실현을 공식적으로 요청하게 된다.

　하지만 이처럼 당시 일본 정부가 다양한 방식을 통하여 눈에 띄게 적극적으로 소련과의 교섭을 추진했으나 상황은 좀처럼 바뀌지 않는 양상이었다. 즉 1960년대의 일본 정부의 입장과 달리 사할린 한인동포 귀환문제를 적극적으로 제기해 오지만 소련 정부는 형식적인 답변과 무시로 일관하며 기본적으로는 부정적 입장을 견지하였다.16)

　이와 같이 1970년대에는 일본 정부가 표면적으로는 적극적인 태도를

---

16) 이연식(2014), 앞의 논문, pp.329-331.

보인 것은 분명하였지만 소련의 입장은 변함이 없었고, 1975년까지도 여전히 사할린 한인동포의 귀환경비와 거주지 부담 문제와 관련하여 한국 정부와의 마찰이 지속적으로 이어지고 있는 형국임을 확인할 수 있었고, 사할린 한인동포의 실질적인 귀환과 같은 결실은 이루어지지 못한 채 교착된 상황이 지속되고 있었다.

4. 교착상태 속의 사할린 한인동포 귀환문제와 1975년~1979년 외교문서 사례

여기서는 사할린 한인동포 귀환문제와 관련하여 1975년부터 1979년까지 사할린 한인동포 관련 각 외교문서에 담겨있는 내용을 중심으로 교착상태 속의 사할린 한인동포 귀환문제의 역사적인 흐름과 의미에 대하여 살펴보고자 한다.

먼저 〈재사할린 동포 귀환 문제, 1975〉 문서철[17])에서는 1975년 중 대한민국 외무부가 사할린 한인동포 귀환을 위해 다양한 외교적 노력을 다하고 있음을 보여주는 일련의 과정과 일본 정부를 상대로 한 역사적인 의미를 지닌 「사할린재판」 관련 사항을 담고 있다. 구체적 내용을 살펴보면 다음과 같다.

---

17) 공개번호 8993 「재사할린 동포 귀환 문제, 1975」 외교사료관 소장.

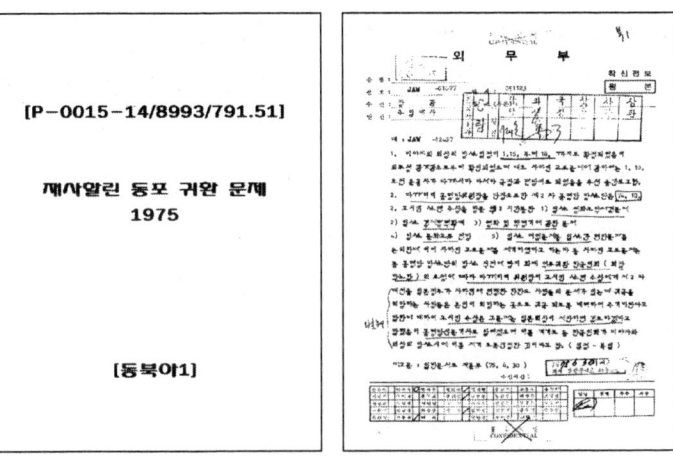

〈그림8〉 재사할린 동포 귀환 문제, 1975

외무부는 1975년 1월 15일부터 18일까지의 일본의 미야자와 외상의 소련 방문 시 일소 양국간 외상회담에서 사할린 한인동포의 귀환 문제를 소련 측에 다루어줄 것과 그 결과에 대하여 통보해줄 것을 일본 측에 요청한다. 하지만 일소 외상회담에서 그로미코 소련 외상은 사할린 한인동포 문제는 원칙적 입장에서「검토할 수 없다」고 언급하였다. 그 입장은「조선민주주의인민공화국 정부」와 관련되는 문제를 일본과 협의할 수 없다는 것이 소련의 입장이라는 것과 사할린 한인동포 귀환 문제는 기본적으로 일본·소련 간의 교섭대상이 되지 않는다는 것이다.18) 따라서 이와 같은 소련의 반응은 매우 비관적이고 실망스럽지만

---

18) 당시에 사할린 한인동포에 대한 소련의 입장을 살펴보면 기본적으로 사할린에서 귀환을 희망하는 한인동포가 없다는 인식을 기반으로 하고 있다. 이러한 입장에서 다른 지역의 한인동포와 차별화하지 않는다는 점, 한국과는 국교 미수교 상태라는 점, 냉전체제 속에서 한국보다 북한의 입장을 우선시하는 점, 그리고 사할린 한인동포 귀환문제는 일본과 논의할 대상과 성격이 아니라는 점의 강조 속에 다양한 조건을 상정한 부정적이고 비협조적인 태도로 일관하였다. 박희영(2023)「외교문서를 통해 본 사할린 한인동포 귀환문제의 본질과 당사국들의 인식 연구-1970년~

계속해서 문제제기를 해나갈 것이라는 내용이다.

다음은 1975년 2월 10일 주일본대사 보고를 통한 사할린 한인동포 귀환 희망자 명단에 관한 내용이 이어진다. 「화태억류귀환한국인회」[19])는 대사관의 요청으로 1974년에 사할린 한인동포 귀환 희망자 명단(한국 귀환 희망 432세대 1,635명, 일본 귀환 희망 11세대 65명, 합계 443세대 1,700명)을 재작성하였고 대사관은 이들 재작성된 명단과 그간 누락된 자들의 명단을 함께 외무부에 보고한다.

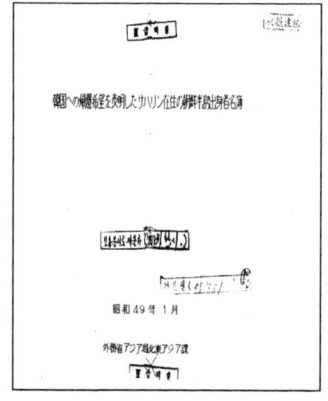 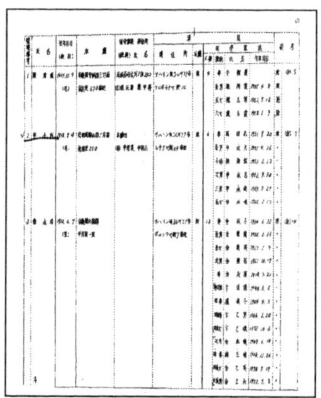

〈그림9〉 재사할린 동포 귀환 문제, 1975

1975년까지의 사할린 한인동포 관련 외교문서를 중심으로-」『일본어문학』제99집, 한국일본어문학회, p.303.
19) 1958년에 사할린 한인의 귀환 운동을 펴나가려고 박노학을 중심으로 일본 도쿄에서 결성된 단체로, 사할린 한인과 한국 가족의 서신 교환을 비롯하여 귀국 희망자 명단 작성, 재판 추진, 가족 상봉 추진 등 다양한 활동을 통하여 사할린 한인의 귀환을 공론화시켰다. 1958년 1월에 일본으로 귀환하는 배에서 한인들은 사할린 한인 귀환 운동을 추진하기로 계획하였고, 이어서 2월 6일에 박노학(朴魯學)·이희팔(李羲八)·심계섭(沈桂燮) 등 50여명의 한인들이 모임을 만들어 한국과 일본 정부에 탄원서를 제출하면서 활동을 시작하였다. 특히 박노학은 사할린 코르사코프(Korsakov)에서 한인 조직인 향우회를 결성하여 활동한 경험이 있었으므로, 30년 동안 회장으로 이 단체를 이끌었다. 처음에는 「화태억류귀환자동맹본부」라고 불렸지만, 이어서 「제2차대전시한국인희생자연합회」, 「화태억류귀환한국인회」, 「화태귀환재일한국인회」 등으로도 불렸다.

하지만 명단의 지면 공개에 대해서는 신중한 입장을 보이고 있는 부분이 눈에 띈다. 그 이유는 소련을 자극하여 사할린 한인동포 송환실현을 더욱 어렵게 만들 가능성이 있었기 때문이었다.

이어지는 주요 내용은 1975년 5월 2일 외무부 장관이 주일대사에게 통고하는 문서이다. 일본은 사할린 한인동포 201명이 귀환하게 되는 경우 한국이 이를 인수하겠다는 사전동의를 요청하는 내용을 문서로 제의해 왔고, 정부는 일본에 사전동의해주기를 결정했다는 내용을 담고 있다. 그리고 5월 5일에는 박노학 회장의 사할린 한인동포 관련 진정서 사본과 소련 당국이「일본 정부의 입국소환증명서」만 있으면 귀환토록 한다는 언질과 한국정부의 대책에 대한 문의가 있었다는 내용의 주일대사 발신 문서를 확인할 수 있다. 이후 이에 대한 외무부의 상세한 내용조사 통보와 사할린 한인동포의 개별송환 가능성을 모색하는 중요 자료가 될 것이라는 지침도 확인할 수 있다.

또한 1975년 7월 28일의 사할린 한인동포 개별송환 문제에 관한 일본 외무성 방침도 살펴볼 수 있는데 ① 일본 정부는 개별적으로 입국허가서 등을 발급하는 방안을 검토 중이고, ② 귀환 희망 사할린 거주 한인동포로부터 일본입국을 위한 도항(渡航)증명서 발급신청을 주소련 일본대사관에서 접수할 방침이고, ③ 한국 측은 일본 측에 문제의 조속하고 성의 있는 해결을 촉구하고, 일본 측도 사할린 한인동포 귀환문제는 전후처리 문제의 하나로 조속 해결되기를 희망한다는 내용을 담고 있다.

마지막으로 1975년 12월 1일에 사할린 한인동포 귀환문제와 관련하여 가장 주목할만한 소송이 제기되는데, 이와 관련된 1975년 12월 8일 주일본대사의 보고에서 확인할 수 있다. 보고 내용은 제2차 세계대전 중 일본 정부에 의해 사할린에 강제 연행된 한인동포의 귀환을 촉진하기 위하여「화태소송변호단」은 사할린 억류 한국인 4명의 위임을 받아 1975년 12월 1일 일본 정부를 상대로 행정소송을 동경지방재판소에 제기하였다는 내용이다. 별첨 자료로 소장과 소장제출에 대한 화태소송변호단의 호소문, 화태소송재판 실행위원회의 성명문, 신문기사, 원고의 신상에 관한 자료 등도 함께 송부하고 있다.

1975년 12월은 소위「사할린재판」이라 불리우는「화태잔류자귀환청구소송」이 시작된 시기로 일본 사회에 사할린 한인동포의 귀환문제를 본격적으로 알리게 되는 의미 있는 시기였다. 당시 사할린 한인동포 귀환문제와 관련하여 당사국인 한국, 일본, 소련정부의 무책임하고 방관적인 자세와는 달리 민간차원의 활발한 귀환 운동의 일환이었다.

일본 동경에서 지속적인 사할린 한인동포 귀환문제를 제기해온「화태억류귀환한국인회」의 회장 박노학을 지원하기 위하여 미하라 레이(三原令)[20]는「화태억류귀환한국인회에 협력하는 부인들의 모임」을 조직하였고, 그 이전까지「화태억류귀환한국인회」가 이루지 못한 다채로운 활동[21]을 전개해 나갔다.

[20) 오일환에 따르면 미하라 레이(三原令)는 평범한 주부로서, 70년대 초까지 생활협동조합 운동, 입국관리법 반대운동에 참여하는 평범한 시민운동가였다고 한다. 그리고 사할린 문제에 관심을 갖게 된 계기는 한국인 밀입국자의 구명운동을 벌이던 와중에 사할린 한인 귀환 운동을 도와달라는 제안을 받고, 박노학 회장을 만나 큰 감명을 받게 되어, 1973년 8월「화태억류귀환한국인회에 협력하는 부인들의 모임」을 결성하며 본격적인 활동을 시작했다고 한다. 오일환(2020)「박노학의 생애와 사할린한인 귀환 운동에 관한 연구」『한일민족문제연구』제38집, 한국민족문제학회, pp.285-286.
21) 김성종에 따르면 이 모임은『사할린 한인동포 귀환 운동의 규모를 확대하고 번화가에 유인물 뿌리기, 대학 문화제에서 호소 운동, 전국 여러 단체에게 기관지나 자료 보내기, 잡지 등에 대한 투고 등 활발한 활동을 하면서 일본 정부의 책임을 주장하며 적극적으로 나설 것을 촉구하였다』고 한다. 김성종(2006)「사할린 한인동포 귀환과 정착의 정책과제」『한국동북아논총』제40집, 한국동북아학회, p.203.

미하라와 부인회의 활동은 일본에 사할린 문제를 널리 확산시키고 언론과 지식인, 종교인, 청년, 학생들의 지지와 동참을 호소함으로써 일본사회에 사할린 문제에 대한 관심과 인식의 저변을 넓혀 나가는데 효과적인 역할을 수행하였다. 이는 실질적으로 일본사회의 긍정적 여론을 이끌어냈고, 나아가 일본과 소련, 그리고 한국정부의 전과는 다른 전향적인 태도 변화를 만들어 내는데도 커다란 역할을 하였다고 한다.[22] 그리고 이것이 본격화된 것이 1975년 12월에 시작된 「사할린재판」[23]이다. 1975년 다카기 겐이치(高木健一) 변호사 등 일본변호사협회 회원들은 「재사할린 한국인 귀환소송 변호인단」을 결성하고 한인동포 4명을 원고로 일본 국가를 피고로 하는 소송을 제기하였다. 재판의 취지는 일본에 의하여 동원된 사할린 한인동포이므로 일본 정부가 책임을 지고 본국으로 귀환시켜야 한다는 것이다. 1989년까지 계속된 「사

---

22) 오일환(2020), 앞의 논문, p.287.
23) 사할린재판이 시작된 경위와 관련하여 최경옥에 따르면 『사할린에 억류 내지 잔류된 사람들이 귀환되기 위해서는 일본 정부를 상대로 소송을 제기할 수밖에 없었고, 그러기 위해서는 원고적격의 요건을 갖추어야만 했으나, 그들이 일본에 없어서 직접 진행할 수는 없으므로, 사할린에 잔류한 한인동포들에게 1975년 봄부터 한인회의 박노학 회장과 상의하여 확실한 귀환 희망의사의 소송위임장과 앙케이트를 100명에게 보냈는데 64명이 회신을 해왔다고 한다. 그 당시에는 인감을 소지하고 있는 이가 없어 날인, 싸인 등, 그중에는 혈서로서 귀환의 강한 의사를 표현하기도 하였는데, 이로서 사할린재판이 시작되었다』고 한다. 또한 『다카기 겐이치 변호사가 중심이 되어, 그의 선배인 아리가 마사아키(有賀正明) 변호사와 더불어 일본변호사 18명으로 소송단이 결성되고, 1975년 7월 7일, 제2동경변호사회에서 결성총회를 열었으며, 제2동경변호사회장과 일본변호사연합인권위원회위원장, 자유인권협회 등이 전면적인 지지를 표명했다. 소송위임장을 보내온 모든 사람을 다 조사할 수가 없어 그 중 4명을 선택해서 동년 7월, 변호단에서 조사단이 한국에 와서 4명의 한국에 남아있던 가족을 방문하여, 강제연행 당시의 상황을 상세하게 조사해갔으, 이렇게 하여 1975년 12월 1일, 「사할린재판」(화태잔류자귀환청구소송)이 동경지방재판 소속 제3부에 배치되어 1989년 6월 15일 소취하시까지 무려 15여년 동안의 소송이 시작된 것』이라고 설명하고 있다. 최경옥(2012) 「사할린동포의 한국과 일본에 있어서의 법적지위-일제시대 강제징용과 관련하여-」『헌법학연구』제18집, 한국헌법학회, pp.167-168.

할린재판」은 원고들이 전부 사망하여 최종적인 판결에 이르지 못하고 종결되었다. 소송이 진행되는 동안 원고 4명 중 3명은 사할린에서 사망하였고, 1명은 한국은 영주귀국하게 되면서 소송취하의 형태로 막을 내리게 되었다고 한다. 하지만 64회에 걸친 구두 변론과 재판과정을 통해 사할린 한인동포의 존재와 귀환의 시급성을 알리며 일본사회뿐만 아니라 국제사회에까지 널리 알리게 되는 중요한 계기를 만들었다.

다음으로 〈재사할린 동포 귀환관계 진정서, 1975〉 문서철[24]의 주요 내용을 살펴보면 1975년 사할린 교포의 귀환 관련 진정서에 대한 외무부의 회신내용이 주를 이루고 있음을 알 수 있다. 특이한 점은 일본인의 진정서도 확인할 수 있다는 점이다.

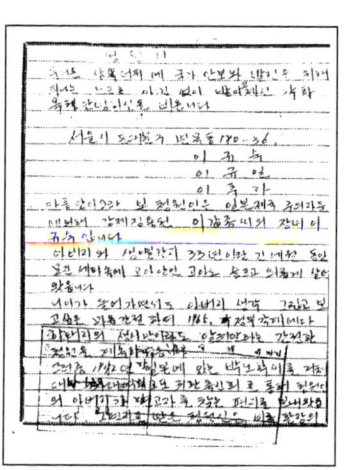

〈그림10〉 재사할린 동포 귀환관계 진정서, 1975

---

24) 공개번호 8992 「재사할린 동포 귀환관계 진정서, 1975」 외교사료관 소장.

1975년 8월 아버지 이갑종씨와 생이별을 한 장녀의 청원서를 비롯하여 사할린 억류 교포 귀환 한인회장 한영상의 진정서 등 각종 진정서가 접수된다. 이와 같은 외무부 장관 앞 진정서에 대한 회신 내용은 다음과 같다. 「외무부는 사할린 한인동포 귀환은 수많은 국내 연고자의 한결같은 바램임을 인식하고 있으며, 한국과 국교가 없는 소련과의 귀환 교섭이기 때문에 어려운 점이 많으나, 앞으로도 난관이 예상되지만 다수 국민들의 염원이 하루 속히 이루어질 수 있도록 다각적으로 최선의 노력을 경주 중」임을 알리고 있다. 이어지는 문서는 사할린억류한국인문제 연구소장 와카사 게이기치(若狹敬吉)의 대통령 앞 요망서를 접수하였고, 주일본대사가 와카사 연구소장의 노고를 치하하는 서한을 발송하였다는 내용이다. 구체적인 내용을 옮기면 다음과 같다. 「귀하가 1975년 7월 17일부로 대한민국 대통령 각하께 올린 「화태억류한국인귀환문제에 관한 요망서」에 대하여 다음과 같이 회신합니다. 귀하는 과거 수년간 스스로의 양심의 명하는 바에 따라 자발적으로 화태에 억류되어 있는 한국인을 조국의 품에 돌아오도록 노력하여 오신 노고와 공헌에 경의와 감사를 우선 표하는 바입니다. 귀하가 올바로 언급한 바와 같이 청운의 희망을 간직하던 젊은 세대의 몸으로 이역땅 화태에 선택의 여지도 별로 없이 갔던 수많은 한국사람이 세월의 흐름과 함께 인생의 황혼에 접어들어 망향의 염에 사로잡힌 채 별세하고 혹은 육친의 정을 그리며 상봉의 날을 손꼽아 기다리고 있음은 어떻게 보나 하루속히 해결되어야 할 문제라 하지 않을 수 없습니다. 일본인으로서 귀하의 애끓는 인도주의적 양심을 명가하고 거듭 감사를 표하고자 하며 귀하의 화태 교포 문제에 대한 따뜻한 이해와 성원을 당부하고자 합니다」. 이처럼 사할린 한인동포 귀환 촉진과 관련한 진정서는 국내외를 막론하고 접수되고 있음을 확인할 수 있었다.

다음으로 〈재사할린 동포 개별 귀환, 1976〉 문서철[25]은 1976년 사할린 교포의 개별 입국 사례를 주로 다룬 내용이다.

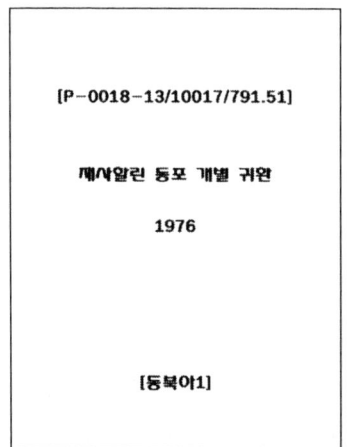 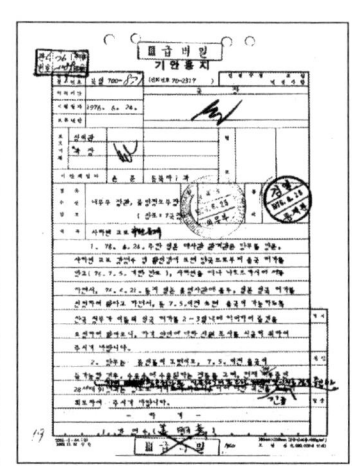

〈그림11〉 재사할린 동포 개별 귀환, 1976

특히 「나호트카 4인 사건」이라 불리우는 사건이 있었던 시기로, 한국과 일본 정부의 안일하고 미온적인 대처가 사할린 한인동포 귀환 관련 참사를 불러온 안타까운 사건이었다. 당시 사건이 일어났던 1976년의 6-7월에 일어났던 내용을 외교문서에 기록된 시간의 흐름대로 먼저 살펴보고자 한다. 구체적 내용을 확인해 보면 1976년 6월 23일 일본 외무성 북동아과에서 주일본대사관에 사할린 한인동포인 강명수, 황인갑, 백낙도, 안태식의 한국 입국 허용과 관련 대처 방안을 문의하는 내용으로 시작한다. 그리고 1976년 6월 24일 주한 일본대사관 관계관은 외무

---

25) 공개번호 10017 「재사할린 동포 개별 귀환, 1976」 외교사료관 소장.

부를 방문하여 4인이 소련으로부터 7월 5일까지 기한 만료되는 출국 허가를 받고 사할린을 떠나 6월 21일 주나호트카 일본총영사관에 방문하여 일본 입국 허가를 신청해 왔다면서 7월 5일 이전에 4인의 소련 출국이 가능하도록 한국정부가 입국허가를 해줄 것을 요청한다. 하지만 1976년 6월 26일 한국정부는 4인의 신원조회 등 절차에 시간이 소요됨을 감안하여, 일본 측이 비상 입국을 허가해줄 것을 요청하였고 일본 측은 4인의 한국 입국 보장이 있을 경우에만 일본 경유를 허가한다는 입장이라는 것이다. 그러자 1976년 7월 3일 한국 정부는 일본 정부에 4인의 한국 입국을 허용할 것이라고 통고하고, 4인에게 일본 경유 입국 허가를 부여하여 소련 출국 허가 기한인 7월 5일까지 출국할 수 있도록 조치를 취하여 줄 것을 일본 정부에 요청한다. 그리고 1976년 7월 5일 일본 외무성은 4인에 대하여 주나호트카 일본총영사관에 일본 입국 사증을 발급하도록 지시한다. 하지만 1976년 7월 20일 한국 정부가 이들의 한국 입국을 허용하지 않았다는 내용의 서신이 주일본대사관 앞으로 송부된다. 그리고 1976년 7월 23일 한국 정부는 7월 5일 이전에 상기 4명의 입국을 허가했음을 통보하고, 주일본대사로 하여금 4인에게 오해가 없도록 조치하고 이와 관련하여 일본 측의 반응을 살피고 보고하도록 하게 하는 내용을 담고 있다.

당시의 이 상황에 대해서 오일환은 구체적으로 설명하고 있다. 그 내용을 살펴보면 『1975~1976년 무렵 소련정부의 강압과 탄압 속에서도 지속적으로 사할린 출국을 시도했던 몇몇 사할린 한인동포에게 7월 5일까지 기한이 정해진 일본 출국이 허가되어서, 이들 4인은 사할린의 가산을 모두 정리하고 도항을 위해 나호트카로 이동하였다고 한다. 나호트카에 일본영사관이 있었기 때문에 이곳에서 일본으로 도항할 예정이었다. 그런데 당시 「다나카 답변서」에서 밝힌 「한국 정부의 입국 보증」 조건을 명분으로 일본영사관의 입국허가가 지연되었다. 당시 외무성은 한국 정부에 4인의 입국 보증을 문서로 요구한 상태였는데, 한국 정부가 이에 대한 보증을 확약하지 않으며 시간을 끌자, 어느덧 「나호트카 4인」의 출국허가 기간이 만료되고 말았고, 결국 4인은 사할린으로 되돌아갈 수밖에 없었던 사건』이라는 것이다.26)

다음으로 〈재사할린 동포 귀환 관련 행정소송, 1976〉 문서철27)은 1976년 일본변호사연합회가 일본 정부를 대상으로 제기한 사할린 한인 동포 귀환 관련 소송 내용을 주로 다루고 있다.

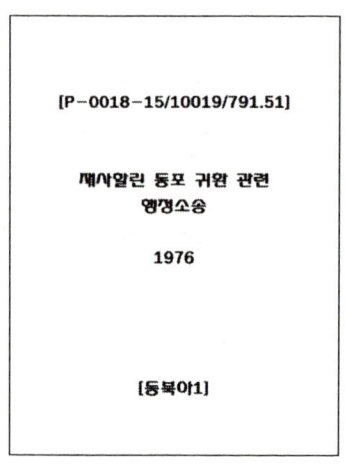
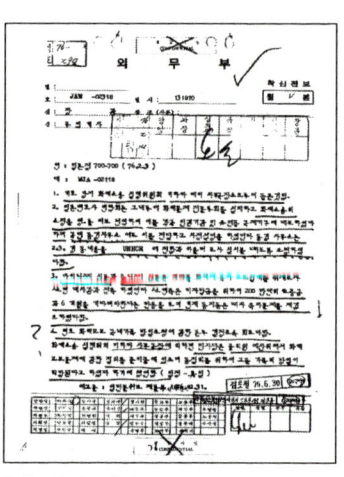

〈그림12〉 재사할린 동포 귀환 관련 행정소송, 1976

구체적인 내용을 살펴보면 1976년 2월 주일본대사관은 일본변호사연합회내 사할린 문제 전문 분회가 한인동포 귀환 문제 관련 소송을

---

26) 오일환(2020), 앞의 논문, p.281.
27) 공개번호 10019 「재사할린 동포 귀환 관련 행정소송, 1976」 외교사료관 소장.

제기하고 동 소장을 영·프랑스로 번역하여 각국 인권기관과 유엔기관에 송부하였음을 보고하고 있다. 현재 사할린에 거류 중인 한인동포 4명으로부터 위임을 받은 일본변호사협회 소속 변호인이 대리원고가 되어, 한인동포의 귀환 책임이 일본 정부에 있음을 확인하여 줄 것을 목적으로 1975년 12월 1일 일본 정부를 피고로 동경지법에 제소하였다. 하지만 한국과 소련은 미수교 관계로 송환 교섭이 여의치 않기 때문에, 사할린 한인동포는 역사적 배경 등에 비추어 일본이 소련과 교섭하여 왔으나, 소련이 이에 응하지 않고 있다는 내용을 기술하고 있다. 한편 일본변호사연합회는 변호사 및 학자로 구성된 대표단을 1976년 4월 27~29일 UNHCR(유엔난민기구), 국제사법재판소, 국제사면협회에 파견하여 사할린 한인동포 귀환 문제를 호소하고 관련 자료를 전달하였다. 이후 1976년 2월부터 11월까지 이와 관련한 행정소송이 5차례 진행되었음을 확인할 수 있다.

다음으로 〈재사할린 동포 귀환 관계 진정서, 1976〉 문서철[28]은 1976년 사할린 한인동포 귀환 관련 진정서 등이 주로 수록되어 있다. 그 구체적인 내용은 광복회의 사할린 한인동포 소환 문제 관련 자료 요청에 대한 회신 자료의 내용인데, 사할린 한인동포 실태, 사할린 재류 한국인 귀환을 위한 대일본 정부 행정소송 제기, 사할린 억류 한국인 소송 실행위원회 발족에 관한 내용을 살펴볼 수 있고, 사할린 억류 한국인회가 접수한 귀환 희망자들의 진정서와 귀환을 위해 노력 중이라는 한국 정부의 회신이 수록되어 있다.

---

28) 등록번호 10020 「재사할린 동포 귀환 관계 진정서, 1976」 외교사료관 소장.

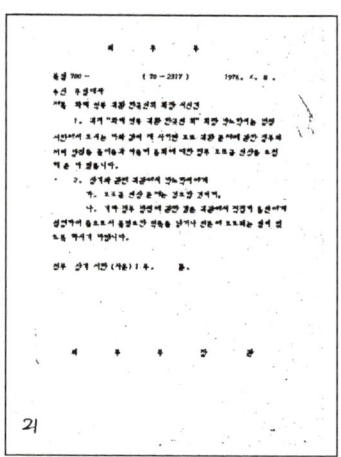

〈그림13〉 재사할린 동포 귀환 관계 진정서, 1976

다음으로 〈재사할린 동포 귀환 문제. 전5권(V.1 기본문서), 1976〉 문서철[29]은 1976년 사할린 교포 귀환 문제에 관련된 기본문서 내용이다. 외무부는 1976년 7월 22일 사할린 교포 귀환 문제에 관련된 대일본 교섭 및 정착지원 문제를 대통령에게 보고하였는데 다음과 같다. 한국의 입장은 일본이 소련 측과 교섭, 일본이 귀환 희망자의 입국을 허가하고, 일본 입국 후 정착지를 결정하여, 귀환에 필요한 경비의 일부는 일본 부담을 원칙으로 한다는 것이다. 일본의 입장은 한국 정착 희망자를 한국이 인수한다는 사전 보장을 조건으로 소련과 교섭하고, 원칙적으로 일본 정착 불허, 일본 입국 후 정착지 결정은 수용 불가, 한국 정착 희망자의 경우에도 한국 정부의 사전 입국 보장이 필요하고, 일본 측 비용 부담은 곤란하다는 내용이다. 소련의 태도는 일본의 교섭 요청에 부정적, 무반응으로 대응하고 있다는 것이다. 그리고 한국 정부는 귀환희망

---

29) 공개번호 10020 「재사할린 동포 귀환 문제, 전5권(V.1 기본문서), 1976」 외교사료관 소장.

자 52세대 163명 중, 신원조회를 마친 48세대 151명에 대해 입국을 허가한다는 입장을 일본에 전달하도록 1976년 10월 21일 주일본대사관에 지시하였음을 외교문서를 통하여 확인할 수 있다.

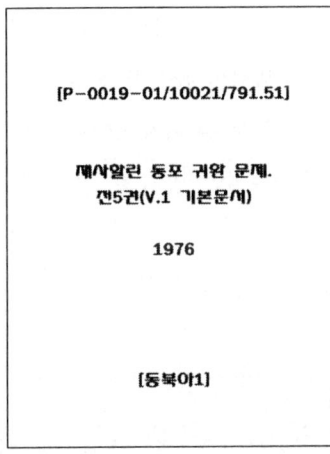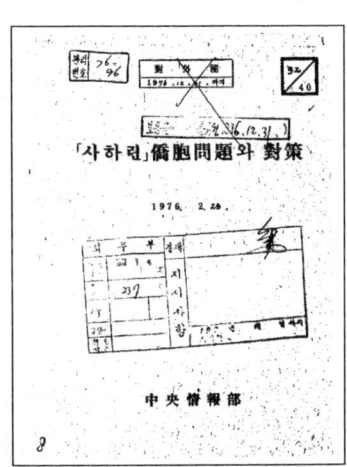

〈그림14〉 재사할린 동포 귀환문제. 전5권(V.1 기본문서), 1976

다음으로 〈재사할린 교민 귀환문제, 1977〉 문서철30)은 1977년 사할린 교포의 귀환 관련 내용을 주로 다루고 있다. 그 내용을 살펴보면 재사할린 교포 귀환 문제 개요 및 교섭 현황(교포 총 수: 약 45,000명(종전 당시 추정), 귀환 희망자: 1,700명(1974년도 한국인회 집계), 기 귀환자: 2명(1976.3.18. 최정식, 1977.1.30. 장전두), 귀환 예정자: 110세대 359명(1977.4.28. 기준)을 살펴볼 수 있다. 대일본 교섭에서 일본 외무성은 상기 359명이 주소련 일본대사관을 통해 한국 귀환을 희망하여 왔음을 통보해 오면서 한국 입국 허용 여부를 문의하였고, 정부는 국내

---

30) 공개번호 11190 「재사할린 교민 귀환문제, 1977」 외교사료관 소장.

절차를 마친 345명의 입국 허가를 일본 측에 통보하고, 대소련 교섭을 일본 측에 요청한다. 일본·소련 교섭을 살펴보면 1977년 3월 22일 일본 외무성은 주일본 소련대사관에 상기 345명 귀국 희망자의 소련 출국을 요청하고, 1977년 3월 1일 발효된 소련의 200해리 어업 전관수역 선포 등으로 일본·소련 관계가 냉각되어 전망이 불투명함을 전하고 있다. 사할린 억류 교포 귀환촉진회의 국제적십자사 앞 진정서 관련한 내용을 살펴보면 귀환촉진회는 1977년 8월 15일 국제적십자사 연맹의 장 앞 진정서를 통해 사할린섬에 거주하는 4만 명의 한국인 중 일본 정부가 입국을 허용하기로 한 300여 명의 조속 귀환을 위해 국제적십자사가 노력해 주기를 바란다는 진정의 내용을 확인할 수가 있다.

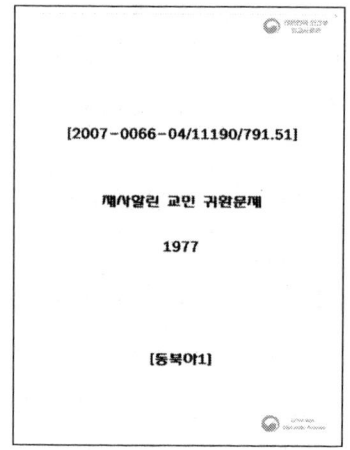 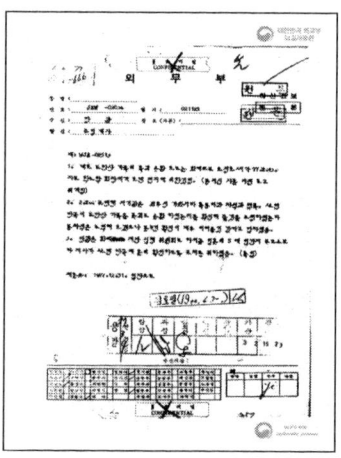

〈그림15〉 재사할린 교민 귀환문제, 1977

다음으로 〈재사할린 동포 귀환문제, 1978〉 문서철31)은 일본의 사할

---

31) 공개번호 11190 「재사할린 동포 귀환문제, 1978」 외교사료관 소장.

린 한인동포 귀환 예정자 관련 통보에 대한 내용을 담고 있다. 1978년 3월 6일 주일본대사관은 주재국 외무성이 사할린 교포 중 귀환 신청자 10세대 30명의 명단을 구상서로 통보하였다고 보고하였다. 그리고 3월 25일 외무부는 주일본대사관으로 접수된 귀환 희망자 명단을 내무부에 송부하면서 동인들의 신원을 조사, 회보하여 줄 것을 요청한다. 1978년 8월 22일 주일본대사관은 일본 내 사할린 억류 귀환 한국인회가 7월 25일로 사할린 거주 한국인의 귀환에 관하여 일본 정부가 책임을 지고 소련 정부와 교섭해주기 바란다는 진정서를 소노다 외상에게 송부하였다고 보고하는 내용을 담고 있다. 그리고 1978년 10월 11일 주일본대사관은 재일동포 공충군이 재일동포로서 해방 후 처음으로 주일본 소련대사관과 사회당 북해도 본부 주선으로 사할린을 방문, 36년 만에 형제, 자매와 재회하였다고 일본 통일일보가 보도하였음을 보고하는 내용을 확인할 수 있다.

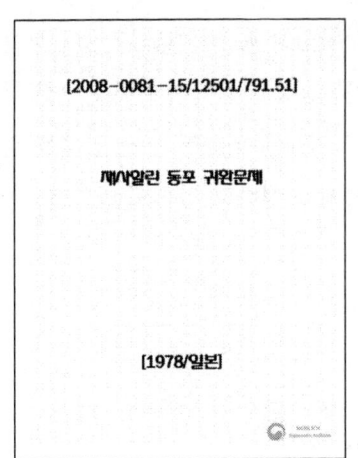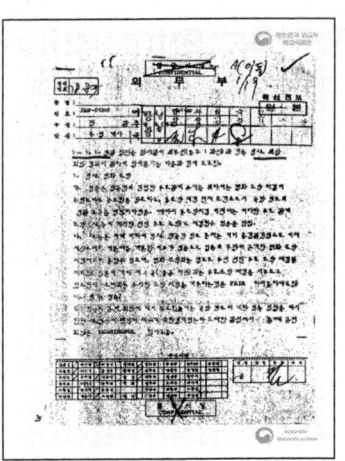

〈그림16〉 재사할린 동포 귀환문제, 1978

다음으로 〈재사할린 교민 귀환문제, 1979〉 문서철[32]은 1979년 사할린 한인동포 귀환 관련 내용을 다루는데 먼저 사할린 억류 동포 귀환 진정과 관련하여 살펴보면 1978년 12월 21일 화태억류교포귀환촉진회, 950여 세대 3,532명의 사할린 한인동포 귀환을 요청하는 진정서를 대통령에게 제출한다. 그리고 1979년 1월 25일 외무부는 다음과 같은 내용으로 진정서에 회신한다. 일본 정부는 소련으로부터 출국하는 사할린 한인동포의 일본 입국을 받아들일 의사를 명백히 표명하였고, 소련 정부가 사할린 한인동포의 출국 허가를 부여치 않고 있는 것이 가장 큰 어려운 점이라는 것을 강조한다. 한국정부는 소련과 외교관계가 없어서 일본 정부로 하여금 사할린 귀환 희망 한인동포의 조속한 송환을 위해 적극적인 대소련 교섭을 하도록 촉구하고 있음 또한 확인할 수 있다. 그리고 사할린 잔류자 귀국 청구 소송을 통하여 사할린 동포 엄수갑 등 4인, 도쿄지방재판소에 귀국 청구 소송 제기하고 있고 1979년 7월 25일 도쿄지방재판소, 이미 귀환한 일본 국내 거주자 등 3인을 원고 측 증인으로 결정하고 있음도 확인할 수 있었다. 그리고 사할린 한인동포 상봉을 위한 모스크바 방문 진정을 통하여 1979년 7월 진정인은 1980년 모스크바 올림픽에서 사할린에 억류된 부친 상봉을 위해 모스크바 방문 주선을 대한적십자사에 요청하고 있음도 확인할 수 있었다.

---

[32] 공개번호 12501 「재사할린 교민 귀환 문제, 1979」 외교사료관 소장.

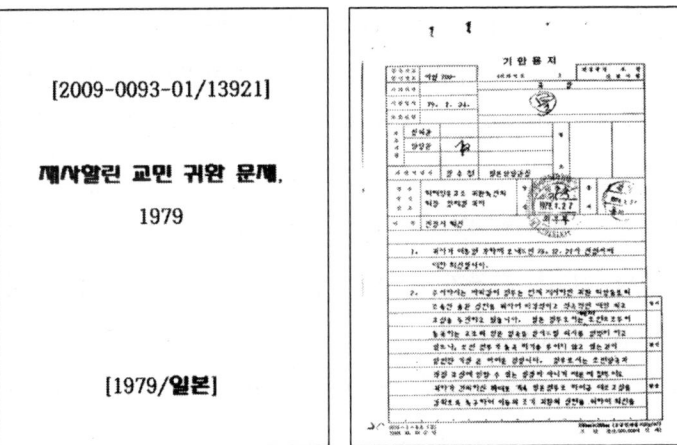

<그림17> 재사할린 교민 귀환문제, 1979

5. 나가며

본고는 먼저 1970년~75년까지의 한국생산 외교문서를 중심으로 사할린 한인동포 귀환 관련 문제의 본질과 당사국들의 상반된 인식의 차이를 살펴보았다. 시대적 상황과 더불어 비롯된 한국과 소련, 일본의 상이한 입장과 인식의 차이는 사할린 한인동포의 귀환문제를 더욱 어려운 상황으로 만들어 갔다. 좀처럼 찾지 못하던 해결의 실마리를 찾기 위한 진전된 움직임과 변화는 더디기만 하였고, 이것은 시간이 흐름과 동시에 사할린에 남겨진 한인동포들의 아픔을 더욱 깊어가게 만들었다. 하지만 1965년 한일협정 이후 본격화된 사할린 한인동포 귀환문제에 대한 접근과 논의는 교착상태를 거듭하였지만 분명히 앞으로 나아가고 있음을 확인할 수 있었다.

그리고 1975~79년까지의 외교문서를 통하여서는 사할린 한인동포 귀환문제와 당시의 교착상태 속 시대상황, 주변 당사국들의 상황 인식, 민간차원의 움직임 등을 중심으로 살펴보았다. 박노학을 비롯한 민간차원의 지속적이고 적극적인 시민사회의 활발한 활동은 당시 교착상태 속에 놓인 사할린 한인동포 귀환문제의 새로운 물꼬를 터주는 이정표와 같았다. 이러한 한국과 일본의 민간 시민사회 속의 움직임은 사할린 재판이라는 주목할만한 진전된 모습을 만들어 냈고, 일본사회 뿐만 아니라 국제사회 속에 사할린 한인동포 문제의 본질을 알리는데 상당한 역할을 하였다. 비록 15년 간의 오랜 소송의 결과는 아쉬움으로 막을 내리기는 했지만, 이를 바탕으로 다음 단계의 새로운 시도로 이어지는 시금석으로 작용하였던 것은 분명한 사실이다.

시대의 아픔이 만들어낸 사할린 한인동포 귀환문제는 이처럼 오랜 시간이 걸리기는 했지만 현재, 조금씩 의미 있는 움직임을 보이며 조금씩 진척된 성과를 만들어가고 있었던 것이다. 이러한 움직임과 성과를 거두기까지 걸린 지난한 역사의 흔적 속에서 사할린 한인동포의 궤적과 상흔을 재검토하여 보다 나은 그들의 상황 개선을 모색하고 기대하고자 하는 측면에서 본고를 기획하였다. 한정된 시기 설정으로 인하여 전체적인 측면에서 볼 때 충분히 확인하고 검토하지 못한 지점이 아직 많이 남아 있다. 남겨진 지점에 대한 연구는 향후 우선적 과제로 삼고자 한다. 무엇보다 사할린 한인동포 관련 사항들에 대한 과거의 반성과 수정을 통한 현실 인식과 제도의 개선에 대한 모색과 연구는 개인 차원에서 국가적인 차원으로까지 전방위적으로 이루어져야 할 것이고, 지속적으로 진행되어야 할 것이고, 모두가 공감하는 방향으로 나아가야 할 것이다. 이러한 측면들이 합치될 때 비로소 진정한 의미에서의 사할린 한인동포 귀환문제는 본질적 해결의 길로 귀결될 수 있을 것이다.

[附記]

본고는 2023년 12월 한국일본어문학회 제99집에 간행된 졸고「외교문서를 통해 본 사할린 한인동포 귀환문제의 본질과 당사국들의 인식연구-1970년~1975년까지의 사할린 한인동포 관련 외교문서를 중심으로-」와 2024년 5월 한국일본근대학회 제84집에 간행된 졸고「사할린 한인동포 귀환문제의 교착상태와 주변국의 상황 인식 연구-1975년~1979년까지의 사할린 한인동포 관련 외교문서를 중심으로-」를 바탕으로 본서의 주제와 방향성에 맞추어 새롭게 수정·가필한 내용으로 이루어졌다.

1970년대 재일한인 법적지위 및 대우 문제 고찰
한·일 실무자회의를 중심으로

이행화
(동의대학교 동아시아연구소 연구교수)

이경규
(동의대학교 일본학과 교수)

1. 들어가며

재일한인의 역사는 차별과 함께 걸어온 역사라고 할 수 있을 것이다. 일제강점기에는「충량한 제국신민」[1]으로 동화되기를 강요받으면서도 일본인들과 다른「조선호적」에 의해 관리되었다. 일제강점기의 재일한인들은 제도적으로 그리고 사회적으로 심한 차별을 받았다. 재일한인에 대한 일본 사회의 이러한 차별은 전후에도 크게 달라지지 않았다. 일본은 1952년의「샌프란시스코 강화조약」이 발효되면서 재일한인에게 주어진 일본국적을 모두 박탈해 버린다.[2] 그 후 재일한인은 1965년 6월,「법적지위협정」[3]이 체결될 때까지 무국적자인 상태로 일본에 재류하게 되는데, 이 법적지위협정에는 재일한인의 영주권 문제를 비롯한 강제퇴거 문제, 처우 문제 등에 대한 규정이 담겨져 있다. 한국 정부와 일본 정부가「법적지위협정」을 통해서 도출해낸 가장 큰 성과는 바로 재일한인의 영주권 관련 내용이라고 할 수 있다.

그러나 종전 당시부터 일본에 거주한 자와 협정 효력 발생 5년 이내[4]에 출생한 직계비속에 한하여 영주허가를 받을 수 있는 내용이었기 때문에 그 이후 세대 또는 가족과의 단절을 피할 수 없는 기형적이고 모순

---

[1] 일본의 식민지 정책의 기본방향은 교육을 통한 조선민족의 말살에 있었기 때문에, 1911년 공포한 제1차 〈조선교육령〉의「충량한 제국신민의 육성」이라는 기본목표가 이를 단적으로 말해 주고 있다. 일제는 제1차 〈조선교육령〉 공포 이후 1922년 제2차 〈조선교육령〉, 1938년 제3차 〈조선교육령〉, 1943년 제4차 〈조선교육령〉 공포를 통해 조선인 우민화 정책은 점점 노골화되었다.
[2] 1952년 샌프란시스코 강화조약으로 인해 일본국적이 박탈된 재일한인들은「평화조약 국적이탈자」로서 사실상 난민이나 다름없는 처지가 되었다.
[3] 1965년 6월 22일에 기본조약 및 그 하위 협정과 함께 체결된「재일한인의 법적지위 및 대우에 관한 협정」을 가리킨다.
[4] 여기에서 협정 효력 발생 5년 이내란 법적지위협정 시행기간인 1966년 1월 17일부터 1971년 1월 16일까지를 말한다.

적인 내용으로 맺어진 협정이라고 볼 수 있을 것이다. 이 법적지위협정은 시행과정을 통해서 재일한인을 대한민국 국민과 무국적의 조선인으로 양분하여, 결과적으로 전자에게는 영주권을 인정하지만 후자는 영주권을 인정받지 못하는 결과를 초래한 것도 사실이다. 그리고 일본측이 처음부터 가장 적극적으로 주장하던 강제퇴거 관련 조항을 명시적으로 삽입함으로써 국가권력에 의한 재일한인 개개인의 기본권이 침해될 수 있는 결과를 가져왔다. 일본은 재일한인의 법적지위에 관련해서는 주로 강제퇴거를 내세워서 외국인에 대해 강제 송환할 수 있는 권리가 주권국가 일본의 자주적인 권한임을 강조하여 「출입국관리령」에 따라 강제퇴거 처분을 취할 수 있도록 했다. 이에 대해서 한국은 재일한인에 한해서는 일본의 국내법과 상관없이 그 지위에 대한 역사적 특수성에 부합하는 대우가 이루어져야 한다는 점을 강조했다.

1965년 한일기본조약 체결 당시에는 한국국적을 보유한 재일한인에게는 협정영주권을 부여할 수 있었으나 당시 협정영주권자 후손의 법적지위는 해결되지 못한 상태로 남겨두고 있었다. 그러므로 이들 미신청자들에 대해서도 한국 정부는 재일한인의 경우 특수한 역사적 배경과 법적지위협정의 기본 정신을 고려하여 조속한 시일 내에 한일 양국 실무자 회담을 열어 이 문제를 해결해야 한다고 일본측에 적극적으로 나서줄 것을 제안하기에 이른다.

이번 연구에서는 재일한인 법적지위협정 시행기간[5] 동안에 미해결 상태로 남겨진 문제들에 대해 이후 한일 양국 간의 교섭이 어떻게 이루

---

[5] 법적지위협정 시행기간은 1966년 1월 17일부터 1971년 1월 16일까지 5년간이으로 하며 25년 이내에 한국의 요청이 있으면 일본은 재일한인의 법적지위에 대해 재협의하기로 하였다.

어지고 있는지 1970년대 외교문서를 중심으로 살펴보고자 한다. 이에 대한 분석 조사는 현재 동의대학교 동아시아연구소에서 구축하고 있는 「해방이후 재일조선인 관련 외교문서의 수집 해제 및 DB 구축」 프로젝트 이행과정에서 수집된 한국 정부 생산 외교문서를 토대로 이루어졌다.

2. 제1차~제2차 실무자회의

법적지위협정 시행기간 및 시행기간 종료 이후 재일한인 법적지위와 처우문제를 다루기 위해 한일 간 실무자회의를 총 다섯 차례 갖게 된다.6) 이 실무자회의는 법적지위협정 시행기간 동안 두 차례 개최되었고 협정 시행기간 직후인 1971년 두 차례 열렸다. 그리고 1976년 다시 제5차 실무자회의가 개최되었다. 먼저, 법적지위협정 시행기간 중에 열린 제1차 실무자회의와 제2차 실무자회의에서 다룬 주요 내용을 요약하면 다음과 같다.7)

(1) 제1차 실무자회의(1967.7.20.~21. 동경)
- 한국측은 협정의 기본정신에 비추어 재일한인이 일본 국내에서 안정된 생활을 영위할 수 있도록 협정의 효율적인 운영이 필요하며,

---

6) 재일한인의 법적지위에 관한 실무자급 회의는 제1차 실무자회의(1967.7.20.~21. 동경), 제2차 실무자회의(1968.11.5.~6. 동경), 제3차 실무자회의(1971.4.16.~17. 동경), 제4차 실무자회의(1971.10.11.~12. 동경), 제5차 실무자회의(1976.11.24.~30. 동경)가 개최되었다.
7) 외교부(1966~1967) 『대한민국 외교사료해제집』, 외교부(1968~1969) 『대한민국 외교사료해제집』, 외교부(1971) 『대한민국 외교사료해제집』 내용을 참고했다.

협정의 시행과정에서 발생한 문제(특히, 협정영주권)를 촉진시킬 필요가 있음을 강조하였음.
- 이에 대해 일본측은 협정영주권 허가 촉진을 포함하는 문제들의 해결을 위해 한국측과 긴밀히 협조할 용의가 있다고 발언하였음.
- 한국측은 1945.8.15. 혹은 그 이전부터 계속해서 일본에 거주한 사실이 확인된 자, 일본국적을 가진 자로서 협정영주권자인 대한민국 국민과 혼인한 자, 협정영주권 신청 자격자가 일본국외 여행 중에 출산한 자녀 등에 대해서는 협정영주를 허가할 것과 협정영주권자 가족의 강제퇴거에 있어서 정상참작 및 인도적인 견지에서 강제퇴거를 자제하도록 요청하였음.
- 이에 대해 일본측은 전전부터 일본거주가 확인된 자에 대한 사실조사 제외, 대한민국 국민과 혼인한 자에 대해 인도적인 고려, 협정영주권자의 재입국 기간 내 일본국외에서 출산한 경우 그 자녀의 영주권 신청 유자격자 취급, 협정영주권자 가족의 강제퇴거에 대한 인도적 고려 의향 등을 표명하였음.

(2) 제2차 실무자회의(1968.11.5.~6. 동경)
- 협정영주권자의 거주력 추인 : 협정영주권 신청자가 제1차 외국인 등록(1947)에는 누락되었으나 제2차 등록시 처음 등록하였을 경우에도 당해인이 전후에 입국했다는 의심이 없는 경우에는 거주력 조사 없이 허가함.
- 협정영주권자의 재입국 : 금후 특별한 사정이 있는 형벌 위반자의 경우에 대해서도 여행목적이나 범죄, 거주상황 등 사정을 감안하여 인도적인 견지에서 호의적으로 고려함.
- 협정영주권자 가족의 강제퇴거 : 가족구성 등 사정을 충분히 감안하여 인도적인 견지에서 고려할 것이며 일반협정 영주권자의 배우자 또는 미성년자의 동거를 위한 입국도 호의적으로 고려할 것이므로 정식으로 일본에 입국할 것을 요망함.
- 출입국관리령에 의한 영주허가 : 해방 이후 1952.4.28.까지의 기간

중 일본 입국자는 일반영주허가를 신청할 수 있으며, 1968.3월 이후에도 특별체류를 허가한 직후 일반영주를 허가하는 등 호의적인 고려가 이루어지고 있기 때문에 신청자격자는 신속히 신청할 것을 요망함.

 법적지위협정 시행기간 중에 개최된 제1차와 제2차 실무자회의에서 재일한인들의 협정영주권에 대한 논의가 주된 내용으로 한국측과 일본측은 각각 영주권 범위 확대와 강제퇴거 등의 의제에 적극적인 태도를 보이고 있음을 확인할 수 있다. 법적지위협정 시행 과정을 통해서 한국 정부는 줄곧 재일한인의 자손들이 대대로 일본에 영주할 수 있는 조치를 취해달라는 주장을 펼치게 되지만, 결과적으로는 재일한인의 형성에 역사적인 책임을 져야 할 일본 정부가 일관되게 주장해온 재일한인의 강제퇴거 조치에 대해서도 상당 부분 묵인하는 결과를 초래하게 되었다.
 한국측은 재일한인들의 법적지위협정 시행기간 동안 줄곧 재일한인들의 협정영주권 확대 그리고 거주권, 생활권 보장 등을 주장하게 된다. 이에 대해 일본측은 출입국관리법의 개정을 통해 강제퇴거를 강화하는 것이 재일한인의 영주권 확대에 대한 최선의 대책으로 생각하고 있었다. 재일한인의 법적지위협정 시행에 수반되는 문제점 해결을 위해서 주일한국대사관은 각 지역공관 및 민단의 대책위원회와 더불어 다양한 대책을 강구하게 된다. 특히, 재일민단은 재일한인의 안정된 거주권 확보 및 권익 옹호를 위해 한국 정부가 일본 정부에 대해 적극적으로 교섭해줄 것을 촉구하고 나서는 상황이었다.

3. 제3차~제4차 실무자회의

　법적지위협정에 있어서 영주권 신청기한인 1971년 1월 16일로 신청을 마감한 결과, 재일한인 협정영주권 신청자의 수가 60만 재일한인 중에서 351,955명이었고 유자격 미신청자는 약 23만 명이었다.[8] 이들 유자격 미신청자 약 23만 명에 대해서 두 차례의 한일 양국 실무자회의를 개최하여[9] 한국측의 기본 입장인 협정영주권 신청 기간의 재설정 요청에 관해 일본측은 법적지위협정 내용 수정에 대한 일본 의회의 승인을 도출해내기 어렵다는 이유로 거부 의사를 밝히게 되면서 협정영주권 신청 기간 재설정 논의는 아무런 진전이 없었다.

　법적지위협정 시행기간이 끝난 직후, 두 차례에 걸쳐 실무자회의가 열리게 되는데, 이들 제3차 실무자회의와 제4차 실무자회의에서는 다음과 같은 내용을 중심으로 다루었다.

(3) 제3차 실무자회의(1971.4.16.~17. 동경)
- 협정영주권 미신청자에 대한 구제 : 한국측은 협정영주권 미신청자에 대한 구제 기회 부여를 요청했으나 일본측은 기신청자 35만 명은 만족할 만큼의 성과이므로 신청기간의 연장 및 재설정은 불가하다는 입장임을 나타냄.
- 협정영주권 신청자 허가문제 : 한국측은 거주력 조사 생략 및 신청자 전원에 대한 허가를 촉구했으며 일본측은 현재 형식적인 서면심사만 하기로 함.
- 재일한국인 처우 문제 : 한국측이 한국학교 졸업자에 대한 상급학교

---

8) 1970년쯤부터 대한민국 국적자의 수가 조선적을 추월하는 상황이 된다.
9) 재일한인의 법적지위 및 처우에 대한 제3차 실무자회의(1971.4.16.~17, 동경)과 제4차 실무자회의(1971.10.11.~12. 동경)에 해당한다.

진학 자격 인정을 요청한 데 대해서 일본측은 인정하기 어렵다는 입장을 나타냄. 기타 국민연금이나 공영주택, 재산권, 직업권, 출입국관리령상의 혜택 등에 대해서는 일본측이 호의적인 처리 입장을 밝힘.

(4) 제4차 실무자회의(1971.10.11.~12. 동경)
- 협정영주권 미신청자에 대한 구제조치 : 일본측은 협정영주권의 신청기간 연장이나 재설정은 불가하다는 기존 입장을 고수하고, 협정에 의하지 않더라도 영주할 수 있는 길이 열려 있음을 강조함.
- 협정영주권 신청자의 허가문제 : 일본측은 계속 거주력을 조사하지 않을 방침이며, 협정영주권 허가를 받지 못한 신청자에게는 일반영주권을 부여하고 있다고 설명함.
- 기타 : 일본측은 출입국관리법을 개정할 때 협정영주자에게 재입국 허가의 회수 제 인정 및 재입국 허가 기간의 연장, 본국 가족의 동거를 위한 신속한 허가 등에 대해 언급함.
- 사회보장을 통한 처우 향상 : 일본측은 재일한국인의 처우가 우대되어야 한다는 점에 동의하면서도 민단계 우대에는 반대하며, 국민연금법을 기본으로 하는 사회보장 관련 제법은 법규정상 일본 국민에게만 해당되기 때문에 법 개정에는 반대한다는 입장과 공영주택은 일본국민에게만 적용되며 4개 한국학교 출신자의 상급학교 진학 자격 인정은 불가하다는 등 기존의 입장을 반복함.

제3차 실무자회의와 제4차 실무자회의에서는 제1차 실무자회의와 제2차 실무자회의에서 적극적으로 다루지 못한 한국학교 졸업자의 상급학교 진학 자격 인정 문제와 사회보장을 통한 처우 문제를 새롭게 다루고 있다.

이렇게 네 차례에 걸친 재일한인의 법적지위에 관한 실무자회의의 주된 내용은 재일한인의 협정영주권 신청 허가와 영주권 확대, 강제퇴거 문제, 사회보장을 통한 처우 개선에 관한 사항이었다. 한국측은 재일한인의 영주권 취득과 처우 개선을 위해 인도적인 견지에서 호의적으로 처리해달라는 요청이었고, 일본측은 법적지위협정의 합의 사항을 근거로 내세워 불가능하다는 답변을 하는 경우가 대부분이었다. 실무자회의를 통해서 진행되는 내용을 보면, 재일한인이 존재하는 배경에는 일본 정부에 큰 책임이 있음에도 불구하고, 최소한 거주권을 보장해주기는커녕, 한국국적을 선택하는 자가 영주권을 신청했을 경우에만 이를 허가할 수 있다는 일관된 입장을 취하고 있었다.10)

참고로 제4차 실무자회의가 개최되기 직전에 재일민단은 한국 정부에 청원서를 제출하게 되는데, 1971년 1월 16일로 신청기한을 마감하면서 재일한인들에게 다가올 앞날에 대한 불안함과 초조함이 내용이었다.11) 이 청원서에는 재일한인의 영주권 신청기한의 연장 요청 및 대우 문제(사회보장관계법령, 금융관계법령 차별대우 개선 등)에 관한 내용이 포함되어 있었다. 영주권 신청기한의 연장 요청 사유는 일본 정부의 행정지도 미흡과 조총련의 방해공작 때문에 영주권 신청이 이루어지지 못한 재일한인이 많다는 내용이었다. 그러나 결과적으로 영주권 신청기한의 연장은 일본측의 거부로 이루어지지 못했다. 한국측의 영주권 신청기한 연장 요청에 대해 일본측은 행정적으로 신청기한의 연장이 불가능하고 그 외에도 「법률 126-2-6」 해당자12)에 대해 그 경과 조치를

---

10) 조총련측에서는 재일조선인들은 모두 「법률 126-2-6」로 재류를 계속 유지할 것을 주장하는 상황이었다.
11) 재일본대한민국거류민단 「본국정부에 대한 청원서」(1971.9.28.)
12) 재일한인을 증명할 수 있는 법적 근거가 없기 때문에 법률 126조를 제정하여 별도의 재류자격이 정해질 때까지 계속해서 일본에 재류할 수 있도록 했다. 일본 정부는 법률 제126호를 통하여 종전 이전부터 일본에 거주하던 재일한인들에게는 출입국관리령상의 재류자격과 관계없이 당분간 일본에 재류할 권리를 인정한 것이다. 재일한인 재류에 관해서는 제126호 제2조 6항에 명기되어 있기 때문에 통상 「법률

어떻게 처리할지의 문제가 더 중요하다는 입장이었다. 결과적으로 협정영주권 신청을 하지 못한 미신청자에 대한 구제 조치는 이루어지지 못했다. 그리고 협정영주권 부여는 한국국적을 전제로 이루어면서 조총련계들은 이를 외면했기 때문에 재일한인 사회 내의 이념적 갈등과 분열을 야기하게 되는 결과를 초래했다는 점과 협정영주 3세에 대한 관련 규정이 제대로 마련되지 못했다는 점 등 많은 문제점을 노출시켰다.13)

4. 제5차 실무자회의 및 비공식 실무자회의

(5) 제5차 실무자회의(1976.11.24.~30. 동경)
- 협정영주권 미신청자 구제 문제 : 한국측이 협정영주권 신청 유자격자 중 미신청자의 구제에 있어서는 협정영주권의 신청이 가능하도록 요청한데 대해서 일본 측은 입법이 불가능한 일본내의 정치정세에 비추어 잠정조치를 통해 일본 법령이 허용하는 범위 내에서 협정영주자와 동등한 대우를 부여하기로 함.
- 협정 제3조 해당자 구제 문제 : 한국측이 협정영주자 중 강제퇴거의 사유가 발생하는 자(국교에 관한 죄, 마약범 3회 이상, 7년 이상의 형)에 대하여 인도적 고려를 요청한 데 대해서 일본측은 80% 정도는 특별재류를 허가하기로 양해함.
- 밀항자 처리 문제 : 법적지위협정 발표일(1966.1.17.) 이전에 불법 입국한 자는 원칙적으로 특별재류를 허가하며 이외의 불법 입국자에 대해서는 특별재류 심사 제도를 통한 구제조치를 하기로 함.

126-2-6」이라고 칭한다.
13) 정인섭(1990) 「재일한국인 법적지위협정-그 운영 25년의 회고-」『재외한인연구』 제1호, 재외한인학회, pp.22-23.

− 복지 향상 및 대우의 문제 : 공영주택 입주, 신용조합의 공고업무 대리 취급 문제에 대해 일본측은 일본측은 행정지도를 통해 한국측 요망에 부응하도록 처리할 것을 약속하였으며, 국민연금법, 아동수당법의 적용에 대해서도 일본측은 한국측 요망을 검토하기로 함.

이와 같은 문제점이 노정된 가운데 1975년 12월 일본측은 재일한인의 강제퇴거 업무가 원활히 이루어지고 있지 않다는 견지에서 법적지위협정 제3조 해당자[14] 및 밀항자의 강제퇴거를 적극적으로 접수해 달라고 요청하게 된다. 이에 대하여 한국측은 재일한인의 복지 증진 문제와 더불어 조총련에서 이탈해 오는 재일한인들에 대한 협정영주권 부여 문제와 협정영주권자에 대한 처우 개선 문제를 함께 논의해야 한다는 점을 강조하여 한일 양국 간의 절충점을 찾으면서 어렵사리 1976년 제5차 실무자회의가 개최되기에 이른다. 제5차 실무자회의에서 한국측은 협정영주권의 재설정 문제와 재일한인의 복지향상을 위한 처우 문제를 주요 의제로 제시하였고, 일본측에서는 법적지위협정 제3조 해당자 및 밀항자의 강제퇴거 문제를 주요 의제로 제시하였다. 제5차 실무자회의에서 다룬 주요 내용을 요약하면 다음과 같다.

---

14) 「법적지위협정」 제3조에서 다음에 해당하는 자는 강제 퇴거할 수 있다고 명기하고 있다. (a) 일본국에서 내란죄 및 외환에 관한 죄로 금고 이상의 형에 처하여진 자, (b) 일본국에서 국교에 관한 죄로 인하여 금고 이상의 형에 처하여진 자 및 외국 원수나 외교사절 또는 그 공관에 대한 범죄행위로 인하여 금고 이상의 형에 처하여지고 일본국의 외교상 중대한 손해를 입힌 자, (c) 영리 목적으로 마약류 단속에 관한 일본국의 법령에 위반하여 무기 또는 3년 이상의 징역 또는 금고형에 처하여진 자 또는 마약류 단속에 관한 법령을 위반하여 3회 이상의 형에 처하여진 자, (d) 일본의 법령에 위반하여 무기 또는 7년을 초과하여 징역 또는 금고에 처하여진 자.

제5차 실무자회의를 통해 한국측은 협정영주권 미신청자들(조총련계 전향자 포함)에 대한 잠정조치로서 법률 126호 해당자 중 국민등록을 필한 자(조총련계 이탈자)는 협정영주권자와 동등한 대우를 부여할 것을 요청하였으며 일본측은 법령이 허용하는 범위 내에서 협정영주권자와 동등하게 대우하기로 하였다. 그리고 일본측이 협정 제3조에 의거한 강제퇴거자의 50% 정도라도 인수 의무를 이행해야 한다고 요청한데 대해 많은 논란을 거듭한 결과, 한국측에서는 강제퇴거자에 대한 인도적 고려가 필요하다는 점[15]을 강력히 요청하고 강제퇴거자의 20% 정도의 인수는 가능하다는 의사를 밝히면서 강제퇴거자에 대한 특별재류를 허가하는 방안을 모색하는 한일 양측 간의 접점을 찾게 되었다.[16]

밀항자의 퇴거에 대해서는 1966년 1월 17일 이전까지의 밀항자들[17]

---

15) 불법 입국자에 대한 특별조치 관련 한국측 문서(안) (1) 일본측은 1966년 1월 17일 이전에 일본국에 불법 입국하여 계속 일본국에 정주하고 있는 한국인에 대하여 특별히 재류를 허가한다. (2) 일본측은 전항의 날 이후에 대하여도 지금까지와 같이 인도적 고려를 행하고, 특별재류 허가를 계속 부여한다. 특히, 전항의 날로부터 5년 이내에 일본국에 불법 입국한 한국인이 강제퇴거되는 시점에 있어서 일본인 또는 영주가 허가된 외국인 배우자를 가지고 있을 경우에는 특별한 고려를 행한다. 전기한 인도적 고려를 행함에 있어서는 다음 사항에 대하여 배려하는 것으로 한다. ① 강제퇴거에 계류된 자가 미성년자로서 그의 부모가 일본에 거주하는 경우, ② 일본에서 장기 거주 자격을 취득한 한국인 및 일본인과 결혼하고 그 가족의 생활 기반이 일본에 있는 경우, ③ 특별 재류 허가를 취득한 범죄자 중 그 가족 및 생활 기반이 일본에 있는 경우, ④ 노약자로서 일본에 거주하는 가족의 부양 및 보호를 요하는 경우, ⑤ 협정영주자의 가계를 계승하는 자의 경우, ⑥ 기타 양측이 특별히 이유가 있다고 인정한 자의 경우.
16) 불법 입국자에 대한 특별조치 관련 일본측 문서(안) (1) 일본측은 1966년 1월 17일 이전에 일본국에 불법 입국하여 계속 일본에 정주하고 있는 한국인에 대하여 특별히 재류를 허가한다. 다만, 이 자의 친족 상황, 생활 상황, 선행 보지의 유무 등에 비추어 특별히 재류를 허가할 여지가 없다고 인정되는 자에 대하여는 차한에 부재한다. (2) 전항의 날로부터 5년 이내에 일본국에 불법 입국한 한국인이 강제퇴거 처분에 의하여 퇴거된 시점에 있어서 일본인 또는 영주가 허가된 외국인 배우자를 가지고 있는 경우에는 일본국에 입국을 위한 사증 신청에 관하여 출입국관리령 제5조에 규정된 상륙 거부 사유에 해당하는 경우를 제외하고 일본국 정부는 호의적 고려를 행한다.

에 대하여 합법적으로 일본에 거주하는 길이 열리게 되었다. 또한, 1966년 1월 17일부터 5년 이내에 밀항한 자가 일본인 또는 영주권자의 배우자인 경우에도 퇴거 후 1년 뒤에 다시 재입국을 통해서 구제하는 방안이 마련되었다.

제5차 실무자회의를 통해서 한국측이 법적지위협정 시행기간 이후 미해결 상태로 남아 있던 협정영주권 미신청자들에 대한 잠정조치를 통해 이들의 권익을 실질적으로 보호할 수 있게 되었다. 이에 대해서 일본측은 전혀 답보 상태로 남아 있던 강제퇴거 문제에 대해 해결의 실마리를 찾을 수 있게 되었다는 점이 성과라고 볼 수 있을 것이다. 그리고 한일 양측 대표단 간의 실질적인 의견의 일치를 보게 된 사항을 중심으로 정리하여 한일 양국 정부 간에 작성될 문서의 자구에 대해서는 추후 계속해서 협의해 나가기로 하였다. 동 문안에 대한 교섭은 외교 경로를 통해 진행하고 합의안 문서의 서명을 위한 실무자회의를 1977년 서울에서 개최하기로 협의하였다.

이와 더불어 재일한인의 복지향상 및 대우 문제에 대해서 한국측은 법적지위협정의 기본 정신과 재일한인의 역사적 배경 등에 비추어 재일한인들의 생활 안정을 위해 이들에 대한 일본의 사회 복지 관련 정책의 적용을 요구하였다. 이에 대해 일본측은 일본 국내법의 규정이나 정책적으로도 일본 국민만을 대상으로 하는 것이 적지 않기 때문에 곤란한 점이 많다는 반응을 나타냈다. 그런 가운데 일본측은 신용조합의 공고 업무 대리 취급 문제와 공영주택 입주 문제에 대해서는 행정지도를 통해 한국측 요구에 부응하도록 노력할 것을 약속하였다. 그리고 국민연금법 적용과 아동 수당 지급에 대해서는 일본 국민에 한하여 적용되

---

17) 일본측에서는 1만~2만 명으로 추정하고 있다.

도록 규정되어 있고 제도 운영에 있어서도 재정면에서의 곤란 등 어려움이 많아 한국측의 요구를 청취하는 선에 그치면서 그 이상의 논의가 진전되지 못했다.

한국측은 1977년 11월 말에 실무자회의 개최를 희망하였으나 의제에 대한 논의는 가능하나 합의의사록을 작성하는 것은 전혀 고려하지 않고 있다는 일본측 입장을 전달받았다. 그 후 일본측으로부터 공식적인 실무자회의는 어려운 입장이지만 비공식 협의를 통해서 재일한인의 법적지위에 관한 실질적인 논의를 하고 싶다는 의사를 타진해와 한일 양측 간의 이견에 대한 추가 논의가 이루어졌을 뿐 합의의사록 작성에는 이르지 못했다.

(6) 비공식 실무자회의(1977.11.28.~30. 서울)
- 협정영주권 미신청자 구제 문제 : 한국측이 협정영주권 신청기간 재설정할 수 있도록 노력하고 그때까지의 행정조치로서 법률 126호 해당자는 협정영주권자에 준하는 대우를 부여하도록 요청한데 대해서 일본측은 가족관계, 경제상황 및 기타사항 등을 감안하여, 이에 준하는 대우를 할 용의가 있음을 표명함.
- 협정영주권자의 강제퇴거 문제 : 한국측에서 강제퇴거자의 20%는 인수할 방침이지만 비공개 토의 기록에는 두되 문서화할 성질의 것이 아니므로 합의문서에는 「한일 양측이 인도적 고려하에 합의함에 따라 인수한다」는 표현이 바람직하다는 의견에 대해, 일본측은 20% 인수에 동의하나 합의 문서에는 「인도적 고려를 행하고 한국측은 인수에 협력한다」는 표현이 좋겠다는 의사를 밝힘.
- 불법 입국자 문제 : 1966.1.17. 이전 불법 입국자에 대해서는 원칙적으로 전원 특별재류 허가를 통해 구제하기로 합의하며, 1971.1.17. 이후 불법 입국자에 대해서는 원칙적으로 전원 인수하되 개별적 심

사로 특별재류 허가를 부여하여 구제하기로 합의함. 1966.1.17.~1971.1.17. 불법 입국자는 일본인, 협정영주권자, 법률 126호 해당자와 결혼한 자 및 그 직계가족 상황 등을 검토하여 특별재류 허가를 부여하고, 그 외의 불법입국자는 일반 퇴거하여 1년 후 정식으로 재입국 신청 때 입국을 허가하기로 함.
- 복지 향상 및 대우의 문제 : 한국측은 역사적으로 일반 외국인과는 다른 특수성이 있음을 감안, 내국인 대우가 부여되어야 한다는 기본 입장을 재천명하고 우선 국민연금법, 아동부양수당법, 주택금융공고법, 국민금융공고법, 신용조합 공고업무 대리 취급 등의 일본 사회보장관계 법규를 재일한인 협정영주권자에게 적용시키도록 요청한데 대해, 일본측은 관계성에 한국측의 의견을 충분히 전달하기로 함.

1977년 11월에 개최된 비공식 실무자회의를 통해서 협정영주권자의 신청기간 재설정을 요구하고 신청기간 동안 협정영주권자에 준하는 대우를 할 것을 요청한 데 대해 일본측은 가족관계나 경제상황 등을 감안하여 협정영주권자에 준하는 대우를 부여할 용의가 있음을 확인하였다. 그리고 협정영주권자의 강제퇴거 문제에 있어서 일정 부분 해결의 실마리를 찾을 수 있게 되었고 불법입국자에 대해서도 특별재류 허가를 통해서 해결할 수 있다는 협의가 이루어졌다. 그러나 재일한인의 복지 향상 및 대우 문제에 대해서 한국측이 일본의 국민연금법, 아동부양수당법, 주택금융공고법, 공영주택법 등의 전면적인 적용을 요청하였지만, 일본측은 한국측의 의견을 청취하여 본국의 관계성에 의견을 전달하겠다는 입장 표명으로 비공식 실무자회의는 마무리되었다. 이 비공식 실무자회의에서 협의된 사항에 대해서는 한일 양국 간 상호 교섭을 통해 합의 문안을 완성하기로 하였다. 그 후 1977년 12월 시즈오카현

고텐바시에서는 이인하 목사18) 등 기독교계 관계 인사들이 대거 참여한 가운데 재일한인의 제권리에 관한 심포지엄이 개최되었는데, 재일한인의 강제퇴거 철폐 및 법적지위협정 재검토, 재일한인의 교육·경제·복지 등을 주제로 발표와 토론 그리고 성명서 채택이 이루어졌다.19)

또한, 앞서 비공식 실무자회의에서 협의된 사항인 합의의사록 한국측 초안을 토대로 1978년 내내 의견 교환이 이루어졌지만, 합의안을 도출해내지 못했다. 재일한인의 법적지위 및 실무자 간 합의의사록 한국측 초안20)을 기초로 수차례에 걸친 교섭이 이루어진 수정안(1978. 10.5.)은 다음과 같다.21)

• 재일한국인의 법적지위 및 대우에 관한 실무자 간 합의의사록 (안)

1978년 월 일 를 수석대표로 하는 대한민국 정부 대표단 및 를 수석대표로 하는 일본국 정부 대표단은 서울에서 재일한국인의 법적지위 및 대우에 관하여 의견을 교환하고 다음과 같이 합의하였다.

Ⅰ. 일본국에 거주하는 대한민국 국민의 법적지위 및 대우에 관한 협정 (이하 협정이라 함)에 의한 영주권 미신청자의 처리 문제

---

18) 이인하 목사는 가나가와현 가와사키시를 중심으로 재일한인의 취업차별, 일제강점기 군인·군속에 대한 원호법의 국적 조항 철폐 운동에 앞장섰다. 특히, 재일한인 2세 박종석이 히타치제작소에 취업 직후 일본국적을 갖지 않았다는 이유로 합격 취소 통지를 받자 이 목사는 일본 기독교인들과 손잡고 히타치 불매운동 등을 벌이는 등 차별 철폐 운동에 적극적으로 나섰다.
19) WJA-1207「재일한국인의 제권리에 관한 심포지엄」, 1978년 1월 12일.
20) 교일 725-2350「법적지위 합의의사록」, 1978년 1월 5일.
21) 교일 725-70-2345「법적지위 합의의사록」, 1978년 10월 5일.

1. 한·일 양측은 협정에 규정된 기간 내에 협정에 의한 영주권(이하 협정영주권이라 함)을 신청하지 못한 재일한국인이 상당수 있음에 관심을 표시하고, 한국측은 협정영주권 신청기간을 추가로 설정할 것을 일본측에 요청하였으며, 일본측은 그러한 한국측의 요청을 이해하였다.
2. 한국측은 협정영주권 신청기간이 추가로 설정될 때까지 협정영주권을 신청하지 못한 일본법률 제126호 해당자(이하 제126호 해당자라 함)를 협정영주권자에 준하여 대우할 것을 일본측에 요청하였고, 일본측은 그러한 제126호 해당자의 가족 관계 및 기타 제사정 등을 감안하여 호의적인 고려를 행할 것이라고 말하였다.

Ⅱ. 강제 퇴거 문제
1. 강제 퇴거 절차
가. 일본측은 협정 및 출입국관리령에 따라 한국인을 강제 송환하고자 할 경우에는 그 뜻을 문서로서 한국측에 통보한다.
나. 일본측은 한국측으로부터 일본에 주재하는 한국 영사가 전항의 통보에 관련된 자를 면접할 기회를 얻고자 할 경우에는 뜻의 요청을 받았을 경우에는 면접에 필요한 편의를 제공한다.
다. 한국측은 Ⅱ의 1의 「가」의 통보에 관련된 자에 대한 퇴거강제에 관하여, 특히 의견이 있을 경우에는 일본 측에 대하여 그 뜻을 통보한다.
라. 한국측은 다음에 해당하는 자를 인수한다.
(1) 한국측이 Ⅱ의 1의 「다」의 의견을 통보하지 않은 자
(2) 일본측이 Ⅱ의 1의 「다」의 한국측 의견을 받고도 퇴거강제령서 발부를 취소할 여지가 없다고 한국측에 통보하고, 한국측도 일본측이 충분한 인도적 고려를 행하

였다고 인정하는 자
2. 불법입국자 등에 대한 처리
   가. 일본측은 1966년 1월 17일 전에 일본국에 불법입국(불법 잔류를 포함, 이하 같음)하여 계속하여 거주하고 있는 한국인에 대하여 출입국관리령의 규정에 의하여 원칙적으로 전원 특별재류를 허가한다. 다만, 특별재류를 허가함이 적당하지 못하다고 인정될 경우에는 차한에 부재한다.
   나. 일본측은 1966년 1월 17일부터 5년 이내에 일본국에 불법입국한 한국인에 대하여는 해당 한국인이 일본국적을 보유하는 자 또는 영주 허가를 받고 있는 일본인 이외의 자의 배우자 또는 직계가족인 경우에는 인도적 고려에 의해 가능한 한 특별재류 허가를 부여한다. 또한, 상기 사유에 해당하지 않는 자가 퇴거한 시점으로부터 1년 후 일본국에서의 거주를 위하여 재입국허가를 신청한 경우에는 출입국관리령 제5조에 규정된 상륙 거부 사유에 해당하는 경우가 아닌 한 이를 허가한다.
3. 협정 제3조 해당자의 처리
   가. 일본측은 협정 제3조 1항 (c) (d)에 해당하는 자의 일본국으로부터의 퇴거를 강제하고자 할 경우에는 협정 부속 합의의사록에 따라 인도적 견지에서 그자의 가족 구성 및 기타 사정에 대하여 고려를 행한다.
   나. 한·일 양측은 다음에 해당하는 자의 송환에 관하여는 전기 Ⅱ의 1의 규정에 따른다.
      (1) 전기 Ⅱ의 3의 「가」의 고려에도 불구하고 퇴거강제령서를 발부 받은 자
      (2) Ⅱ의 3의 「가」의 고려의 결과, 퇴거되지 않은 자가 새로이 출입국관리령 에 규정된 퇴거 강제 사유에 해당하여 퇴거강제령서를 발부 받은 자

Ⅲ. 회수 재입국 허가 문제

일본측은 협정영주권자의 회수 재입국 허가를 신청한 경우, 동 신청자의 직업상 빈번한 왕래의 필요성 등을 고려하여 이를 허가한다.

Ⅳ. 재일한국인의 대우 문제

협정과 그간의 한·일 양국 각료회담에서 표명된 바와 같이 재일한국인의 복지증진에 제문제에 관하여 한국측은 일본측의 각별한 배려를 요망하였으며, 이에 대하여 일본측은 계속 호의적으로 검토할 것을 약속하였다.

재일한인의 법적지위 및 실무자 간 합의의사록 한국측 초안에 대한 일본측의 의견을 요청하면서 여러 차례에 걸친 교섭이 이루어졌다. 그럼에도 불구하고 그때마다 일본측은 한국측의 수정안이 일본측의 주장과는 상당한 차이가 있기 때문에 새로운 대안을 찾기 어렵다는 반응으로 일관하였다. 1976년의 제5차 실무자회의와 1977년의 비공식 실무자회의를 통해서 협정영주권 미신청자 구제 문제를 비롯하여 협정영주권자의 강제퇴거 문제, 불법입국자 구제 조치, 재입국 허가 문제에 대해 상당한 교섭이 이루어졌지만, 한일 양측 간의 이견을 좁히지 못하면서 합의안에 관련한 한일 간의 교섭은 답보 상태에 머물러 있는 상황이었다. 그리고 한국측은 재일한인들에게 국민연금법, 아동부양수당법, 주택금융공고법, 공영주택법 등의 전면적인 적용을 요청하고 나섰지만, 재일한인의 사회보장 문제에 대해서 종전보다 진전된 논의를 이끌어내지 못했다.

5. 일본 정부의 국제인권규약 비준

그런 가운데 1979년 6월 21일 일본 정부는 국제인권규약22)을 비준하게 된다. 한국 정부는 일본 정부의 국제인권규약 비준 움직임과 관련하여 일본 국내법 개정 조치를 취할 경우에 재일한인 문제가 포함될 것으로 예상됨에 따라 재일한인의 법적지위 및 복지향상을 위한 교섭을 위한 준비에 나서게 된다. 재일한인에 대한 일본 정부의 사회복지정책은 내외국인 사이의 불평등한 차별을 두고 있었다. 재일한인 협정영주권자는 일본 국민과 같이 납세 의무를 지고 있으면서도 수혜면에서는 일본 국민과 동등한 대우를 받지 못하고 부당한 차별대우를 받고 있는 실정이었다. 특히, 국민연금23)을 비롯한 아동수당, 공영주택 입주 등의 항목이 전혀 적용되지 않거나 적용된다 하더라도 미미한 수준이었다. 국민연금은 일본 국민을 대상으로 하고 있기 때문에 재일한인에게는 적용되지 않았고, 아동수당은 일본 국민이 적용 대상이지만 일부 지자체에서 부분 적용되는 실정이었다. 공영주택 입주의 경우에는 적용 대상에 구분은 없으나 재일한인에게도 제한적으로 적용되는 상황이었다. 이에 대한 문제점은 1978년 6월 1일 재일민단 중앙본부에서 제출한 요망서에 잘 나타나 있다.24) 이 요망서에는 재일한인의 권익옹호 및 민생

---

22) 국제인권규약은 1966년 12월 16일 UN 총회에서 채택되어 1976년 3월 23일부터 효력이 발생되기 시작한 다자간 조약이다. 국제인권규약은 경제적·사회적·문화적 권리에 관한 국제규약(International Covenant on Economic, Social and Cultural Rights, A규약)과 시민·정치적 권리에 관한 국제규약(International Covenant on Civil and Political Rights, B규약)으로 나뉘어 있다.
23) 1959년 시행된 국민연금법에서 재일한인은 외국국적을 이유로 수급 대상에서 제외되었는데, 국적에 따른 부당한 차별이라며 문제를 제기하는 여러 차례의 소송이 발생하였다.
24) 일본(영) 725-3586 「재일한국인의 복지향상을 위한 방안 모색」 1979년 7월 9일.

안정 등의 실현을 목표로 「주택입주(공영주택, 일본주택공단) 차별철폐에 관한 요망, 아동수당 및 국민연금 적용에 관한 요망, 금융공고 등 융자제도 적용에 관한 요망, 공무원 채용에 관한 요망」 등의 내용이 담겨져 있다.

일본은 1978년 5월 국제인권규약에 조인하였으며 1979년 6월 동 규약의 국회 승인 및 각의 비준 등 국내 절차를 마치고 9월에 동 조약이 발효되었다.[25] 국제인권규약에는 「종족, 피부색, 성별, 언어, 종교, 사상, 민족적 또는 사회적 근원, 재산, 사회적 지위」 등을 이유로 한 차별을 금지하는 규정을 두고 있다. 그러므로 재일한인에 대한 각종 차별이나 강제퇴거, 국민연금 가입 제한, 국적 조항 등의 법적지위 및 처우 문제를 개선하는데 있어서 매우 중요한 국제조약이라고 볼 수 있다. 일본 정부가 국제인권규약에 비준함에 따라서 재일한인들에게는 처우가 개선될 수 있는 중요한 계기가 될 수 있다고 예측되었기 때문에, 주일한국대사관과 재일민단은 재일한인들의 법적지위 향상 및 사회복지 개선을 추진하기 위하여 적극적으로 대응하기 시작했다. 주일한국대사관은 미국, 캐나다, 영국, 독일, 호주 등 주요국가들의 체류외국인 대상 정책과 복지제도 현황을 파악하고 나섰다. 이들 주요국가들의 체류외국인 대상 정책과 복지제도 현황 분석을 토대로 주일한국대사관과 재일민단은 1979년 8월에 한일의원연맹 재일한인 법적지위 향상 특별위원회가 주최한 재일한인 법적지위 설명회 자리에서 일본 정부가 재일한인에 대한 연금, 아동수당, 주택, 융자 등의 사회보장 문제를 적극적으로 검토하여 적절한 대우를 부여하도록 촉구해줄 것을 요청했다. 이러한 요청에 대해 한일의원연맹 일본측 의원들은 일본의 사회보장제도가 미비

---

25) 일본(영) 725-5011 「국제인권조약 발효에 대한 외상 담화문」 1979년 9월 27일.

하다는 점을 인정하였고 재일한인의 역사적 특수성을 감안하여 동 문제를 해결할 수 있도록 노력하겠다는 취지의 답변을 했다. 그리고 한일 각료회담 등 고위 관계자 회의 개최 시에 이 문제를 제의하면 재일한인의 사회보장 개선을 촉구하는 계기가 될 수 있다고 밝히면서 적극적인 관심을 표명했다.26)

6. 나오며

지금까지 살펴본 바와 같이 1970년대의 재일한인의 법적지위 및 처우 문제에 대한 한일 양국의 대응은 서로 극명하게 다르다는 점을 확인할 수 있었다. 한국측이 재일한인의 영주권과 처우 문제에 대해 적극적으로 나서는 반면에, 일본측은 강제퇴거를 강화하려는 그간의 입장만을 고수하면서 재일한인의 기본권이 침해되는 결과를 초래하게 되었다. 일본측은 주로 강제퇴거 조항을 명분으로 외국인에 대해 강제 추방할 수 있는 권리가 수권국가 일본의 자주적인 권한임을 강조하여 1978년 이후 점차 협정영주권자의 강제송환을 늘려나가는 방향으로 나아가고 있었다.

그러나 일본이 국제인권규약에 비준하면서 협정영주권자의 강제퇴거 문제는 일단 제동이 걸리게 된다. 당시 일본 정부의 갖가지 냉대와 차별 그리고 정신적 학대 등의 인권침해 행위가 국제 문제로 대두된 것은 어쩌면 당연한 귀결이었다. 재일한인들이 영주권 문제를 비롯하

---

26) JAW-08195 「재일한인 법적지위 설명회」 1979년 8월 10일.

여 연금 문제와 취업·교육·진학 문제에 이르기까지 일본 정부와 일본 사회가 그동안 자행해온 차별과 편견으로 가득 찬 재일한인의 인권 상황이 국제사회에 널리 알려지게 된 것은 재일한인 당사자들은 물론이고 일본의 야권 정치인들과 각종 시민사회단체의 역할도 상당히 컸다고 볼 수 있다.

  국제인권규약 비준을 계기로 일본 정부는 이 규약에 위배되는 관련 법규를 폐지 또는 개정해야 할 의무가 있었으며 재일한인 관련 차별 문제를 개선하기 위해서 특별한 조치를 취하지 않으면 안되는 상황에 직면하게 되었다. 이러한 당시의 상황이 1970년대 줄곧 진행되었지만 제대로 된 해결점을 찾지 못한 한일 법적지위 실무자회의가 한 단계 격상되어 한일 법적지위 고위실무자회의 추진으로 이어지는 새로운 국면을 맞게 한 원인 중의 하나일 것이다.

〈법적지위협정 시행 관련 실무자회담 외교문서목록〉

다음은 상기 연구에 활용된 법적지위협정 시행 관련 실무자회담에 관한 대한민국 정부 생산 외교문서를 외교부의 분류체계에 맞추어 정리한 것이다. 외교문서목록은 외교부에서 공개할 때 분류한 등록파일을 문서 생산 시기와 주제별로 나누어 배치하였다. 문서목록의 각 항목은 분류번호, 생산과, 생산연도, 문서명, 첨부자료, 프레임번호, 문서종류, 수신, 발신, 생산일 등의 항목을 토대로 정리하였다.

문서의 제목은 해당 문서에 표기된 문서명을 그대로 붙이는 것을 원칙으로 하였다. 다만, 문서 제목이 없는 경우에는 문서 내용을 파악하여 임의의 문서명을 붙였으며 (*)으로 표시하였다. 그리고 문서의 종류는 보고서, 요청문, 회의록, 통보문, 서한, 자료 등의 항목으로 분류하였다.

① 재일한국인의 법적지위협정의 시행에 관한 양해사항 확인문제
(제1차 실무자회담, 1967.7.20.~21 포함) 1966~67
분류번호 : 791.22
생산과 : 동북아주과

건 제목	첨부자료	프레임	종류	발신	수신	생산일
(*)제9회 민단 중앙위원회 결의사항 보고		0005	보고서	주일대사	외무부 장관	1967.02.14
재일한인 이산가족의 집합		0006	요청문	외무부 장관	주일대사	1966.02.23
(*)재일한인 이산가족의 집합에 관한 규정 및 대처지침 요청		0007	요청문	외무부 장관	주일대사	1966.03.15
재일한인 이산가족의 재회		0009-0010	보고서	주일대사	외무부 장관	1966.03.14
재일교포 지위협정보완을 위한 재교섭에 대한 신문보고		0013	통보문	외무부 장관	주일대사	1967.05.23
	(*)재일교포 지위협정 보완 기사	0011	자료			1967.05.22

	(*)재일교포 법적지위협정 보완 재교섭 방침 기사	0012				1967.05.23
(*)재일교포지위협정보완을 위한 재교섭에 대한 신문보고 확인 및 보고요청		0014-0015	요청문	외무부 장관	주일대사	1967.05.23
	(*)한일간 문제점 문답 일람표	0016-0018	자료			
(*)노다 북동아과장과 오정무과장 면담		0019	보고서	주일대사	외무부 장관	1967.06.01
(*)법적지위협정 보완에 대하여 조선일보 기사내용에 대한 정부방침 요청		0020	요청문	주일대사	외무부 장관	1967.06.01
(*)법적지위협정 보완에 대하여 조선일보 기사내용에 대한 정부방침 요청에 대한 회신		0021	통보문	외무부 장관	주일대사	1967.06.05
법적지위협정 보완 기사에 대한 교포의 동향		0024-0025	보고서	주일대사	외무부 장관	1967.06.15
	(*)법적지위협정 수정보완 기사	0026	자료			1967.05.29
	(*)법적지위협정의 보완교섭 기사	0027	자료			1967.06.05
	(*)재일교포 법적지위협정 보완을 제의	0028	자료			1967.05.25
	재일한국인의 법적지위 및 대우에 관한 협정의 보다 원활한 시행을 위하여 고려되어야할 제점과 정부의 기본방침 연구	0029-0035	자료			

	재일한국인의 법적지위 및 대우에 관한 협정의 보다 원활한 시행을 위하여 고려되어야할 제점과 정부의 기본방침	0036-0053	자료			
법적지위협정관계 회담 보고		0054	보고서	주일대사	외무부 장관	1967.07.20
(*)법적지위회의 일정		0055	보고서	주일대사	외무부 장관	1967.07.22
(*)법적지위협정 관계 회담 보고		0056	보고서	주일대사	외무부 장관	1967.07.23
(*)법적지위협정 관계 회담 보고		0057	보고서	주일대사	외무부 장관	1967.07.25
	회의참석 보고서	0058-0061	자료			1967.07.26
(*)회담요록 교환에 대한 보고		0062	보고서	주일대사	외무부 장관	1967.07.27
법적지위협정 시행과 관련된 한일 양국 법무차관 회담 결과 보고		0065-0067	보고서	주일대사	외무부 장관	1967.07.27
	회담요록	0068-0075	자료			
	회담요록	0076-0087	자료			
(*)신문발표 이후 조치 보고		0088	보고서	주일대사	외무부 장관	1967.08.24
(*)신문발표에 관한 건		0089	보고서	주일대사	외무부 장관	1967.08.24
	(*)공동성명 요지 관련 기사	0090	자료			1967.08.29
(*)법무성 입관국 인사 발령		0091	보고서	주일대사	외무부 장관	1967.09.10
협정영주권 허가신청 촉진		0092-0093	보고서	교민과	주일대사 및 공관	1967.08.26

	(*)양국 관계 실무자간의 양해사항의 요지 해설	0074-0107	자료			
최광수 동북아과장의 법무성 방문 보고		0108	보고서	주일대사	외무부 장관	1967.09.20
	최광수 동북아과장의 법무성 방문보고서	0109-0110	자료			
재일한인의 법적지위협정 시행에 관련한 양해사항 확인 원문 송부		0111	통보문	아주국장	방교국장	1967.09.27
일 법무대신 방문보고		0113-0114	보고서	주일대사	외무부 장관	1967.10.18
법적지위문제에 관한 대사관 민단과 일법무성과의 연합회의 보고		0115-0122	보고서	주일대사	외무부 장관	1967.10.22
(*)국적 정정에 관한 건		0123-0124	보고서	주일대사	외무부 장관	1967.10.22
신문보고		0125-0126	보고서	주일대사	외무부 장관	1967.11.28
	제1차 한일정기각료회 담공동콤뮤니케	0127	자료			1967.08.11
(*)다나까 법상 방한		0128-0129	보고서	주일대사	외무부 장관	1967.08.17
(*)일본 법무대신 방한목적		0130-0131	보고서	주일대사	외무부 장관	1967.08.18
(*)다나까 일법상 면접하여 조치결과 보고 요청		0132-0133	요청문	외무부 장관	주일대사	1967.08.19
(*)다나까 일법상 면접하여 조치결과 보고		0134	보고서	주일대사	외무부 장관	1967.08.19
한일 법적지위협정에 관한 양해 사항 확인 및 일본 법무대신의 방한		0135	보고서	주일대사	외무부 장관	1967.08.21
(*)다나까 법상 방한안 일본 정부 확인 보고		0136	보고서	주일대사	외무부 장관	1967.08.21

(*)일법무대신 일행 방한에 대한 제반사항 회시요청		0137	요청문	주일대사	외무부 장관	1967.08.21
(*)김 외무차관 체일 일정		0138	보고서	주일대사	외무부 장관	1967.08.21
(*)법적지위협정 시행에 관한 양해사항 확인		0139-0140	요청문	주일대사	외무부 장관	1967.08.21
(*)이참사관 일법무성 다쓰미참사관 협의내용 통보		0141-0142	보고서	주일대사	외무부 장관	1967.08.21
김차관 체일일정 통보		0143	통보문	외무부 장관	주일대사	1967.08.21
한일 법적지위협정에 관한 양해 사항 확인		0144	요청문	동북아	품의	1967.08.21
법적지위협정 시행에 관련한 대표단 파견		0145-0146	보고서	동북아주	국무총리	1967.08.22
(*)법적지위협정 양해 건 출장 체일경비 요청		0147	요청문	주일대사	외무부 장관	1967.08.22
(*)외무부차관 일본 출발 보고		0148	통보문	외무부 장관	주일대사	1967.08.22
(*)양해사항 확인방법에 대한 논의 요청		0150	통보문	외무부 장관	주일대사	1967.08.22
(*)양해확인에 대해 김차관이 확인 및 서명합의 보고		0151	보고서	주일대사	외무부 장관	1967.08.22
(*)양해사항 확인방법에 대한 회합		0152	보고서	외무부 차관	외무부 장관	1967.08.23
(*)합의문 신문발표 전문 송부		0153	보고서	주일대사	외무부 장관	1967.08.23
	(*)합의문 신문발표 자료	0154-0155	자료			1967.08.23
(*)김차관과 법무대신간 확인문서 전문 보고		0156	보고서	주일대사	외무부 장관	1967.08.23
(*)양해사항 확인 및 신문보고 외		0157	보고서	외무부 차관	외무부 장관	1967.08.23
(*)신문발표문 국내 보도기관 배포에 있어 참고할 사항		0158	요청문	외무부 차관	외무부 장관	1967.08.23

	협정영주허가 신청한 자에 대하여	0158-0162	자료			
(*)신문발표 중 확인사항 정정 요청		0163	요청문	외무부 장관	주일대사	1967.08.24
(*)신문발표 중 확인사항 정정 보고		0164	보고서	주일대사	외무부 장관	1967.08.24
한일 법적지위협정에 관한 양해사항 보고(안)		0165	보고서	외무부 장관	대통령/국무총리	1967.08.23
	신문발표문	0166-0167	자료			1967.08.24
한일 법적지위협정에 관한 양해사항 확인		0168-0169	보고서	동북아주과	중앙정보부장	1967.08.24
한일 법적지위협정에 관한 양해사항 해설자료 보고		0170	보고서	동북아주과	대통령/국무총리	1967.08.24
	대한민국과 일본국간의 일본국에 거주하는 대한민국 국민의 법적지위와 대우에 관한 협정	0171-0173	자료			
	대한민국과 일본국간의 일본국에 거주하는 대한민국 국민의 법적지위와 대우에 관한 협정에 대한 합의 의사록	0174-0175	자료			
	(*)한일 법적지위 협정에 관한 양해사항 해설자료	0176-0177	자료			
법적지위협정 양해사항 대사관 및 일측의 발표상황		0179	보고서	주일대사	외무부 장관	1967.08.23
(*)법적지위협정 양해사항 대사관 및 일측의 발표상황		0180	보고서	주일대사	외무부 장관	1967.08.24

(*)외무부차관 서신 전달 요청		0181	요청문	외무부 차관	주일대사	1967.08.25
법적지위협정 시행관계 양해사항 확인문서 및 신문발표문 사본 송부		0182	보고서	주일대사	외무부 장관	1967.08.28
	(*)확인문서 및 신문발표 사본	0183-0196	자료			
재일한인 법적지위협정에 관한 양해사항의 국무회의 보고		0197	보고서	동북 아주과	품의	1967.08.25
공무해외여행 허가 통보		0204	통보문	국무총리	외무부 장관	1967.08.30
국무회의 의결사항 통지		0205	통보문	총무처 장관	외무부 장관	1967.09.13
(*)법무대신 초청		0207	요청문	외무부 장관	주일대사	1967.08.14
(*)방한 요청에 대한 다카나 법상의 답변		0208-0209	보고서	주일대사	외무부 장관	1967.08.15
(*)다나카 법상 방한 관련 보고		0210-0211	보고서	주일대사	외무부 장관	1967.08.17
(*)다나까법상 방한에 관한 신문기사		0212	보고서	주일대사	외무부 장관	1967.08.17
(*)법상 방한시 법정지위협정 합의사항 확인 강조		0213-0214	통보문	외무부 장관	주일대사	1967.08.18
(*)법적지위협정 확인이라는 방한 목적에 대한 법무대신의 거부		0215	보고서	주일대사	외무부 장관	1967.08.17
(*)법무상 방문 목적에 따른 면담 준비 요청		0216	요청문	외무부 장관	주일대사	1967.08.19
(*)법무상 방한 촉진을 위한 방안 마련		0217-0218	요청문	외무부 장관	주일대사	1967.08.19
(*)방한시의 목적 조율에 대해 법무대신 방문 결과 보고		0219	보고서	주일대사	외무부 장관	1967.08.19
한일법적지위협정에 관한 양해사항 확인 및 일본 법무대신의 방안		0220	보고서	외무부 장관	대통령/ 국무총리	

	(*)대통령 서한	0221	서한	대통령	다나까 법무대신	1967.08.21
(*)외무부차관 체일에 관한 답변		0223	요청문	외무부 장관	주일대사	1967.08.21
(*)외무부차관 체일 일본 정부 확인		0224	보고서	주일대사	외무부 장관	1967.08.21
(*)법무대신 방한 관련 신문보고		0225	보고서	주일대사	외무부 장관	1967.08.21
(*)일본 다나까 법무대신 방한		0226	협조전	아주국장	의전실장	1967.08.21
	법부대신 다나까 이사지 (田中伊三次) 약력	0227	자료			
일본 법무대신 방한		0228-0229	협조전	아주국장	의전실장	1967.08.22
(*)차관 도착 보고 및 법무대신 방한에 대한 차관의 요청사항 전달		0230	요청문	동북 아주과	아주국장	1967.08.22
(*)다나카 법무대신 출국일시 및 편명, 수행원 보고		0231	보고서	주일대사	외무부 장관	1967.08.25
(*)법무대신 맞이 만찬회 시간 조정 및 형식 변경 요청의 건		0232	보고서	주일대사	외무부 장관	1967.08.25
다나까 법상 방한		0233	보고서	주일대사	외무부 장관	1967.08.25
	(*)다나까 이사지 법무대신 방한일정표	0234-0243	자료			
	장관께서 다나까 일 법상과 면담시 말씀하실 사항	0244-0248	자료			1967.08.28
	(*)국무총리와 다나카 법상과의 면담자료	0249-0252	자료			
다나까법상 방한		0253	보고서	주일대사	외무부 장관	1967.09.01

다나까 일본 법무대신과의 면담 보고		0254	보고서	외무부 장관	대통령/국무총리	1967.09.02
장관의 "다나까" 일본 법무대신과의 면담 기록 송부		0255	보고서	동북아주과	중앙정보부장/주일대사	1967.09.04
	면담기록	0256-0265	자료			1967.08.28
	(*)"다나까" 일본 법무대신이 김영주 외무부차관에 보낸 서한	0266-0267	서한	일본 법무대신	외무부 장관	
(*)법무대신 주일대사관 방문		0268	보고서	주일대사	외무부 장관	1967.09.04
	(*)면담기록 및 신문자료	0269	자료			1967.09.04
"다나까" 일 법상의 방한 귀국 보고		0270	보고서	외무부 장관	대통령	1967.09.04
	(*)"다나까" 일본 법무대신이 김영주 외무부차관에 보낸 서한	0271-0274	서한			1967.09.08
"다나까" 일 법무대신의 방한 귀국보고		0275	보고서	동북아주과	주일대사	1967.09.08
	대통령 각하께서 "다나까" 일법무대신에게 말씀하신 주요내용 요지	0276	자료			1967.08.28
(*)민단, 대사관, 법무성 연합회의 개최 보고		0277	보고서	주일대사	외무부 장관	1967.10.21
(*)법무성 방문 결과 보고		0278-0279	보고서	주일대사	외무부 장관	1967.10.25

② 재일한국인의 법적지위에 관한 실무자회의, 제2차, 동경, 1968.11.5.~6.
분류번호 : 791.22
생산과 : 동북아1과

건 제목	첨부자료	프레임	종류	발신	수신	생산일
	재일한국인의 법적지위에 관한 한·일 양국 실무자회의	0004-0015	자료			
	이선중 수석대표 인사	0016-0017	자료			
	재일한인의 법적지위 대우에 관한 제2차 한일실무자회담 양해사항	0018-0019	자료			
	실무자회담 요지	0020-0024	자료			
한·일 법상회담에의 민단 참여 요청		0025	요청문	주일대사	외무부 장관	1968.08.22
	한일법상회의에 대한 요청의 건	0026	자료	민단 중앙본부	법무부 장관	1968.08.21
재일교포 나환자 대우 개선에 대한 진정 처리 지시		0027	요청문	교민과	주일대사	1968.08.21
재일교포 나환자 대우 개선에 대한 진정 처리 지시		0028	요청문	외무부 장관	주일대사	1968.08.21
재일교포 나환자 대우개선 협조요청		0029	요청문	보건사회 부장관	외무부 장관	1968.08.14
	진정서	0030-0032	자료		보건사회 부장관	1968.07.30
(*)법적지위문제에 관한 민단의 진정단		0033	보고서	주일대사	외무부 장관	1968.08.21
	10월초 법무, 문교장관회담	0034	자료			

③ 재일한국인의 법적지위에 관한 실무자회의, 제3차, 동경, 1971. 4.16.~17.
전2권 V.1(기본문서철)
분류번호 : 791.22
생산과 : 동북아과/재외국민과

건 제목	첨부자료	프레임	종류	발신	수신	생산일
재일교포의 영주권 신청 기간 연장 교섭		0004-0005	요청문	교민과장	건의	1970.02.25
	협정영주권 신청 도표	0006	자료			
	연도별 협정영주권 신청허가 상황	0007	자료			1969.12.
(*)협정영주권 신청		0008	요청문	외무부 장관	주일대사	1970.12.14
	협정영주권 신청기간 만료 후의 재일한국인의 법적지위 대책	0009-0015	자료			
	비망록	0016	자료			1970.12.30
	영주권신청 기간만료 후 재일한국인 법적지위문제 주일대사견의	0017	자료			1970.12.30
재일교포 법적지위 문제		0018	협조문	영사국장	아주국장	1970.12.28
재일교포 법적지위 문제		0019	보고서	주일대사	외무부 장관	1970.12.21
	1971년 1월 16일 이후 재일한국인의 법적 지위 개선 문제	0020-0029	자료			
	(*)재일거류민단 단장의 재일국민 영주권신청 기간연장에 관한 건의	0030	자료			1971.01.06

	재일동포 영주권 신청기간 연장조치 건의	0031-0034	자료	재일본대한민국거류민단중앙본부	외무부장관	1971.01.05
재일국민 협정영주권 신청 현황 보고 및 대책		0035	보고서	외무부장관	대통령/국무총리	1971.01.06
	재일국민 협정영주권 신청 현황 보고 및 대책	0036-0042	자료			
	비망록	0043-0046	자료			
(*)영주권 기간만료 후 재일교포의 법적지위문제		0047	요청문	주일대사	외무부장관	1971.01.07
(*)협정영주권 신청기간 연장 및 처우개선		0048	통보문	외무부장관	주일대사	1971.01.08
(*)오키나와 한국인문제에 관한 건의		0050	보고서	주일대사	외무부장관	1971.01.10
	장관과 "가나야마" 주한일본대사와의 면담요록	0051-0055	자료			1971.01.13
	비망록	0056-0057	자료			
(*)가나야마대사 초치 면담결과 통보		0058-0060	통보문	외무부장관	주일대사	1971.01.13
(*)영주권 신청기간 연장 제의 비망록 송부		0061	통보문	외무부장관	주일대사	1971.01.13
	비망록	0062-0063	자료			1971.01.13
	(*)재일한국인 국적변경에 관한 수도변호사회 요청공문	0064	자료	수도변호사회회장	외무부장관	1971.01.04
	(*)재일한국인 국적변경에 관한 수도변호사회 요청공문	0065-0068	자료	일본총리대신	수도변호사회회장	1971.01.04

(*)오택근차관 방한초청에 관한 건		0069	보고서	주일대사	외무부장관	1971.01.14
영주권신청기간 연장문제		0070	협조문	아주국장	영사국장	1971.01.15
	(*)영주권 국적변경 관련 조선중앙통신 방송	0071-0077	자료			
(*)고바야시 법상의 영주권신청 관련 의견		0078	보고서	주일대사	외무부장관	1971.01.20
(*)북송문제 관련 외무성 스노베 아세아국장의 면담 내용 보고		0079	보고서	주일대사	외무부장관	1971.01.25
(*)고마야시 법무대신 예방 결과 보고		0080-0081	보고서	주일대사	외무부장관	1971.01.26
(*)협정영주권 종료 관련 제반문제 논의 결과 보고		0082	보고서	영사국장	외무부장관	1971.01.29
(*)외무성방문 면담		0083	보고서	주일대사	외무부장관	1971.01.30
(*)안광수 영사국장과 법무성 요시다 입관국장 면담 보고		0084-0086	보고서	주일대사	외무부장관	1971.01.31
(*)안광수 영사국장과 법무성 쯔다 사무차관 면담 보고		0087-0088	보고서	주일대사	외무부장관	1971.01.31
(*)안광수 영사국장과 외무성 스노베 아세아국장 면담 보고		0089	보고서	주일대사	외무부장관	1971.01.31
(*)안광수 영사국장과 외무성 호센 외무심사의관 면담 보고		0090	보고서	주일대사	외무부장관	1971.01.31
(*)안광수 영사국장 일정 보고		0091	보고서	주일대사	외무부장관	1971.01.31
(*)협정영주권 신청마감 후 대책수립 보고요청		0092	요청문	외무부장관	주일대사	1971.02.06
(*)법적지위협정에 관한 비망록 관련 마에다 공사 초치		0093	통보문	외무부장관	주일대사	1971.02.13
	면담요록	0094	자료			1971.02.13

	면담요록	0095-0096	자료			1971.02.19
	면담요록	0097-0099	자료			1971.02.20
(*)비망록에 대한 일측 회답 요지 보고내용 통보		0100-0101	통보문	외무부장관	주일대사	1971.02.22
	강공사 요시다국장간 면담요지	0102	자료			1971.03.02
(*)강공사와 요시다국장 면담내용 중 법적지위협정에 관한 사항 보고		0103-0105	보고서	주일대사	외무부장관	1971.03.04
(*)요시다국장과의 면담 중 국적환서에 관한 사항 보고		0106-0107	보고서	주일대사	외무부장관	1971.03.04
	(*)영주권관계 회의메모	0108	자료			1971.03.08
(*)강공사와 스노베 아세아국장과의 면담 결과 보고		0109-0111	보고서	주일대사	외무부장관	1971.03.05
협정영주권에 관한 주일대사 보고서 사본 송부		0112	협조문	영사국장	아주국장	1971.03.11
협정영주권 신청결과 분석 및 앞으로의 대책		0113	요청문	주일대사	외무부장관	1971.02.26
	협정영주권 신청결과 분석 및 앞으로의 대책	0114-0134	자료			
(*)한국이 제의한 실무자회의에 대한 나까하라 북동아과장의 발언 보고		0135	보고서	주일대사	외무부장관	1971.03.11
(*)협정영주권 신청기간의 재설정 및 갱신등에 관한 건		0136-0137	요청문	외무부장관	주일대사	1971.03.16
(*)스노베국장과 실무자회의에 관한 아측복안 설명		0138	보고서	주일대사	외무부장관	1971.03.19
(*)강공사와 요시다 입관국장과의 면담 보고		0139-0144	보고서	주일대사	외무부장관	1971.03.24

	실무자회담 개최문제	0145	자료			1971.03.23
(*)협정영주권 신청자 집계와 관련하여 강공사와 요시다국장과의 면담 보고		0146-0147	보고서	주일대사	외무부 장관	1971.03.24
(*)우에끼 법무장관 예방 협정영주권 신청 뒤처리 문제에 관하여 입장 전달		0148-0149	보고서	주일대사	외무부 장관	1971.03.25
	우에끼법상과의 면담요지	0150	자료			1971.03.24
(*)실무자회담 시기에 관한 일측과의 논의 결과 보고		0151	보고서	주일대사	외무부 장관	1971.03.26
(*)실무자회담 시기 절충 요청		0152	요청문	외무부 장관	주일대사	1971.03.25
(*)실무자회담 시기와 합의의사록 관계 논의 요청		0153	요청문	외무부 장관	주일대사	1971.03.26
	재일동포시책에 관한 장관 담화	0154-0160	자료			
(*)강공사와 스노베국장 면담 보고		0161	보고서	주일대사	외무부 장관	1971.03.26
(*)실무자회담 일자 결정 보고		0162	보고서	주일대사	외무부 장관	1971.03.30
(*)실무자회의 일정		0163	통보문	외무부 장관	주일대사	1971.03.31
재일한인 처우 개선 문제에 관한 한일간 실무자회의 개최		0164	요청문	동북아과	법무부 장관	1971.03.31
재일한인 처우 개선 문제에 관한 한일간 실무자 회의 개최		0165	요청문	외무부 장관	법무부 장관	1971.03.31
(*)아측 실무자회의대표참석 명단 통보		0166	통보문	외무부 장관	주일대사	1971.04.01
(*)실무자회 대표 임명		0167	통보문	외무부 장관	주일대사	1971.04.02
	한일간 실무자회의	0168-0171	자료			1971.04.02
(*)실무자회의 호텔 예약		0172	요청문	외무부 장관	주일대사	1971.04.06

교섭지침		0173	요청문	동북아과	영사국장	1971.04.08
교섭지침		0173	요청문	외무부 장관	영사국장	1971.04.08
재일한인의 법적지위 및 처우문제에 관한 한일간의 실무자회의에 임하는 아측의 교섭 지침		0174	요청문	동북아과	품의	1971.04.06
	재일한인의 법적지위 및 처우문제에 관한 한일간의 실무자회의에 임하는 아측의 교섭 지침	0175-0188	자료			
(*)강공사와 요시다 입관국장의 실무자회담에 관한 문제 협의		0198	보고서	주일대사	외무부 장관	1971.04.08
(*)강공사와 스노베 아세아국장의 실무자회담에 관한 제문제 협의		0199	보고서	주일대사	외무부 장관	1971.04.08
(*)실무자대표자 참석인원 통보		0200	통보문	외무부 장관	주일대사	1971.04.10
(*)실무자회담 일정		0201	보고서	강영규 공사	주일대사	1971.04.09
(*)강공사 일정 보고		0202	보고서	강영규 공사	주일대사	1971.04.12
(*)실무자회의 인원 귀일 일정 보고		0203	보고서	강영규 공사	주일대사	1971.04.12
최규하 외무부장관과 주한 일본 대사간의 면담		0204-0205	보고서	외무부 장관	대통령/국무총리	1971.04.15
	면담요록	0206-0211	자료			1971.04.14
	면담요록	0212-0217	자료			1971.04.14
(*)일본측 관련 실무자 예방 일정 보고		0218	보고서	주일대사	외무부 장관	1971.04.14
(*)강공사와 쓰다 법무성 사무차관 면담 보고		0219	보고서	주일대사	외무부 장관	1971.04.14
(*)강공사와 스노베 외무성 아세아국장 면담 보고		0220	보고서	주일대사	외무부 장관	1971.04.14

(*)협정영주권 신청기간 재설정에 관한 건		0221	보고서	주일대사	외무부 장관	1971.04.15
(*)한일실무자 회담 보고1		0222-0223	보고서	주일대사	외무부 장관	1971.04.15
(*)한일실무자 회담 보고2		0224-0226	보고서	주일대사	외무부 장관	1971.04.15
	실무자회담 보고	0227	자료			1971.04.16
(*)요시다국장과의 면담시 북송문제 언급		0228-0229	보고서	주일대사	외무부 장관	1971.04.16
(*)한일실무자 회담 보고3		0230-0231	보고서	주일대사	외무부 장관	1971.04.16
(*)한일실무자 회담 보고4		0232	보고서	주일대사	외무부 장관	1971.04.17
	(*)실무자회담 관련 신문발표	0233	자료			1971.04.17
재일한인의 법적지위 및 처우향상을 위한 한일간 실무자회의		0234-0235	보고서	외무부 장관	대통령/국무총리	1971.05.05
	재일한인의 법적지위 및 처우향상을 위한 한일간 실무자회의 경과 보고	0236-0247	자료			
	재일한인의 법적지위 및 처우향상을 위한 한일간 실무자회의 경과 보고	0248-0260	자료			
	한일 실무자회담에 있어서의 한국측의 제안 요지	0261-0267	자료			1971.04.16
	한일공동 신문 발표	0268-0271	자료			

④ 재일한국인의 법적지위에 관한 실무자회의, 제3차, 동경, 1971. 4.16.~17.
전2권 V.2(자료철)

분류번호 : 791.22

생산과 : 동북아과/재외국민과

건 제목	첨부자료	프레임	종류	발신	수신	생산일
	재일한국인 법적지위 향상	0005-0023	자료			1971.03.29
	재일한국인 법적지위 향상	0024-0035	자료			1971.03.29
	한국측의 제안 의제	0036	자료			
	한일 실무자회담에 대한 한국측 수석대표 인사(안)	0037-0041	자료			1971.04.12
	한일 실무자회담에 있어서의 한국측 수석대표의 제안 내용(안)	0042-0049	자료			1971.04.12
	한일 실무자회담에 있어서의 한국측 수석대표의 제안 내용(안)	0050-0057	자료			1971.04.12
	각 문제별 양측 입장	0058-0059	자료			
	(*)한국측의 제안 의제(안)	0060	자료			
	실무자회담의 의제로서의 문제	0061-0064	자료			
	재일한국인 현황	0065-0069	자료			

	영사관계사항	0070-0073	자료			
	(*)실무자회의 결과	0074-0078	자료			
	재일한인의 법적지위 및 처우에 관한 한일 실무자회의 보고	0079-0086	자료			
	재일한인의 법적지위 및 처우에 관한 한일 실무자회의 회의요록	0087-0089	자료			
	한일실무자회담에 있어서의 한국측의 제안 요지	0090-0109	자료			1971.04.16
	재일한인의 법적지위 및 처우에 관한 한일 실무자회의 경과보고	0110-0122	자료			
	(*)아측의 공동성명문 (일)	0123-0128	자료			
	(*)한일공동 신문발표문(한)	0129	자료			
	(*)한일공동 신문발표문(일)	0130-0132	자료			
	(*)신문발표 (일)	0133-0135	자료			
	재일한인의 법적지위 및 처우에 관한 한일실무자회의 (1971.4.16.-17)	0136-0163	자료			

건 제목	첨부자료	프레임	종류	발신	수신	생산일
	언론보도	0164-0169	자료			
	1971.2.19.현재 영주권신청 현황	0170-0171	자료			
한일실무자회담에 대한 신문보도		0172	보고서	주일대사	외무부 장관	1971.04.20
	(*)신문기사	0173-0176	자료			

⑤ 재일본국민의 법적지위에 관한 실무자회의, 제4차, 동경, 1971.10. 11.~12.

분류번호 : 791.22

생산과 : 동북아과/재외국민과

건 제목	첨부자료	프레임	종류	발신	수신	생산일
(*)강공사와 스노베 아주국장 북송문제 면담		0005-0007	보고서	주일대사	외무부 장관	1971.05.11
	일의 북송재개	0004	자료			
호리 관방장관과 주일대사의 면담		0009-0012	보고서	주일대사	외무부 장관	1971.05.12
	(*)주일대사와 호리관방장관 면담 외	0008	자료			
	(*)차관회담 제의 신문기사	0013	자료			1971.05.15
(*)아이치 외상 면담 보고		0015-0017	보고서	주일대사	외무부 장관	1971.05.15
	이대사와 아이치 외상간의 면담	0014	자료			1971.05.14
(*)고위회담 개최 계속 추진과 보고 지시		0018	요청문	외무부 장관	주일대사	1971.05.18
(*)법무성 입관국장 방문 보고		0019-0020	보고서	주일대사	외무부 장관	1971.05.22

(*)법무성 사무차관 면담(방한 종용)		0021	보고서	주일대사	외무부 장관	1971.05.22
(*)방한 추진에 따른 일측 교섭 지시		0022-0023	요청문	외무부 장관	주일대사	1971.05.24
	영주권신청 재설정요구 윤차관10일방일 고위회담 추진 외 신문기사	0024	자료			
(*)요시다 입관국장 아세아 국장 면담 결과 보고		0026-0028	보고서	주일대사	외무부 장관	1971.06.03
	강공사 법무성 요시다 입관국장간의 면담	0025	자료			
(*)강공사 스노베 아세아국장 면담		0029-0030	보고서	주일대사	외무부 장관	1971.06.03
(*)입관국장 요담 보고		0032	보고서	주일대사	외무부 장관	1971.07.08
	강공사와 입관국장 요담	0031	자료			
	(*)아스팍강화 등 협의 정부, 한일각료회담 방침 신문기사	0033	자료			1971.08.02
	(*)교포지위등 중점 정부, 한일각료회담서 /한일각료회담 안보논의 기대 신문기사	0034	자료			1971.08.02
(*)신문보도에 대한 확인 지시		0035	보고서	주일대사	외무부 장관	1971.08.03
(*)신문기사 진위 여부 보고		0036	통보문	외무부 장관	주일대사	1971.08.05
재일한국인 법적지위 및 대우 향상을 위한 대일교섭		0037	협조문	아주국장	영사국장	1971.08.30
정부 대표 임명 통보		0038-0039	통보문	재외국민과	법무부장관/한국은행총재	1971.09.06

(*)한일실무자회의 대비 법적지위 관련 의견 제시 지시		0040	요청문	외무부 장관	주일각급 공관장	1971.09.17
재일한국인 법적지위 및 대우 향상을 위한 대일교섭		0041	협조문	영사국장	아주국장	1971.09.20
	재일한인의 법적지위 및 처우에 대한 한일간 실무자회의 대비	0042-0052	자료			
(*)실무자회담에 관련된 일측 견해 전달		0053	보고서	주일대사	외무부 장관	1971.09.29
(*)실무자회의 관련 일측 입장		0054	보고서	주일대사	외무부 장관	1971.09.30
한·일간 법적지위 실무자 회담 참석 실무자 파견 요청		0055-0056	요청문	재외국민과	법무부/ 문교부/ 보건사회부장관	1971.10.02
한·일간 법적지위 실무자 회담 참석 실무자 파견 요청		0057-0058	요청문	외무부 장관	법무부/ 문교부/ 보건사회부장관	1971.10.02
	(*)교포문제 실무회담 10.12일 동경서 개최 신문기사	0059	자료			1971.10.02
(*)일측의 대표단 명단 요청		0060	보고서	주일대사	외무부 장관	1971.10.01
법적지위 문제에 관한 참고 의견		0061-0062	보고서	주시모노세키영사	외무부 장관	1971.09.28
	본국정부에 대한 청원서	0063-0064	자료			1971.09.28
	본국정부에 대한 요망사항	0065-0067	자료			
	재일한국인의 대우문제에 관하여	0068-0081	자료			
(*)한국측 실무자 통보		0082	통보문	외무부 장관	주일대사	1971.10.06

재일한인의 법적지위에 관한 한·일간 실무자 회의		0083-0085	요청문	재외국민과	총무과장/아주국장/기획관리실장	1971.10.06
한·일 법적지위 실무자 회담 참석자 추천		0086	통보문	보건사회부장관	외무부장관	1971.10.07
정부대표 교체 임명 통보		0087	통보문	재외국민과	법무부장관/한국은행총재	1971.10.07
정부대표 교체 임명 통보		0088	통보문	외무부장관	법무부장관/한국은행총재	1971.10.07
한.일간 법적지위 실무자회담 참석자 추천		0089	통보문	보건사회부장관	외무부장관	1971.10.07
(*)정부대표 교체 임명 통보		0090	요청문	외무부장관	주일대사	1971.10.07
(*)실무자회담 일정안 및 대표단명단		0091	보고서	주일대사	외무부장관	1971.10.07
(*)실무자회담 대표단 호텔 예약 보고		0092	보고서	주일대사	외무부장관	1971.10.08
(*)박준익 국장 이름 한자 확인 요청		0093	요청문	주일대사	외무부장관	1971.10.08
(*)박준익 국장 이름 한자 통보		0094	통보문	외무부장관	주일대사	1971.10.08
	재일한인의 법적 지위 및 처우에 대한 한일간 실무자회의 교섭 지침	0095-0107	자료			
	재일한국인의 보호육성	0108-0113	자료			
	한국측수석대표 인사	0114-0118	자료			
(*)재일한인의 법적지위 및 처우향상에 관한 실무자회의보고		0119-0120	보고서	주일대사	외무부장관	1971.10.12
(*)회의결과 보고		0121-0123	보고서	주일대사	외무부장관	1971.10.12

재일한인의 법적지위 및 처우에 관한 한일 실무자 회의 경과 보고		0124	보고서	재외국민과	보고	
	재일한인의 법적지위 및 처우에 관한 한일 실무자 회의 경과 보고	0125-0137	자료	재외국민과		
	보도자료	0138-0139	자료			
	결론없이 폐막 교포지위 실무회담/사회보장 똑같이. 대우문제는 정치회담 이관합의 신문기사	0140	자료			
재일한인의 법적지위 등 실무자회의 일측 인사		0141	보고서	주일대사	외무부장관	1971.10.18
	스노베국장 인사문	0142-0143	자료			

⑥ 재일본 한국인의 법적지위에 관한 한·일본 실무자회의, 제5차, 동경, 1976.11.24.~30. 전2권 V.2(회의자료)

분류번호 : 791.22

생산과 : 교민1과

건 제목	첨부자료	프레임	종류	발신	수신	생산일
(*)법적지위에 관한 자료 송부		0002	협조문	교민1과	주일대사	1976.11.09
(*)법적지위에 관한 자료 송부		0003	통보문	외무부장관	주일대사	1976.11.09
(*)법적지위에 관한 자료 송부		0004	협조문	교민1과	주일각급 공관장	1976.11.09
(*)법적지위에 관한 자료 송부		0005	통보문	외무부장관	주일각급 공관장	1976.11.10

건 제목	첨부자료	프레임	종류	발신	수신	생산일
	공관별 배부표	0006	자료			
(*)법적지위에 관한 자료 송부		0007	협조문	영사교민국장	외교연구원장/아주국장 외	1976.11.10
	재일한국인의 법적지위에 관한 한일 실무자회의 참고자료	0008-0060	자료	외무부		1976.11
	재일한국인의 법적지위와 대우에 관한 제5차 한일 실무자회의 자료	0061-0080	자료	주일대사관		1976.11.18
	(*)일한실무담당자회담 관계 자료	0081-0106	자료	법무성입국관리국		

⑦ **재일본 한국인의 법적지위에 관한 비공식 실무협의, 1977.11.28. 및 11.30**

분류번호 : 791.22

생산과 : 교민1과

건 제목	첨부자료	프레임	종류	발신	수신	생산일
(*)제3국에 장기체류한 재일교포 협정영주권 소지자 재입국 문제		0002	요청문	주독대사	외무부장관	1977.02.23
(*)제3국에 장기체류한 재일교포 협정영주권 소지자 재입국 문제 회신		0003	통보문	외무부장관	주독대사	1977.02.28
	일본출입국관리령	0004-0011	자료			
	외국인등록법	0012-0013	자료			
(*)재일교포 법적지위에 관한 실무자회의 개최에 대한 양측 발언요지 회신		0014	통보문	외무부장관	주일대사	1977.03.16

재일국민 법적지위에 관한 실무자 회의 관계		0015-0016	보고서	교민1과	법무부장관/출입국관리국장	1977.03.12
재일국민 법적지위에 관한 실무자 회의 관계		0017	보고서	외무부장관	법무부장관	1977.03.14
(*)법적지위와 대우에 관한 실무자회의에 대한 일측입장 타진내용 보고		0018-0020	보고서	주일대사	외무부장관	1977.07.15
	재일국민의 법적지위에 관한 실무자회의	0021-0032	자료			
(*)실무자회담 관련 엔도 북동아과장과 양동칠서기관과의 면담 내용 보고		0033-0035	보고서	주일대사	외무부장관	1977.08.29
(*)실무자회담 관련 양세훈 서기관과 엔도 북동아과장과의 면담 내용 보고		0036-	보고서	주일대사	외무부장관	1977.09.19
	재일한국인 2등국민 처우 외 신문기사)	0037-0038	자료			
(*)법적지위문제에 관한 회의 계획 수립 요청		0039-0040	요청문	외무부장관	주일대사	1977.10.19
재일한국인의 법적지위에 관한 한일실무자회의 1977년 개최에 관한 의견 문의		0041-0042	요청문	교민1과	법무부장관/중앙정보부장	1977.10.19
(*)법적지위 및 대우에 관한 회의 개최에 관한 건		0043-0044	보고서	주일대사	외무부장관	1977.10.26
(*)법적지위 및 대우에 관한 회의 계획 보고 요청		0045	요청문	외무부장관	주일대사	1977.10.31
(*)법적지위 및 대우에 관한 회의 계획 보고		0046	보고서	주일대사	외무부장관	1977.10.31
의견회신		0047	통보문	중앙정보부장	외무부장관	1977.11.05
	해당 항목별 의견회신 내용	0048-0051	자료			

(*)법적지위회의 일정 타진 결과 보고		0052	보고서	주일대사	외무부 장관	1977.11.05
(*)법적지위 회의 개최 제의에 대한 회답 보고		0053-0054	보고서	주일대사	외무부 장관	1977.11.10
재일한국인의 법적지위에 관한 한일 실무자회의 개최 일정에 관한 문의		0056	요청문	교민1과	법무부 장관	1977.11.11
재일한국인의 법적지위에 관한 한일 실무자회의 개최 일정에 관한 문의		0057	요청문	외무부 장관	법무부 장관	1977.11.12
(*)법적지위 회의 개최에 관한 본부 입장 시달		0058-0059	통보문	외무부 장관	주일대사	1977.11.19
(*)법적지위 회의 일정에 관한 엔도 북동아과장의 일측의 반응 보고		0060-0061	보고서	주일대사	외무부 장관	1977.11.18
(*)엔도 북동아과장의 입장 보고		0062	보고서	주일대사	외무부 장관	1977.11.19
	재일한국인의 법적지위에 관한 한일 실무자회담 대비 관계부처 회의 기록	0063-0072	자료			
(*)합의사항 문서화 의향 보고 요청		0073	요청문	외무부 장관	주일대사	1977.11.21
(*)협정3조 해당자 및 법률 126-2-6 해당자 중 범법자 강제퇴거문제		0074-0076	요청문	외무부 장관	주일대사	1977.11.21
(*)합의사항 문서화 관련 양세훈 서기관과 엔도 북동아과장 면담 보고		0077-0078	보고서	주일대사	외무부 장관	1977.11.22
(*)강제퇴거문제		0079	보고서	주일대사	외무부 장관	1977.11.22
(*)합의사항 문서화 관련 양세훈 서기관과 엔도 북동아과장 면담 내용 요청		0080	통보문	외무부 장관	주일대사	1977.11.23
	면담요록	0081-0083	자료			1977.11.25
	통화요록	0084	자료	교민과장	이등 서기관	1977.11.25

(*)법적지위 회의 개최에 관한 건		0085	보고서	주일대사	외무부 장관	1977.11.25
(*)법적지위 회의의 문서화 여부에 관한 회신		0086	통보문	외무부 장관	주일대사	1977.11.25
(*)강제퇴거문제에 관한 내용 보고		0087-0088	보고서	주일대사	외무부 장관	1977.11.25
(*)법적지위회의에 대한 일본측의 의견 보고		0089	보고서	주일대사	외무부 장관	1977.11.26
	네기시 법무성 입관국 차장 일행 일정	0090-0092	자료			1977.11.26
	(*)면담요약 및 면담록	0093-0096	자료			1977.11.26
	(*)면담요약 및 면담록	0097-0104	자료			1977.11.28
	(*)면담요약 및 면담록	0105-0116	자료			1977.11.30
재일한국인의 법적지위에 관한 한일 양국 실무자간 협의 결과 통보		0117-0120	통보문	교민1과	주일대사/ 법무부장 관/내무부 장관/중앙 정보부장	1977.12.05
재일한국인의 법적지위에 관한 한일 양국 실무자간 협의 결과 통보		0121-0125	통보문	외무부 장관		1977.12.06
(*)법적지위 실무자간 협의결과 내용에 관한 몇가지 사항 문의 회신 요청		0126-0127	요청문	주일대사	외무부 장관	1977.12.16
(*)법적지위 실무자간 협의결과 내용에 관한 몇가지 사항 문의 회신		0128	통보문	외무부 장관	주일대사	1977.12.17
(*)일본측의 법적지위 실무자간 협의내용의 기사화에 대한 의견		0129	보고서	주일대사	외무부 장관	1977.12.20
(*)비공식협의시 논의된 사항 공개 여부에 대한 건		0130	요청문	외무부 장관	주일대사	1977.12.21
(*)비공식회의 기사화에 대해 야마베 법무성 경비과장의 양 서기관 초치 결과 보고		0131	보고서	주일대사	외무부 장관	1977.12.21

건 제목	첨부자료	프레임	종류	발신	수신	생산일
재일한국인의 법적지위에 관한 양국 실무자회의 합의의사록 초안		0132	보고서	교민1과	건의	1977.12.12
	합의의사록	0133-0149	자료			
(*)불법입국 등을 강제퇴거 발급된 자에 대한 건		0139-0140	보고서	주일대사	외무부 장관	1977.12.23
(*)자비귀국 희망자 처리 문제 외		0141	통보문	외무부 장관	주일대사	1977.12.26
재일한국인의 법적지위에 관한 실무협의 내용에 관한 질의 회보		0142	통보문	교민1과	주일대사	1977.12.28
재일한국인의 법적지위에 관한 실무협의 내용에 관한 질의 회보		0143	통보문	외무부 장관	주일대사	1978.01.05
실무협의 내용 문의에 대하여		0144-0146		교민1과		1977.12.23

⑧ 재일본 한국인의 법적지위 및 실무자간 합의의사록 서명문제

분류번호 : 791.22

생산과 : 교민1과

건 제목	첨부자료	프레임	종류	발신	수신	생산일
재일한국인의 법적지위에 관한 합의의사록 아측 초안 송부		0002	요청문	교민1과	주일대사	1977.12.28
재일한국인의 법적지위에 관한 합의의사록 아측 초안 송부		0003		외무부 장관	주일대사	1978.01.05
	합의의사록 (요지)	0004-0012	자료			
	(*)합의의사록 수정분 (비공식번역)	0013-0018	자료			
	(*)비공개 토의기록수정분 (비공식번역)	0019-0020	자료			

(*)합의의사록 오자 수정 요청		0021	요청문	교민1과장	주일대사관	1978.01.05
	오재희 주일공사, 영사교민국장 방문 면담기록	0022	자료			1978.01.17
	합의의사록 (요지)	0023-0025	자료			
	합의의사록	0026-0030	자료			
	(*)비공개 토의기록	0031	자료			
(*)실무진 비공식접촉 결과에 관한 건		0032	요청문	외무부장관	주일대사	1978.01.24
(*)합의의사록 초안 전달여부에 관한 건		0034	요청문	외무부장관	주일대사	1978.03.04
(*)교섭지시 지연 사유 보고 요청		0035	요청문	외무부장관	주일대사	1978.03.14
(*)합의의사록 초안에 대한 의견 제시 요청 보고		0036	보고서	주일대사	외무부장관	1978.03.15
(*)합의의사록 초안에 관한 건		0037	보고서	주일대사	외무부장관	1978.04.24
재일아국인 재류자격별 현황		0038	보고서	주일대사	외무부장관	1978.05.03
	(*)불법입국자 운반선 및 불법입국자 통계 조사	0039	자료			
	재일한국인 법적지위 문제 (설명자료 요약)	0040-0062	자료			
	재일한국인의 법적지위 문제 (설명자료)	0063-0095	자료			
합의의사록 아측 초안에 대한 진전 사항 문의 보고		0096	보고서	주일대사	외무부장관	1978.05.27
	재일동포 법적지위 관련 신문기사	0097-0099	자료			

(*)합의의사록 일측 회답 요청 촉구		0100	요청문	외무부 장관	주일대사	1978.06.28
(*)합의의사록 초안 관련 일측에 대한 회답 요청 결과		0101	보고서	주일대사	외무부 장관	1978.06.29
재일한국인 법적지위에 관한 합의의사록(안) 송부		0102	요청문	영사 교민국장	조약국장	1978.06.30
	재일한국인의 법적지위 문제	0104-0105	자료			
	합의의사록	0106-0110	자료			
	(*)비공개 토의기록	0111-0116	자료			
(*)법적지위 합의의사록 아측초안에 대한 일측의견 조속 제시 촉구 보고		0117	보고서	주일대사	외무부 장관	1978.08.05
(*)재일한국인 법적지위에 관한 합의의사록 일측 대안 제시 보고		0118	보고서	주일대사	외무부 장관	1978.09.01
(*)한일각료회의 참석 참고 자료 요청		0119	요청문	외무부 장관	주일대사	1978.09.01
(*)합의의사록 일본측 안의 주요 차이점 요약 보고		0120-0121	보고서	주일대사	외무부 장관	1978.09.02
재일한국인의 법적지위에 관한 일측안 송부		0122-0123	보고서	주일대사	외무부 장관	1978.09.02
	토의기록(안)	0124-0127	자료			
(*)요시다 입관국장의 방한 용의 보고		0128	보고서	주일대사	외무부 장관	1978.09.07
법적지위 회담 실무협의를 위한 본국 출장 건의		0129-0130	요청문	교민1과	건의	1978.09.18
양세훈영사 본국출장 명령		0131	통보문	외무부 장관	주일대사	1978.09.19
양세훈영사 출장 경비 지급 의뢰		0132-0133	요청문	영사 교민국장	총무과장	1978.09.19
법적지위 실무자간 합의의사록 교섭		0134	요청문	영사 교민국장	아주국장/ 조약국장	1978.09.28
법적지위 실무자간 합의의사록 교섭		0135	요청문	영사 교민국장	조약국장	1978.09.28

법적지위 실무자간 합의의사록 교섭		0136	요청문	영사교민국장	아주국장	1978.09.28
	토의기록(안)	0137-0140	자료			
	재일한국인의 법적지위 및 대우에 관한 실무자간 합의의사록(안)	0141-0144	자료			
	토의기록 (비공개)	0145	자료			
법적지위 합의의사록		0147-0149	요청문	교민1과	주일대사	1978.09.28
법적지위 합의의사록		0150-0152	요청문	외무부장관	주일대사	1978.10.05
	재일한국인의 법적지위 및 대우에 관한 실무자간 합의의사록(안)	0153-0156	자료			
	토의기록 (비공개)	0157	자료			
	합의의사록 (비공식번역)	0158-0162	자료			
	(*)비공개토의 기록 (비공식번역)	0163-0173	자료			
	토의기록 (비공개)	0174-0185	자료			
	1977년 실무자회의 양측안	0186-0192	자료			
법적지위 합의의사록		0193-0194	보고서	주일대사	외무부장관	1978.10.14
법적지위		0195	요청문	외무부장관	주일대사	1978.10.18
법적지위		0196	보고서	주일대사	외무부장관	1978.10.25

법적지위		0197-0198	보고서	주일대사	외무부 장관	1978.11.11
법적지위		0199-0200	요청문	외무부 장관	주일대사	1978.11.15

[附記]

본 연구는 「1970년대 재일한인 법적지위 및 대우 문제-한・일 실무자회의를 중심으로-」(일본근대학연구, 제87집, 2025)를 수정・가필하였다.

외교문서 속의 1970년대 일본 내 「반한단체」의 동향
어느 사회운동가의 기록으로 보는 인권·사상·민주화운동과의 연동

이수경

(도쿄가쿠게이대학 교육학부 교수)

1. 들어가며

이 글은 2024년에 발행한 동의대학교 동아시아연구소 편『해방이후 재일한인 외교문서 해제집(1975~1979)』제6권(박문사)에서 필자가 취급한 일본 내「반한단체」관련 문서철1)의 해제 내용에 당시의 시대 상황을 보완하여 보다 심층적인 이해를 더하고자 집필하였다. 특히 이 글의 중반부터는 당시의「반한단체」들의 움직임과 일본 내의 사회적 분위기를 좀 더 구체적으로 파악하기 위하여 1970년대 일본 진보 지식인 운동의 핵심적인 활동에 직·간접적으로 관련하였던 일본인 S.T 씨(2025년 현재 80세)2)에게 의뢰하여 서면으로 받은 당시의 기억을 기록한 메모 내용을 정리하여 소개한다.

연구자들이 외교문서 및 관계 자료에 근거하여 당시 상황을 본다는 것은 선택된 자료의 관점에서 벗어나기 어렵다는 한계성에 부딪히게 된다. 주일 한국 공관이 외무부에 보고하는 내용만으로는 일본 내 단체들의 다각적인 움직임이나 배경의 복선 규명을 하기에는 한계가 있다는 것이다.

왜 그토록 많은 일본의 지식인 단체들이 조직을 결성하게 되었고, 그들이 구체적으로 무엇을 지향하였는지, 왜 민단 내부에서「베트콩파」

---

1) 주로 다음 문서철을 참조하였다.『재일본 반한단체 동향, 1975』(공개번호 9000), pp.1-8, pp.25-34;『반한단체 및 재외동포 활동, 1976』(공개번호 10033), pp.6-8;『재일본 반한단체 동향, 1976』(공개번호 10039), pp.15-16, p.19, pp.21-25, pp.43-48, pp.50-51;『재일본 반한단체 동향, 1977』(공개번호 11201), pp.9-14, pp.17-20, pp.22-24, pp.25-30, pp.59-83, pp.68-69, pp.88-94, pp.107-116;『재일본 반한단체 동향, 1977』(공개번호 9090), pp.2-41.
2) 1945년생. 와세다대학 중퇴. 1960년대부터 일제의 아시아 침략에 대한 반정부 운동에도 참여. 1970년의 안보·오키나와 투쟁에서 체포된 후 장기 투옥을 경험함.

가 출현하게 되었는지, 왜 그들과 일본 지식인층의 단체가 연계하면서 한국 체제를 비판하였는지, 조총련계나 화교계가 어떻게 관련되었는지 그 당시 얽히고 설킨 복잡한 상황 속에서 청년들의 활발한 운동 전개를 펼치던 시대적 배경과 사회적 상황을 보다 폭 넓게 파악하기 위하여 당시 일본 대학생들 혹은 진보 지식인 단체들의 운동에 관여했던 당사자한테서 당시의 운동 참가에 대한 에피소드를 들을 수 있다는 것은 당시 상황을 확인하는데 중요한 의미를 갖는다.

S.T 씨의 기록을 보면, 서슬퍼런 한국의 유신 체제하에서의 민주화를 갈망하던 국내외의 움직임, 일본 내의 차별적인 입국 관리에 관한 법제도와 지문날인 거부 운동으로 인한 재일한인단체와 재일 화교계와의 연계 운동이 일본인 지식인 운동을 자극하였다는 사실이 확인된다. 특히 재일 중국인 단체와의 연계는 당시의 외교문서 기록에서는 크게 다루지 않고 있기에 재일한인들과의 연대 협력 동향을 아는 중요한 단서가 된다.

적어도 일본인들의 반한적 운동에 참가하는 배경에는 식민지 지배를 하였던 일본 정부에 대한 반성 촉구(반정부 운동)와 하나의 민족이었던 한반도를 분단국가로 만든 요인 제공의 국가라는 자성적 측면, 그리고 한미일 자본주의 체제만을 주장하며 일본 내 한민족의 분단을 고착화하는 의미를 동반하는 한일 정상화로 북을 배제하는 것에 대한 반대 의사, 일본의 차별제도(입관법, 지문날인 등)로 인한 재일한인 및 재일 중국인 차별 반대라는 의미에서 비롯된 부분도 크다. 식민지 체제를 기억하는 양심적 일본인들의 발로가 때로는 과격한 친북 경향의 공산주의 사상 단체와 연계하거나 자본주의 체제 부정에 입각한 사회주의 사상의 격렬한 반일(반정부) 운동으로 표출되기도 하였다.

이 글에서 참조한 외교문서는 주로 1975년부터 1979년 사이에 주일 대사관을 비롯한 일본의 한국 공관이 「반한단체」로 간주되는 여러 단체 활동을 외무부에 보고하고 있는데, 국가간에 주고 받는 통상적 외교문서가 아닌 보고서[3] 형식을 취하고 있는 것이 특징이다. 한국 공관 입장에서 보면 반한적인 움직임이 시시각각으로 발생하여 긴장감이 고조된 상황이었고, 그만큼 일본 사회에서 공관 자체도 고립되어져 있었다고 볼 수 있다.

반한단체 관련 문서철에는 1970년대 초에 전개되는 군부 독재 정권의 유신체제에 대한 반대 운동 및 김대중 납치 사건, 김지하 구원 활동, 재일동포 모국 유학생 지원 운동에 대한 기록이 두드러지게 나타나 있다. 그러한 내용을 확인하면서 시대 상황을 짚어보려고 한다. 또한 관련 문서철에 중복적으로 기록된 사건 내용이나 산발적인 부분을 정리하면서 「반한단체」의 분류 정리 및 활동 내용, 민단 내 베트콩파의 출현,[4] 일본 내의 혁신세력들의 「반한」활동에 대해서 살펴보려고 한다.

참고로, 한류 문화가 글로벌 세계의 문을 열던 2000년대 이후에 태어난 독자들 중에는 일본의 「혐한단체」(헤이트 스피치)란 용어가 익숙할 수 있기에 먼저 「혐한단체」와 「반한단체」에 대한 시대적·상징적 의미의 차이에 대한 기술에서 시작한다.

---

[3] 『재일본 반한단체 동향, 1975』 (공개번호 9000).
[4] 『広辞苑』 사전에 따르면, Viet Cong이란 베트남 전쟁 때 「남베트남 해방 민족전선의 속칭」으로, 북베트남을 위한 게릴라 활동을 한 공산세력을 의미한다. 한국 공관에서는, 본래 민단 내의 조직에 속해 있으면서 「반정부」활동을 하던 세력을 「베트콩파」라고 불렀으며, 이들을 반 국가 세력으로 보았다. 베트남 전쟁 때 남베트남에서 북베트남을 위하여 게릴라 활동을 하던 집단의 호칭을, 일본 공관서는 배신행위를 하는 세력을 베트콩이라고 칭하고 있었다. 시대적 영향이며 의미의 전환이라고 볼 수 있다. 당시 한국, 특히 주일공관이 한국계 재일동포의 「반한」 활동단체를 조총련과 같은 공산세력과 동일시하고 있었음을 알 수 있다.

2. 일본의 「반한단체」와 「혐한단체」의 의미와 배경

이 글에 나오는 「반한단체」란 2002년 이후 일본의 사회현상으로 부각한 한류문화에 반발하며 배타적 혐오 활동을 주동하였던 「혐한단체」와는 시대적 의미적 차이가 크다.

즉, 이념적 의식 없이 한국인 및 한국 문화 전체를 혐오의 대상으로 일삼고 증오 범죄를 전개하는 세력이 「혐한단체」인데 비하여, 「반한단체」는 특정 공산세력을 제외하면 대부분은 한국의 유신독재 권력에 반대하며 인권 사회, 민주화를 주장하는 진보지식층 세력들의 움직임을 말한다.

앞에서도 말했듯이 식민지에서 해방된 한반도지만 미소 양대국의 대리전쟁에 휘말려 1950년부터 3년간의 장기전으로 인한 폐허 속에서 국가의 분단이 고착화되었다. 이는 국내의 이념 사상 및 사회 체제의 대립 양상만이 아니라 재외동포, 특히 일본 내 한인 사회에도 복잡한 갈등 구조를 형성하였고, 전후 사회로 복귀한 일본인들로부터의 두드러지는 민족 차별 속에서 재일한인들은 결속은 커녕 민단계와 조총련계가 적대화·갈등·충돌을 되풀이해 갔다. 그런 와중에 한국과 일본은 상호 경제이익을 도모한다는 기치 속에서 한반도의 단 하나의 합법적인 정부로 인정하는 한국과 한일정상화조약(1965년 6월 22일 한일기본조약 체결)[5]을 맺고, 한국과 일본 및 미국은 자본주의 반공 체제의 결속을 보이며 북측[6] 세력을 배제하였다. 이에 대하여 조총련 및 일본 내 지식

---

5) 정식 명칭은 「대한민국과 일본국 간의 기본관계에 관한 조약(Treaty on Basic Relations between Japan and the Republic of Korea)」.
6) 조선민주주의인민공화국. 이 글에서는 독자들에게 익숙한 용어인 북한 혹은 북측으로 표기.

인들 사이에서는 또다른 민족 분열을 조장하는 움직임이라고 거센 비판이 일었다. 무엇보다 조직의 약체화를 저지해야 했던 조총련은 한미일 자본주의 반공체제를 비난하며 일본의 친북 지지 세력 및 언론 등과 연계하며 한국 반대운동을 전개하였다. 이러한 조총련의 움직임은 물론, 그들과 공조하는 제반 단체의 활동을 한국측 공관들은 위험 활동으로 보고「반한단체」라며 본국에 보고를 하는 경우가 많았다.

한편, 세계 최빈국이라는 오명에서 벗어나려는 박정희 정권은 민족주의를 앞세운 강력한 통치 권력으로 경제개발 정책을 수행하며, 이념 싸움에서 이기기 위해 재일동포들의 물심양면의 협력7)을 얻으며 모국을 알고자 하는 동포 유학생들을 받아들이기 시작했다. 그러나 군사 독재체제는, 사상적으로 자유로운 환경에서 성장한 재일동포 청년들을 학원 침투 간첩단 사건으로 엮으며 절대 권력의 정권 유지를 위해 공안 사건으로 만들어 조작 행위를 하게 된다. 해방 후 되찾은 모국을 알기 위해 유학을 떠난 청년들이 모국의 폭압으로 신음하자 재일동포 단체는 물론, 진보성향의 일본인 지식인 단체는 비민주적인 군사 체제를 비판하며「한국의 민주화」운동을 전개한다. 또한 국내에서 민주화 주장의 상징적 인물이었던 김대중, 김지하 등에 대한 탄압이 일본의「반한」세력을 확대해 나가게 된다. 그러한 조직의 대부분이 이념과 사상적 활동을 전개하던 지식인이었음을 감안하면 2000년대 이후의 한국 문화의 상징이 된 한류 문화 컨텐츠의 출현 및 인기 상승을 절대 부정시 하는 혐한 조직들과는 현저히 차이가 있다. 무엇보다「혐한」이라는 용

---

7) 재일동포들의 모국에 기여한 내용은 다음 책에서 개괄하고 있다. 이수경(2019)「在日韓国人の母国への教育・奨学事業の貢献について」『学校法人金井学園 秀林外語専門学校創立30周年記念誌(特別号)』学校法人金井学園, pp.20-63.

어의 저변에는 과거 자신들이 지배를 하였던 한국의 문화적 급성장을 인정하지 않으려는 의도와 한국 및 재일동포들에 대한 우월주의 의식이 깔려있다.8) 차별적이고 배타적인 혐한 활동으로 자신들의 입지를 다지려는 혐한 세력의 대두 현상과 1970년대 중반의 「반한단체」와는 기본적인 성격이 현저히 다르다.

재언급이 되지만 일본 내 「반한단체」들의 움직임은, 1965년의 한일 정상화 체결에 대한 불만과 조총련계 및 북한 배제에 대한 일본 정부에 반발하는 친북 진보 지식인들의 활동으로, 한국의 군사독재 반대, 유신

---

8) 1970년대의 석유 파동 시대와 고도 경제성장기의 쇼와 시대의 가족주의 사회가 분열, 해체를 보이는 사회 현상 속에서 가족 중심의 헌신적인 삶으로 일본 사회와 가정을 지탱해 온 중년 여성들이 2000년대에 들어서면서 갖은 고생과 모순 속에서도 꿋꿋이 자신의 삶을 헤쳐나가며 사랑을 이루는 한류 드라마나 영화에 공감과 자극을 받는다. 세련된 영상과 아름다운 선율, 감미로운 음색으로 뇌리를 떠나지 않는 드라마 음악, '욘사마'나 '지우히메' 등의 용어로 상징되던 매력적인 주인공들, 일본의 풍경과도 유사하지만 이국적인 정경, 주옥같은 언어의 난무, 낭만적인 대사, 드라마와 같은 사랑과 가족관의 초기 한류 컨텐츠는 재일동포(귀화자 포함)는 물론, 수 많은 일본인들에게 동경과 감동을 안겨주었고, 한류 파워는 그들을 드라마의 로케 현장이나 한류 스타들이 오가는 공항을 찾게끔 만들었다. 그들의 선택은 재일동포의 위상을 바꾸게 하는 문화적 신드롬으로 이어졌다. 그에 대한 위기 의식과 질투어린 적대감을 가지게 된 일부 세력은 다양한 배타적 차별 행위로 혐한 활동을 전개한다. 그들 대부분이 급변하는 글로벌사회나 다문화화 시대에서 밀려난 마이너리티(소외자)로 구성되었기에 한류 문화 및 한국, 조선을 공동의 타깃으로 설정하고 공격 명분을 「애국」이란 포장으로 무분별한 혐오 차별을 조장하며 세력을 확대해 갔다. 재일중국인을 건드리면 일본의 최대 시장의 하나인 중국과의 무역 및 외교 불이익이 발생할 경우, 자신들의 입지가 곤란해진다는 판단하에 중국인 커뮤니티를 피하고 자신들이 식민지 통치 지배를 했던 한반도의 분단과 갈등을 그대로 내보이는 재일한인의 마이너리티라는 약점을 빌미로 편협된 내셔널리즘의 극치를 보였다. 거세지는 세력의 배후로는 혐한 세력을 여론 형성에 이용하려는 일부 기관의 움직임조차 엿보였다. 그러나 도를 넘는 폭력적 행위에 대한 유엔 권고 및 혐한 반대 시민운동으로 세계의 이목이 집중되자 일본 정부는 2016년 6월에 이른바 「헤이트스피치 해소법(본국 외 출신자에 대한 부당한 차별적 언동의 해소를 위한 시책 추진에 관한 법률)」을 시행한다. 그 결과, 가두시위 등 표면적인 활동은 감소했으나 SNS 등을 이용한 재일외국인 배제 주장은 여전히 계속되고 있다. 이수경(2005) 「일본의 한류 현상과 한일 교류의 과제」『비교문화연구』제17권, pp.77-93 참조.

체제의 날조된 유학생 간첩사건으로 재일동포 청년들을 투옥시켰던 데에9) 대한 항의 시위 및 석방 요구 운동으로 이어졌다. 이는 일본 내에서 반공투쟁을 감행하며 국위 견지와 한국 정부 시책을 지지한다는 취지를 명확히 하는 한국계 동포단체인 민단 내부의 갈등 심화를 초래하였다. 「재일동포의 법적지위 확립과 민생안정, 문화향상, 국제친선과 조국의 발전, 평화통일의 실현을 방침으로 내세워, 수많은 운동과 사업에 총력을 다하며 많은 실적」10)을 올리면서 한국계 재일동포 커뮤니티의 구심점 역할을 해 온 민단이 동포 청년들을 간첩으로 조작하는 한국 정부에 동조하여 그들을 기민화하는 태도에 분노를 표출하며 항의 활동을 전개하는 민단내 「베트콩파」와, 지속적으로 한국 체제 비판 및 반한적 운동을 표출하는 조총련측 세력, 그리고 친북 진보 성향의 지식인 세력 및 그들을 옹호하는 일본의 일부 언론이 재일동포 유학생 석방 운동과 김지하·김대중 지원 운동을 비롯한 한국의 민주화 촉진을 내세운 행보를 함께 하게 된다.

국내의 언론출판계와 문화·종교계를 탄압하는 독재 정권에 대한 실상 소개와 체제를 신랄하게 비판하였던 T·K생11)의 「한국으로부터의

---

9) 당시 유신체제하에서 날조된 간첩사건으로 연루되어 옥살이를 하였던 대부분이 근년에 무죄를 선언받았으나 이미 고인이 된 사람들도 적지 않다.
10) 재일본대한민국민단 웹사이트 참조, https://www.mindan.org/kr/aboutus.php(검색일자: 2024.11.9.)
11) 전 한림대 석좌교수였던 고 지명관 교수(1924.10.11.~2022.01.01)는 그가 주간을 지낸 『사상계』가 강제 폐간 뒤 덕성여대 교수 시절 도쿄대 교환교수 초빙을 받고 일본행. 도쿄여대 객원교수로 있던 1973년부터 1988년까지 일본의 진보성향 월간지 『세카이(世界)』에 「티케이(T·K)생」이라는 필명으로 칼럼 「한국으로부터의 통신」을 15년간 연재하며 군부독재 체제의 실상을 알렸다. 검열이 엄했던 당시, 한국기독교교회협의회 인사들이 몰래 보내온 「한국 자료」로 글을 쓰고 야스에 료스케 『세카이』편집장 혹은 비서가 필사한 뒤 원고를 불태우는 방식을 취하였다. (『한겨레』 2022년 01월 02일 기사 참조, https://www.hani.co.kr/arti/society/society_general/1025659.html(검색일자: 2024.11.08). 참고로 지명관은 평안북도 정주군 출

통신』(『세카이(世界)』1972년 5월호-1988년 3월호까지 연재)이 사회적 이슈가 되었고, 1975년에 진보성향의 재일동포 문인들로 구성한 일본어 종합잡지 계간『삼천리(三千里)』가 김지하 및 한국의 반유신 민주화 운동 지원을 내세우며 일본 내의 한국 민주화를 위한 촉진제 역할을 하였다.

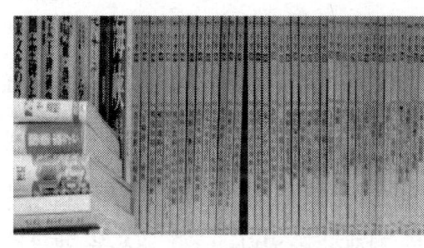 

사진 (왼쪽) 계간『삼천리(三千里)』12) 및 이진희 교수 저서
　　　(오른쪽) 한국의 민주화 운동 및 1975년 특집호 소개
　　　출처: 이진희 교수 부인 오문자 여사 제공

창간호에 김지하 특집을 내세운『삼천리』는 그의 글13)과 사상 소개를 비롯하여 한국의 민주화운동 특집, 재일동포의 사회적 동향과 문제점, 한국·조선의 역사와 언어와 문화와 교육, 한일관계 등 다방면

　　신. 1946년 김일성종합대학 제1회 입학생으로 진학, 다음 해에 중도 퇴학 후 월남. 서울대 종교학과 출신. 한국전쟁 때 통역장교로 근무. 1960년에 덕성여고 교장 역임. KBS이사장 역임.
12) 1975년 2월에 김달수, 이진희, 강재언, 윤학준, 박경식 등에 의해서 창간. 창간호는 김지하 특집. 1972년의 7·4 공동성명을 의식한 통일 조선에의 절실한 바람을 기치로 시작. 1987년 5월, 총 50호로 폐간. 재일동포 사회와 한반도의 문화 및 역사, 당시의 한국과 일본 내에서 파생되는 모순과 부조리에 대한 지적, 재일동포 정체성을 일깨우는 폭넓은 내용 등으로 동포사회는 물론 일본인들에게서도 많은 지지를 받았다. 필진으로는 당대를 대표하는 동포사회 및 일본을 대표하는 문화계 인물들이 대거 참가.
13) 金芝河(1975)「苦行…1974」『三千里』통권 제2호, 도쿄, 三千里社, pp.113-119. 참고로 당시의 삼천리사 주소는 도쿄 신주쿠 니시오오쿠보 1-459번지.

으로 재일동포에 대한 소개를 하였는데, 이러한 그들의 기사 내용이 일본의 언론과 잡지에 소개되면서 재일동포 이해와 재일동포 유학생 석방 요구 집회 지원, 한국의 민주화 촉진 운동 지원에 힘을 보태게 된다.

한편, 일본 언론 중에서는 주간『아사히저널』(1975년 1월 24일자)은 전 해군참모총장 이용운의 국가원수 및 국군을 모독하는 기고문을 게재하면서 한국의 군사 독재정권을 비판하였고,『주간포스트』등 다른 매체도 이에 동조하는 기사를 게재하면서 일본 사회의 여론을 환기시키는 역할을 하였다. 또한, 월간지『츠쿠루(創)』[14]는 1976년 4월호에 조총련 기관지『조선신보』의 논설위원이었던 한계옥(韓桂玉)의 기고문「박정권은 어디로 가나?」(12쪽)를 게재하고 있다[15]. 그 내용을 개괄하면 다음과 같다.

- 유엔총회에서 재한 유엔군의 해체와 미군 철수를 요구하는 조선민주주의인민공화국을 지지하는 36개국의 공동 결의안이 압도적인 다수의 찬성으로 가결되었다. 박정권의 위신은 땅에 떨어지고 말았다.
- 한국내의 민주화운동에 대해 가혹하게 탄압하고 무역적자와 차관 변재로 인한 재정 구조의 악화와 생활고로 국론은 분열되고 민중의 반정부 감정은 높아지고 있다. 이러한 상황에서 박정권은 일본에 의지하여「두 개의 조선」정책을 추진하며 정권 연명을 꾀하고 있다.

---

14) 월간지『츠쿠루(創)』는 1971년 11월호부터 발간되고 있는 비평지이다. 언론의 자유, 표현의 자유 혹은 사회문제 등을 특집으로 꾸며왔다. 대표의 체포, 원고료 체불 등 문제를 일으키기도 했지만 현재까지 발간은 계속하고 있다.
15) 『재일본 반한단체 동향, 1977』(공개번호 9090), pp.2-41 참조.

- 박정권은 미국, 일본의 기업과 유착관계를 심화하면서 정치헌금, 리베이트가 왕성히 오가고 있는데, 이는 박정권의 부패로 이어지고 있다.
- 박정권 내부에서는 파벌 간의 대립과 권력투쟁이 그칠 날이 없다. 이는 박정희의 라이벌 없는 친정체제를 강화하는 과정에서 더욱 심화되고 있다.
- 박정권은 군수산업의 육성 등을 이유로 일본으로부터 거액의 차관을 얻기 위하여 모든 인맥을 동원하여 굴욕적인 대일 외교를 펴고 있다…

주로 박정권에 대한 비판적인 기고문의 게재에 대하여 주일대사관은, 기고문은 사실관계를 확인하지 않은 한국 비방을 목적으로 한 것이며, 이러한 기고문을 게재한 것은 잡지사의 책임이라고 단정하고 잡지사에 사죄와 해명을 요구했다. 이러한 사실을 교도통신이 발신하였고 재팬타임스·오키나와(沖繩)타임스·홋카이도(北海島)신문·니시니혼(西日本)신문 등이 기사화하고 있다. 한편 야당 일각에서는 주일대사관의 요구를 「편집권의 침해」라고 보는 견해도 속출하였다.

표현의 자유를 주장하던 당시 일본의 「상식」으로 본다면 신문 잡지 등의 언론에 게재된 내용에 대한 공관의 이의 제기는 이례적인 상황이었다고 할 수 있다. 하지만 공관측 입장에서는 자국의 수장에 대한 비판을 외국의 신문 혹은 잡지가 비방하는 것에 대한 결례를 간과할 수 없는 상황이었기에 공관으로서의 의무적인 주장을 한 셈이다. 그만큼 공관측과 일본 언론의 대립이 예민하게 교차하던 시대임을 알 수가 있다.

3. 1960~70년대 일본측 운동단체에서 활동한 일본인 S.T씨의 기억

이 글에서는 앞에서도 언급하였듯이 일본인 학생운동, 「반한단체」에서 활동을 하였던 S.T씨의 기억을 더듬은 메모 기록을 정리하여 소개하도록 한다. 외교문서나 참고문헌 만으로 보이지 않는 당시의 운동 단체에 관련되었던 당사자의 입장을 통해서 보다 다양한 형태의 시대 상황을 엿볼 수 있을 것이다.

참고로 2025년 현재 팔순의 S.T씨는 와세다대학 시절 일본 제국주의의 아시아 침략 및 식민지주의에 반대하며, 같은 한민족의 재분단을 초래하는 한일정상화 회담을 반대하는 운동 등을 전개하다 대학을 중퇴하기에 이른다. 베트남 침략전쟁 반대 운동과 1970년 전후의 일본 안보·오키나와 투쟁에서 체포되어 수년간 투옥되었다. 그런 과정에서 1970년 7월에 입국관리국 체제하에서의 재일한인·조선인·중국인 차별의 현실과 일본인 가담의 심각함을 깨닫게 된다. 사학자인 박경식, 가시무라 히데키(梶村秀樹), 야마베 켄타로(山辺健太郎), 작가 김석범 등의 영향도 받는다. 산리츠카(三里塚)16)농민 지원 등 다양한 반정부

---

16) 1966년 7월 4일, 사토 내각은 신도쿄국제공항(지금의 나리타 공항)의 산리츠카 건설안을 각의 결정하는데 다음 날 각 신문을 통해 알게 된 현지 농민들은 충격을 받게 된다. 도무라잇사쿠(戸村一作)를 대표로 하는 「공항반대동맹」이 결성되었고, 농민들은 청년행동대·부인행동대·장년행동대를 만들어 국가 권력의 실동부대인 기동대에 필사적으로 저항하게 된다. 이러한 농민들의 저항 운동에 3파 전학련 (중핵파, 일본사회주의 청년동맹파·공산주의자동맹)이 「지원」단체로 참가한다. 반대투쟁은 농민운동가였던 가세 츠토무(加瀬勉)의 지도 등으로 전개되는데, 공권력에 의한 강제 집행 등의 격한 과정에서 희생자가 발생하였다. 그 결과 현지 농민들의 대부분이 떠났으나 지금도 나리타에는 반대파가 거주를 하며 투쟁 중에 있다. 「映画「三里塚のイカロス」—三里塚闘争で農民を支援した若者たちの"あの時代"と現在』『クリスチャン新聞』2017년 9월 5일 기사 참조.

운동에도 참가하여 왔다. 그 뒤, 서평 신문사 편집부에서 근무하였으며 현재도 편집 및 출판 활동을 계속하고 있다.

1) 기억: 1970년대 후반 일본의 한국 민주화 연대운동의 개관

가지무라 히데키(梶村秀樹, 1935~1989)는 한국 민주화운동 역사를 개관하며 다음과 같이 기술하고 있다. 시대를 알 수 있는 매우 중요한 관점이 아닐까?

「한국 민중운동사상은 72년부터 시작하는 운동(박정희 독재 권력의「유신체제」에의 저항-저자 주)과 60년 4월 혁명부터 시작하는 운동, 그리고 1945년 8·15해방을 기점으로 하는 운동의 대·중·소 세 개의 파장을 가지는 파동의 중층 속에서 보는 것이 타당하다고 생각한다.」(가지무라, 1987).「80년대에 들어서 한국 민중운동은 실천적으로도 이론면에서도 어지러울 정도로 풍부하게 꽃피우면서 새로운 독재 권력과의 긴장된 대치를 계속하고 있다.」(가지무라, 위와 같음).

현재 일본에서는 한국 민주화운동의 기점이 1980년의 광주사건이라고 보는 경향이 있다. 그 사건은 사건대로 광주사태가 가지는 역사적으로 결정적인 의미를 확인하는 운동으로서 중요하다. 그러나 그 사태 발발 전에 한국 독재정권과 KCIA에 의한 수많은「북(한) 스파이 사건」의 날조, 체포, 고문, 언론의 자유 압살, 정보 감시 사회와의 길고 고통스러웠던 저항 운동이 연면으로 이어지고 있었다는 것을 잊어서는 안된다. 일본의 운동 또한 오랜 기간 하나의 연결된 운동으로 취급하지 않으면 안된다. 1970년대 일본에서는 그 전의 1960년대 후반부터 70년대 중반에 걸쳐

---

https://xn--pckuay0l6a7c1910dfvzb.com/?p=16962(열람일자: 2025.2.7.)

서 베트남 반전운동이나 안보·오키나와 연대 운동이 대규모 노동자, 학생, 시민들의 운동으로 전개되고 있었다. 그러한 운동은 때로는 격하게 경찰·기동대와 대결하면서 전국 각지에서 일어나고 있었다. 그즈음 한국 민주화운동과의 연대 행동, 한국정치범 구원운동은 그러한 제반 운동과 겹쳐졌는데 이는 매우 광범위한 규모로 기독교 및 불교 종교인들, 문학가, 표현자, 일본 앰네스티 등이 결기하는 획기적인 전개를 보였다.

「김대중을 지켜라」, 「김지하를 구출하라」, 「서승·서경식 형제를 구해라」, 「재일한국인 정치범을 지원하자」라는 운동이 도쿄를 중심으로 일본 각지에서 퍼져나가며 사회에 큰 파동을 일으켰다. 많은 대학의 대학생들이 속속히 「김지하 구원」그룹을 결성하였다.

종교인, 그 중에서도 기독교인들은 그야말로 조직적으로 움직였다. 참가자들이 급증하여 그 파급력은 대단하였다.

오에 겐자부로(大江健三郞), 오다 마코토(小田実), 츠루미 슌스케(鶴見俊輔), 엔도 슈사쿠(遠藤周作), 마츠모토 세이쵸(松本清張), 와다 하루키(和田春樹) 등 문학가, 표현자, 연구자들이 목소리를 높인 것, 그들이 도쿄 긴자에서 단식 시위를 행하였던 그 영향력은 상당히 컸다. 또, 화가인 도야마 다에코(富山妙子)가 석판화 제작을 통하여 구원운동 중에서도 중요한 역할을 하였다.

무엇보다 운동의 발신원으로서 가장 큰 역할을 한 것이 T.K생의 「한국으로부터의 통신(韓国からの通信)」(잡지『세카이(世界)』[편집장·야스에 료스케(安江良介)]에 연재, 1972년 11월-1988년 3월)이었다. 한국 내의 탄압과 저항의 생생한 상황이 반 달이 늦어지고 한 달이 늦어지면서 실시간처럼 일본으로, 세계로 전달되었다. 운동 참가자의 대부분이 『세카이』 혹은 그 잡지의 복사판을 옆에 끼고 있었던 것이다.

잡지『朝鮮研究』(일본조선연구소)가 작은 존재이면서도 한국의 민주화 운동을 일본인이 어떻게 봐야하는지를 캐물었던 것은 운동의 이론을 명확히 하는 점에서 중요한 위치를 가지고 있었다. 한국의 운동에 안이하게 접근하는 것이 아니라 일본의 조선침략의 역사, 조선민족 혹은 가장 가까이에 있는 재일한국·조선인에 대한 차별과 편견, 가해에 대한 무자각을 스스로 깨닫는 올바른 자세를 갖지 않으면 안된다고 제기한 것이다.
　운동을 하면서 한국 독재정권의 폭압에, 실은 우리 일본인도 가담하고 있는 존재라는 것을 자각하지 않으면 안된다는 추궁이 제기된 것이었다. 김대중, 김지하, 정치범에 대한 비인도적이고 가혹한 탄압의 가해자측에 있음을 되돌아보자는 통절한 호소가 운동의 정신(geist)에 있음을 일깨워 준 것은 매우 중요한 의미였다.

「KCIA의 무법적인 폭거에 항의하여 원상회복, 김대중씨의 무조건 재래일의 정식 요구가 단 한 번도 없었던 일본정부는 김대중씨의 수난(납치사건-역자 주)에 촉발되어 일어난 한국민중, 학생, 지식인, 기독교인들의 투쟁을 탄압하는 자금 제공을 서둘렀던 것이다. …(중략)…일본 돈은 한국민중의 피와 땀으로 부풀리어 일본에 환류하고 있다. 일본 기업은 박정권을 이용하여 그들이 말하는 「내지(內地)」를 위하여 한국의 산야를 더럽히고 한국의 민중을 수탈하고 있다.…(중략)…기생관광을 하기 위해 건너가고, 한국 여성을 돈의 힘으로 능욕하는 일본인은 일한 양국정부의 공범자이다.」(1974년 4월 18일 「일한연대회의」결성 홍보 중에서. 아오치(青地)·와다(和田), 1977)

　운동을 하던 여성들이 중심이 되어서 「기생관광 반대」목소리를 높였고, 나아가서는 제2차대전 중의 일본군 군위안부문제라는 전쟁과 식민지 지배의 역사를 되묻는 운동을 일으키기 시작하였다. 다시 한번 운동을 통해서 점차 명확히 하려한 것이다.
　한국 독재정권에 의한 반인도적인 탄압을 받은 사람들을 지원하는 것은 그들 정치범들이 불쌍하니 지원해야 한다는 동정이나 자비의 운동이 아니라 그들이 목숨을 걸고 인간으로서의 존엄을 보이려고 투쟁을 하고 있다는 사실, 그런 그들과의 고통스런 싸움으로부터 「배운다」는 것, 「스스로를 올바르게 한다는 것」이라는 생각이 점차 운동 속에 침투하여 갔다.
　그러한 움직임의 전후 혹은 서로 겹치는 상황 속에서 입국관리법·외국인 등록법 반대 운동이 반복되었다. 입관체제하에서 차별·억압을 받는 재일한국·조선인, 재일중국인이 입관법·외국인등록법의 저변에 깔린 민족차별, 구조적인 차별과 편견, 취직차별을 고발하고 고난에 찬 운동에 돌입하면서 일본인측으로부터의 지원·연대의 운동이 일어났다. 이 부분에서는 재일한국청년동맹이나 화교청년투쟁위원회 등 재일한인 중국인 청년·학생들이 선진적으로 운동을 이끌었다. 그러한 움직임이 1980년대의 지문날인 거부운동의 확대, 그 운동에 대한 일본인들의 지원운동으로 계승되어 발전된 것이다.

한종석(韓宗碩, 당시 조선장학회 총무부장)이 1980년 9월, 도쿄 신주쿠 구청에서 지문날인을 거부한 제1호가 되었다.

1984년 9월, 「지문날인거부예정자회의(指紋押捺拒否予定者会議)」가 결성되었고 1985년 6월, 지문날인 일제 거부로 인해 전국에서 1만명 이상의 지문날인 거부 사례가 일어났다. 이러한 1970년대~ 80년대의 일본 민중의 한국 정치범 구원운동, 한국민주화연대 운동, 재일(한인)지원운동의 큰 흐름은 일본의 한국·조선에 대한 침략과 식민지 지배의 역사에 대한 반성, 한국 독재정권에 가담하는 일본 정부를 탄핵하는 의지를 넓히게 되어 위정자들을 뒤흔들게 된 것이다. 그것이 토대가 되어 1993년 8월 3일의 「慰安婦関係調査結果発表に関する河野内閣官房長官談話(위안부관계조사 결과 발표에 관한 고노 내각관방장관 담화)」(고노 담화), 1995년 8월 15일의 무라야마 내각총리대신 담화인 「전후 50주년 종전 기념일을 맞이하여」(무라야마 담화), 그리고 2005년 8월 15일의 「전후 60년을 맞이하여 고이즈미 내각총리대신 담화」(고이즈미 전후 60년 담화)를 내놓게 되기까지 이르렀다.

일본의 위정자들이 공식적으로 「식민지 지배」「침략」「아시아 국가의 수많은 사람들에게 다대한 손해와 고통을 주었다.」「통절한 반성」「진심으로 사과하는 마음」을 표명한 것이다. 일한의 민중 차원에서의 국경을 넘은 연대가 아래에서부터의 힘이 되어 일본국가를 움직였다고 해도 될 것이다.

1970년대, 그 중에서도 70년대 후반의 일본에서의 한국 민주화 연대운동은 이러한 역사적 의의를 지니고 있다. 오늘날 일본에서는 있어서는 안

될 대단히 비합리적인 혐한론, 재일한인들을 향한 혐오 발언(hate-speech)의 폭력적인 움직임이 다양한 형태로 표면화하여 염려해야 할 사태가 계속되고 있다. 그것은 1970년대 후반 이후, 아래에서부터의 풀뿌리 일한연대 의식과 행동을 뒤집으려고 하는 움직임으로 보지 않으면 안되는 것이 아닐까?

2) 연대별 활동의 정리

당시의 기억을 연대별로 정리를 하면 다음과 같다.

【1970년】

11월 13일 서울 평화시장 봉제노동자 전태일이 「노동자의 생존권」을 호소하며 항의 소신 자살을 하였다. 「민주 회복」을 추구하였던 지식인·학생들에게 강한 충격을 준 사건. 이후 노동자의 「민권 수호」「생존권 투쟁」이라는 주제가 설정되어 민주적 노동운동이 형성되었다. 그것이 새로운 민주화운동의 하나의 토대가 되어갔다.(가지무라, 1979).

【1971년】

4월 18일   한국 유학 중의 재일한인 서승과 동생 서준식 등이 「국가보안법 위반」의 간첩 용의로 체포당하였다. (소위 「학원침투 간첩사건」)

          ※ 71년 대통령 선거 과정에서 김대중 후보가 박정희 대통령보다 승산이 있었던 상황에서 투표일 직전에 날조된 것.

          ※ 이후, 재일한국인 정치범 조작이 이어져서 1986년까지 약 200명 가까이 투옥되었다.

          여름·가을 「부정부패의 권력」을 탄핵하는 반독재운동이 분출.

10월 15일   박정권이 서울에 계엄령을 발동.

10월 22일   서승, 제1심에서 사형 판결. 서준식은 징역 7년·자격정지 7년 판결.

12월　　김지하 『長い暗闇の彼方に(기나긴 어둠 저편에)』(도쿄, 中央公論社)발행(※ 한국에서 발매금지의 「오적(五賊)」 「황토」 등을 수록)

【1972년】
6월　　김지하의 풍자시 『비어(蜚語)』로 「반공법 위반」을 이유로 체포, 강제 입원.
　　　　일본에서 「김지하 구원 국제위원회」가 결성됨. 오에 겐자부로, 장 폴 사르트르, 놈 촘스키 등 세계적으로 고명한 지식인들이 찬동. 「김지하 등을 지원하는 모임」(무로 겐지(室謙二) 사무국장)
7월 4일　7·4 남북공동성명.
10월　　박정희 정권이 「유신헌법」을 포고. 「유신 쿠데타」.
　　　　「유신체제」로 인한 민주화운동에 대한 탄압 강화.
12월 7일　서승, 제2심에서 무기징역 판결.
　　　　※ 나중에 무기징역에서 징역 20년으로 감형. 1990년 2월 18일에 석방.

【1973년】
8월 8일　김대중 납치사건. 한국 대통령 후보였던 김대중이 도쿄의 호텔 그랜드 팰리스에서 한국 중앙정보부 요원들에게 납치되어 살해당할 뻔하였다.17)

---

17) 행정안전부 국가기록원의 공개 기록 포털에 의하면 김대중 납치사건은 다음과 같이 기록되어 있다. [1973년 8월 8일 일본 도쿄의 한복판인 그랜드 팰리스 호텔에서 당시 야당 지도자였던 김대중씨가 5명의 한국인 청년들에게 납치되면서 시작되었다. 1972년 신병 치료를 위해 일본에 체류 중이던 김대중은 유신체제가 선포되자 국내로 들어오는 것을 포기하고 1973년 7월 재미교포 반체제 단체인 「한국민주회복통일촉진국민회의」(한민통)를 결성하는 등 해외에서 반유신 활동을 벌여오던 터였다. 김대중씨가 한국 정보기관원들에게 납치된 것이라는 소문이 파다한 가운데 김씨는 피랍 5일 후인 13일 돌연 서울에 출현, 기자회견을 열어 『자칭 '구국동맹행동대원' 들에게 피랍돼 서울로 연행돼 왔다』고 저간의 경위를 설명하기에 이른다.]

8월 9일	한민통 일본본부 결성준비위원회가 민단 도쿄본부에서 「김대중선생구출대책본부」를 결성.
8월 13일	「한국민주회복 통일촉진 국민회의(한민통)일본 본부」를 결성, 김대중을 의장으로 선출. ※ 당시의 민단 본부는 한국의 독재정권을 지지하고 있었다. 한민통은 그들과 거리를 두는 형태로 활동을 전개.
8월 13일	밤 김대중, 서울 자택 근처에서 해방.
8월 15일	한민통 일본 본부가 도쿄·히비야공회당에서 「김대중선생 납치규탄 재일한국인 민중대회」를 개최. 이후, 오사카, 교토, 후쿠오카 등에서 구출 대책위원회가 결성되어져 집회와 시위가 연일 이어졌다. 우츠노미야 도쿠마(宇都宮 德馬, 자민당 아시아 아프리카연구소[AA연구], 1965년 결성) 중의원도 친분이 있던 김대중 구원에 움직이기 시작.
8월 23일	일본의 지식인·표현자 78명[18])이 김대중납치사건을 탄핵하는 성명을 발표(아오치 신(青地晨), 이이누마 지로(飯沼二郎), 오에 겐자부로(大江健三郎), 오카베 이즈코(岡部伊都子), 오다 마코토(小田実), 오오카 쇼헤이(大岡昇平), 구노 오사무(久野収), 구와하라 다케오(桑原武夫), 고나카 요타로(小中陽太郎), 츠루미 슌스케(鶴見俊輔), 나카노 요시오(中野好夫), 후지시마 우다이(藤島宇内), 요시카와 유이치(吉川勇一), 와다 하루키(和田春樹) 등).
9월	「김대중씨를 돕는 모임」이 결성. 8·23성명에 서명한 사람들에 우츠노미야 도쿠마, 덴 히데오(田英夫, 사회당 국회의

국가기록원 국가기록 포털사이트 참조, 2006년 12월 1일. 최종 열람; 2025년 2월 8일. https://archives.go.kr/next/newsearch/listSubjectDescription.do?id=002814&pageFlag=C&sitePage=1-2-2

18) 참고로 한국의 '민주화운동기념사업회' 홈페이지에서는 성명 발표자를 83명으로 공개 중. 최종 열람; 2025년 2월 8일,
https://www.kdemo.or.kr/main/mainPage.do;jsessionid=92943CB15F00C966CADFD1FF817D587F

	원), 나카지마 마사아키(中嶋正昭, 일본기독교단 총감사), 쇼지 츠토무(東海林勤, 일본기독교협회 총간사, 고려박물관 초대이사장 역임) 등이 참가한다.
11월 18일	「김대중씨의 재래일을 실현시키는 국민집회」와 데모. 「김대중을 돕는 모임」과 「김대중사건의 진상을 규명하는 모임」, 「김대중사건을 생각하는 법률가의 모임」, 「김대중사건을 생각하는 학생 모임」 등이 협찬.
	※「일본의 국가주권을 침해당하는 것은 용서하지 않는다」라는 일제 한국 강제병합의 반성없이 반한 배외주의 논조가 강하였다.
12월 14일	「김대중씨의 재래일을 실현시키는 연락협의회」가 결성됨.
12월	김지하, 장편풍자시 「오행(五行)」 집필.

【1974년】

1월 15일	「한국문제 기독교인 긴급회의」를 결성. 기독교 신구교회 지도자 84명이 호소.
	※「한국 기독교 신자의 신앙과 싸움」으로 받아들이고 「민주화운동은 일본에 대한 항의이기도 하다. 회개하고 민주화운동에 연대하여 재일한인 차별과 투쟁하며 매춘관광을 저지하자」라며 한국 민주화운동과 연대를 선언. 일본의 배외주의, 차별과 편견에 대한 자기반성의 입장에 서려고 하였다.
3월 28일	「일본의 대한정책을 정립하고 한국 민주화투쟁과 연대하는 일본 연락회의」를 결성. 앞에서 언급한 「김대중을 돕는 모임」관계자, 국회의원과 그 비서, 변호사, 학생 등이 참가.
4월 3일	서울의 대학생들이 「전국민주청년학생총연맹(민청학련)」의 이름으로 선언, 결기. 박정희 정권은 대통령긴급조치 제4호를 발동하고 180명의 학생들과 「인민혁명당 재건

	위원회」 관계자를 체포·연행하는 대탄압이 시작되었다.
4월 18일	「일본의 대한정책을 정립하는 국민집회」가 개최되고, 「일한연대회의」(일본의 대한정책을 정립하고 한국 민주화투쟁과 연대하는 일본 연락회의)가 정식으로 발족되었다.
	※ 그 성명은 역사적으로도 중요한 내용을 표명하였다. 즉,「한국 민중으로 향하는 중압을 일본 사회를 바꿈으로써 조금이라도 줄이는 것이 우리들의 의무일 것이다. 그것은 우리 자신이 다시 태어나기 위해 무엇보다도 필요한 것이다.」
4월 25일	김지하 체포. 민청학련 사건 관여 용의와 반공법 위반 용의.
5월 3일	일본 참의원의원인 니시무라 세키카즈(西村関一)가 광주교도소에서 서준식과 면회를 함. 서준식이 전향을 강요하는 고문과 학대의 실태를 호소하며 전 세계에 공표해줄 것을 요청. 이렇게 하여 박정권의 암묵의 탄압이 표면화되면서 지원·구원운동이 단번에 확대되어졌다.
7월 9일	김지하에게 사형 구형.
7월 10일	「김지하를 구원하는 모임」 발족.「김지하를 살려라! 석방하라!」는 서명운동이 국제적으로 확산이 되었다.
7월 13일	김지하에게 사형 판결.「인민혁명당」관계자 8명에게도 사형 판결.
7월 16일	「김지하를 돕는 모임」이 3일간의 제1차 단식투쟁 결행 (김석범, 김시종, 이회성, 마즈키 노부히코(真継伸彦), 남포 요시미치(南坊義道)).
7월 27일	같은 모임이 3일간의 제2차 단식투쟁을 결행(김달수, 이진희, 츠루미 슌스케, 하리우 이치로(針生一郎)). 2차 단식투쟁에 언론이 주목하기 시작, 사람들에게 큰 충격을 주었다.

7월 20일　김지하, 무기징역으로 감형.
8월 15일　재일한국인 청년・문세광이 박정희 대통령을 저격. 영부인 육영수 사살됨.
11월 5일　「거물 스파이단사건」을 발표. 전 민단도쿄본부 부단장이었던 진두현(陳斗鉉)을 체포, 나중에 사형 판결.
이 해, 배우・연출가인 요네쿠라 마사카네(米倉斉加年)와 극단 민예(民藝)가 김지하의 시를 모티브로 한 연극활동을 전개. 이후, 다양한 연극 표현을 시도했다.

【1975년】
2월 15일　김지하, 무기징역형 집행 정지로 출옥. 다른 사람들도 포함한 정치범 148명이 집행 정지로 출옥. 「인민혁명당」 관계자는 제외되었다.
3월 1일　김지하 「일본민중에의 선언―반독재・한일연대」, 「인민혁명당」으로 불린 사람들의 석방도 요구함.
3월 13일　김지하, 재체포.
4월 9일　「인민혁명당」으로 사형판결을 받고 있었던 8명이 처형 당함.
5월 13일　박정희가 「대통령긴급조치」제9호를 발동. 일체의 정권비판을 금지.
5월 17일　김지하의 첫 공판이 19일에 서울지방재판소에서 열리기 전에 오에 겐자부로를 비롯한 지식인, 표현자들이 도쿄 긴자의 스키야바시(数寄屋橋)공원에서 단식투쟁을 결행.
5월　「재일한국인 정치범가족 협의회」가 결성됨. (74년 4월 28일에 체포된 최철교의 아내 등 재일한국인 정치범의 몇 가족이 참가).
11월 14일　다큐멘터리 영화『고발 재일한국인 정치범 레포트』의 상영 운동이 시작 됨.
　　　　　　※ 1975년의 울릉도 간첩단 사건, 최철교 사건 등을 취급

	한 내용.
11월 22일	한국 중앙정보부가 「재일동포유학생 간첩단을 적발하였다」라고 발표 (소위 「11·22사건」). 재일한인 13명을 비롯한 21명을 체포.
11월	일본에서 재일한국인 정치범의 가족·지원자가 연일처럼 무죄를 호소하며 가두에 섰고, 각지에서 구원을 원하는 강연회를 개최.
12월 11일	「제2차 모국유학생 간첩사건」을 발표.
12월 23일	권말자(서울교육대 유학)가 중의원 제2의원회관에서 기자회견.
8월 5일	「학원침투 간첩사건」에 관여한 혐의로 중앙정보부에 연행되어 10일간에 걸친 고문과 성적 폭행을 당했으며, 그 뒤에도 폭행을 당했다고 고발.

【1976년】

3월 1일	한국의 3·1절 기념 미사(서울 명동성당)에서 민주구국선언을 발표. 검찰은 「정부 전복을 선동」하였다고 하여 서명자 다수를 연행, 기소.
6월 20일	도쿄에서 「재일한국인 「정치범」을 지원하는 모임 전국회의」(미야자키 시게키(宮崎繁樹)가 대표. 요시마츠 시게루(吉松繁)목사가 사무국장)가 결성되었다. 가두·지역에서의 서명운동이 확산되었다. 또한, 오사카·간사이에서 「11·22 구원회」(구와하라 시게오; 桑原重夫) 목사가 사무국장)가 결성되었다.
8월 8일	「김대중납치사건 4주년, 다시 김대중씨 사건을 고발하는 8·8집회」가 구원대책위원회와 「김대중선생을 구하는 모임」(아오치 신 등)의 공동 주최로 개최. 「양국 민중의

	연대」를 결의함.
8월 15일	「한국의 민주화투쟁을 지원하는 긴급 국제 대집회」를 히비야공회당에서 개최.
10월	도야마 다에코가 김지하의 시에 그림을 넣은 『시화집「심야(深夜)」』를 발행(토요미술사).
12월 23일	한청동19) 주최의 「100만 명 서명을 초과 달성하여 3·1민주구국선언을 지원하며 전 정치범의 즉시 석방을 요구하는 한일 대집회」가 개최되었다. 이 해를 통하여 일본 각지에서 「3·1민주 구국선언」 지지 100만 명 서명운동이 시작되었다. 또한 한국으로 건너가서 면회, 사식 넣기, 재판 투쟁 지원의 절차를 밟아갔다. 또 각지에서 집회·강연회, 가두데모, 단식투쟁, 영화 상영운동, 연극 상연운동, 미술전람회 등을 전개하였다. 이 해에 한민통이 레코드『金冠のイエス(금관의 예수)』(한국의 방송금지곡을 수록)을 발매하여 반향을 일으켰다.

【1977년】

3월 1일	한국의 조직·미조직 노동자가 「노동자 인권선언」을 발표(명동성당에서), 노동자가 반독재·민주회복운동에 크게 참가. 일본 노동조합이 호응하여 일한 노동자 연대의 초석을 다졌다.
3월 1일	「아시아 여성들의 모임」이 결성됨. 마츠이 야요리(松井やより), 야마구치 아키코(山口明子, 한국문제 기독교 긴급회의 실행위원) 등이 참가. 「기생관광」 반대운동을 통하여 자신을 「침략에 가담한 아시아의 가해자」로 되돌아보며 「투쟁하는 아시아 여성들로부터 배운다」는 자세를

---

19) 재일한국청년동맹. 민단 산하단체로서의 인가 취소 이후에는 [구 한청]으로 표기. 1960년대 중반부터 한국 정부에 대한 비판적 입장. 베트콩파의 전위 행동대로 반한 활동 전개.

	명확히 하였다.
4월 18일	「재일동포 유학생 간첩사건(류영수, 류성심, 김정사) 발표20)
6월 4일	「재일한국인정치범을 구원하는 가족·교포 모임」(김태명 사무국장)이 결성됨. 이 해에 일본 천주교 정의와 평화협의회가 재일한국인 정치범 6명의 구원 서명활동을 개시. 기독교 내외에 서명운동이 확대되어졌다.
10월	일본 노동조합이 전국 규모로 본격적인 100만 명 서명운동을 추진함.

【1978년】

3월 13일	서울에서 [김지하 구출위원회] 방출(천주교정의구현전국사제단 신부, 자유실천문인협의회 문인, 퇴직교수, 개신교 목사들로 구성).
6월	한국대법원이 한민통을 「반국가단체」로 규정. 방해 활동이 강해졌다.
11월	소신 자살한 전태일과 그의 어머니 이소선의 투쟁을 기록한 평전인 김영기21)의 『炎よ、わたしをつつめ:ある韓国青年労働者の生と死(불꽃이여 나를 살아라: 어느 청년 노동자의 생과 죽음)』(일본, たいまつ社)가 출판되어 일본 사회에 감동을 일으켰다.

---

20) 류영수는 2012년에, 류성심 및 김정사는 2013년에 무죄 선언을 받음.
21) 1970년 서울 평화시장의 열악한 노동환경에 대한 인간적인 권리를 요구하며 분신자살한 전태일(22세)의 평전은 인권변호사로 알려진 조영래 변호사가 김영기라는 가명으로 한국에서 출판할 수 없었기에 이호배 번역으로 일본에서 먼저 출판하였다. 그에 대해서는 다음 기사에서 확인할 수 있다. 「전태일 열사의 여동생 전순옥씨(49)는 16일 「한국에 앞서 1970년대 일본에서 첫 발간됐던 '전태일 평전'이 25년만에 일본에서 재출간된다」며 「오는 22~23일 일본에서 출판기념식이 열릴 예정」이라고 밝혔다. 전태일 평전이 일본에서 먼저 출간된 이유는 군사정권이라는 암울했던 시대상황 때문. 고 조영래 변호사가 민청학련 사건으로 수배를 받을 때 완성한 전태일 평전은 지난 78년 「김영기」라는 가명의 저자 이름으로 일본에서 발간됐다.」「전태일 평전 日서 25년만에 재출간」『경향신문』2003년 11월 16일 기사. 최종 열람;2025년 2월 9일, https://www.khan.co.kr/article/200311161821001

【1979년】
10월 9일   한국 내무부가「남조선민족해방전선사건」으로 80명 이상을 체포. 그뒤, 사형 2명, 무기징역 5명을 비롯하여 전원 유죄판결.
10월 26일   중앙정보부장 김재규의 박정희 암살.
12월 29일   전두환과 노태우 등 군부의 쿠데타 발생.

【1980년】
5월 17일   전두환의 비상계엄령 확대 조치.
광주에서 학생·노동자·시민이 봉기하자 군에 의한 대탄압 시작. 광주사건의 수모자로 지목된 김대중에게 사형판결(즉시 무기징역으로 감형).
12월   김지하「형 집행정지」로 석방됨.
이 해에 일본의 재일한인과 일본인이 협력하여 만든 레코드『クナリオンダ 韓国政治犯・家族の声を聞け! (그날이 온다; 한국 정치범·가족의 목소리를 들어라!)』가 제작·발매되었다.

【1987년】
6월 29일   노태우(민주정의당 대표위원)가 1988년의 서울올림픽을 앞두고「민주화 선언」, 대통령 직접선거제 도입, 김대중 등 반독재 정치가·정치활동가의 사면·복권을 표명.
7월 1일   전두환대통령이 민주화선언을 받아들임. 민주화제도로 이행하는 헌법개정(제6공화국 헌법)이 확정됨.
2024년 12월 19일 현재 이 글은 미완[22]

---

22) S.T씨의 글에 대한 참고문헌은 다음과 같음. 青地晨·和田春樹편(1977)『日韓連帯の思想と行動』도쿄, 現代評論社; 大江健三郎·安江良介(1984)『『世界』の40年 戦後を見直す、そして、いま』岩波ブックレット; 梶村秀樹(1979)「韓国の労働運動と日本」李丞玉編『韓国の労働運動 胎動する闘いとその思想』도쿄, 社会評論社; 梶村秀樹(1984)「語りはじめた労働者たち」(『祖国統一新報』370호·371호); 梶村秀樹(1987)「韓国現代史における「南民戦」」(『金南柱詩集 農夫の夜』) 도쿄, 凱風社; 金芝河(1978)『苦行 獄中におけるわが闘い』도쿄, 中央公論社; 金

이상으로 S.T씨가 필자에게 보내준 서면 기록을 소개하였다. 단, 이 글의 흐름을 위해 필자가 우리말 번역시 약간의 수정을 더했다. 이 글은 1980년까지의 동향을 개괄한 뒤, 1987년의 민주화 선언이 형식적으로 받아들여졌다는 기술까지이다. 국내에 잘 알려지지 않은 일본 내 동포들의 차별, 특히 입관법 및 지문날인 거부운동으로 재일화교계 단체와 연계하며 운동을 확대해가는 양상도 확인할 수 있다.

S.T씨의 이 글은 미완의 상태라서 글 끝에 [2024년 12월 19일 현재 미완]으로 명기되어져 있다. 필자의 의뢰가 시간적으로 촉박하였던 만큼, 기억의 정리에 충분한 여유를 드릴 수 없었다는 점을 반성하는 바이다. 향후 미완의 원고가 완성이 되었다는 연락이 있으면 별도의 소개 기회를 마련하고자 한다.

4. 1973년의 외교문서에 나타나는 「반한단체」의 일례

1970년대의 재일본 「반한단체」 동향을 기록한 문서철을 살피다 보면 당시의 한국 정부 및 공관이 얼마나 긴장된 체제경쟁의 틀 속에서 격동의 시대에 고립되고 폐쇄적이었으며 편협적인 태도로 한국 비판 단체에 대응하고 있는지가 알 수 있다.

일례로 2004년에 외교부가 공개한 1973년의 외교문서에 기록된 반한단체 활동[23]을 소개하자면 다음과 같다. 단, 지역명이나 인명 등의

芝河(詩)·富山妙子(絵)(1976)『詩画集「深夜」』도쿄, 土曜美術社; 和田春樹·梶村秀樹共編(1986a)『韓国の民衆運動』도쿄, 勁草書房; 和田春樹·梶村秀樹共編(1986b)『韓国民衆―学園から職場から』도쿄, 勁草書房; 和田春樹·梶村秀樹共編(1987)『韓国民衆―「新しい社会」へ』도쿄, 勁草書房.

일본식 고유명사는 문서철 기록을 그대로 반영하고 있다.

① 주삿포로 총영사는 1973년 4월 26일, 북해도 조선인 강제연행 진상 조사단에 관해 아래 보고함.
- 조총련 중앙본부와 북해도 지부 후원으로 동 조사단이 4.16.~24, 북해도 각지를 순방하며 조선인 강제연행에 관한 진상 조사, 동 조사 결과를 4.24. 보고하는 집회 개최
- 총영사관은 동 조사가 조총련의 사주로 일-조 국교 정상화 무드 조성이라는 정치적 선전에 있음을 민단 각 지부에 주지, 동 조사단에 협조하지 않도록 지도
② 주오사카총영사는 1973.7.10. 당시 한청(韓靑) 동향 및 집회 결과를 아래 보고함.
- 한청 오사카 본부는 6.24. '입국관리법 반대집회'를 개최
  - 동 집회의 목적과는 달리 박 대통령의 6·23 특별성명과 김일성의 고려연방제 안을 비교, 고려연방제 안을 지지하는 노선을 취한다는 의견에 찬성하는 요지의 내용에 통일
③ 외무부는 1973.12.9. 주일대사에게 재일한국인의 반정부 시위 동향 보도(12.8.~9.)에 대해 보고하라고 훈령함.
- 주일대사는 12.10, 아래 내용 보고
  - 한국 민주회복 통일촉진 국민회의 일본 본부와 김대중 구출대책위원회는 12.9. 동경에서 본국의 구국투쟁 열렬 지지, 한일 각료회담 분쇄, 김대중의 재래일 요구 등 운운하는 집회 개최
- 주일대사는 12.12. '재일한국학생동맹' 소속 학생들이 한일 각료회담 중지를 주장하는 항의문을 전달했다고 보고
④ 주일대사는 1973.12.22. 불온 재일학생 시위 동향 관련 아래 보고함.
- 베트콩파 전위부대인 불온 재일청년 학생들이 동경에서 한일 각

---

23) 『재일본 반한단체 동향, 1973』(공개번호 6599), pp.1-29, https://opendata.mofa.go.kr/mofadocu/resource/Document/5773.page(검색일: 2024.11.28.)

료회담 연기를 위한 단식농성 중
　　● 일본의 극좌파 그룹계 일본 전학련 중핵파 학생들이 12.23. 동경 에서 한일 각료회담 중지를 위한 집회를 갖고 가두데모 예정
⑤ 주일대사는 1973.12.23. 반한 동향 관련 아래 보고함.
　　● '한국 민주회복, 통일촉진 국민회의' 일본 본부는 12.22. 한일 각 료회의 개최 결정에 항의하는 성명문 발표
　　● 조총련 한덕수 의장은 12.22. 기자회견에서 아래 성명 발표
　　　— 각료회의는 경제협력이라는 이름 아래 일본 군국주의자의 남 한 침략에 길을 여는 것
　　　— 일본 정부는 '2개의 한국' 날조 책동에 가담해서는 안 되며, 북 한에 대한 적시정책을 고쳐 한국의 자주적 평화통일에 장애가 되는 일체의 행위를 중지하지 않으면 안 됨.

　　위의 ①에서 보듯이 주삿포로 총영사는 조총련이 일본 북해도(北海 島, 홋카이도) 지부 후원으로 북해도 각 지역의 조선인 강제 연행에 관 한 진상 조사 결과를 보고하는 집회 개최가 조총련의 정치적 선전을 위한 것이므로 민단 각 지부에 주지하여 동 조사단에 협조를 하지 않도 록 지시를 내리고 있다. 이 조선인 강제연행에 대한 조사 배경에 대해서 『신삿포로사 제5권 통사5 하』권 331쪽의 「해방운동희생자 추모와 역사 파헤치기 운동」에서는 다음과 같이 기록하고 있다.

　　「조선인 노동자에 관해서는 단편적인 조사에 그쳤으나 쇼와 48년 (1973년 - 필자 주), 조선인 강제연행 진상조사단이 본격적으로 도내의 현 지 조사를 하였고(『조선인강제연행 강제노동의 기록 - 北海道千島樺太篇』), 이후, 전시하의 외국인이나 「밑바닥」 노동자의 실태 조사도 활발하게 이 루어지게 되었다. 쇼와 50년(1975년) 민단도본부가 한국인유골수집 봉안 위원회를 설치하고 도내 사찰 2477개소를 조사하여 잔류 유골 수집에 노

력하여 쇼와 52년(1977년) 11월, 한국 충청남도의 「망향의 언덕 동산 묘지」에 무연고 253주를 반환 매장하였다(『홋카이도신문』 1977년 10월 23일). 또, 쇼와 57년(1982년)에 「삿포로 향토를 파헤치는 모임(札幌郷土を掘る会)」이 결성되어 삿포로시내의 타코베야 노동의 실태나 강제연행된 조선인 실태조사를 행하여 「삿포로 민중사 강좌(札幌民衆史講座)」를 개최하는 등, 「역사 파헤쳐내기」 운동을 개시하였다(『続·掘る北海道民衆史掘りおこし運動』).24)

1973년 당시 일본의 진보성향 단체 및 정치관계자들의 활동으로 홋카이도내의 조선인 강제연행 노동자의 진상을 조사하는 움직임이 일어났고, 1975년에는 민단 홋카이도본부가 한국인들의 유골을 수집 봉안하는 위원회를 설치하여 홋카이도내 사원에 남아있던 잔류 유골을 찾아서 1977년에 충남의 망향의 동산으로 모셨다는 신문 내용이 인용되어 있다. 또한 삿포로 향토사 속에서 비인간적이고 열악한 노동환경을 상징하는 타코베야 노동의 실태나 조선인 노동자 실태를 조사하여 삿포로 민중사 강좌를 전개하면서 역사 파헤치기 운동을 하고 있는 것이 보인다. 초기에는 조총련측의 역사 조사에 야당세력의 협력이 적극적인 조사 운동으로 전개되지만 한국측 민단에서도 잔류 유골 봉안 반환 운동을 통하여 무연고의 253주를 귀국시켰다는 것을 알 수가 있다. 결과적으로 홋카이도 공관측이 보고한 뒤, 민단측 조사 운동도 전개되었음을 알 수있는 부분이다. 참고로 홋카이도 도의원 시절 도내의 조선인강제연행노동자 희생을 조사하도록 예산을 확보하여 조사에 착수할 수 있게 제안했다는 이와사키 모리오씨의 증언에 따르면25) 사할린서 귀국

---
24) 「解放運動犠牲者追悼と歴史掘りおこし運動」『新札幌市史　第5巻　通史5下』新札幌市デジタルアーカイブ, https://adeac.jp/sapporo-lib/text-list/d100060/ht013260 (검색일자; 2025.01.31)

한 직후에 목격한 탄광촌의 조선인 광부들의 착취의 기억과 구시로 등 각지의 주민들로 부터 조선인 희생자설이 화두로 올라와서 도의회에 제안하여 전체 조사 활동에 임하였다고 한다. 구시로의 시운다이 공동묘지에 건립된 한국측 추모비와 조총련측 추모 장소를 보자면 민단, 조총련만이 아닌 일본측 지원 협력 단체들의 활동도 확인할 수 있다.

그 외, 김일성이 주창하던 고려연방제 지지를 찬성하는 한청(재일한국인청년동맹) 오사카 본부의 집회 내용 보고를 비롯하여 1973년 12월 9일에 열린 김대중 재래일 요구와 한일 각료회담 분쇄 등을 주장하는 도쿄 집회 보고, 12월22일의 베트콩파 학생 세력의 단식 농성 및 일본 극좌파 세력의 하나인 전학련 중핵파 학생들에 의한 한일 각료회담 중지 데모 예정의 보고, 조총련의 한덕수 의장의, 한일 각료회의가 일본 군국주의자의 남한 침략에 길을 여는 것이므로, 일본은 「2개의 한국」 날조 책동 가담 행위를 중지하라는 성명을 발표한 기자 회견 보고 등, 당시 일본내 격렬한 반한적 동향을 추측할 수 있는 내용이 정리되어져 있다.

5. 다양한 「반한단체」의 성립과 활동 (1950년대~1970년대)[26]

조총련 세력은 2001년에 들어서서 조직 이탈자 대책을 위한 재일(동포)론을 인정하기 전까지는 모든 재일한인은 평양, 즉 북한으로 귀속한다는 정치적 노선을 명확히 하면서 김일성주의 정치 사상운동을 전개

---

25) 2021년 11월 1일 홋카이도 구시로시 자택에서 인터뷰.
26) 『재일본 반한단체 동향, 1975』(공개번호 9000), pp.1-8, pp.25-34;『재일본 반한단체 동향, 1976』(공개번호 10039);『재일본 반한단체 동향, 1977』(공개번호 11201), pp.9-14, pp.17-20, pp.25-30.

하였다. 당시 조총련의 이념적 활동은 해외 공민들의 애국운동의 일환이었으며 조선민주주의인민공화국을 위한 모든 세력 규합 및 일본 내에서의 유력 세력의 포섭 활동은 물론, 공산주의나 사회주의에 경사한 일본인 단체들의 한국 규탄을 조장하는 활동도 다양하게 이루어졌고, 그에 대한 한국측 공관의 긴장감과 예민한 반응도 현저히 표출된다. 사상과 표현의 자유를 표방하는 일본 내에서 공산주의 및 사회주의 사상 운동과 더불어 한국의 군사독재 체제를 비난하고 민주주의 사회를 지향하라는 각지의 시위에 대한 공관측의 과민한 반응은 되려「반한단체」들의 활성화로 나타나는 것을 엿볼 수 있다. 참고로 민주주의 사회를 표방하며 선진국 반열에 오른 한국의 현 시점에서 본다면, 2025년 현재까지 국내에서 이루어지고 있는 각종 시위내용이나 모순적인 움직임이 때로는 1970년대의 일본에서 전개된 운동 이상의 과격함을 보일 때도 있다. 하지만 1970년대 처럼 무자비한 폭력적 대응이나 간첩이라는 날조로 사형이나 무기징역에 처하며 비인간적인 무력행사를 휘두르는 경우는 없다. 다양한 시위 활동을 통하여 사회적 불만을 표출하는 것도 표현의 자유임을 인정하며 1970년대 보다는「관대」한 대응을 보이고 있다. 말을 바꾸자면 그만큼 시민도 사회도 정부도 1970년대와는 현저히 다른 의식 변화를 보여주고 있다고 할 수 있다.

한국의 사회적 변화와 앞에서 기술한 S.T씨의 연대별 동향을 염두에 두면서 1970년대 중반의 외교문서에 기록된「반한단체」를 개괄하자면 다음과 같다(설립 연대별).

- 소효(1950년, 의장 : 무토 다케오(武藤武雄))
- 일조협회(1951년, 1974년 대표 : 와타나베 사헤이(渡辺佐平))

- 일조무역회(1956년, 대표: 아이카와 리이치로(相川理一郎))
- 재일조선인귀국협력회(1958년, 대표: 카네다 토미타로(金田富太郎))
- 일본조선연구회(1961년)
- 일본종교자평화협의회(1962,대표: 오오니시 료케이(大西良慶))
- 재일조선인의인권을지키는회(1963년)
- 일조자유왕래실현연락회의(1963년, 대표: 하타나카 마사하루(畑中正治))
- 일조학술교류촉진위원회(1964년, 대표: 무다이 리사쿠(務台理作))
- 일조과학기술교류협력위원회(1965년)
- AA문제연구회(1965년, 대표: 우츠노미야 도쿠마(宇都宮徳馬))
- 재일조선인민족교육문제간담회(1965년)
- 주체사상연구소(1969년)27)
- 일조우호촉진의원연맹(1971년, 대표: 히사노 타다하루(久野忠治))
- 일조문화교류협회(1972년, 대표: 타카기 타케오(高木健夫))
- 일조체육교류협회(1972년, 대표: 야마구치 히사타(山口久太))
- 일조노동자교류연대연락회의(1972년)
- 일조사회과학자연대위원회(1972년)
- 일조국교정상화국민회의(1973년)28)
- 일한연대연락회의(1974년, 대표: 아오치 신(青地晨))
- 김지하구원회(1974, 대표: 오다 마코토(小田実))
- 일본AA작가회의29)(1974년, 의장: 노마 히로시(野間宏))
- 기생관광에 반대하는 여성의 모임(1974년, 대표: 노마 히로시(野間宏))
- 『동아일보』를 지원하는 모임(1974, 대표: 이이누마 지로(飯沼二郎))
- 일조학생연대회(1974년12월말, 전국 50여 개 대학 800여 명으로 구성)

---

27) 일본 내의 대표적인 친북 조직. 1974~1975년에는 연구회 대표 교수(시미즈 요시하루(清水嘉治), 후쿠시마 마사오(福島正夫), 쿠리키 야스노부(栗木康信) 등)이 방북하여 교류를 활성화함.
28) 창립 멤버는 아스카다 카즈오(飛鳥田一雄), 이치카와 마코도(市川誠), 이치카와 후사에(市川房枝), 이와이 아키라(岩井章) 등.
29) 아시아·아프리카 작가 회의의 약칭. 영어명은 Afro-Asian Writers' Association.

- 재일한국인정치범을구원하는 모임(1976, 대표 : 미야자키 시게키(宮崎繁樹))
- 한국문제긴급국제연대상설위원회(1976, 대표 : 오다 마코토(小田実))
- 조선문제간담회30)(1976, 대표 : 이와이 아키라(岩井章) 31))

이 중에서도 소효 (総評·日本労働組合総評議会)32)는 1950년 결성 초기에는 좌익계 노동조합의 활동에 반발하면서 GHQ 지지를 받고 활동하기 시작하는데 점차 전국 규모의 노조 중심 역할을 하면서 친북 좌경 조직활동을 강행한다. 1972년에는 친북 및 조총련 세력의 적극적인 지지 활동을 위하여 창설한「일조노동자교류연대회」를 통하여 사와이 아키라(沢井昭) 대표, 1974년 이치가와 마코토(市川誠) 등이 북을 왕래하며 활발한 교류를 하게 된다. 김일성의 조국통일 5대 강령33)까지 지지

---

30) 이 혁신 세력은 내부 갈등으로 인해「조선의 자주적 평화통일을 지지하는 일본위원회」(주로 사회당 및 공산당, 공명당은 소극적인 자세)와「조선민족의 자주적 통일을 지지하는 모임」(사회당, 공명당, 민사당 및 자민당 의원과 학계 문화계 노동 관계자가 결집)의 정치적 견해를 달리하는 단체가 존재하게 되었다(『재일본 반한단체 동향, 1976』(공개번호 10039), pp.43-48, pp.50-51 참조). 한편, 우파 세력으로 볼 수 있는 자민당 소속 국회의원도 동참한「조선민족의 자주적 통일을 지지하는 모임」의 발기인 모임 참석자를 보면 다음과 같다. 오오타카 요시코(大鷹淑子, 자민당 참의원의원)·안타쿠 츠네히코(安宅常彦, 사회당 중의원의원)·덴 히데오 (田英夫, 사회당 참의원의원)·에다 사부로(江田三郎, 사회당 중·참의원의원)·도이 타카코(土井たか子, 사회당 중의원의원)·오키모토 야스유키(沖本泰幸, 공명당 중의원의원)·야오이 히데히코(矢追 秀彦, 공명당 참의원의원). 그 외, 우츠노미야 도쿠마나 시오야 카즈오(塩谷 一夫)와 같은 자민당 중의원은 발기인 모임에 참석은 안 했으나 회의 결성에 찬의를 보내고 있다.
31) 이와이 아키라(岩井章, 1922~1997. 일본 노동운동가로 1955년부터 소효 사무국장을 맡고 당시의 의장인 오타 카오루(太田薫)와 함께 일본 노동운동의 국제적 네크워크 구축에 힘을 쏟았다. 1970년에 레닌평화상 수상.
32) 좌익계 노조 반발로 결성하기에 이른 소효지만 점차 좌경화와 더불어 투쟁적 성격을 강화해가며 전국적인 노동운동의 구심점 역할을 해왔다. 1989년 렌고(連合)가 결성됨에 따라 해산.
33) 김일성이 1973년 6월 23일「체코공산당「후사크」총비서 환영 평양시 군중대회」연설에서 제시한 5개 항목의 통일강령이란, ① 남북한 간 군사적 대치상태의 해소

하던 소효는 이념 대립 관계에 있던 한국의 정치범 석방 운동을 전개하면서 유신 체제 비판을 이어나갔다. 이는 한국측 공관 입장에서는 북한, 조총련과 연계하는 대립 세력이었기에 그들의 움직임을 정부에 상세히 보고하고 있다.

한편, 1951년에 참의원이었던 구루마 다쿠도(来馬 琢道)를 중심으로 결성한 일조협회는 초기에는 남북한과의 교류를 통한 정치적 사상적 중립을 보였으나 주도권이 일본공산당으로 넘어간 뒤, 친북 일변도의 성향을 명확히 한다. 예를 들면 협회의 조직 기반 구축을 위한 1955년의 전국대회 개최[34]에서는 북측의 지원을 받기도 하였으며, 협회 실무진들이 여러 차례의 방북[35]을 통해 북측 및 조총련 세력과는 친목을 도모하는 한편, 한국 및 일본의 정책 및 시책에 대한 비판과 반대를 거듭해왔다. 그들의 움직임을 정리하면 다음과 같다.

- 한반도 국가와의 국교정상화는 평화통일 후에 이루어져야 한다는 방침에 따라 국교 정상화를 위한 한일회담 반대(1958)
- 재일동포의 인권 신장 차원에서 재일동포의 북송사업에 대한 협력 (1958)

와 긴장상태 완화, ② 남북한의 다방면적인 합작과 교류 실현, ③ 남과 북의 각계각층 인민들과 정당·사회단체 대표들로 구성되는 대민족회의 소집, ④ 고려연방공화국의 단일국호에 의한 남북연방제 실시, ⑤단독 유엔가입 반대 및 고려연방공화국 단일 국호에 의한 유엔 가입을 말한다. 한편, 김일성의 「조국통일 5대강령」제시 배경에는 주한미군 철수를 통해 한국의 군사력 약화 및 대민족회의 소집을 통한 한국내 반정부세력들과의 제휴로 적화통일을 의도한 것으로 보고 있는데, 북은 이 제안에서 2개월 후인 1973년 8월 28일 그동안 진행되어 오던 남북적십자회담과 남북조절위원회 회의 등 남북대화를 일방적으로 중단시켰었다. 『통일신문』 2004년 6월 21일 기사 참조. 최종열람: 2025년 2월 9일. 북한의 6월 23일 - 「조국통일 5대강령」 발표 - 통일신문

34) 하타나카 마사하루(畑中正治)의 주도.
35) 1965년(2월 9일, 북측의 서철과 공동성명 발표), 1967년, 1968년, 1971년, 1975년 등.

- 일본과 미국의 안보조약 체결에 대한 반대투쟁 참가(1960)
- 한일회담·안보조약 체결에 대한 효과적인 반대투쟁을 위한 일본공산당과의 협력관계 심화(1962)
- 일본과 북한과의 우호 운동과 좌익단체와의 제휴 투쟁 강화의 재확인(1963)
- 한일국교정상화조약의 조인·비준 반대 운동의 중추적 역할(1965)
- 외국인학교 창설 반대36)·조선대학교 인가 촉진·재일동포 북송협정의 연장 촉구(1966~1968)
- 재일동포 북송사업의 계속37)
- 출입국관리법 및 여권법 개정 반대 운동(1969)
- 오키나와 반환 운동(1970)
- 닉슨 미 대통령의 중국 방문에 대한 평가를 둘러싸고 북한과 일본공산당의 대립이 표면화되면서 협회와 일본공산당과의 관계가 냉각화(1972)
- 전국확대이사회에서 일본정부의 대 한국정책 전환 요청문 채택(1974)
- 민청학련 관련 일본인 체포 사건, 김대중 사건에 관한 성명문 채택, 가두 시위(1974)
- 전국대회를 개최하여 한국의 독재정치 비난, 한일 경제협력 중지 촉구, 조총련의 권리 보장 요구, 포드 미대통령의 방일·방한 반대, 일본-북한의 국교정상화 촉구, 북한의 통일방안 지지, 일본정부의 한국에 대한 정책의 근본적 전환 주장, 한국내의 반정부활동 지지(1974)
- 한국에서 체포된 일본인 구원을 위한 외교조치, 김대중의 원상회복과 인권회복, 한국 원조 중단, 평화 5원칙에 따른 북한과의 국교수립, 한반도의 자주적 통일을지지하고 미군 철수를 요구할 의사, 대한정책의 근본적 전환과 한일조약 및 미일(안보)조약의 파기 의사, 만경

---

36) 조선학교를 주 대상으로 외국인학교 규제를 목적으로 한 일본정부의 법률 제정 움직임에 대한 반대운동. 이 법률안은 반대운동과 상관없이 성립되지 않았다.
37) 재일동포의 북송사업 계속 문제를 둘러싼 공산당과 사회당의 대립으로 사회당 간부들이 일시적으로 협회에서 철수하기도 하였다.

봉호 선원의 상륙 규제 해제 등에 관한 질문서 및 항의문을 정부(일본)에 전달(1974)
- 「김지하를 구원하는 모임」과 공동으로 한일 양정부를 규탄하는 시민대회(1975)
- AA연대(아시아-아프리카연대위원회)와 공동으로 집회를 개최하고 반미 촉구, 미군 철수 등 요구(1975)
- 미야자와 기이치(宮沢喜一) 외상의 방한 반대 집회

그 외,

- 도쿄변호사회(1893년 설립, 1974년 대표 : 이소베 야스시(磯部靖))
- 일본펜클럽(1935년, 초대 대표 : 시마자키 도손(島崎藤村), 1975~1977년 제7대 대표 : 이시카와 타츠조(石川達三))

등의 오랜 역사를 지닌 단체도 기록 되어져 있는데, 한국 정부나 한국을 반대하는 단체라기 보다는 근대 일본의 사회적 개선을 추구해 온 단체 성향상 당시의 독재 정권 체제 혹은 시민 탄압에 대한 비판과 인권 문제의 개선, 김지하 김대중 석방 등을 요구하고 있다.

이러한 일본의 단체 외에 문서철에는 한국의 독재 체제 비판 및 재일 모국유학생 정치범 석방과 김대중 김지하 구원 운동 및 한국의 민주화 운동 등을 요구하는 한국계 조직인 재일한국청년동맹(한청), 재일한국학생동맹(한학동), 한국민주회복통일촉진국민회의(한민통) 일본 본부 등 소위 베트콩파 계열과 북측 단체인 재일본조선인총연합회(조총련) 등의 조직들을 「반한적 불온 교포 단체」, 「친북괴 단체」로 기록하고 있다.

1975년 4월 11일에 공관이 외무부에 보고한 [반한국적 불온 교포 단체]38)는 다음과 같다.

- 한국민주회복 통일 촉진 국민회의: 대표 김재화
- 민단 자주 수호위원회: 대표 양상기
- 민족 통일협의회: 대표 배동호
- 구 민단 동경 본부: 대표 정재준
- 구 민단 가나가와현 본부: 대표 곽동조
- 구 부인회 동경본부: 대표 양영지
- 구 한국청년동맹: 대표 김군부
- 구 한국학생동맹: 대표 배영

 이들은 민단 산하에서 「반한(반정부)」「반민단」체제를 비판하던 소위 「베트콩파」세력들이었는데, 1973년의 김대중사건 이후 「한국민주회복통일촉진국민회의(한민통) 일본 본부」(김대중을 의장으로 추대)의 결성을 정점으로 의장대행에 김재화, 상임고문에 배동호, 그 외 조직실세로 정재준, 곽동의 등이 조직적인 「반한」활동을 확대해갔다. 특히 김대중사건과 재일동포 모국유학생들의 구속 등의 긴박한 상황 속에서 한국 체제를 지지 혹은 묵시하는 민단의 침묵에 강한 배신감을 느낀 베트콩파가 과격한 반한 활동을 보이게 되는 것을 확인할 수 있다. 그러한 「베트콩파」의 과격적인 동향에 한국측 공관도 민감하게 대응하면서 그들의 시위나 집회 활동을 주시하고 보고하였던 것이다.

---

38) 『재일본 반한단체 동향, 1975』(공개번호 9000), pp.22-25, pp.59-83, pp.88-94, pp.107-116 참조.

6. 나가며

1970년대 중후반의 「재일본 반한단체」 동향에 대해서 살펴보았다.

박정희 유신 체제의 강화 및 장기화로 인한 국내외의 반독재 및 반유신 운동이 민주화나 인권 운동으로 이어지는 하나의 시대적인 기로였다고 볼 수 있다.

급변하는 국제 정세와 미소 냉전으로 인한 긴장 관계가 1960년대 말부터 완화 현상을 보이자 북측 공산 세력과의 체제 경쟁에 불안을 느끼던 박정희 정권은 미군의 감축 통보 등으로 안보에 대한 위기의식을 강한 국가 체제 정비로 보완하려고 한다.

열악한 사회 정비를 위한 조급함은 노동자들의 희생 요구로 이어지고, 비인간적 노동 환경으로 생존권이 부정당하는 노동자나 빈민들의 반발은 전태일의 분신사건(1970.11), 광주대단지사건(1971.8), 파월 노동자들의 KAL빌딩 점거·방화사건(1971.9) 등으로 확산된다. 그 결과, 1971년의 대통령 선거 결과 및 같은 해의 교련반대 시위 등을 통하여 위기에 처한 박정희 정권은 그해 12월에 국가비상사태를 선언하였고, 1972년 9월에는 사채 동결을 골자로 하는 긴급명령을 발동한다[39]. 국내외의 혼란이 계속되자 1972년 10월에 삼권분립 및 견제와 균형의 원칙을 부정하고 대통령 1인에게 권력을 집중시키는 '유신헌법'을 공포하게 되고[40] 유신 반대의 목소리는 국내 지식층 및 대학계를 넘어서서 해외 동포사회에서도 거세게 퍼져나간다.

---

39) 국사편찬회 우리역사넷 「10월 유신 민주주의의 암흑기, '겨울 공화국'이 도래하다」
 (검색일자: 2024.12.01.)
40) 위와 같음.

유신 반대운동을 주도하던 김대중이 1973년 8월, 도쿄의 그랜드팰리스 호텔에서 중앙정보부 요원들에게 납치되는 사건이 알려지자 반유신 운동의 기폭제가 되어 국내는 물론 일본 내 대학가를 비롯한 독재정권 반대 운동으로 전개되었다. 당시의 사회적 혼란과 서슬퍼런 공권력의 움직임이 어떠했는지를 다음 기사에서 그 분위기를 엿볼 수 있다.

'유신정권은 1974년 1월 8일 긴급조치 1호, 2호41)를 공포해 유신헌법을 비판하는 이들을 처벌할 근거를 만들고 비상군법회의를 설치했다. 유신이라는 어둠에 들던 작은 빛마저 막아 없앤 꼴이었다. '빛의 죽음'이었다. 그해 4월 3일 유신정권은 청년·학생들이 공산주의 혁명을 기도했다며 민청학련(전국민주청년학생총연맹) 사건을 발표했다. 구속자가 180여 명에 이르렀다. 정권은 이 사건의 배후로 '인혁당(인민혁명당) 재건위'라는 단체도 조작해 발표했다. 인혁당 관계자 8명은 이듬해 대법원 확정판결이 나자마자 모두 사형당했다. 긴급조치는 유신체제라는 거대한 감옥 안의 감옥이었다……시인 김지하는 '1974년 1월'이라는 시를 이렇게 시작했다. "1974년 1월을 죽음이라고 부르자/ 오후의 거리, 방송을 듣고 사라지던/ 네 눈 속의 빛을 죽음이라 부르자."」42)

국내의 혼란 상태가 극치에 이르던 당시, 일본에서는 해방 후의 민족 차별과 편견에 맞서는 한인단체들이 국내의 군사 체제 비판과 반유신

---

41) 당시 대통령 긴급조치가 사회 전체에 미친 영향에 대해서는 다음의 행정안전부 국가기록원의 공개 내용에서 확인할 수 있다.
https://www.archives.go.kr/next/newsearch/listSubjectDescription.do?id=000947&pageFlag=&sitePage=(검색일자: 2025.02.12.)
42) 「민주주의, '젊은이의 피'와 '리영희의 혼' 먹고 자랐다 [토요판S] 커버스토리 '전환시대의 논리' 발간 50주년 거짓·폭압, 권력 판칠수록…푸르게 타오르는 진실의 불꽃」『한겨레신문』 2024년 10월 5일,
https://www.hani.co.kr/arti/culture/culture_general/1161120.html(검색일자: 2025.2.12.)

운동을 전개하며 그들을 지지하는 일본측 반한 단체들과 행보를 함께 하면서 민주화를 주창하는 다양한 소리를 표출하였다.

특히 위에서 인용한 기사 내용에서 보듯이 사회적 질서를 유신체제 하에서 모색하던 한국 정부는 재일동포 유학생들까지 권력 체제 유지의 도구로 삼아, 「재일교포 학원침투 간첩단 사건」을 날조하여 긴장을 고조시켰다. 중앙정보부의 이러한 간첩 날조 행위는 조총련계 세력의 비판의 빌미가 된 것은 물론, 한국계 민단 내부의 강한 알력와 갈등을 초래시켰고, 일본의 좌익 지식인 단체와 함께 「반한」활동을 촉발시키는 도화선이 되었다. 인간의 존엄성보다 국가 체제를 우선시하던 시대였기에 공권력의 무자비한 칼날은 국내보다 자유로운 사상에서 성장해 온 재일동포 유학생들에게 향하였고, 이러한 상황을 간과할 수 없었던 재일한인단체는 물론 국내외 지성들의 거센 목소리는 일본 내의 다양한 집회나 시위로 이어졌으며 그로 인해 압박을 받았던 공관은 그러한 단체의 일거수 일투족을 정부에 보고하게 된다. 이 글에서는 외교문서에 보고된 그러한 「반한단체」 기록만으로는 알 수 없는 한일 사회의 움직임에 대해서 당시 혁명적 의식으로 민주화 사회를 지향하던 일본측 운동 참가자의 동향을 보아 온 S.T씨의 기억 속에서 보다 다각적으로 확인해 보았다. 그 결과, 해제집 등에서 취급하지 못한 내용을 엿볼 수 있었다. 상황의 인식에는 상황 속 운동 관계자의 당사자적 시점이 필요함을 재확인하는 계기가 되었다고 할 수 있다.

한편, 이 글에서 취급한 소위 「반한」활동을 한 단체는 처음부터 공산주의 체제를 지향하거나 친북적 조총련과 같은 특정의 단체를 제외하면 한국이나 한국인에 대하여 무조건 배타적인 행위를 목적으로 하는 조직은 아니었다. 앞에서도 말했듯이 일본 내에서 이미 오래전부터 보편적인 정의 실현의 취지에서 사회 문제 혹은 인권 개선을 지향하며 설립된 단체 혹은 조직과 정치적 가치를 지향하는 운동 단체들이 1970년대 한국의 유신체제 전개 혹은 재일동포 모국유학생의 간첩단 사건 조작 등의 반인권적 통치행위에 반대하며 운동을 전개한 경우가 많았던 것이다. 그렇기에 외교문서에서 절대적인 「반한단체」로 취급하고 보고한 것에 대해서 우리는 그 시대 상황을 재확인하고 보다 성숙한 시대적 관점으로 다양한 각도의 시민 활동으로 재평가해 보는 것이 바람직한 접근이라고 할 수 있을 것이다.

외교문서로 보는 한국인 원폭피해자 문제
우리 정부의 교섭 과정과 대응 방식을 중심으로

소명선
(제주대학교 일어일문학과 교수)

1. 들어가며

  2016년 5월 29일, 《한국인 원자폭탄 피해자 지원을 위한 특별법》(약칭: 원폭피해자법)이 제정되었다(2017년 5월 30일 시행). 이 법률에는 「원자폭탄에 의해 피해를 입은 한국인 피해자에 대한 실태를 조사하고 의료에 대한 실질적인 지원을 함으로써 이들에 대한 생존권을 보장하고 인간다운 삶을 영위하도록 하는 것을 목적」[1]으로 한다고 명시되어 있다. 국내에 원폭피해자법이 제정·시행되기까지의 과정에는 피폭 2세 김형률의 활동의 영향이 있었고, 생전의 그의 호소는 특별법 개정을 요구하는 목소리로 이어졌다.

  특별법 시행 이후 국회에서 계속해서 개정안이 발의되었고, 20대 국회에서는 현재의 야당이, 21대 국회에서는 현재의 여당이, 그리고 지난 9월, 22대 국회에서는 피폭 2세 지원을 위한 특별법 일부개정법률안이 여야공동으로 발의되기도 했다. 이 발의안은 피폭 1세와 피폭 당시 임신 중인 태아로 제한되었던 《원폭피해자법》에 대해, 그들의 후손들에게까지 지원을 확대하고자 하는 것으로, 피폭 2세에 대한 실태조사와 의료지원, 이들의 복지 증진과 생활 안정을 위한 장례비 지원, 복지사업을 실시하기 위한 사무국 설치를 의무화하는 것을 주요 골자로 하고 있다.[2] 이 개정안이 통과될 지의 여부는 지켜봐야 하겠지만, 피폭 2세로 그 지원의 폭을 넓히려는 움직임은 대단히 고무적인 현상이라 할

---

1) https://www.law.go.kr/법령/한국인원자폭탄피해자지원을위한특별법 (검색일: 2024.10.01.)
2) 「"원폭 피해 2세 등 후손 지원 가능한 법률 개정안" 발의」, 『오마이뉴스』 2024.09.06, https://www.ohmynews.com/NWS_Web/View/at_pg.aspx?CNTN_CD=A0003061420 (검색일: 2024.10.01.)

수 있다.

  그러나 국내의 원폭피해자법 시행은 히로시마(広島)와 나가사키(長崎)에서 피폭한 지 71년이 지난 후에야 실현된 것이고, 〈한국인원폭피해자협회〉3)가 스스로 구호의 목소리를 내기 시작한 때로부터도 반세기가 지난 후에야 성립된 법률이다. 1967년 1월 27일에 발족하여4), 7월 10일에 사단법인 인가를 받으면서 본격적인 활동을 시작한 〈한국인원폭피해자협회〉가 가장 먼저 요구한 것 중의 하나가 피폭자를 위한 원호법 제정이었다. 너무나도 오랜 세월을 끌어온 법제화였기 때문에 원폭피해자법이라는 법적 근거 하에 각종 지원을 받을 수 있는 피해자 수는 해가 거듭할수록 감소해가고 있는 것이 현실이다.

  2023년 4월 말 기준 대한적십자사에 등록된 원폭피해자 수는 1,834명이고 평균연령은 83.3세이다.5) 히로시마와 나가사키의 주민 약 69만 명 중 약 23만 4천 명이 사망했고, 그 중 외국인 희생자 중 가장 많은 피해를 입은 것은 한국으로, 한국인 피해자는 총 7만 명(사망자 약 4만 명, 생존자 약 3만 명)에 이르는 것으로 추정되고 있다. 그러나 피폭 후 한국으로 귀환한 피해자에 대해서는 치료와 생활 및 의료지원은 커녕 사회적 무관심 속에 방치되어 가난과 질병과 고통의 시간을 보내야만 했고, 그들에 대한 실태조사조차 이루어지지 않았다. 1970년대에 들

---

3) 1967년 7월 10일에 사단법인의 인가를 받아 〈한국원폭피해자원호협회〉로 출발했으나, 1971년에 〈한국원폭피해자협회〉로 개칭했다. 본고에서는 개칭 전의 협회 명칭도 〈한국원폭피해자협회〉로 통칭하고자 한다.
4) 1966년 8월 31일, 피폭자 김재근(金再根), 서석우(徐錫佑), 배도환(裵度煥), 염수동(廉壽東)이 피폭자협회 기성회를 결성하고, 1967년 1월에 〈한국인원폭피해자원호협회〉를 발족해 활동을 구원을 호소하는 활동을 개시하는데, 1971년에 〈한국인원폭피해자협회〉로 개칭하고 있다.
5) 대한적십자사 원폭피해자지원, https://www.redcross.or.kr/business/atomicbomb_support.do(검색일: 2024.10.01.)

어와 시민단체에 의해 피폭자에 대한 실태조사가 실시되었다. 〈한국교회여성연합회〉가 1975년, 1977년, 1984년, 세 차례에 걸쳐 원폭피해자 실태보고서를 작성했고, 〈한국원폭피해자협회〉가 자체 조사를 통해 1985년에 『한국 원폭자의 현황』을 발행했다.

우리 정부가 실태조사에 나선 것은 1990년이다. 한국인 원폭피해자 문제를 둘러싼 일본 정부와의 교섭이 시작된 것은 1960년대 후반부터이다. 그 교섭과정에는 늘 정확한 실태파악이 요구되어졌지만, 우리 정부는 〈한국원폭피해자협회〉가 제공한 자료에만 의존해왔다. 그런 우리 정부가 보건사회부 산하의 한국보건사회연구원을 통해 실태조사를 하게 된 것은 한일정상회담 석상에서 한국인 원폭피해자를 위한 지원금으로 40억엔을 거출하겠다는 일본 정부의 약속을 받아냈고, 그 이행 과정에서 일본 정부로부터 지원금에 대한 사용계획서 제출을 요구받았기 때문이다. 목적이 어디에 있든 정부차원의 실태조사가 1990년에야 이루어졌다는 사실은 한국인 원폭피해자문제에 대한 우리 정부의 미온적인 태도를 여실히 드러내는 부분이다.

한국인 원폭피해자 구호문제를 둘러싼 우리 정부의 태도는 자국민보호 차원의 대응 수준에 머물러있다. 원폭피해자가 스스로 구호운동을 펼치기 시작한 시기부터 현재에 이르기까지 문제 해결의 주체는 원폭피해자 자신이었고, 그들을 돕고자 하는 시민단체였다. 1970년대에 일본의 시민단체 〈핵병기금지평화건설국민회의(核兵器禁止平和建設国民会議, 약칭: 핵금회의)〉[6]의 기금으로 「한국의 히로시마」라 불릴 만큼

---

[6] 이 단체는 1961년 8월, 반핵·평화운동을 주창하며 결성된 시민단체로, 2014년 1월에 〈핵병기 폐절·평화건설 국민회의(核兵器廃絶·平和建設国民会議, 약칭: KAKKIN)〉로 개칭하여 현재까지도 활동 중이다. 핵금회의는 1971년 10월에 한국인 피폭자를 진료하기 위한 의사단을 처음 파견한 이래 매년 의사단을 파견했고 도일

원폭 피해자가 많았던 경남 합천군에 원폭진료소를 건설했고, 1980년대에는 도일치료를 실시했으며, 1990년대에는 일본 정부로부터의 40억엔 지원금으로 원폭피해자에 대한 의료지원과 복지회관이 건설되었다. 그리고 2000년대 이후는 일본의 원호법 적용이 점차 확대되어감에 따라 국내 원폭피해자들의 지원 범위도 확대되어갔다.

물론, 이러한 변화는 일본 정부를 상대로 한 우리 정부의 적극적인 교섭의 결과라기보다 원폭피해자들의 끈질긴 법정투쟁이 가져다준 결과였다. 일본에서는 1957년 4월부터 《원자폭탄피폭자의 의료 등에 관한 법률(약칭: 원폭의료법)》을, 1968년 9월부터는 《원자폭탄피폭자에 대한 특별조치에 관한 법률(약칭: 원폭특별조치법)》을 시행해온데 이어 1994년에는 상기의 원폭 2법을 일체화하여, 《원자폭탄피폭자에 대한 원호에 관한 법률(약칭: 피폭자원호법)》이 성립되어 이듬해 7월부터 시행하고 있다. 그러나 이러한 법안은 재외거주 피폭자의 경우, 그 대상에서 제외하고 있었고, 이에 대해 1970년대에 전개된 손진두의 피폭자 건강수첩 교부를 둘러싼 투쟁에서 시작하여 각종 수당 수급 투쟁에 이르기까지 원폭피해자 스스로가 쟁취한 결과였다.

손진두의 수첩재판의 최종 승소 판결로 일본 국내에 거주 관계를 갖

치료가 실현된 시기에도 의사단 파견과 자금 지원을 이어갔다. 1973년에는 합천에 원폭진료소를 건설하기 위한 자금을 모금하는 활동을 시작했고, 1976년 12월 원폭진료소 낙성식에 참석하여 의료기구와 약품 제공, 진료소 증축 공사비 지원을 비롯하여 한국의료진의 일본 연수를 지원하기도 했다. 도일치료가 중단된 이후에도 단체의 지원은 계속되었고, 1988년 10월에는 자동 X선 필름현상기를 비롯하여 195만 엔 상당의 의약품을, 1990년 6월에는 132만엔 상당의 X레이 촬영기를 기증했다.(문서철 『한국인 원폭피해자 지원 1991~92』, pp.13-14) 이에 보건사회부는 1991년 제19회 보건의 날을 맞이하여 보건사회부는 재한원폭피해자 구원사업에 적극적으로 협력한 일본인에 대한 표창을 기획, 대상자를 핵금회의의 이소무라 에이치(磯村榮一) 회장과 가와무라 치카라(川村力) 회원을 선정하여 표창하기도 했다.

지 않는 자도 건강수첩을 교부받을 수 있게 되었고, 2001년부터 시작된 곽귀훈 재판에서의 최종 승소는 재외피폭자도 피폭자수당을 수급할 수 있는 길을 열어주었다. 2002년 12월 18일, 오사카고등재판소에서「피폭자는 어디에 있어도 피폭자」라는 판결을 내림으로써 1974년 4월부터 한국인 피폭자의 원호를 막아왔던「402호 통달」[7])이 29년만인 2003년 3월에 폐지되었다. 재외피폭자라는 사실을 일본 정부로부터 인정받은 자라는 단서 조항이 붙은 채로이기는 하지만, 2003년 9월부터는 재한피폭자도 대한적십자사를 통해 원호수당을 수급할 수 있게 되었다.

이와 같이 한국인 원폭피해자가 일본 정부를 상대로 제소한 소송에서 승소 판결이 내려짐에 따라 일본 정부도 원호법을 확대 적용하도록 조정하지 않을 수 없었다. 한국인 원폭피해자가 제기한 소송에서의 승소가 가져온 변화만을 살펴보자면, 피폭자의 건강관리수당 및 장례비에 관해, 거주지인 한국에서의 신청을 각하한 처분을 취소해달라는 피폭자 최계철의 재판에 대해 2005년 9월 26일, 후쿠오카고등재판소가 공소를 기각했다. 즉, 일본에 거주하지 않는다는 이유로 원호수당 및 장례비 지급 신청을 기각한 것은 위법이라는 판결이 내려짐으로써 일본 정부는 피폭자원호법을 개정했고, 11월 30일부터 피폭자 건강수첩을 교부받은 국외거주자의 경우, 도일하지 않아도 재외공관에서 수당 및 장례비 지급 신청이 가능해졌다. 대상이 되는 수당은 건강관리수당, 보건수당, 의료특별수당, 특별수당 및 원자폭탄 소두증 수당이고, 장례비에 관해서는 과

---

7)「402호 통달」이란 1974년 7월, 일본후생성이 수당지급을 정하는 원폭특별조치법은 일본에 거주관계를 갖는 피폭자에 대해 적용되는 것으로, 일본을 벗어나 거주지를 옮긴 피폭자에게는 적용되지 않는다는 규정의 공중위생국장 통달에 대한 별칭이다. 일본의 원폭 2법(원폭의료법과 특별조치법)은 본래 대상이 되는 피폭자의 거주지를 규정하지 않았는데, 이 통달로 인해 재외피폭자가 일본에 가서 수속을 밟아도 출국하면 수당이 끊기는 상태가 지속되었다.

거 5년간 국외에서 사망한 경우도 신청할 수 있게 되었다.

2008년 12월 15일부터는 국외 거주 피폭자인 경우에도 일본의 재외공관 등을 통해 건강수첩을 교부하기 시작, 해외로부터의 수첩 교부 신청이 가능해졌고, 2010년 4월 1일부터는 피폭자원호법 시행령 개정으로 도일하지 않아도 재외공관에서 원폭증 인정 신청을 할 수 있게 되었다. 그리고 2015년 9월에는 일본 최고재판소 판결과 피폭자 건강수첩을 소지한 한국 거주 피폭자에게도 《피폭자원호법》에 근거한 의료비 전액 지급을 인정했다(2016년 1월부터 적용). 이와 같이 대한적십자사를 통해 한국인 원폭피해자가 비교적 안정된 상태에서 일본의 피폭자 관련 원호 혜택을 수혜할 수 있게 되었다.

우리 정부가 한국인 원폭피해자 구호문제를 둘러싼 외교문서를 생산하기 시작한 것은 1968년부터이다. 현재 외교부는 관련 문서를 1992년도분까지 공개하고 있다. 본고에서는 공개된 외교문서를 통해 한국인 원폭피해자 문제가 제기된 시기부터 도일치료에 이르기까지의 과정과 1990년 한일정상회담에서 일본 정부로부터 원폭피해자 지원금 40억엔 거출을 약속받고 1991년과 1993년, 두 차례에 걸쳐 수령하게 되는 과정을, 한일 양 정부의 교섭 내용을 중심으로 하여 특히 우리 정부의 대응방식에 초점을 맞추어 살펴보고자 한다.

2. 구호를 호소하는 한국인 원폭피해자의 전달되지 않는 목소리

1965년에 체결된 한일협정에는 한국인 원폭피해자 구호 문제가 배제되어 있었다. 이에 1967년 1월 27일에 발족한 〈한국원폭피해자협회〉는

7월 10일에 사단법인 인가를 받은 후 구호활동을 전개하기 시작했다. 원폭피해자 구호 문제와 관련된 문서가 생산되기 시작한 것은 1968년 3월부터이다. 주한일본대사관 측이 이 문제에 관심을 갖고 있고 한국인 원폭피해자를 위한 성금 기탁이 있었다는 사실이 신문보도를 통해 알려지자, 외무부는 3월 8일에 협회 관계자를 불러서 면담을 나눈다. 면담자료를 보면, 해당년도 문서철에는 없으나, 1967년 10월에 원폭피해자에 대한 긴급구호 대책을 요구하는 탄원서를 청와대에 제출한 것으로 확인된다. 그리고 국회를 상대로는 일본에서 시행되고 있는 원폭의료법과 같은 특별법을 제정해달라는 청원서를 제출할 예정임을 밝히고 있다. 또한 보사부에는 긴급환자에 대한 국가적 차원의 치료와 구호 대상자에 대한 원호를 요청했으며, 대한적십자사와 원자력에도 치료를 호소한 사실이 확인된다. 청와대는 아무런 반응을 보이지 않았고, 보사부로부터는 「생활보호법에 관계 조항이 없고 전체 요구호 대상자 수가 방대하므로 원폭피해자만 특별히 구출할 수 없는 입장」[8]이라는 답변을 받았다고 한다. 대한적십자사와 원자력에서는 무료 치료는 불가능하다는 입장이었고, 적십자의 경우 구호 대상자들을 집단 수용 혹은 요양할 수 있는 시설이 있다면 의류와 침구 등 일정 부분에 한해 생계지원이 가능하다는 반응을 보였다고 한다.

그러나 원폭피해자의 구호활동은 협회 발족 전부터 시작되고 있었다. 한일국교정상화를 위한 회담이 진행되고 있던 시기인 1963년에 히로시마에서 피폭한 이종욱(李鐘郁)·오남연(吳南連) 부부가 서울에서 우리 정부, 일본과 미국 대사관, 신문사에 피폭자의 실정을 호소했다.[9] 이해

---

8) 문서철 『한국인 원폭피해자 구호 1968~71』, p.12.
9) 이치바 준코 저, 이제수 옮김(1988) 『한국의 히로시마- 20세기 백년의 분노, 한국인

3월, 일본에서는 재일본대한민국거류민단(약칭: 민단) 히로시마지부는 〈모국 피폭동포 구원대책위원회〉를 설치하고, 1965년 5월에는 25명의 〈한국인 피폭자 실태조사단〉을 파견하여 실태조사를 실시했으며, 관련 기관을 방문해서 의료구제를 호소하기도 했다. 일본대사관이 관심을 보이기 시작한 것은 1967년 11월 4일, 협회 회원 20명이 일본대사관 앞에서 일본 정부의 보상을 요구하는 시위를 벌인 사실도 작용했겠지만, 1968년 2월에 한국인 피폭자의 실태를 조사하기 위해 방한한 『쥬고쿠신문(中国新聞)』의 편집부장 히라오카 다카시(平岡敬)가 대사관 측에 조치를 취하도록 촉구했기 때문이다. 히라오카는 일본의 전문의로 구성된 의료단 파견을 제시했고, 같은 달 29일, 외무부를 찾은 일본대사관의 미타니 참사관은 도일치료를 논의했고, 민간 차원의 구호 운동을 전개하겠다는 의사를 밝혔다.

그러나 피폭환자의 도일치료와 일본의사단 파견이 실현된 것은 1980년대에 들어와서이다. 구제를 호소하는 피폭자들의 고통을 외면하고 원폭피해자 문제가 부상하기 시작한 단계에서 이미 거론되었던 사안에 대해 그것이 실현되기까지 10년 이상의 시간을 지체시킨 이유는 무엇일까? 그 해답은 원폭피해자 문제에 대한 일본 정부와의 교섭 과정을 통해 확인할 수 있다.

앞에서 언급한 바와 같이 원폭피해자 구호와 관련된 문서가 생산되기 시작한 배경에는 〈한국원폭피해자원호협회〉의 구호활동과 그 활동에 대해 일본대사관 측의 반응이 있었다. 일본대사관의 움직임에 우리 정부는 3월 13일자 문서로 주일대사에게 재일교포 원폭피해자에 대한 일본 정부의 구호 상황과 원폭상해조사위원회(ABCC)에 대한 정보 파

『원폭피해자들은 누구인가』 역사비평사, p.331.

악을 지시한다. 그런데 여기에는 「원폭피해자 구호 문제」라는 제목으로 작성된 별첨자료가 첨부되어 있는데, 외교부와 관련된 사항으로 대일청구권 문제를 언급하고 있는 부분이 있다. 원폭피해자 중에서 학도병이나 강제징용된 경우라면 대일보상문제를 일단 고려할 수 있는 여지는 있겠으나 「청구권 협정으로 종결지워졌으므로 법적으로 일본 정부에 제기할 여지는 없」고, 피폭자들에 대한 보상문제는 국내문제라고 명기하고 있다.10) 한일회담의 청구권 협정에 대한 우리 정부의 이와 같은 해석은 이후 일본 정부와의 교섭 과정에서도 계속해서 유지되고 있고, 우리 정부가 이 원폭피해자 구호 문제에 소극적인 원인도 이러한 인식에 기인하고 있다.

1968년 4월 17일에는 미타니 참사관이 본국으로의 전임을 앞두고 외무부를 방문하여 원폭피해자 구제 문제에 관해 의료 협력 형식이면 고려할 수 있다는 비공식 통보를 전달한다. 이에 대해 동북아주과장은 한국인 원폭피해자는 강제징용 혹은 강제징병으로 일본에서 피폭했다는 점에서 재일교포 피폭자와 마찬가지이기 때문에 그들과 동일한 구제 조치를 요구했고, 일본측이 구상하는 의료 협력도 전문의 양성이라는 의료기술 협력에 국한하지 않고 환자 치료 문제도 포함시켜 검토해줄 것을 당부한다.

주일대사가 외교부로 발신한 5월 15일 자 문서는 한국 원폭피해자 문제에 관한 일본 정부의 동향을 보고하고 있다. 외무성 동북아과의 사무관에 의하면, 일본 정부는 한국인 피폭자 구호문제를 둘러싸고 관계성(省)이 검토중이긴 하지만 「한국정부로부터 동문제에 대하여 명백한 움직임을 보이지 않고 해서 결론을 서둘러서 내리려는 상태가 아니」고,

---

10) 문서철 『한국 원폭피해자 구호 1968~71』, p.9.

그동안 「일본의 관계 기관에서 한국 피해자 측에게 베푼 구호활동은 그것으로 끝이며 계속적인 것이」 아니라고 했다는 말을 전하고 있다.[11] 이것은 한국인 피폭자문제를 해결할 당사국은 일본이 아니라 우리 정부라는 입장을 분명히 하고 우리 정부가 문제 해결을 위해 적극적으로 나서지 않는다면 일본 정부도 움직이지 않겠다는 의사 표명이라 할 수 있다. 한일 양 정부는 한일협정으로 일본의 배상책임은 더 이상 물을 수 없다는 공통된 인식하에 서로가 피폭자 문제 해결을 회피하려 하고 있는 것이다. 그러나 상기와 같은 일본 정부의 태도는 만약 우리 정부가 먼저 적극적인 교섭을 시작했다면 제대로 된 치료도 받지 못하고 방치된 환자들의 도일치료 시기도 앞당길 수 있었을 지도 모른다는 생각이 들게끔 만드는 것도 사실이다.

한편, 〈한국원폭피해자협회〉 측에서는 1968년 8월 6일에 한국인 원폭희생자를 위한 첫 위령제를 지냈고, 8월 7일자 『한국일보』는 이날 식전에서 나가사키시가 한국 피폭자를 구제하기 위한 모금운동을 시작했다는 시장의 전문이 소개되었다고 전하고 있다.[12] 이어서 8월 23일자로 「우리는 關係國의 誠意 있는 對答이 切實히 要望되는 바 今般 韓日 閣僚會談에서는 議題의 一項으로 採擇하고 直擊한 討議를 하셔서 不遇한 우리 被爆者에게도 不具者로서나마 올바른 人間像을 찾아서 餘生을 보내도록 하고 우리들 二世들에게도 人間의 尊嚴性을 享有할 수 있는 機會를 마련하여 주시옵기를 茲以伏望」[13]한다는 내용을 담은 진정서를 외무부에 제출하고 있다. 그리고 국회에도 청원서를 제출하고 있다. 아

---

11) 문서철 『한국 원폭피해자 구호 1968~71』, p.28.
12) 「'원혼 23년'을 달래 어제 조계사서 원폭피해자 첫 위령제」『한국일보』 1968.08.07. 상게서, p.65.
13) 상게서, p.59.

래 자료는 청원 취지를 밝히는 부분이다.14)

> 請願書
>
> 國會議長 閣下
>
> 時局收拾에 非常 奔忙하서서 便閒하시는 議長閣下에게 衷心으로 敬意를 表하오며 우리 韓國人原爆被害者들은 議長閣下에게 左記와 如히 請願하오니 特別 銓議하서서 聽許하여 주시기를 玆以 仰望하나이다
>
> 記
>
> 一. 請願趣旨
>
> 對日民間請求權에 依한 補償金中에서 八萬餘 韓國人被爆犠牲者에 對하여도 特別補償을 받을 수 있도록 國會에서 惠念의 措置를 해주시기를 請願합니다
>
> 二. 八萬餘名의 原爆被爆死傷者와 汚辱圈內에 있는 子女및 遺家族들의 醫療및 生品을 保護하는 特別法을 마련하여 病菌과 貧困에서 허덕이며 疫苦하게 죽어가는 이들을 政府로 하여금 敎援하도록 措置하여 주시기를 請願합니다

협회는 국회에 청원하고 있는 것은 대일민간청구권에 의한 보상금 중에서 한국인 피폭희생자가 특별보상을 받을 수 있도록 조치해 달라는 것과 피폭희생자 유가족들의 의료 및 생활을 보호하는 특별법 제정이다. 본고의 서두에서도 언급했지만, 원폭피해자를 위한 특별법 제정은 협회가 구호운동을 전개하는 시작 단계에서부터 요청해 온 현안이었다. 작성일이 명기되어 있지는 않지만, 1968년 8월 이후에 제출한 것

---

14) 문서철 『한국인 원폭피해자 구호 1968~71』, p.212.

으로 보이는 이 청원서는 「국회의원 임기 만료로 인한 청원서 폐기 통지」란 제목의 1971년 6월 30일자 문서에 첨부되어 있다. 국회의장 이효상이 협회 회장에게 발송한 이 문서에는 「귀하가 제출한 청원은 제7대 국회의원의 임기가 1971.6.30자로 만료됨에 따라 헌법 제47조 단서의 규정에 의거하여 1971.6.30.자로 폐기되었사오니 양지하시기 바랍니다.」라는 단 한 줄의 문장이 기술되어 있을 뿐이다. 협회의 청원에 대해 국회에서 어떤 식으로 논의되었고, 어떠한 과정을 통해 결국 폐기 처분에 이르게 되었는지에 대해서는 알 수 없다.

이와 같은 〈한국원폭피해자원호협회〉의 구호활동에 대해 당해 연도에는 협회 측에서 제출한 것으로 추정되는 실태보고서를 주고베(神戶) 영사에게 전달하는 것에서 멈추고 있다. 이 보고서에 의하면 1968년 현재 피해자 등록수는 2,054명이고 그 중 449명이 중환자로 분류되어 있으며, 성별, 증상, 현주소를 기재한 중환자 명단이 첨부되어 있다. 그 외 한국의 피폭자를 돕겠다는 일본 시민들로부터의 구호금과 구호품 전달을 보고하는 문서와 원폭피해자 손귀달의 밀항사건을 다룬 문서로 채워져 있다.

3. 원폭피해자의 구호활동과 우리 정부의 대응방식

(1) 원폭피해자의 밀항사건

문서철 『한국 원폭피해자 구호 1968~71』은 총 236쪽으로 구성되어 있다. 이 중 1960년대 문서는 1968년도가 총 155쪽, 1969년도가 총 26쪽이다. 그리고 1970년대의 경우 1970년도분은 총 24쪽, 1971년도분은 총 28쪽이며, 1969년도부터는 별첨 자료가 대부분을 차지하고 있다. 그런데 155쪽으로 가장 많은 양을 차지하는 1968년도분 문서의 약 43.2%가 원폭증 치료를 위해 밀항한 손귀달과 관련된 것이다. 1968년 10월에 발생한 손귀달 여성의 밀항사건은 2년 후인 1970년 12월에 발생한 손진두의 밀항사건과 함께 원폭피해자 구호운동에 커다란 전기를 가져오게 되는 사건이다. 손귀달 사건은 한국 원폭피해자의 실상이 일본사회에 알리는 계기가 되었다. 손진두 사건의 경우, 그를 돕기 위한 시민연대가 결성되어, 후쿠오카시를 상대로 제소한 수첩교부신청 각하 취소 소송에 힘을 실어주었으며, 1심과 2심에 이어 최종심에서도 승소 판결이 내려짐에 따라 한국인 피폭자에게도 건강수첩 교부가 가능하게 된 중요한 사건이다.

그런데 선술한 것처럼 표지를 제외한 총 155쪽 분량의 1968년도 분 문서 중 손귀달 사건과 관련된 문서는 총 67쪽에 이른다. 이에 비해 문서철 『한국 원폭피해자 구호 1968~71』에는 손진두 사건과 관련하여 생산된 문서는 단 한 건도 찾을 수 없다. 이와 같은 차이는 두 사건에 대한 외교적 대응의 차이를 의미하는 것이고, 손귀달 사건을 처리하는 과정을 통해서는 당시 우리 정부가 당면한 과제가 무엇이었는지, 혹은 구호를 호소하는 원폭피해자의 목소리를 외면한 배경에 어떠한 것이 있었는지를 추측할 수 있다.

먼저, 본 사건을 다룬 외교문서를 검토하기 전에 부산에서 밀항한 여성의 이름과 관련하여 언급해 둘 사항이 있다. 외교부와 주일대사관에서 생산한 문서에는 손귀달(孫貴達)로 표기되어 있는데, 그녀의 이름은 송귀달(宋貴達)이다. 시모노세키 입국관리사무소에서 손귀달의 신분과 가족관계를 확인하기 위해서 주일대사에게 호적등본을 요청했고, 외교부를 통해 전달된 서류가 문서철에 첨부되어 있다. 잘못된 이름을 정정할 기회가 있었음에도 손귀달이라는 이름을 계속해서 사용하고 있고, 연구 현장에서도 답습되고 있다. 외교문서에 손귀달로 기재되어 있기 때문에 본고에서도 손귀달로 표기하겠지만, 사건 처리 과정에서 정정 가능했던 부분이었음에도 손귀달로 마무리한 점은 의문이 남는다.

1968년 9월 29일 부산을 출발해 원폭병 치료를 목적으로 일본으로 밀항한 손귀달이 체포된 소식은 우리 정부보다 국내 신문사가 먼저 전하고 있다. 10월 4일자 『한국일보』에는 「原爆症 고치려 密航 日警, 孫女人 체포 이마·턱에 傷痕」이란 제목의 기사로 보도된 이튿날, 주시모노세키 영사와 주일대사가 각각 이 사실을 외무부에 보고하는 문서를 발신하고 있다. 10월 7일, 손귀달의 인적 사항과 밀항 경위, 현지 동향을 상세히 보고하는 또 한 차례의 문서를 접수한 우리 정부는 8일, 아래의 공문을 주일대사에게 발송한다.15)

외무부는 주일대사에게 두 가지 사항을 지시하고 있다. 첫 번째 사항은 일본 관계 당국의 「호의적인 배려 및 적절한 조치」를 끌어낼 수 있도록 신중하게 접근하여 처리하라는 것으로 자국민의 안전과 보호를 지시하는 일반적인 업무 지시이다. 그런데 두 번째 사항은 이러한 영사 보호 지시와는 상이한 것으로 손귀달 문제에 관심을 보이며 접근하는 「좌경 단체인 원수폭협회 및 좌경 인사들」의 움직임을 그들의 선전 목적에 이용하기 위한 것으로 파악하고, 손귀달이 그들의 선전에 현혹되지 않도록 「좌경 계열의 책동」을 주의 깊게 관찰하면서 대처함과 동시에 수시로 그 결과를 보고하라는 지시를 내리고 있다.

---

15) 문서철 『한국인 원폭피해자 구호 1968~71』, p.101.

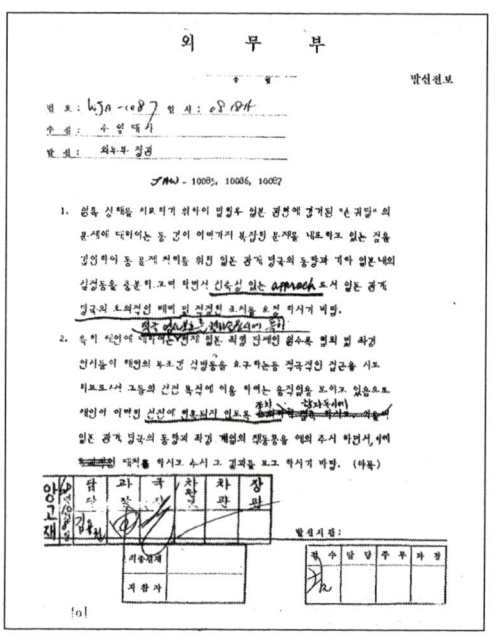

　손귀달 사건과 관련하여 주시모노세키 영사와 주일대사로부터 사건의 추이에 따라 즉시 보고가 이루어지고 있는 가운데, 외무부에서 주일대사에게 발송한 문서는 상기의 8일자 문서를 포함해 단 3건에 지나지 않는다. 10월 12일자 문서에도 손귀달의 가석방 일시와 원폭 증세를 진단할 병원 등을 「사전에 정확히 파악하고, 여하한 경우에도 원수협 또는 조총련 계열에서 손에 접근하는 일이 없도록」 손귀달의 신병 보호를 당부하는 간결한 지시를 내리고 있다.16)

　10월 1일 손귀달을 포함한 4명의 밀항자가 야마구치현(山口県) 북부 해안에 상륙, 이튿날 주민의 신고로 오구시(小串)경찰서에 체포되었고,

---

16) 문서철 『한국인 원폭피해자 구호 1968~71』, p.111.

4일에 하기(萩)지부 검찰청으로 송환되면서 손귀달 일행의 밀항사건이 뉴스로 보도되었다. 그녀의 밀항 목적이 원폭증을 치료하기 위함이란 사실도 함께 보도되자, 가장 먼저 움직인 단체가 〈원수폭금지일본협의회(原水爆禁止日本協議会, 약칭:원수협)〉이었다. 보도 당일, 손귀달이 구속되어 있는 검찰청 공안부로 찾아온 원수협 대표는 손귀달의 즉시 석방과 원폭증을 치료받을 수 있도록 조처해 줄 것을 요구했고, 원수협 측의 조사로 그녀의 일본명과 피폭 당시 히로시마 현립 제2고등여학교에 재학중이었다는 사실이 밝혀진다. 곧 변호사를 선임하여 병원 진료와 치료를 위해 보석 신청을 하는 등 신속하게 대처해 나간다. 주일대사가 손귀달의 체포 소식을 접했을 때는 원수협측이 경찰청을 찾아간 후였던 것이다. 주시모노세키 영사관에서는 5일, 입국관리사무소를 방문하고 담당 검사를 만나 손귀달의 외부인사와의 접촉에 신중을 기해 달라는 달라는 부탁을 하는데, 이것은 원수협을 위시하여 피폭자 손귀달에 가장 먼저 관심을 보인 자들과의 접촉을 차단하기 위한 조처였던 것이다.

주시모노세키 영사와 주일대사는 원수협과 야마구치시에 위치한 원폭피폭자복지회관 건설위원회를 「공산계」, 「좌경단체」로 간주하고 이들 단체의 활동을 주시하고 있으며, 이들의 사소한 움직임에도 민감하게 반응하며 외무부에 즉각 보고하는 형태로 관련 문서들이 생산되고 있다. 예를 들어, 부영사가 손귀달을 직접 만나 「외부로부터 면회가 오더라도 함부로 면회에 응하지 말라고 충고」하거나, 해당 지역의 지부 민단에서는 움직이지 않고 있는데, 「동 지부 민단은 다분히 사상적 등으로 불순한 바 있어 현재 민단계에서 제명할 것인가 하는 점까지 논의하고 있어 동인들의 방문은 기대할 바가 없다」[17]는 보고의 경우, 민단 또한 사상의 불순함을 이유로 선 긋기를 하고 있는 정황을 포착할 수 있다. 그리고 손귀달에게 「좌익계 변호사」를 해임하도록 종용하고, 자민당 당원인 변호사를 새로 선임하는 절차를 부영사가 직접 나서서 처리하고 있다. 주시모노세키 영사의 또 다른 보고를 보면, 손귀달의 기소사건을 담당할 야마구치현 지방재판소 부근에 일본공산당 소속의 변호사 사무실이 있고, 변호사 사무실 부근에서는 「조총련계로 보이는 자 20명이 모여」 손귀달을 위한 가두모금을 하고 있으며 모금액이 2만 엔을 넘었다는 사실까지도 파악하여 전하고 있다.18)

한편, 지금까지 손귀달과 관련된 문서는 수신자가 외무부장관이었는데, 1968년 10월 18일자 문서는 중앙정보부장도 수신인으로 지정되어 있다. 주일대사는 손귀달의 변호사 선임을 돕고 보석 신청을 한 야마구치 원폭피폭자복지회관 측 인사 4명이 손귀달의 진찰 일자를 문의하고 가두모금한 돈과 의견서를 가지고 영사관을 찾아왔으나, 거절했다는 사실과 공안조사국의 협조를 얻어 4명의 인적사항을 조사한 결과를 보고하고 있다. 4명 중 일본공산당원으로 확인된 자는 1명 뿐이다. 나머지 3명은 교회 목사이자 「열렬한 평화운동주의자」, 대학교수라는 신분이지만 좌경단체 모임에는 열심히 참가한다는 이유로 경계 대상이 되고 있는 것이다.19)

우리 정부가 「좌익인사」 및 「좌익계 단체」로 간주하고 손귀달과의 접촉을 막고자 한 단체는 손귀달의 기소를 막고, 원폭증 진료를 위해 보석을 신청했으며, 보석 비용과 치료비를 조달하기 위한 가두모금과

---

17) 문서철 『한국인 원폭피해자 구호 1968~71』, p.100.
18) 상게서, p.117.
19) 상게서, p.125.

서명운동을 전개했다. 이들의 기부금도 거부한 우리 정부가 손귀달의 보석금, 변호사 비용, 병원 진료 및 치료비에 관해서는 송금이 요구되는 상황에서 우리 정부는 이 부분을 어떻게 처리하고 있을까?

아래 자료는 외무부장관이 주일대사에게 발송한 10월 19일자 문서이다.[20]

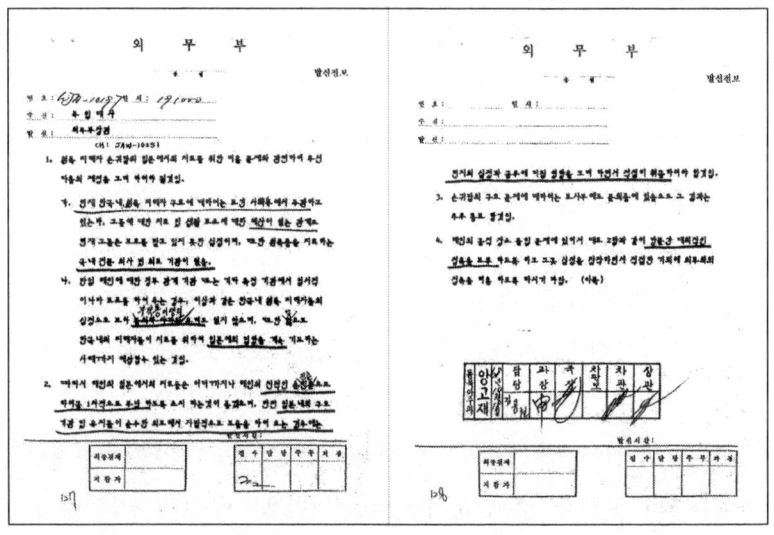

병마의 고통에서 벗어나기 위해서라면 밀항이라는 범법행위조차도 주저하지 않는 원폭피해자에 대해 우리 정부는 영사 보호라는 역할에만 충실했던 것은 아닐까? 외무부는 손귀달의 치료 비용과 관련하여 원폭피해자 구호를 주관하고 있는 보건사회부에서는 예산이 없어 원폭피해자에 대한 지원이 이루어지지 않고 있고, 원폭증 치료 전문 병원도

---

20) 문서철 『한국인 원폭피해자 구호 1968~71』, pp.128-129.

없는 실정이기 때문에, 손귀달의 치료비를 우리 정부가 지불하게 될 경우, 치료를 위해 밀항하려는 시도가 증가할 것이라는 판단하에 손귀달의 치료비를 일본 거주 친척에게 부담하도록 하고,「순수한 의도」로 도움을 주고자 하는 구호의 손길은 받아들여도 좋다고 언급하고 있다.

손귀달은 야마구치현 지방재판소에서 징역 6개월과 집행 유예 판결을 받았다. 일본 정부는 손귀달의 원폭 증세가 중증일 경우는 치료를 위해 체류시킬 예정이라고 했으나, 그녀를 진료한 히로시마원폭병원으로부터 경미한 증상으로 판명되어 11월 8일에 강제소환되었다. 그리고 11월 13일, 보건사회부는 손귀달의 진료비용을 부담할 수 없기 때문에 대한적십자사에 협조를 요청했다는 공문을 외무부로 발송하고 있다. 〈한국원폭피해자협회〉가 대통령과 정부 각처에 제출한 진정서와 청원서가 국회의 임기만료로 폐기 처분되었다는 통지, 혹은 보건사회부로 이송된 후 다시 대한적십자사로 보내져 적십자로서도 도움을 줄 수 없다는 답변을 보내는 식의 흐름이 손귀달 사건에서부터 시작되고 있다.

손귀달 사건이 종료된 이후에 생산되는 문서는 〈핵병기금지평화건설국민회의〉로부터 전달받은 원조금을 기반으로 원폭피해자센터 건립 계획, 원폭피해자 실태조사를 위한 핵금회의의 방한과 의사단 파한 문제와 관련된 문서가 주를 이루고 있다. 손귀달의 귀국 조치 후 원폭피해자를 돕고자 하는 일본인들의 기부가 이어졌고, 그러한 가운데 1969년 1월 28일자 문서로 주일대사는 핵금회의로부터의 기부 의사를 전한다. 손귀달의 밀항사건이 발생하자 가장 먼저 구원활동에 나선 원수협에 대해서는 경계와 접근자체를 차단하려고 한 데 반해, 핵금회의의 제의는 쉽게 받아들이는 이유는 2월 7일자 문서에서 확인할 수 있다.

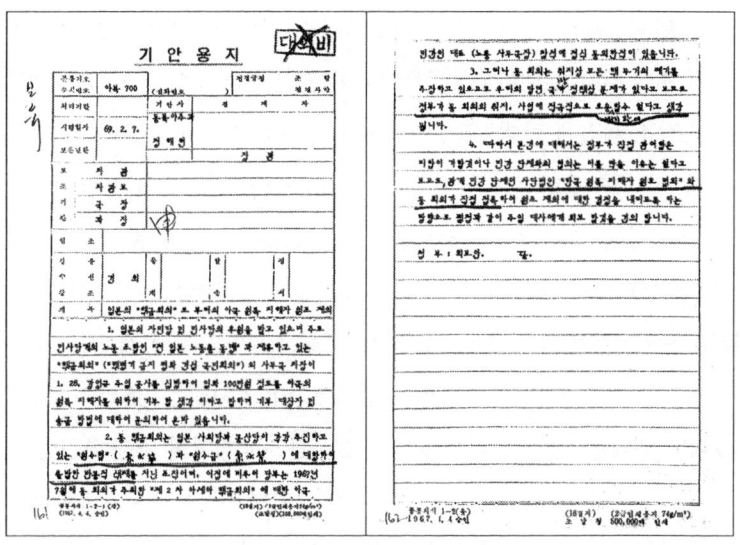

　원수협의 경우 일본 사회당과 공산당이 주축을 이루는 단체인데 반해, 핵금회의는 일본의 자유민주당(자민당)과 민주사회당(민사당)의 후원을 받고 있고, 민사당계의 노동조합인「전일본노동총동맹」과 제휴하고 있는 단체라는 이유에 의해서이다. 즉 혁신 세력이 아닌 보수세력이 결집한 단체라는 점이 우리 정부를 안심시킨 것으로 볼 수 있다.

　우리 정부가 민감하게 반응하고 도움의 손길을 거부한 〈원수폭금지일본협의회〉는 1955년 9월 19일에 발족한 시민단체이다. 원폭 투하 10년을 맞이하게 되는 1955년 8월 6일, 히로시마에서 제1회 원수폭금지세계대회가 개최되었다. 원수협은 이 대회 개최 후에 핵무기 전면 금지와 폐절, 피폭자 원호와 연대를 목표로 결성되었다. 1954년 3월 1일, 비키니섬에서 이루어진 미국의 수폭실험으로 일본의 참치잡이 원양어선(第五福竜丸)이 피폭하는 사건이 발생하자 보수세력과 혁신세력이 모두 결집해서 반핵·평화운동을 지향하며 설립한 것이다. 그러나 1960년대에 들어서면서 원수협 내부에는 분열이 발생한다. 1961년, 원수협이 미일 신안보조약 체결에 반대입장을 밝히자 민사당 등의 보수세력이 분열하여 〈핵무기금지평화건설국민회의〉를 결성했다. 원수협의 분열은 여기서 멈추지 않는다. 1965년에는 일본공산당계가 소련과 중국의 핵실험과 핵무기 보유를 옹호하는 입장을 취하자, 이에 반발한 일본사회당과 일본노동조합총평의회(日本労働組合総評議会, 약칭:총평)계 일파가 탈퇴하여 〈원수폭금지일본국민회의(原水爆禁止日本国民会議, 약칭: 원수금)〉라는 단체를 새롭게 결성했다. 원수폭금지세계대회 개최 후 1956년 5월에는 히로시마에서 생겨난 단체들을 규합하는 〈히로시마현 원폭피해자단체협의회(広島県原爆被害者団体協議会, 약칭:히로시마현피단협)〉가, 그리고 나가사키에서 제2회 원수폭금지세계대회가 개최되었을 때 전국조직인 〈일본원수폭피해자단체협의회(日本原水爆被害者団体協議会, 약칭:피단협)〉가 결성되었다.

보수세력과 혁신세력이 함께 발족시킨 원수협은 결국 일본의 안보문제와 사회주의국가의 핵실험과 핵무기 보유를 둘러싼 평가에서의 의견 대립으로 인해 분열되었으나 반핵·평화운동을 지향한다는 점에서는 모두 동일한 성격의 단체라 할 수 있다. 그럼에도 불구하고 우리 정부가 원수협이 아닌 핵금회의를 선택한 배경으로는 남북분단의 현실과 우리 정부의 강력한 반공정책의 영향을 생각할 수 있다. 한국전쟁이 휴전 상태에 돌입한 이후에도 남북간의 군사적 긴장 관계는 계속되었고, 원폭피해자 구호 문제가 외교 교섭 현안의 하나로 부상한 1968년을 전후한 시기만 하더라도 1967년 1월 19일에는 동해에서 해군 경비함(56함)이 북한의 해안포 공격을 받고 20여 분의 교전 끝에 격침되고 마는 사건이 발생했다. 1968년 1월 21일에는 북한의 특수부대원 31명이 청와대를 습격해서 박정희 대통령을 비롯한 정부 요인을 암살하라는 김일성의 지령을 받고 서울에 침투한 사건이 발생했다. 이 사건이 발생하자 3개월 후에는 향토예비군이 창설되었고, 1969년에는 교육현장에서 교련교육을 실시하기 시작했으며, 육군3사관학교와 전투경찰대가 창설되는 등 국가 안보문제가 그 어느 때보다 우선시되었던 시기이다. 이러한 국내 정세는 원폭피해자 구호문제에도 영향을 미치고 있었다고 할 수 있다.

피폭 후 오랜 세월 방치되었던 한국 원폭피해자들이 스스로 목소리를 내며 구호를 호소하기 시작한 1960년대 후반, 그들의 실태가 일본에 알려지면서 민간 차원의 구호운동과 모금이 시작되었고, 도일이 가능한 위급한 환자부터라도 치료를 받게 하자는 움직임이 있었다. 이에 대해 외무부는「이러한 제활동은 성질상 양국간의 민간 단체에 의하여 행하여짐이 타당」[21]하다는 입장을 밝혔다. 그리고 핵금회의가 원조금을 보내고 원폭피해자의 실태를 직접 조사한 후 일본인 의사단을 파한하여 피폭자 치료를 시작하고자 했을 때도 정부로서 그들의 활동에 협조하는 차원에 머물렀다.

이와 같이 우리 정부는 원폭피해자 구호문제가 부상하기 시작한 단계에서부터 그들의 구호문제는 정부가 개입하지 않고 민간 차원에서 해결해야 한다는 입장을 고수했고, 1970년대에도 이러한 정부 입장은 달라지지 않는다. 협회에서는 핵금회의의 원조를 기반으로 1969년부터 원폭피해자센터 건립을 계획했고, 1970년에는 자활촌 건설을 계획하고 있었다. 1971년 10월에는 핵금회의의 의사단 파한이 처음으로 이루어

---

21) 문서철 『한국인 원폭피해자 구호 1968~71』, p.51.

졌고 핵금회의 측으로부터의 원조금과 의사단 파한은 매년 이어졌다. 그러는 사이에도 한일 양정부는 한국 원폭피해자 구호문제에 방관자적인 태도를 보이자, 협회 측에서는 직접 일본으로 건너가 구호를 호소했다. 1970년대에는 이러한 협회의 대외활동과 손진두의 피폭자건강수첩 소송의 결과로 일본 정부의 대응에 변화의 기조가 생겨나기 시작한다.

(2) 〈한국원폭피해자협회〉의 대외활동

1970년 8월에 일본 원폭희생자위령제 집행위원으로 초청된 〈한국원폭피해자협회〉의 신영수 회장은 일본에서 한국인 원폭피해자의 실상을 전하고 구호를 호소했다. 1971년에도 도일하여 위령제에 참석한 후 8월 6일에는 히로시마시청에서 사토(佐藤) 수상에게 메시지를 전달했고, 동시에 미국 정부와 우리 정부를 향해서도 목소리를 냈다. 이러한 적극적인 활동의 결과는 조금씩 나타나기 시작했으나 민간 차원의 구원운동에 한계를 느낀 협회는 1972년의 3차 도일시에는 한일 양정부가 주도적으로 문제를 해결해줄 것을 촉구하는 목소리를 내게 된다. 협회 측은 8월 9일자로 박정희 대통령과 다나카(田中) 총리에게 각각 진정서와 요망서를 제출한다.

다나카 총리를 향해서는 아래와 같은 5가지 사항을 요구하고 있다.

1. 私達韓国被爆者達は私達に対する被害補償を日本政府に要求します。
2. 韓国人被爆者を含めた全体外国人被爆者に対し、日本国内法としての諸法令(原爆医療法、同措置法、其他)の差別なき適用を要求します。

3. 最近日本の被爆者関係や平和団体が推進している被爆者援護法の急速な立法を支持しつつ、これの実現を要望します。
4. 日本の民間団体や個人の協力を得て私達の協会が韓国内に建立を計画している韓国人被爆者福祉センターの建立の側面的支援を要望します。
5. これ等の対策を講じる為の基礎的資料として全体外国人の被害実態調査を要求します。[22]

일본 정부에 대해 가장 우선적으로 요구하고 있는 것은 한국인 원폭피해자에 대한 피해보상이다. 그리고 재외피폭자에 대한 일본의 원폭 2법의 동등한 적용과 외국인의 원폭피해 실태조사, 일본의 피폭자 단체 피폭자단체가 요구하는 피폭자원호법의 조속한 입법 처리와 한국인 피폭자복지센터 건립에 대한 지원을 요구하고 있다. 일본 정부를 향한 요망서 제출 사실과 신영수 회장의 활동은 일본의 언론에 크게 보도되었다. 요망서 제출에 앞서 8월 8일에 제69회 국회 중의원 사회노동위원회의 피폭자 대책 및 의료에 관한 문제를 논의하는 장에서 야마모토(山本) 위원이 원폭 관련 시민단체들의 움직임에 관해 언급한 부분이 있다. 원수금의 경우 「핵 실험국 정부는 피폭자의 치료 의무에 더해 모든 물질적, 정신적 손해에 대해 보상의 의무를 져야 한다」고 주장하고 있고, 핵금회의는 「한국인 피폭자 구원을 위해 한국에 원폭진료센터를 설립」 하겠다는 선언을 했으며, 원수협에서는 가와사키(川崎)의 경우 피폭 2세의 치료비 전액을 시에서 부담하도록 한다는 등의 소식을 전하고 있다.[23] 야마모토 위원이 제기하고 있는 것은 피폭자원호법 제정 요구와

---

22) 문서철 『한국인 원폭피해자 구호 1972~73』, pp.52-53.
23) 상게서, p.17.

피폭자문제를 국가보상이라는 관점에서 접근해야 할 필요성으로, 한국인 피폭자문제가 논의의 대상이 된 것은 아니다.

그리고 2년 전인 1969년 5월 8일에 열린 제61회 국회에서는 한국인 피폭자의 원폭 2법의 적용과 관련하여 논의가 이루어진 바가 있고, 일본의 국내법은 속지주의 원칙을 취하고 있어 적용이 어려운 점을 들어 한국의 경우 기술협력의 형태로 전문의 양성에 협력하는 방안은 검토가 가능하다는 의견이 제시되었다. 현재 일본 정부측에서는 한국인 원폭피해자와 관련된 외교문서를 공개하지 않고 있는 상태이기 때문에 정확한 확인은 어렵다. 그러나 의료 협력에 관해서는 이미 1968년 4월 17일에 일본대사관 측에서 외무부로 비공식 통보가 이루어진 것으로 보아 1968년 이후 일본 국회에서 한국인 원폭피해자 문제가 거론되었을 가능성은 배제할 수 없고, 1972년 8월 시점에서는 신영수 회장의 활동과 한국인 피폭자를 구호하고자 하는 자국의 시민단체들의 활동을 의식하고 있었던 것은 틀림없다. 또한

박정희 대통령에게 요구한 8가지 항목은 아래와 같다.

1. 외무부로 하여금 한일회담에서 거론된 바 없는 원폭피해자에 대한 피해보상을 일본 정부에 요구토록 해주시기 바랍니다.
2. 보사부가 원폭피해자문제를 조사 입안토록 예산을 내려주시기 바랍니다.
3. 보사부로 하여금 국내피폭자의 실태를 철저히 조사토록 하여 주시기 바랍니다.
4. 보사부로 하여금 일본의 원폭의료시설과 기타 원호실태를 조사토록 하여 주시기 바랍니다.
5. 국회로 하여금 최소한 일본의 원폭의료법, 동조치법과 같은 원호법을 입법토록 하여 주시길 바랍니다.

6. 대한적십자로 하여금 일본적십자에 교섭하여 피폭자에 대한 원호지원을 받도록 하여 주시길 바랍니다.
7. 저희들의 유일한 집합체인 사단법인 한국원폭피해자원호협회를 지도육성하여 주시기 바랍니다.
8. 협회가 일본민간의 원조로서 계획중인 피폭자 복지쎈타 건립을 지원해 주시길 바랍니다.24)

그러나 8월 9일 청와대로 제출한 진정서는 보건사회부로 이송되었고, 다시 대한적십자사로 이송되었다. 보건사회부에서는 8월 28일자 문서로「진정 내용의 대부분이 원폭피해자에 대한 보상문제 등으로 현국내 실정을 감안할 때 당부에서는 단독으로 처리할 수 있는 문제 등이 아니」25)기 때문에 대한적십자사 총재에게 통보하여 처리하도록 조치했다는 공문을 협회측에 발송하고 있다. 그리고 이첩받은 대한적십자사는 9월 15일자 문서로 1965년에 원폭피해자를 돕기 위해 일본적십자사와 교섭한 바 있으나「한일 국교 정상화 후에는」「본사에서는 이 일을 다루지 않고 있으니 양지하시기」26) 바란다는 회신을 보내고 있다. 1968년부터 1972년 현재까지 원폭피해자 문제를 마주하는 우리 정부의 태도는 일관되게 정부는 개입하지 않겠다는 것이다.

8월 30일에는 미키(三木) 부총리와의 접견을 통해 다나카 총리에게 건넨 신영수 회장의 요망서는 한국인 피폭자문제를 계속해서 외면하는 우리 정부를 대신해서 피폭자 스스로가 일본 정부에 대해 처음으로 피해보상을 요구했다는 점에 큰 의미가 있다. 신영수 회장의 대외활동은

---

24) 문서철『한국인 원폭피해자 구호 1972~73』, pp.59-60.
25) 상게서, p.62.
26) 상게서, pp.104.

미흡하나마 일본 정부의 태도에 변화를 가져오게 한 것은 분명하다. 10월 9일자 『아사히신문(朝日新聞)』은 오오히라(大平) 외상의 외국인 피폭자 전체를 위한 특별입법 의지를 밝힌 사실을 보도하고 있다. 10월 8일, 오오히라 외상의 취임 축하 석상에 참석한 〈한국의 원폭피해자를 구원하는 시민의 모임(韓国の原爆被害者を救援する市民の会)〉의 회장은 히로시마와 나가사키에서 피폭하고 지금도 고통받고 있는 한국의 피폭자에게 정부는 책임을 져야 한다고 하자, 오오히라 외상은 「한국인 피해자만이 아니라 외국인 피해자 전체를 구제하기 위해 정부는 특별입법 조치를 취할 필요가 있다」고 했다. 그리고 신문은 8월에 신영수 회장을 만난 미키 부총리도 「책임을 느끼고 있다」는 발언을 한 사실을 전하고 있다.27)

이와 같은 일본 정부의 태도 변화에 힘이 실린 협회 측은 10월 28일에 원폭피해자 원호운동에 대한 정책 지원을 요청하는 공문을 청와대, 국무총리실, 보건사회부 장관실, 외무부 장관실, 문화공보부 장관실, 정보부장실, 대한적십자 총재실에 발송한다. 이러한 협회 측의 호소에 먼저 반응을 보인 것은 우리 정부가 아닌 일본 정부측이다. 11월 8일자 문서로 주일대사는 11월 7일에 외무성으로부터 인도적 견지에서의 구제조치를 취하고자 한다는 의사를 밝혀온 사실을 보고하고 있다. 그러나 여기에는 단서 조항이 있다. 원폭피해자들의 피해보상 권리는 한일 간의 청구권협정으로 소멸되었기 때문에 일본 입장에서는 한국 정부의 요청 없이는 먼저 주도권을 취하기 어려우므로 구두로라도 좋으니 한국정부가 먼저 요청을 해달라는 것이다. 일본 정부가 말하는 인도적 견

---

27) 「外国人被爆者全体を 特別立法で救済 市民の会に外相、必要を表明」,『朝日新聞』 1972.10.09; 문서철 『한국인 원폭피해자 구호 1972~73』, pp.105.

지에서의 구제 조치란 1) 한국인 의사의 일본에서의 원폭 환자 치료 수련, 2) 일본인 전문의사의 한국 파한 치료, 3) 한국 원폭 환자의 일본에서의 치료이다. 그리고 우리 정부의「교섭 여하에 따라서는」한국에 원폭환자 치료센터를 건립하는 문제에 대해서도 외무성은 응할 의사가 있다고 전하고 있다.28)

이에 대해 우리 정부는「한·일 양국간의 청구권문제가 1965년의 한·일간 청구권협정의 체결로 일괄 타결」되었고, 우리 정부의 구호조치가 제대로 이루어지지 않고 있는 실정이므로 일본 정부의 구호 의사를 받아들이기로 하고 주일대사를 통해 구두로 요청하는 것으로 결정한다.29)

12월 15일부터 일본 정부는 한국인 피폭자에 대한 실태조사에 착수한다. 12월 16일자『한국일보』가 전하는 것처럼 일본 정부가 공식적으로 실태조사에 들어간 것은 처음이다.30) 12월 27일에는 주일대사를 통해 원폭피해자 구호문제에 관한 한국 측 입장이 결정되면 1973년 1월 중에 구두로라도 요청해달라고 전달한다. 우리 정부는 1월 초부터 관계 부처의 의견을 수합하기 시작했고, 16일 문서로 주일대사에게 일본 정부와의 교섭 지침을 전송한다.

3. 아국정부가 취할 방침(교섭지침)
상기와 같은 경위와 보건사회부의 견해에 비추어, 본건 해결을 위하여 아래와 같은 방침을 추진토록 할 것을 건의합니다.
가. 한국인 원폭피해자에 대한 일측의 지원 용의의 시사를 원칙적으로

---

28) 문서철『한국인 원폭피해자 구호 1972~73』, pp.123-124.
29) 상게서, p.127.
30) 상게서, p.149.

받아들여, 일측이 시사한 바에 따라 아측에서 일측의 지원을 요청함. 그와 같은 요청은 주일대사가 외무대신 또는 사무차관과 면담하는 적절한 기회에 구두로 표시하는 것으로 함.
나. 지원 내용에 관하여 보사부 측의 의견은 원폭피해자의 치료 등은 한국의 의학수준으로도 충분하므로 오히려 원폭피해자의 복지를 위한 조직적인 사업수행을 위한 쟁정적인 지원이 필요하다는 것으로 간취되는 한편 일측은 지금까지의 시사로 보아 ㄱ) 한국인 의사의 일본에서의 수련, ㄴ) 일본인 의사의 파한 치료, ㄷ) 한국인 환자의 일본내 치료 등 기술적인 지원 내지 극히 제한된 재정적인 지원을 고려하고 있는 것으로 보임에 비추어 다음과 같은 선에 따라 일측과 접촉함이 가할 것임.
  1) 일본측이 시사하고 있는 전기 세 가지 사항에 관한 지원은 일본 정부가 지원 가능한 한도의 것을 받아들이고 과중한 지원을 요청치 않음.
  2) 한국인 원폭자 구제를 위하여 일본 정부는 전적으로 자금만 지원한다는 것은 일본측이 받아들이기 어려울 것으로 생각되므로 푸로젝트를 요청한다는 원칙하에 한국내 원폭치료시설을 건립하는 데 일본 정부가 지원하도록 요청하는 데 중점을 둠.
다. 상기의 보사부 측이 제기하고 있는 원폭피해자의 전국적 실태조사를 위한 자금 지원, 피폭생존자 및 사망자 유가족에 대한 생계구호 및 위자료 지급, 신체불구자에 대한 직업 보도 등에 관하여는 막연하게 일측에 제기하는 것보다 아국의 그에 관한 복지대책이 구체화된 단계에서 일측의 지원을 요청할 만한 구체적인 사항을 적출하여 일측에 제기하는 것으로 함.
라. 한국내 원폭치료시설 건립에 대한 지원은 기존의 양국간 경제협력 범위 밖의 푸로젝트로 다루는 것으로 함.[31]

---

31) 문서철 『한국인 원폭피해자 구호 1972~73』, pp.193-195.

보사부는 「한국의 의학수준으로도 충분하므로 오히려 원폭피해자의 복지를 위한 조직적인 사업수행을 위한 재정적인 지원」이 요구된다는 의견을 제시했다. 즉, 「원폭피해자의 전국적 실태조사를 위한 자금 지원, 피폭생존자 및 사망자 유가족에 대한 생계구호 및 위자료 지급, 신체불구자에 대한 직업 보도」 등 구체적인 구호정책 실시를 위한 재정적 지원이 필요하다는 의견을 제시한 것이다. 그러나 외무부는 이러한 「복지대책이 구체화된 단계에서」 그것도 「일측의 지원을 요청할 만한 구체적인 사항을 적출하여 제기」하는 것으로 하고, 원폭치료시설 건립의 경우, 양국의 경제협력 범위 밖의 프로젝트로 추진하기로 한다.

2월 21일에는 외무성 북동아과에서 한국인 원폭피해자 치료센터 건립을 위한 비공식 실무자 회합이 이루어졌다. 이 날의 회합에서는 막대한 자금이 소요되기 때문에 한일경제협력 중의 무상원조로 진행해야 한다는 일본측 주장과 본 사업은 본래 인도적 견지에서 출발한 것이므로 경제협력의 일환으로 추진해서는 안 된다는 한국측 주장이 상충하고 만다.

한편, 이 문제를 두고 우리 정부 내에서도 의견 충돌은 있었던 것으로 보인다. 한일간 실무자 회합이 있은 지 5개월 후인 7월 6일, 보사부와 외무부가 치료센터 건립 문제를 두고 논의를 가진다. 보사부는 구체적인 사업계획서 작성은 아직 착수하지 못한 상태이지만, 경제협력비 중 무상원조 프로젝트로 진행하도록 한일각료회의의 의제로 포함해 줄 것을 경제기획원에 요청한 상태라고 말한다. 이에 외무부는 「동 문제는 한・일간의 정치적 현안문제의 하나」이기 때문에 경제협력사업과 동일하게 취급해서 우선 순위를 결정하게 해서는 안된다고 주장한다. 「조기 실시의 보장이 없으며 금년도 각료회의에서 무상원조 프로젝트로서 요청하는 것은 아국이 요청 예정인 기타 무상원조 푸로젝트와 경합케 하는 결과를 초래할 것이므로 득책이 아니다」. 사업계획서도 작성되지 않은 상태이니 우선 계획서를 작성한 다음 조기 실시를 위해 집중적인 교섭을 하고, 1974년도 각료회의에서 요청할 것을 권하고 있다.[32] 결국 구호를 호소하는 원폭피해자의 입장에 서서 어떤 형태로든 시급히 사업을 추진하고자 한 보사부의 의견은 좌절되었다. 그리고 경제협력사업과는 별개로 외무부가 정치적 현안으로 인도적 견지에서 일본 정부의 지원을 끌어내는 것으로 정리가 되고 있다. 외무부의 판단은 경제협력사업의 무상원조로 요청한다고 해도 조기에 추진될 가능성은 없다는 것이지만, 외교 교섭을 통해 정치적으로 해결한다고 해도 조기 실현의 가능성이 없는 것은 마찬가지이다. 치료센터 건립 건을 두고 1973년에 양정부간의 본격적인 교섭이 시작되었으나 우리 정부 내에서 좌초되었고, 이 문제를 해결로 이끈 것은 원폭피해자 자신들이었다. 1973년 이후 좀처럼 진전이 없던 본 사업이 새로운 급물살을 타게 되는 것은 손진두의 법정투쟁에서의 승소와 〈한국원폭피해자협회〉의 활동에 의해서이다.

(3) 손진두의 수첩재판

전술한 바와 같이 〈한국원폭피해자협회〉의 대외활동의 결과, 일본 정부의 태도 변화가 있었고, 한국인 피폭자를 구원하기 위한 대책을 둘러싼 교섭이 본격화하기 시작했으나 양국 정부뿐 아니라 우리 정부 내에서도 의견이 충돌한 결과 거론되었던 해결 방안(한국인 전문의 양

---

32) 문서철 『한국인 원폭피해자 구호 1972~73』, pp.247-248.

성, 일본인 의사의 파한 치료, 도일치료, 피폭자 치료센터 건립)은 계류 상태에 놓이게 된다. 이와 관련된 문서 생산은 1973년 7월 9일을 기해 중단되고 있고, 1974년 4월 26일에 다시금 재개된다. 교섭 과정을 들여다 볼 수 있는 문서는 확인되지 않았으나 외무부가 보사부로 발송한 문서에는 우리 정부와 일본 정부의 입장이 정리되어있다.

    가. 아국의 입장
        (1) 일본에 의하여 상당한 규모의 치료센타가 건립되어야 함.
        (2) 문제의 인도적 성격으로 보아 일반 무상원조 사업보다는 우선적으로 추진할 것.
        (3) 한·일간의 기존 경제협력의 범위 내에 포함시키지 말고 별도 재원으로 건립할 것.
    나. 일측의 입장
        (1) 한·일 경제협력비 중에서 시행되어야 함.
        (2) 사업 순위는 서울공대 시설 원조사업(74~76) 후로 할 것.
        (3) 치료센타 건립과 관련하여 일측이 납득할 수 있는 구체적인 사업계획서의 제출이 요망됨.[33]

교섭 과정에서 우리 정부의 입장에 큰 변화는 확인되지 않는다. 일본의 경우, 경제협력사업의 일환으로 진행하되 추진 계획 중인 서울공대 시설에 대한 원조가 마무리된 후에 시작할 것임을 밝히고 있고, 치료센터 건립과 관련해서는 기존의 시설을 병용하거나 전용하는 방안을 검토하도록 요구한 것으로 보인다. 이에 기존 시설을 활용하는 방안이 아니라 새로운 치료센터 건립의 필요성을 주장하는 우리측에 대해 일본측이 납득할 수 있는「구체적인 사업계획서」를 요구했고, 이러한 경위

---

[33] 문서철『한국인 원폭피해자 구호 1974』, pp.34-35.

를 보사부에 전달하고 계획서 작성을 촉구하고 있다. 외무부는 11월 2일에 사업계획서를 재촉하는 공문을 또 한 차례 보냈고, 11월 25일에 진료병원 설치계획서를 송부하고 있다. 외무부가 외교교섭을 위한 구체적인 사업계획서를 요구한 것은 4월말이었으나 보사부가 독촉 끝에 제출한 것은 11월말이었다. 7개월 동안 원폭피해자 구호 관련 문서는 손진두 재판의 결과와 일본의 동향에 대해 신문 기사를 첨부한 주일대사의 보고, 5월에 〈한국원폭피해자협회〉측에서 제출한 요망 정도에 지나지 않는다. 이처럼 지연된 배경에는 여러 가지 복합적인 요소가 작용했겠지만, 박정희의 대통령 당선으로 정권이 교체된 후, 실미도 사건(1971.08.23.), 10월 유신(1972.10.17.)과 김대중 납치사건(1973.08.08.)에 이어 1974년 8월 15일에는 육영수 저격사건이 발생하는 등 계속된 국내의 정치혼란 또한 경제개발과 반공정책에 역점을 둔 정부 정책과 함께 원폭피해자 구호문제 해결에도 걸림돌로 작용했을 것이다.

　이와 같이 답보 상태가 계속되던 원폭피해자 구호문제를 1979년에 양국의 합의를 도출해 내고 도일치료를 실현시키기에 이르게 된 큰 계기는 원폭피해자의 소송 투쟁이고, 그 결과로 인해 일본 정부가 움직이지 않을 수 없게 된 점이다.

　손귀달의 밀항사건으로 한국인 피폭자의 실상이 일본에 전해지는 계기가 되었으나, 손진두의 밀항사건은 일본사회에 큰 반향을 불러일으키게 된다. 1970년 12월 3일, 원폭증 치료를 목적으로 밀입국한 손진두가 검거된 사실이 전해진 데 이어 1971년 8월에 〈한국원폭피해자협회〉의 신영수 회장이 오사카(大阪)에서 강연한 것을 계기로 결성된 단체인 〈한국의 원폭피해자를 구원하는 시민의 모임〉[34]을 중심으로 손진두의

---

34) 이 단체는 1971년 8월, 〈한국원폭피해자협회〉의 신영수 회장이 오사카(大阪)에서

구원활동을 전개한다. 이듬해에 시민단체의 도움으로 손진두는 후쿠오카현에 건강수첩 교부 신청을 하지만, 7월 14일에 각하 처분이 내려졌다. 이에 10월 2일에 건강수첩 교부 신청 각하 처분에 대한 취소 소송을 후쿠오카 지방재판소에 제기했다. 한국인 피폭자가 제소한 첫 재판으로 1974년 3월 30일에 승소 판결이 내려진다. 원폭의료법은 전쟁 희생자 구제를 위한 것으로 그 적용을 일본사회의 구성원에 한정한다는 규정이 없고, 피폭자라면 외국인 여행자든 밀입국자든 동일하게 적용해야 한다는 것이므로 후쿠오카현이 각하한 것은 위법이라는 것이 승소 이유이다. 이 결과에 불복한 후쿠오카현이 항고함으로써 재판은 이어졌고, 재심(1975.07.17.)과 최종심(1978.03.30) 모두 손진두가 승소한다.

외무부가 원폭피해자 구호문제를 다시 검토하고 보사부에 사업계획서 작성을 요청한 것도 손진두의 1심 판결 후인 4월 26일이었다. 그리고 〈한국원폭피해자협회〉에서는 승소 판결이 난 3월 30일자로 성명서를 발표한다. (1)한국내 피폭자에 대한 보상, (2)치료와 생활 양면의 원호 및 종합병원 건립 실현, (3)오오히라 외상이 1973년 10월 9일에 발언한 외국인 피폭자 구제에 대한 특별입법 추진이라는 3개의 항목을 요구하고, 이러한 요망을 구체화하기 위해 전국의 피폭자에 대한 실태조사를 촉구하고 있다. 이어서 5월에는 한일 양정부를 향한 요망서를 제출한다. (1) 우리 정부는 「외무부로 하여금 한일회담에서 거론된 바 없는 원폭피해자에 대한 피해보상을 일본 정부에 강력히 요구」해 줄 것, (2) 일본

한국인 피폭자의 실상과 구호를 호소하는 강연을 한 것을 계기로 결성된 단체로, 1972년 3월부터 기관지 『서둘러, 구호를!(早く、救護を!)』을 발행하기 시작하여 현재까지 이어지고 있다. 오사카에서 처음 발족한 이 단체는 1972년 12월에는 손진두 재판을 계기로 히로시마에 지부가, 1992년 8월에는 나가사키에도 지부가 설립되었다.

정부는 「피해보상이 실현될 때까지 일본피폭자와 차별없는 원호대책을 실시」해 줄 것, (3) 국회에는 원폭의료법 및 원폭조치법과 원호법의 입법화해 줄 것, (4) 전국의 피폭자에 대한 철저한 실태조사 실시와 실태파악을 통해 모든 대책을 시행할 수 있도록 할 것, (5) 전국 피폭자 및 유족과 2세를 위한 자활복지센터 건립이라는 5가지 사항이 관철될 수 있도록 요구하고 있다.

한편, 1974년 7월 26일, 후생성과 도쿄도는 한국인 피폭자가 단기여행 비자로 입국한 경우에도 건강수첩 교부하기로 했고, 협회의 신영수 전회장이 건강수첩을 교부받은 사실을 7월 27일자 문서로 주일대사가 전하고 있다. 그러나 히로시마시에서는 조판석 등 3명의 한국인 피폭자의 건강수첩 교부 신청을 일본에서의 체재 기간이 짧다는 이유로 거부하기도[35] 하는 등 지역 당국에 따라 결과가 달라지기 했다. 그렇기 때문에 소송 중인 후쿠오카현의 경우, 최종심의 승소 판결이 난 후인 1978년 4월 3일에서야 손진두에게 건강수첩을 교부한다. 당시 시행 중인 원폭의료법의 속지주의 원칙을 수정하지 않는 한은 건강수첩 교부와 일본인과 동일한 원호혜택을 받기는 어려운 것이었다.

1975년 4월 23일과 24일 양일에 걸쳐 진행된 제75회 국회 중의원 사회노동위원회에서는 공명당의 오오하시(大橋) 의원에 의해 한국인 원폭피해자에의 근황과 원조 문제가 제기되었다. 논의 결과는 의료협력이 불가피하다는 점에서 만장일치 합의를 끌어냈고, 후생성에서도 「실현가능한 방법으로 협력」하겠다고 밝혔다. 25일, 후생성을 방문한 주일대사관에게 피폭자들에 대한 보상문제 등은 청구권협정으로 해결

---

[35] 「한국인 피폭자 3명 건강수첩 日체재기간 짧다고 거부」, 『경향신문』 1974.08.05; 문서철 『한국인 원폭피해자 구호 1974』, p.69.

된 것이므로 피폭자에 대한 의료협력은 그것과는 구분되는 새로운 아이템으로 추진되어야 함을 강조했다고 전하고 있다.36)

8월 7일에는 보사부측이 주한일본대사와 나눈 담화 요지를 외무부와 중앙정보부에 발송하고 있다. 먼저, 제8회 한일각료회의에서 원폭피해자에 대한 일본의 지원을 요청할 의사를 밝힌 보사부는 일본국국제협력기구(JICA)로부터의 지원 가능성을 타진하자, JICA는 후진국에 대한 경제원조를 통해 일본의 무역확대를 목적으로 지원하는 기금이기 때문에 이미 중진국이 된 한국에 경제원조는 어려울 것이라 언급했다고 전한다. 이에 보사부 장관은 한국이 중진국 대열에 들어서기는 했으나, 「국방비 지출이 막중하여 보건사회 분야 투자가 소기 목적대로 이루어지지 못하고 있는 실정」이므로 JICA의 기금이 필요하다고 언급하고 있다.37) 원폭피해자 구호문제에 있어 외무부와는 의견을 달리하는 보사부가 어떠한 방식으로도 본 문제를 시급히 해결하고자 하는 모습을 읽을 수 있는 부분이다.

그런데 9월 4일자로 제1무임소장관이 「한일각료회의 참고 자료 제보」라는 제목으로 외무부에 발송한 문서에는 지금까지 일본 정부가 표명한 입장과는 전혀 다른 태도를 보인 한 정치인의 발언 내용이 담겨있다. 이 자료에 의하면 1975년 7월 20일 서울에서 개최된 한국인 원폭피해자 구호 친선권투대회 개회식 연설에서 공명당 소속의 우케다 신키치(受田新吉) 중의원 의원은 「일본은 한국인 원폭피해자에 대한 도의적 책임이 있으며, 이들은 일본에서 치료를 받을 권리가 있」다는 발언을 했다고 전하고 있다. 또한 「일본 정치인은 당파를 초월하여 이들의 보

---

36) 문서철 『한국인 원폭피해자 구호 1975』, p.28.
37) 상게서, p.104.

상 및 원호대책을 강구」해야 하고, 본 현안을 제8차 한일각료회의에서 한국정부가 강력히 제기해야 할 것이며, 피폭자 구제는 인도상의 문제이기 때문에 그 해결에 진력하겠다는 발언을 했다고 한다. 이어서 8월 9일 야마구치현 한일친선협회 총회에 참석한 자리에서도 9월에 예정된 한일각료회의에서 한국인 원폭피해자에 대한 보상과 원호대책 문제를 다루도록 강구할 것이며 보상을 위한 경제협력 대책 등을 정치적으로 지원하겠다고 언급했다고 전하고 있다.38)

외무부와 보사부의 의견차는 외무부가 10월 22일에 보사부로 발송한 문서에서도 드러나고 있다. 「원폭피해자 및 그 가족에 대한 치료 및 구호조치를 위한 대일 의료협력에 관하여 한일각료회담시 정식 의제로 상정하여 한일 의료협력이 이루어지도록 요청」한 바 있는 보사부는 10월 1일, 한일간 실무자회의 때에도 정식 의제로 채택해줄 것과 조속한 추진을 위해 보사부 관계자를 실무자회의에 참석하게 해달라는 공문을 통해 요청하고 있다.39) 이러한 보사부의 요청에 대해 외무부는 한일간 실무자회의는 「양국간 경제협력에 관한 실무자 회의」로, 「일본으로부터의 차관사업을 협의」하기 위한 것이므로 「회의의 의제는 경제기획원이 통합 조정」하고 있고, 한국의 「경제발전과 관련된 사업을 협의의 대상」으로 하고 있다. 만약, 실무자회의의 의제로 원폭피해자 치료문제를 상정한다면, 경제기획원의 사전 합의 하에 대일 차관으로 추진한다는 것을 의미하기 때문에 보사부의 「명확한 방침」을 회보해줄 것을 요청하고 있다. 덧붙여 보사부가 상정하고자 하는 「원폭피해자 및 그 가족에 대한 치료 및 구호조치」로서의 의료협력이라는 의제 제목에서 이

---

38) 문서철 『한국인 원폭피해자 구호 1975』, pp.114-116.
39) 상게서, p.142.

미 일본 정부의 비협력이 예상된다고 언급하고 있다.[40] 그리고 1975년도 문서철에는 10월 20일부터 25일에 걸쳐 개최한 것으로 기술된 한일 실무자회의 회의록은 발견되지 않는다. 또한 1975년도에는 12월 10일에 의료협력 요청 계획안 송부를 보사부에 촉구하는 외무부 발신 문서와 12월 26일까지는 송부하겠다는 보사부의 회신이 전부이다. 의료협력 관련 문서는 1976년도과 1977년도에는 생산되지 않고 있다. 일본 정부의 의료협력안은 1972년 8월, 〈한국원폭피해자협회〉 회장의 대외활동의 결과 한일정부간에 거론되기 시작했고, 별다른 진척이 없다가 1974년 손진두 재판의 승소 판결 이후 재개되었으나, 1975년 12월 이후 관련 문서 생산이 없는 것으로 보아 또다시 방치된 것으로 볼 수 있다.

한국인 원폭피해자 구호문제와 관련하여 인도적 측면에서 일본 정부로부터의 구호대책을 끌어내겠다던 외무부가 이 문제를 다시 거론한 것은 1978년에 들어서고 나서이다. 1975년 이후 중단되었던 본 안건이 재개된 계기는 우리 정부가 「국내외의 반정부 혹은 반한인사」로 간주하고 있는 인물 및 단체가 한국인 원폭피해자 구호를 위해 활동하기 시작한 사실을 포착하고 피폭자 구호문제가 「정치적으로 악용」[41]될 것을 우려한 데서이다. 따라서 1978년도 생산문서는 손진두 재판의 승소 판결과 관련된 내용과 원폭치료시설 건립과 관련된 내용으로 두 가지 흐름을 보이고 있다. 그리고 손진두의 수첩재판 결과로 원폭피해자 구호문제가 새로운 국면을 맞이하게 되고, 이와 동시에 양국의 외교 현안으로 재차 부상하면서 우리 정부의 「반정부」 세력에 대한 경계도 강화되는 모습을 발견할 수 있다.

---

40) 문서철『한국인 원폭피해자 구호 1975』, pp.138-139.
41) 상게서, p.4.

1978년도에 생산된 문서는, 1월 20일자『아사히저널(朝日ジャーナル)』지에 히라오카 다카시(平岡 敬)의「이중 고통에 허덕이는 재한원폭피해자들─일본인에 책임은 없는 건가(二重の痛苦にあえぐ在韓原爆被爆者たち─日本人に責任はないのか)」란 글과 함께 첨부 자료로〈한국교회여성연합회〉가 작성한「한국 원폭피해 실태조사 보고서(韓国原爆被害実態調査報告書(資料))」가 게재된 사실에 대해 외무부가 주일대사에게 실태조사 보고서가 게재된 경위를 파악해서 보고하라는 1월 26일자 문서로 시작되고 있다. 이어서 31일에는 보사부 장관과 의정국장에게 이 사실을 알리고 원폭피해자의 구호대책을 조속히 강구할 필요성을 제기하면서 치료시설 등 일본 정부와의 교섭이 필요한 사안에 대해서는 구체적인 계획서를 작성해서 제출해 줄 것을 당부하고 있다.[42]

1978년 3월 30일, 1972년 10월부터 시작된 손진두의 수첩재판이 최종 승소 판결을 받게 된다. 손진두의 승소 소식이 전해지자, 4월 4일자 문서로 외무부는 이 소식을 보사부에 전하고 일본 정부와 교섭을 요하는 사안이 있으면 회보해 줄 것을 당부한다. 같은 날 손진두의 승소 판결에 따라 후생성은 각 지방자치단체에 대해 피폭자가 현재 일본국내에 거주하는 한, 이유 여하를 불문하고 원폭의료법을 적용하라는 통

---

42) 우리 정부가 예의주시한 히라오카 다카시는 1968년 2월에 한국을 찾아와 원폭피해자들의 실태를 조사하고〈한국원폭피해자협회〉측과 전문의 파한 문제를 논의하고 일본대사관에 이들의 구호 조치를 촉구한 바 있다. 그리고 손진두 사건이 발생했을 때는 그를 구원하기 위한 시민단체를 결성하여 수첩재판을 도운 인물이기도 하다. 또한 히로시마 시장을 역임하던 시절에는 일본의 식민지 지배를 공식적으로 사과한 첫 정치인이고, 히로시마에서 피폭한 한국인 희생자를 기리기 위한 위령비를 평화기념공원 안으로 이설할 것을 결정한 인물이다. 히라오카에게 피폭자 실태조사 보고서를 제공한〈한국교회여성연합회〉의 경우, 연합회의 공귀덕(윤보선 전대통령의 부인) 회장이 박정희 정권에 비판적이라는 점에서 "반정부 혹은 반한인사"로 분류하고 민감한 반응을 보이고 있는 것이다.

지를 하달한다. 이로써 한국인 피폭자가 치료를 받을 길이 열리긴 했으나, 일본에 입국해야 한다는 조건은 도일이 불가능한 환자 등 여러 가지 현실적인 문제가 남아 있어 합리적인 방안 수립이 필요했다. 원폭피해자 구호문제가 처음으로 제기된 1968년도의 우리 정부의 대응방식과 마찬가지로 외무부는 일본에서 시행되고 있는 원폭2법과 일본인 피폭자가 수혜받고 있는 내용, 국가별 외국인 피폭자 현황과 이들의 도일치료 사례 등을 주일대사를 통해 파악하는 작업부터 다시 시작했다. 외무부는 4월 11일에 경제기획원, 보사부, 과학기술처, 중앙정보부가 모여 해결 방안을 모색하기 위한 실무자회의를 제안했고, 4월 25일, 관계 부처가 모인 자리에서 원폭피해자 구호문제가 논의되었다.

당해 연도 문서철에는 실무자회의 회의록과 회의를 제기한 외무부 아주국에서 작성한 자료가 수록되어 있는데, 이것은 문제 제기의 동기, 문제의 기본 성격, 한국인 피폭자 현황, 주요 경위, 문제점 및 한일 양정부 입장, 대책과 추진 방안으로 구성되어 있다. 외무부는 한국인 원폭피해자 구호문제를 제기하게 된 동기를 「最近 日本內의 所謂 進步勢力에 依하여 이 問題가 日本國에서 提起되고(78.1.20. 아사히 저널 等) 本案의 我國內 資料 情報源에 反政府 人士(孔德貴 女史) 等이 介在하는 等, 이 問題가 反韓活動에 利用될 憂慮가 있어, 政府로서도 本件 解決을 爲한 根本的인 對策을 時急히 樹立해야 할 必要性」[43]에서라고 설명하고 있다. 1978년 시점에서 다시금 문제 제기를 하게 된 이유는 우리 정부의 미온적인 태도로 오랫동안 원폭피해자를 고통 속에 방치했던 것에 대한 반성에서가 아니라 「진보세력」이 원폭피해자문제를 「반한활동에 이용」할지 모른다는 위기감에서인 점에 주의할 필요가 있다. 1968년에 한

---

43) 문서철『한국인 원폭피해자 구호 1978』, p.68.

일간의 외교문제로 부상했을 당시부터 10년이 경과했음에도 원폭피해자 문제에 대응하는 우리 정부의 자세는 달라지지 않았던 것이다.

　7월 4일, 보사부에서는 원폭피해자 종합구호대책과 추진방안을 외무부로 발송한다. 중간보고와 같은 것으로 완성된 것은 아니며, 여기에는 1978년 7월 1일부터 9월 30일까지 3개월간에 걸쳐 원폭피해자 개인별 실태조사를 실시한 결과를 명기하고 있으나 〈한국원폭피해자협회〉가 조사한 자료를 토대로 작성한 것으로 우리 정부가 주체가 되어 실태조사에 착수한 것으로는 보기 어렵다. 12월 12일에 후생성으로부터 한국 정부가 언제쯤 정식 제안을 할 것인지, 가급적 빠른 시일 내에 제안해 줄 것을 촉구했다는 내용의 13일자 주일대사 발신 문서가 당해 연도 마지막 문서이다.

4. 도일치료 실현에 이른 과정

　손진두 재판의 승소 이후 원폭피해자 구호문제는 급물살을 타는 듯 보였다. 그러나 구호를 위한 종합대책 계획이 우리 정부 손에서 계류하고 있는 동안 해가 바뀌어 1979년을 맞이한다. 1979년도 첫 문서는 실무자 회의 개최를 요청하는 외무부의 협조문으로 시작되고 있다. 1978년 4월 11일의 첫 실무자 회의에 이어 두 번째 회의가 1월 18일에 개최된다. 손진두의 1심 승소 판결 이후인 1973년부터 일본 정부는 한국인 피폭자 문제에 대한 해결 방안을 우리 정부에 요청해온 바 더 이상 지연시킬 수 없다는 외무부의 판단으로 소집된 회의로 보인다. 그런데 두 번째 실무자 회의에서는 우리 정부가 내세우는 명분에 변화를 보인다.

가. 본건은 한일간 청구권협정(1965)으로 법률론상으로는 일응 해결을 보았음. 그러나 일본 정부(후생성 및 노동성)는 한국인 피폭사망자 명단을 가지고 있지 않기 때문에, 사실상 한국인 피폭자는 처음부터 동협정에 근거한 대일 민간청구권의 적용을 받지 못했음.
나. 역사적 및 법률적 관계를 떠나서, 인도적 견지에서 미국이 피폭자 구호를 위해 막대한 원조를 제공했고, 또 그 원조는 일본인 피폭자에게만 혜택을 주었음을 상기할 때, 일본은 이제라도 인도적 명분에서 한국인 피폭자를 위한 구호사업을 스스로 추진하여야 할 것임.
다. 일본 정부는 한국인 피폭자에 대한 책임을 부인한 적이 없으며, 이들에 대한 구호를 기회 있을 때마다 표명해 왔음. (중략)
라. 한일 민간 레벨에서 20여년 전부터 알고 있는 한국인 피폭자 구호 활동을 양국 정부가 후원함은 전통적 양국 민간우호관계를 위해 바람직함.
마. 장차의 핵시대를 맞이하여 선진된 일본의 원자병 치료 시설 및 기술을 도입함은 양국간 과학기술 및 문화교류 증진을 위한 유효한 계기가 될 것임.[44]

　지금까지는 우리 정부는 일본 정부와 마찬가지로 한국인 원폭피해자의 배상문제는 청구권협정으로 완결된 것으로 받아들이고 있었다. 그러나 1979년에 접어들면서 청구권협정 당시 일본 정부의 정확한 실태조사가 없었고, 한국인 피폭사망자 명단이 없는 상태였기 때문에 한국인 피폭자는 청구권협정에 근거한 민간청구권 적용 대상에서 제외되었다는 해석을 제시하고 있다. 문제 해결을 위한 적극적인 자세로의 변화라 볼 수 있다. 본 회의에서는 「한일간 전통적 우호관계의 확인이라는 큰 흐름 내에서, 인도적 견지에서 또는 문화적 목적의 한일 무상

---

44) 문서철 『한국인 원폭피해자 구호 1979』, pp.17-18 .

경제협력으로 종합병원을 건립하고, 기타 전문의 교류 및 환자 도일치료 등의 기술협력을 병행하여 실시」[45]한다는 것에 일치된 의견을 도출했다.

1979년 3월 5일, 보사부는 1978년 7월에 작성한 구호대책 및 추진방안을 수정하여 최종안을 외무부에 제출한다. 외무부는 3월 13일에 주일대사에 우리 정부의 최종안을 송부하면서 교섭 및 계획의 기본 방향을 제시하고 있다.

> 첫째, 피폭자의 선정과 조사에 미비점이 있더라도 피폭자 실태조사를 병행하면서 본 사업을 우선 착수시키도록 하고
> 둘째, 사업규모는 1천만불(50억원) 내외로 하고,
> 셋째, 일본측 부담의 본 사업 재원은 한일경제협력사업의 무상원조를 고려하고 있으나 일측이 이에 응하지 않을 시는 경협사업의 기금 내 무상원조 형태라도 무방하고,
> 넷째, 사업 순위는 본안에 제시된 사업계획이 모두 조속 추진 시행되도록 하되 우선 추진이 용이한 것부터 착수키 위하여 1979년도에는 실태조사, 전문의 상호교환 및 중환자 도일 치료를 행하고, 1980년도에는 병원 건립 및 의료기자재 도입 착수를 행하여 1981년에는 병원 완공 및 개원을 하도록 함.[46]

4월 2일, 주일대사관 측은 외무성을 방문하여 원폭피해자에 대한 우리 정부안을 정식 제의하고 기본 방향을 설명한다. 외무성의 반응은 먼저, 양국간의 경비 부담 비율의 불균형을 지적하면서 전문의 상호교환과 도일치료는 금년부터 가능할 것임을 시사했다. 실태조사에 소요되

---

45) 문서철 『한국인 원폭피해자 구호 1979』, p.20.
46) 상게서, pp.52-53.

는 인권비와 경비는 양국이 공동으로 지원하도록 하고, 대규모 병원 건립 건은 어려울 것으로 예상되며, 한일간의 청구권협정과 관련해서는 「국회 등에 설명할 수 있는 명분이 있어야 할 것」이라는 의견을 제시했으며 사업 재원을 경협 이외의 무상원조로 진행하기를 원하는 이유를 묻고 있다.47) 그리고 5월 7일, 다시 외무성을 찾은 주일대사 측은 북동아과장으로부터 본 사업의 핵심은 「협력의 규모와 우선 순위」가 아니라 「어떤 명분으로 할 수 있느냐 하는 문제」임을 강조했음을 전하고 있다.

「명분」을 거론하는 것으로 보아 일본측 입장은 여전히 청구권협정에 대한 법률론적 해석을 취하고 있고, 이러한 일본 정부를 납득시킬 방안이 요구되어지면서 사업 추진은 또다시 계류 상태에 들어간다.

5월 8일, 일본의 자유민주당(자민당) 정무조사회와 한국의 민주공화당(공화당) 정책위원회의 정책간담회가 자민당 본부에서 개최된다. 한국측은 구태회 의원을 비롯한 7명이, 일본측은 고모토 도시오(河本敏夫) 정무조사회 회장 등 총 29명이 참석했다. 이 자리에서 고모토 회장이 1978년도에 부산 방문 시 원폭피해자의 실상을 보고 일본으로서 협력 가능한 방안을 국정부 관계자 사이에서 검토 중임을 언급하고 있다.48) 그리고 기노 하루오(木野晴夫) 정무조사회 부회장이 4가지 해결 방안(일본 전문의의 파한과 한국 의사의 일본 연수, 도일치료와 전문병원 설립)을 언급하며, 이러한 방면의 전문가이기도 한 하시모토 류타로(橋本龍太郎) 후생대신이 많은 어려움은 예상되지만 「인도적인 견지」

---

47) 문서철 『한국인 원폭피해자 구호 1979』, pp.56-57.
48) 「自由民主党政務調査会・民主共和党政策委員会 政策懇談会記録」, p.7 → 문서철 『한국인 원폭피해자구호 1979』, p.70.

에서 조속히 추진하고 싶다고 했다는 말을 전하고 있다.49) 또한 야마사키 다쿠(山崎拓) 후생정무차관도 적극적으로 대응해나가겠다는 말과 함께 특히 전문의 파한과 한국의사의 일본 연수는 조속히 실시하겠다는 의지를 보이고 있다.50) 6월 7일에 외무부가 작성한 한일간의 교섭 경위 자료에는 일본 정부에 대한 교섭과 병행하여 일본 자민당 등 정치인들에 대한 교섭도 병행한다는 방침이 제시되어 있다.51)

6월 14일에 발신한 주일대사의 문서에는 자민당 정조회 측이 공화당과 경제조사회 결성문제를 협의하기 위해 6월말에 방한 예정임을 알려온다. 그리고 참고 사항으로 자민당 측 정보에 의하면 공화당 내에 원폭피해자 특별위원회와 경제조사위원회가 설치되었다는 사실도 병기하고 있다.52) 16일에는 방한단 명단과 함께 이들이 원폭피해자 구호문제에 대해서도 협의하고자 보사부를 방문할 예정임을 전했고, 방한한 자민당 정조회는 25일에 공화당과 원폭피해자 문제를 둘러싼 간담회를 가진다. 이 날 자민당과 공화당 소속 정치인들의 합의 내용은 아래와 같다.

1. 한국 의사의 일본 파견 훈련
   한국의사(연간 5명 정도)를 일본으로 파견하여 기술훈련한다.
   주: 한국측은 상기 사업의 5년 정도의 계속을 강력히 요청하였다.
2. 일본 의사의 한국 파견
   원폭증 치료 전문의 일본 의사단을 한국에 파견하여 재한원폭피폭

---

49) 「自由民主党政務調査会・民主共和党政策委員会 政策懇談会記録」, pp.14-15 → 문서철 『한국인 원폭피해자 구호 1979』, p.70.
50) 상게서, p.70.
51) 문서철 『한국인 원폭피해자 구호 1979』, p.142.
52) 상게서, p.149.

자의 치료문제에 관해 기술지도한다.
3. 재한원폭피폭자의 도일치료
   재한원폭피폭자의 도일치료에 관해 원폭피폭자 건강수첩의 교부에 대하여 일본국은 최대의 편의를 도모한다.
   주: 구체적 방법에 대하여 양국 정부가 되도록 빠른 시일 내에 협의키로 한다.
4. 이상 각 항에 관하여는 가능한 사항부터 년내 실시하는 것으로 한다.53)

그러나 양국 정치인들 사이에는 상기와 같은 합의안을 도출해낸 것에 반해 양국 정부의 교섭에는 진척이 없다. 6월 22일 주일대사측에서 외무성을 방문하여 원폭피해자 구호문제에 관해 면담한 결과를 전하는 23일자 문서에서는 일본 정부의 기본입장을 아래와 같이 브리핑하고 있다.

1) 한국에 있는 원폭피해자에 관하여 보상하여야 한다는 법적 의무는 없다고 생각함. 청구권 문제는 이미 한·일청구권협정으로 모두 해결되었다는 것이 일본 정부의 기본입장임.
2) 상기와 관련 현재 한국에 살고 있는 한국인의 문제는 일차적으로 한국정부가 한국의 국내 후생복지문제로 해□어야 할 문제라고 생각함.
3) 원폭에 피해받았다는 점에 있어서는 일본도 피해자이므로 한국에 대하여 책임을 져야 한다고는 생각되지 않음.
4) 상기 3가지를 생각하면서 피폭자문제는 특수한 성격이 있는 문제로서 오로지 인도적인 견지에서 현재 한·일 양국간에 행하여지는 경제협력의 테두리에서 가능한 범위 내에서의 기술협력을 행할 수 있음.54)

---

53) 문서철 『한국인 원폭피해자 구호 1979』, pp.171-172.

원폭피해자 보상문제는 이미 청구권협정으로 해결되었고, 한국인 피폭자는 한국의 문제로 한국정부가 해결해야 하며, 일본은 원폭피해자이므로 한국에 대해 책임을 져야 한다고 생각하지 않는다는 입장은 10여 년간 지속된 교섭에도 불구하고 전혀 달라지지 않은 태도이다. 이러한 입장인 일본 정부로서는 원폭피해자 대책에 있어 「연수원의 도일과 전문가의 파한의 범위 내에서 가능하며 그 이상은 전혀 고려할 여지가 없」55)다고 한다.

7월 4일자 문서에서 주일대사는 『아사히신문』의 보도자료를 통해 자민당과 공화당 정치인들이 교환한 사실과 합의서 내용이 소개되었고, 양국이 합의한 사항을 시행하기 위해서 일본측에서는 「후생성이 실제의 창구」가 될 것이라고 전하고 있다.56)

7월 11일, 일본 정부의 공식 입장 표명에 대해 우리 정부는 일본측이 제시한 연수원 도일과 전문가 파한을 수락한다는 방침 아래, 이 외에도 기술협력 범위 내에서 의료기자재 도입을 교섭하고, 기술협력 범위 밖에서 환자의 도일치료를 추진하며, 연내 실시 가능한 것부터 시작하는 것으로 결정했음을 보사부에 전달한다.57)

8월 7일자 『요미우리신문(読売新聞)』조간에 「재한 피폭자의 도일치료 한국측과 절충중」이라는 제목의 보도 기사를 브리핑한 주일대사의 8일자 문서에 의하면, 하시모토 후생대신이 재한피폭자의 도일치료에 착수했다고 공표했고 그 구체적 협의를 위해 담당자 파견을 지난 7월 21일 한국정부에 요청했으나 한국정부로부터는 회답이 오지 않은 상

---

54) 문서철 『한국인 원폭피해자 구호 1979』, pp.158-159.
55) 상게서, p.159.
56) 상게서, p.184.
57) 상게서, p.209.

태라고 전한다. 이에 우리 정부는 9일자 문서로 정식으로 요청받은 바가 없으니 기사 내용의 진위를 파악해서 보고하라는 지시를 내리고 있다.

8월 22일, 3월 13일에 일본측에 정식 제의한 원폭피해자 구호에 관한 정부안에 대해 대일교섭이 진전됨에 따라 정부안의 수정이 불가피하게 됨으로써 보사부와 외무부가 수정 사항에 구두로 합의를 한다. 수정된 내용은 아래와 같다.

    1. 병원 건립 및 자활 대책은 아국 내 형편을 보아가며, 추후 추진하는 방향으로 노력할 것임을 필요시에는 일측에 표명함.
    2. 병원 건립 및 기존 병원 보강에 필요한 의료장비 중 통상 장비는 아측이 부담하되, 특수전문장비는 일측이 기술협력 형태로 전문의 교환사업에 수반하여 제공함.
    3.
        가. 한국 전문의 파일 경비 월 2,500미불을 월 4,000미불로 수정하여 한·일 양국 의사의 대우를 동등히 함.
        나. 양국 전문의 교환 기간을 4년에서 5년으로 연장함.
        다. 상기 2항 및 3항의 결과 전문의 교환 경비는 당초 총 7억 6천만원 (156만불)에서 총 12억(240만불)으로 됨.
    4.
        가. 도일 환자의 선정은 보건사회부장관이 추천하고 일측이 인정함. (파한 일본 전문의 인정 포함)
        나. 도일 환자 총 수를 제한치 않고, 년간 100명 이내로 필요시까지 도일치료를 받는 것으로 함.[58]

8월 23일에는 일본측이 연수원 도일과 전문가 파한을 공식 제의한다

---
58) 문서철 『한국인 원폭피해자 구호 1979』, pp.226-227.

면 우리 정부는 수락하겠지만, 향후 병원 건립과 자활 대책에 대해서도 추진할 계획이기 때문에, 의사 교환만을 한정해서 문서화하겠다는 일본측 의도는 수락할 수 없다는 입장을 전하며, 주일대사에게 지속적인 교섭을 당부하고 있다. 그리고 8월 30일에는 보사부에 주일대사에게 훈령한 사항을 전달하는데, 그 내용은 상기의 수정사항에 세부적인 추가 설명을 가한 것으로 되어 있고, 6월 25일에 자민당과 공화당의 합의서와 후생성 공중위생국장이 도일치료에 관한 협의를 위해 보사부 의정국장을 일본으로 초청한 서신 사본을 첨부하고 있다.

9월 4일, 보사부는 후생성으로부터 원폭피해자 구호문제 해결을 위해 양국 정부의 실무자 회의 개최를 요청받음에 따라 보사부 의정국장 장경식과 공화당 정책위원회 전문위원 김영기를 일본에 파견할 예정임을 알리고 협조를 부탁한다. 실제 9월 17일부터 20일까지의 일정으로 후생성과 외무성과의 협의를 진행한 것으로 보인다. 우리 정부가 제의한 상기의 수정안에 대해 일본측의 반응은 아래와 같다.

  가. 한·일간의 기술협력 테두리 내에서 협력자원의 구체적 배정문제를 검토해야 함.
  나. 외무성 기술협력 예산은 매년 각국별로 Quota가 있어 동Quota 내에서 협력이 가능하며, 피폭자 구호 지원은 대한 기술협력예산 중에서 충당케 되므로 타프로젝트의 중지 내지 연계문제가 대두됨. (기존 기술협력 Quota대상 사업과의 조정문제는 한국 측과 의견 조정이 필요)
  다. 의사교환 경비는 외무성 기술협력예산으로 충당될 성질이 아니므로 동사업의 금년 중 개시는 어렵다고 보나 중환자 도일치료문제는 후생성에 예산이 반영된 것으로 알고 있어 금년에 시행이 가능할 것으로 봄.[59]

한국측은 피폭자 구호사업이라는 특별협력의 의의를 살리기 위해 한도(quota) 자체를 확대해야 한다고 주장했으나 선진국으로 향하고 있는 한국의 경제발전에 비추어 기술협력의 한도 확대는 어렵다는 반응을 보였다.

이후 환자 선발과 도일 방법 등 구체적인 사항에 대한 협의가 진행된다. 그 과정에서 10월 9일 외무성 북동아과장을 만나 면담한 주일대사의 보고에 의하면, 한국인 의사의 도일연수와 일본 전문의의 파한 진료를 한국에 대한 기존의 기술협력 범주 내에서 시행하고, 기술협력과는 별도로 일본 현행법 내에서 도일치료에 협력하는 것으로 이 세 가지 사항 외에는 협력이 불가능하며 일본측의 협력이 세 가지 사항에 국한된다는 것을 문서화한다는 전제하에 금년부터 사업을 추진할 수 있다고 밝혔음을 전해온다.[60]

11월 30일, 외무부는 보사부에 외무성이 보내온 우리 정부의 수정안에 대한 최종 검토 결과를 전송하고 우리 정부가 요구하는 구호대책을 충족시키지는 못하지만, 오랜 기간 끌어온 「현안문제를 타결시킴으로써 피폭자들의 조기 구제가 가능케 된다는 현실적인 실리를 감안하여 일측이 제시한 선에서 합의를 보는 것이 좋」겠다는 의견과 함께 보사부측의 최종 의견을 묻고 있다. 외무부가 최종 합의하고자 하는 세 가지 사항은 아래와 같다.

　　가. 한국인 의사의 도일 연수
　　　　○ 향후 5년간 매년 5명씩 파일 연수가 가능함.(단, 한국측 과학기술처가 연수 신청시 원폭전문연수에 대해서는 타분야 연수생보

---

59) 문서철 『한국인 원폭피해자 구호 1979』, p.253.
60) 상게서, p.260.

다 우선 순위로 취급하여 주기 바람)
　　　ㅇ 대우는 각국의 체일 연수생과 동일케 취급되며, 체일연구활동비
　　　　는 4천불 미만이 될 것임.
　나. 대한 기존 기술협력 범위 내에서의 일본 전문의 파한 진료
　　　ㅇ 향후 5년간 매년 5명 이내로 함.(한국측 희망이 있으면 금년 중
　　　　에라도 실시 가능함)
　　　ㅇ 전문의 파한에 수반하여 의사 1명당 일화 50만엥 정도의 소액
　　　　기재 휴대는 가능함.
　다. 기술협력과 별개 차원으로 현행법령 내에서의 환자 도일치료
　　　ㅇ 일본 입국을 허가하고 원폭수첩을 교부함.
　　　ㅇ 치료비는 일측이 부담하며, 그 이외의 왕복여비 체재비 등은 한
　　　　국측이 부담함.(입원 치료 경우 입원료는 치료비에 포함)
　　　ㅇ 치료 대상자수 및 기간 등의 구체적 사항(현재 후생성에서 검토
　　　　중인 바, 우선 시험 케이스로 금년 중 10명 정도가 좋겠다는 것이
　　　　후생성의 생각임.)
　　　ㅇ 피폭자 인지 방법(후생성에서 검토중이나 한국 보사부장관의 인
　　　　정만을 기초로 후생 대신이 자동적으로 피폭자 수첩을 발급하는
　　　　것은 어렵다고 생각함.)[61]

　12월에 접어들면서는 도일치료 사업 추진과 관련하여 구체적인 교섭이 진행되었고, 15일에 후생성 측이 먼저 연내 10명 정도의 환자에 대한 도일치료를 시험삼아 진행하기로 하고 구체적인 협의를 위해 후생성 관계관의 방한을 검토중이니 보사부측의 의견을 물어온다.[62] 이에 보사부는의 조기 방한을 기다리며 방한 일정을 문의하지만, 22일, 후생성은 연말 업무 폭주를 이유로 관계관 파한을 1980년도 초로 연기했음

---

61) 문서철 『한국인 원폭피해자 구호 1979』, pp.266-267.
62) 상게서, p.277.

을 알려온다. 결국 1979년도에는 장기간 지연시켜온 원폭피해자 구호 대책에 양국 정부가 합의에 이른 것에서 멈추고 합의서 교환과 도일치료 개시는 1980년대로 넘어가게 된다.

5. 도일치료와 도일치료 중단 이후

1980년대에는 도일치료가 개시됨으로써 한국인 원폭피해자 관련 문서철의 제목에도 변화가 나타난다. 1968년도부터 「한국인 원폭피해자 구호」였던 것이, 1985년과 1986년도분은 「재한 원폭피해자 도일치료 실시에 관한 합의서 연장 검토」로, 1987년부터는 「한국인 원폭피해자 지원」으로 바뀌고 있다. 도일치료가 중단된 후의 외교 교섭의 핵심이 원폭피해자들에 대한 지원문제로 전환된 것을 문서철명의 변화를 통해서도 알 수 있다.

1980년 1월 21일, 후생성측이 원폭환자 10명 정도를 시험적으로 도일치료시키기 위한 실무 협의를 위해 관계관 3명을 3월 중순경에 파한 예정임을 알려온다.[63] 이에 우리 정부도 28일자 문서로 한국 의사 방일 연수 경비와 환자 도일치료 경비, 의료 기자재 지원 등에 관한 우리 정부가 요구하는 조건 등을 주일대사로 하여금 재확인하도록 지시하고, 우선 실시 용이한 사업부터 추진하되, 그 외 우리 정부가 제시한 구호사

---

[63] 문서철 『한국인 원폭피해자 구호 1980』, p.2 *이후 방한 일정은 2월로 앞당겨졌고, 2월 25일부터 3박 4일의 일정으로 후생성 공중위생국 사무관, 히로시마원폭병원 제1 내과부장, 히로시마현 환경보건부 피폭자 대책과장이 보사부와 도일치료 대상자 선발 및 실무 협의를 했고 이에 대한 결과 보고는 외무부의 요청(5월 22일)으로 5월 27일에 제출한 자료에서 확인할 수 있다.

업도 가능한 실현될 수 있도록 양국간의 협의를 계속한다는 단서를 추가하면 문서화하는 데는 이의가 없음을 전달하고 있다.64) 31일에 외무성과 교섭한 주일대사의 회신에서는 「일본의 대한 기술협력의 범위 내에서, 그리고 일본국의 현행법령의 범위 내에서 시행한다는 점」과 「구체적으로는 3개 사업에 한정하여 협력한다는 원칙」을 문서화해야 한다는 주장과 함께 전년도 6월 22일에 밝힌 일본 정부의 기본입장을 다시금 언급했다는 사실을 전하고 있다.65)

 1980년에는 양국간의 의견을 조율하면서 합의서 작성에 이르는 과정과 10명의 환자에 대한 시험적 도일치료를 둘러싼 구체적인 절차 등 실무 협의 등으로 우리 정부의 외교 교섭은 그 어느 때보다 신속하게 진행되고 있다. 보사부에서는 3월 18일에 합의서 초안을 완성하고, 4월 4일에는 작성한 합의서를 첨부해서 후생성과 합의서 교환 의사를 밝히며 외무부의 협조를 구한다. 5월 15일, 후생성이 보사부가 작성해서 송부한 합의서 초안에 대해 수정한 내용을 보내온다. 이후에도 세부 사항 등 수차례의 수정 과정을 거쳐 최종적으로 10월 8일에 「재한 원폭피폭자 도일치료 실시에 관한 합의서」에 서명 날인한다. 양국 정부가 합의한 사항은 11가지 항목으로 그 내용은 아래와 같다.

  1. 도일치료 대상자는 별첨 명부에 있는 10명으로 한다.
  2. 도일치료 대상자는 후생성이 미리 지정한 의료기관에 입원하는 것으로 한다.
  3. 도일치료 대상자에 대하여는 원자폭탄 피폭자의 의료 등에 관한 법률(1957년, 법률 제41호)에 의거하여 도일 후 즉시 피폭자 건강

---

64) 문서철 『한국인 원폭피해자 구호 1980』, p.7.
65) 상게서, p.12.

수첩을 교부한다.
4. 도일치료자의 입원 기간은 2개월 이내를 원칙으로 하되 담당 의사가 치료상 필요하다고 인정하는 경우에는 후생성의 동의를 얻어 연장할 수 있다. 단, 입원기간은 최장 6개월간으로 한다.
5. 입원 의료기관의 장이 도일치료자의 퇴원 결정을 하려고 할 때는 미리 후생성의 허가를 득하여야 하며, 후생성은 퇴원 결정사항(퇴원 및 귀국 일시)을 퇴원 10일 전까지 주일한국대사관에 통보한다.
6. 도일치료자에 대한 귀국 수속 및 안내는 주일한국대사관이 담당한다.
7. 도일치료자를 치료한 의료기관의 장은, 그 진찰 기록과 퇴원 후의 진료 지침 소견서를 해당 환자, 또는 한국정부에 교부한다.
   (1) 대한민국 정부는 도일치료 환자의 왕복여비를 부담한다.
   (2) 일본국 정부는 원자폭탄 피폭자의 의료 등에 관한 법률 및 원자폭탄 피폭자에 대한 특별조치에 관한 법률(1968년, 법률 제53호)의 규정에 의하여 도일치료자의 입원치료 기간 중의 의료급부 및 건강관리수당, 특별수당 등 각종 수당을 지급한다.
9. 도일치료자에 대한 체일 중의 신원보증은 주일한국대사관이 이를 담당한다.
10. 후생성 및 보건사회부간에 본 합의서를 교환하고, 후생성은 조속히 도일 일정과 입원 의료기관 등을 명시한 공한을 보건사회부에 송부하고, 보건사회부는 동공한에 의하여 도일 조치를 취하기로 한다.
11. 금후의 도일치료에 대하여는 금회의 도일치료 실시 경과를 보면서 조속히 협의하고, 이를 추진하는데 노력할 것을 약속한다.[66]

합의서에 첨부된 도일치료 대상자 10명은 11월 17일에 출국하여 히로시마원폭병원에서 치료를 받게 된다. 그리고 1981년 12월 1일에는 5년간 효력을 명시한 새로운 합의서 교환이 이루어진다.

---

66) 문서철 『한국인 원폭피해자 구호 1980』, pp.137-139.

한편, 보사부는 도일치료를 추진함과 동시에 한·일간 원폭 전문의 교환 사업도 추진하기 위해 움직이기 시작한다. 10월 16일자 문서에서는 보사부 측이 제시한 한국 의사의 도일 연수 시의 대우문제와 일본 전문의 파한 진료와 관련한 문제점이 반영될 수 있도록 외무부의 협조를 요청하고 있다. 이러한 보사부의 요청은 주일대사에게 전해졌고, 11월 7일에 외무성에 타진한 결과, 「연수문제는 외국인 도일연수에 관한 규정이 있어 한국 의사만 예외적으로 취급하기 어려운 점이 있다」고 말하고 우리측 요청사항을 관계부처에 전달하여 검토해보겠다고 답변했음을 보고하고 있다.67)

매년 「재한 피폭자 도일치료 실시에 관한 합의서」대로 도일치료가 진행되었다. 양국 정부가 합의한 도일치료 기한 만료를 1년 남짓 남겨둔 1985년 9월 30일, 주한일본대사관 일등서기관이 지난 26일에 〈한국원폭피해자협회〉 신영수 회장이 외무성 아세아국을 방문하여 재한 피폭자 도일치료 기간 문제와 관련하여 외무대신에게 요망서를 제출한 사실을 전화통화로 외무부에 알려온다. 신 회장이 제출한 요망서 내용은 문서철에서 확인할 수 없지만, 86년으로 만료되는 합의서의 연장을 진정한 것으로 확인된다.68)

외무부는 10월 8일에도 주한일본대사관측과 도일치료 합의서 연장 문제로 통화를 했고, 외무성은 도일치료에 관한 합의서 연장문제를 후생성과 논의했고, 일본 정부 입장에서는 인도적 견지에서 합의서를 연장하여 도일치료를 계속하는 것이 바람직하다는 의견을 제시하며, 우리 정부의 의견을 물었다.69) 외무부는 10월 10일에 이 사실을 보사부에

---

67) 문서철 『한국인 원폭피해자 구호 1980』, p.189.
68) 문서철 『재한 원폭피해자 도일치료 실시에 관한 합의서 연장 검토, 1985~86』, p.3.

전달한다. 10월 29일자 문서로 보사부는 「도일치료에서 야기될 수 있는 문제점을 종합적으로 검토한 결과 도일치료의 연장을 고려하지 않」는다고 회답하고 있다.[70] 보사부가 말하는 「도일치료에서 야기될 수 있는 문제점」이 무엇인지에 대해서는 구체적 언급이 없어 알 수 없다.[71] 도일치료 연장에 대해서는 일본 정부, 관계 기관이 긍정적으로 받아들이고 있고, 일본의 여론도 연장해야 한다는 목소리를 내고 있으나[72] 우리 정부가 소극적인 태도를 취하고 있는 것에 대해 주일대사도 도일치료 실시 기한을 연장할 것을 요청했다.[73] 11월 15일에는 국가안전기획부에서도 의견을 제시하고 있다. 도일치료로 단기간의 치료 실적은 있었지만, 장기적인 대책을 세워 외교 교섭을 통해 추진되어야 함을 강조하고, 두 가지 사항을 제시하고 있다. 하나는 「원폭피해자들에 대한 치료 책임이 전쟁 수행 당사국인 일본측에 있다는 점」, 또 하나는 단기적인 치료보다는 「완치를 위한 집중치료 대책」이 마련되어야 하며, 치료기간 중 환자의 부양가족이 있는 경우는 그들의 생활대책을 강구해야 한다는 것이다.[74]

---

69) 문서철『재한 원폭피해자 도일치료 실시에 관한 합의서 연장 검토, 1985~86』, p.11.
70) 상게서, p.13.
71) 다만, 1982년 3월 30일자 주일대사 발신 문서를 보면, 도일치료 환자들의 행동에 주의를 당부하는 내용이 담겨있는데, 거기에는 "치료 목적 이외에 시내관광 및 SHOPPING 등에 지나치게 관심"을 보이고 있고, "일신상 사유를 들어 임의 퇴원 등을 수시 요구하고 있는 바, 이와 같은 잡음이 계속되면 동사업의 기본 목적에 배치되어 사업 추진에 지장을 초래할 우려가 있을 뿐만 아니라 일측에 대한 이메지를 손상시키는 행위"이기 때문에 도일치료 기간 동안 이러한 일이 발생하지 않도록 도일전에 관계당국이 철저한 교육을 해 줄 것을 건의하고 있다(문서철『한국인 원폭피해자 구호 1982』, p.19.)
72) 예를 들어 11월 6일자『아사히신문』에 게재된 이시카와 히로시(石川洋)의 「재한 피해자의 도일치료 계속을 북한의 실태도 파악하여 중개를 바란다(在韓被爆者の渡日治療継続を 北朝鮮の実態も把握し橋渡し望む)」가 그러하다.
73) 문서철『재한 원폭피해자 도일치료 실시에 관한 합의서 연장 검토, 1985~86』, p.21.

합의서 연장에 관해 관련 부처(국가안전기획부, 주일대사관, 원폭피해자협회)가 찬성하고 있고, 주관 기간인 보사부가 반대하고 있는 상황에서 외무부는 합의서 연장문제에 관한 검토서를 작성한다. 외무부 입장에서는 원폭피해자 구호문제의 현안인 한국 의사의 도일 연수와 일본 전문의 파한 치료, 그 외 의료장비 지원과 병원 건립 등의 문제는 해결되지 않고 있는 상태이고, 도일치료를 중단할 경우, 우리 정부의 치료 지원도 불가능하며, 치료시설도 갖추지 않은 상태임을 감안할 때 합의서 연장이 바람직하다고 판단한 것이다.[75] 해가 바뀐 1986년 4월 11일, 보사부는 합의서 연장건에 대한 회신을 외무부에 발송한다. 중증환자의 경우 도일치료를 받았다고 판단하고, 합의기간이 종료되는 시점부터 국내치료로 전환하기로 결정했으며, 1986년도 예산에는 국내치료비가 계상되어 있는 상태이고, 1987년도부터 수혜 인원을 증원해서 국내에서 치료하도록 할 계획이라고 한다.[76] 원폭피해자 구호문제를 주관하는 보사부가 연장을 반대하자, 후생성은 7월 22일에 한국을 방문하여 외무부와 도일치료 문제를 협의한다. 면담 요록을 보면, 외무부는 도일치료를 연장하지 않는 우리 정부의 입장을 대외적으로는 「지난 5년 사이에 한국의 의료기술이나 의료시설면에서 크게 발전되어 앞으로 나머지 원폭환자들에 대해서는 한국이 자체적으로 치료할 수 있다는 점을 강조」[77]하도록 전하고 있다.

1981년 11월 17일부터 도일치료 합의가 종료된 1986년 11월 30일까지 총 349명의 원폭 환자가 치료를 받았다. 도일치료가 끝나자 도일치

---

74) 문서철 『재한 원폭피해자 도일치료 실시에 관한 합의서 연장 검토, 1985~86』, p.24.
75) 상게서, p.27.
76) 상게서, p.56.
77) 상게서, p.91.

료 기한 연장을 호소했던 〈한국원폭피해자협회〉는 원폭피해자 구호활동을 재개한다. 1987년 7월 31일에 외무부에 요망서를 제출하고, 8월 12일에는 우리 정부와 일본 정부에 각각 요망서를 제출한다.[78] 그리고 11월 15일에는 일본 정부와 한국정부에 대해 23억불의 피해보상을 요구하는 성명서와 원폭피해보상 청구서 및 피해보상액 산출내역서를 제출했고, 이후 원폭피해보상 청구에 대한 신문보도 자료집도 제출하고 있다. 성명서에는 도일치료로 300여명을 치료했으나, 통상 2개월 정도의 단기치료에 그친 지극히 형식적인 것에 지나지 않았고, 그마저 우리 정부는 연장하지 않겠다는 태도를 규탄하고, 일본 정부가 법적인 책임은 없다고 한다면 도의적인 입장에서라도 구체적인 지원을 해 줄 것을 촉구하고 있다. 이에 일본 정부에 대해서는 1984년도 후생성 피폭자대책 예산을 기준으로 일본인 피폭자자 지원받는 금액을 기준으로 1인당 비용을 산출하고, 해방 후 42년 간과 앞으로 10여 년의 기간을 한국인 피폭자 수 2만 3천명에 대한 보상액 총 23억원을 요구하고 있다. 우리 정부에 대해서는 한국인 피폭자들의 보상청구권 등 외교적 보호권을 행사해 줄 것과 청구권이 한일회담으로 소멸되었다고 한다면 우리 정부가 일본 정부를 대신해서 보상해 주어야 하며, 피폭자들을 위한 입법 조치 등을 통해 근본적인 대책을 마련해 줄 것을 요청하고 있다.[79] 이러한 협회의 목소리를 국내외 여론은 일제히 보도했고, 12월 10일자 문서를 통해 외무부는 협회의 피해 보상 요구에 관해서는 「1965년 국교 정상화 당시 대일청구권 또는 보상문제가 외교적으로 일단락되었으므로 정부 차원에서 일본에 대해 이를 다시 제기할 수는 없」다는 입장을

---

78) 문서철 『한국인 원폭피해자 지원, 1987』, p.9.
79) 상게서, p.24.

밝혔다.[80)]

　1988년 2월 3일, 협회는 23억불 대일보상청구에 대한 요망서를 취임 전인 노태우 대통령 당선자와 다케시타 노보루(竹下登) 수상에게 제출한다. 대통령 후보 시절의 선거공약으로 원폭피해자들과 면담한 자리에서 당선되면 피해보상문제를 반드시 해결하겠다는 약속[81)]을 한 만큼 정권이 교체된 후의 외무부의 태도도 전년도 말과는 전혀 다른 적극적인 교섭에 임한다. 협회측이 요구하는 23억불의 보상과 원폭병원 건립을 관철시키기 위해 구체적인 대응 방안을 모색한다. 우리 정부의 기본 방향은 원폭피해자 지원 문제를 국내적으로는 「소외계층 해소를 위한 국민화합의 정신으로 추진」하고, 대일관계에 있어서는 「책임논쟁, 마찰을 지양하고 양국 국민의 상호 이미지 개선을 통해 이해 증진 등 한·일 양국관계의 안정된 발전에 기여하도록 배려」한다는 자세로 임하며, 법률적인 문제는 피폭자 단체가 일본 정부에 배상소송을 제기할 경우 「간접적으로 지원하는 형태」로 추진하는 것이다. 그리고 「전면적인 대일의존, 요구 형태를 지양」하고, 우리 정부의 자체적 구제대책을 우선적으로 마련하고, 「일본의 역사적 책임」을 고려하여 일본의 협력을 끌어낸다는 자세를 견지하는 것으로 하고 있다. 여기에는 「과거 자국민을 보호하지 못한 국가로서의 책임」을 진다는 의미도 담겨있다고 한다. 대일교섭 방향은 첫째, 「인도적 측면의 전후처리 과제의 근본적인 해결」을 통해 한일 양국간의 우호관계를 발전시키는 기반을 강화하는 것이다. 여기에는 피폭자문제를 한일 양국간에 미해결 상태에 있는 재일한

---

80) 문서철 『한국인 원폭피해자 지원, 1987』, p.60.
81) 당시 민정당 총재였던 노태우 후보의 공약에 관한 보도자료(『동아일보』, 『한국일보』, 『서울신문』) 상게서, p.52.

국인문제, 재사할린한국인문제, 유골봉환문제, 역사문제, 문화재문제 등과 함께「인도적, 문화적 측면의 전후처리」과제의 하나로 취급하여 처리해야 한다는 내용도 담고 있다. 둘째,「현실적이고도 구체적인 요구, 철저한 사전교섭 준비」를 들고 있다. 예를 들어 일본의 법률적 무책임론에 대해서는「청구권 협약과 피폭자 보상문제와의 관계 등 법률적 측면의 검토」를 통해 반박 자료를 준비한다는 자세로 임한다는 것이다.82)

3월 9일, 협회 측은 피해보상과 병원 건립 요구가 관철될 수 있도록 19일부터 개최되는 외무장관 회담에서 정식 의제로 다루어지도록 해달라는 청원서를 법제처에 제출했고, 이것은 다시 외무부로 이송된다. 8월 6일 제21회 한국인 원폭희생자 추도식 석상에서는 미국과 일본, 우리 정부에 대해 각각 성명서를 발표하며 피해보상을 호소한다. 3월 21일 서울에서 개최된 한·일 외무장관회담에서는 원폭피해자 지원문제가 논의되기도 했다. 83)

5월 31일부터 6월 1일에 걸쳐 외무성 아시아국 참사관을 단장으로 한 관계실무자 5명으로 구성된 실무조사단이 한국을 찾았고, 한국인 원폭피해자 구호문제의 본질과 대응 방안을 제시한 조사 보고서를 제출한다. 한국측에서는 본 문제를「전후 처리 문제」의 하나로 다루고 있고「일본의 성의있는 자세」를 요구하고 있으며, 한·일간의 청구권 문제는 1965년의 청구권협정으로 법적으로 이미 해결되었다는 점을 숙지하고 있으면서도 인도적 입장에서 일본 정부의 지원을 기대하고 있는 것으로 파악하고 있다.84) 피해보상, 원폭병원과 원폭피해자 복지센

---

82) 문서철『한국인 원폭피해자 지원, 1988』, pp.50-52.
83) 상게서, pp.31-32.

터 건립, 위령비 건립 등의 요구는 곤란하다는 판단을 내리고 있고, 의료협력과 기술협력에 관해서는 긍정적으로 검토되고 있다.

그러나 10월 13일에 이루어진 외무부 동북아과와 주한일본대사관 서기관과의 면담에서는 일본 정부의 태도에 큰 변화를 확인할 수 있다. 면담 요록을 보면, 협회 측이 요구하는 배상금에 대해 배상금 성격의 현금 지급은 곤란하지만, 정부 예산 항목을 신설하여 연간 4200만엔의 지원은 가능하며 필요성이 인정될 경우 다년간의 지원도 가능하다는 입장을 보였다. 그리고 원폭피해자 건강관리센터와 그 운영을 위한 기금 형태로 사용할 경우 기금을 일본 정부가 내는 것으로 해서 10억엔이 최대 액수지만, 협회측이 요구하는 20억엔까지 검토가 가능할 것임을 시사했다고 기록되어 있다.[85]

10월 21일에도 주한일본대사관 측과의 면담이 이루어졌고, 이때부터 원폭피해자 지원문제는 사할린 거주 한국인 지원문제와 함께 논의되기 시작한다. 원폭피해자 지원문제의 경우, 정부예산 항목 신설에 의한 년간 4200만엔 지원과 기술협력사업인 건강관리센터 설치도 대한적십자사를 창구로 하여 검토가 가능하다고 한다.[86] 4일 후인 25일의 면담에서는 기금 액수에 대한 우리 정부의 불만은 이해하지만, 현재로서는 10억엔 또는 20억엔 규모의 기금 제공은 검토할 수 없는 단계이고, 자국의 원폭희생자에 대해서도 보상금을 지불하지 않았기 때문에 한국인 희생자에 대한 배상금 지불은 불가하다는 입장을 밝히고 있다. 다만, 년간 4200만엔씩 원폭피해자 건강관리센터 운영에 사용한다는 일본측

---

84) 문서철 『한국인 원폭피해자 지원, 1988』, p.216.
85) 상게서, pp.247-249.
86) 상게서, p.257.

의 구상을 우리 정부가 받아들인다면 양정부가 본 안을 구체화시켜갔으면 한다는 의견을 제시한다.[87] 일본 정부의 기본 입장은 보상금 성격의 지원은 불가능하고 배상 요구액과는 많은 차이가 있지만 매년 일정액을 기금 형태로는 지원 가능하다는 것이다. 1988년도에는 이후에도 두 차례 더 양정부의 교섭이 이루어졌다. 그러나 1989년도분과 1990년도분의 경우, 문서 생산 자체가 없었다고 보기는 어렵지만 우리 정부가 공개하지 않은 상태이다.[88] 그러나 1991년 7월 1일에 이루어진 주한일본대사관 측과의 면담 요록을 통해 1990년 5월에 일본 정부가 40억엔 지원에 합의한 사실을 확인할 수 있다. 5월 24일에 이루어진 한일정상회담에서 우리 정부는 원폭피해자의 치료와 요양을 위해 40억엔을 지원하겠다는 약속을 받아냈다. 6월에는 40억엔에 대한 우리 정부의 사용계획이 수립되었고, 1991년 3월에는 당해 연도 지원금으로 17억엔이 책정되었다. 따라서 1991년과 1992년에는 양국이 합의한 40억엔의 지원금에 대해 구체적인 지원 절차를 협의하는 교섭이 중심이 되고 있다. 1991년 11월 1일에는 치료비, 건강진단비, 원폭피해자복지센터 건설에 한하여 사용한다는 조건 하에 40억엔 중 17억엔이 대한적십자사로 전달되었고, 1992년에 생산된 문서는 이듬해에 수령하게 되는 나머지 금액의 지원이 조속히 실현될 수 있도록 협의하는 과정이 담겨있다.

---

[87] 문서철 『한국인 원폭피해자 지원, 1988』, pp.262-263.
[88] 1988년도에 논의되었던 년간 4200만엔씩의 기금 지원 약속은 1989년 10월과 1990년 11월, 두 차례에 걸쳐 이행되었다.

5. 나오며

1960년대 후반부터 원폭피해자문제의 심각성이 드러났음에도 불구하고 우리 정부가 대처한 자세는 자국민 혹은 재외국민 보호 차원의 대처에 머무른 대단히 미온적인 태도를 보여왔다. 원폭피해자를 대하는 한일 양정부의 기본 태도는 한일협정 체결로 배상 책임 청구권은 소멸되었다는 것이었다. 이러한 입장은 한일회담 외교문서를 공개할 때까지 지속되었고, 1990년대에 일본군위안부문제를 비롯하여 사할린 동포 문제 등 일제의 강제동원 피해자들이 일본 정부의 책임과 배상을 요구하는 목소리를 내기 시작한 시기부터 변화를 보이기 시작했다. 1995년 12월 11일, 원폭피해자 6명이 일본 정부와 미쓰비시중공업을 상대로 강제연행과 피폭 후의 방치를 이유로 손해배상소송을 제기했다. 히로시마지방재판소는 강제동원 과정에서의 불법행위와 원폭 투하 후의 구호 및 보호 조치를 이행하지 않은 점에 대한 배상책임은 인정하지만, 손해배상 청구권은 한일협정에 의해 소멸되었다는 이유에서 기각 판결을 내렸다. 그 후 같은 내용의 소송을 부산지방법원에도 제소했으나 결과는 일본 법원의 판결과 동일했다. 이러한 판결에 강제징용 피해자들은 한일협정 관련 서류 공개를 요구했고, 우리 정부는 2005년 8월 26일에 한일회담 외교문서를 공개함과 동시에 한일회담 문서공개 후속 대책 관련 민관공동위원회를 개최하여 한일청구권협정의 효력 범위 문제와 우리 정부의 대책 방향 등을 제시한 보도자료를 내놓았다. 먼저 한일청구권협정의 법적 효력 범위에 대해서는 「한일청구권협정은 기본적으로 일본의 식민지배 배상을 청구하기 위한 것이 아니었고, 샌프란시스코 조약 제4조에 근거하여 한일양국간 재정적·민사적 채권·채무 관계를 해결하기 위한 것」으로 「일본군위안부 문제 등 일본 정부·軍 등 국가권력이 관여한 반인도적 불법행위에 대해서는 청구권협정에 의하여 해결된 것으로 볼 수 없고, 일본 정부의 법적 책임이 남아있」으며, 「사할린동포, 원폭피해자 문제도 한일청구권협정 대상에 포함되지 않」 는다는 결론을 제시했다.[89] 그리고 한일협정을 통해 일본으로부터 받은 무상 지원 3억불에는 개인재산권을 포함하여, 「한국정부가 국가로서 갖는 청구권, 강제동원 피해보상 문제 해결 성격의 자금 등이 포괄적으로 감안되어 있」는 것으로 판단하고, 정부가 수령한 무상 지원금에는 강제동원 피해자를 구제하는데 사용해야 할 「도의적 책임」이 있음에도 그 책임을 다하지 못한 것으로 보았다. 따라서 이러한 논의 결과를 토대로 「강제동원 피해자들에 대해 추가적 지원대책을 강구하고, 강제동원 기간중의 미불임금 등 미수금에 대해서도 일본으로부터 근거자료 확보 노력 등 정부가 구제대책을 마련」하겠다고 밝혔다.

2008년 10월 29일, 한국 원폭피해자들은 그들의 원폭피해자로서의 배상청구권이 한일협정으로 소멸되었는지의 여부를 둘러싸고 양국간의 해석상 분쟁이 발생했음에도 불구하고, 문제 해결에 나서지 않은 우리 정부의 부작위가 위헌인지의 여부를 묻는 헌법소원심판을 청구했다. 이것에 대해 헌법재판소는 2011년 8월 30일, 원폭피해자의 배상청구권을 실현하도록 분쟁해결로 나아가야 할 의무가 있지만 그것을 이행하지 않음으로써 원폭피해자들에게 「중대한 기본권의 침해를 초래」

---

[89] 2005년 8월 26일 국무조정실 보도자료 「한일회담 문서공개 후속대책 관련 민관공동위원회 개최」, https://www.opm.go.kr/flexer/view.do?ftype=hwp&attachNo=73036 (검색일자: 2024/10/01).

했기 때문에 헌법에 위반된다는 판결을 내렸다.90) 이러한 강제동원 피해자들의 법정투쟁이 결국 서두에서 언급한《한국인 원자폭탄 피해자 지원을 위한 특별법》제정과 시행에 이르게 한 것이다. 그러나 원폭피해자의 법정투쟁은 그들의 원호와 관련된 소송은 대부분 승소했지만, 국가배상 소송은 패소했고, 일본 정부는 공식적인 사죄와 국가배상 책임을 거부하고 있다.

    2024년도 노벨평화상은 일본의 피폭자 단체 〈일본원수폭피해자단체협의회〉에게 돌아갔다. 1974년의 사토 에이사쿠의 수상 이래 일본에서는 두 번째 노벨평화상 수상이다. 「핵무기는 갖지 않고, 만들지 않고, 반입시키지 않는다」는 「비핵 3원칙」을 내세운 사토 수상에 이어 피단협의 수상 이유는 「풀뿌리 운동으로 핵무기 없는 세계 실현을 위한 노력」과 「핵무기가 다시는 사용되어서는 안 된다는 것을 목격 증언을 통해 보여온 사실」91)에 있다고 밝히고 있다. 그러나 1974년도 첫 수상 후 50년이 지난 현재에도 안전보장조약 하에 미국의 핵우산 아래 이루어진 평화운동이라는 점에서 씁쓸함이 남는 수상 소식이다. 핵무기를 투하한 미국과 피폭국 일본이 피폭에서 살아남은 피해자들을 위해 어떠한 책임을 졌는가 하는 문제, 특히 자국민이 아닌 한국인 피폭자의 구호에 어떠한 자세로 임해왔는지, 그리고 우리 정부는 원폭피해자문제에 어떻게 대응해왔는지 다시 한 번 생각하게 하는 소식이지 않을 수 없다.

---

90) 헌법재판소 2008헌마648-CaseNote, 검색일자: 2024.10.12.
91) 「ノーベル平和賞に日本被団協 「核なき世界実現へ努力」」『日本経済新聞』 2024.10.11. https://www.nikkei.com/article/DGXZQOCB07B700X01C24A0000000/(검색일자: 2024/10/12.)

조총련계 재일동포 모국방문단
외교사료관 소장 외교사료(1975~1979)를 중심으로

○ ○ ○
이재훈
(동의대학교 동아시아연구소 연구교수)

1. 들어가며

　재일동포 모국방문은 당시 박정희 정부의 평화무드 선상에서 1975년도부터 재일동포를 비롯하여 해외동포들을 국내에 초청한 정책들을 말한다. 본고에서 다룰 내용은 대한민국 외교사료관에서 공개중인 이들 재일동포 모국방문에 관련된 문서철 중 1975년부터 1979년까지의 것들에 관한 것이다.
　모국방문 사업은 말 그대로 해외 동포들이 모국을 방문할 수 있게끔 정부가 주선해 주는 사업을 뜻하는데, 세계 각국의 동포들을 대상으로 진행되었고 지금도 진행되고 있다. 본고에서 다룰 모국방문단은 특히 일본에 있는 재일동포들, 그 중에서도 특히 총련계 조선인들을 대상으로 1975년부터 시행되었던 대단위 방문단을 가리킨다.
　본 재일동포 모국방문은 1769년에 닉슨 대통령이 발표한 닉슨독트린(=동아시아 동맹국 방위에 대한 축소)으로 인해 발생한 대북정책의 변화에 그 시발점을 두고 있다.[1] 이에 맞추어 박정희 정권은 1970년의 「8·15평화통일구상선언」을 발표하고 뒤이어 1972년에 남북공동성명, 1973년 6.23 평화통일외교정책선언, 1974년 상호불가침협정 체결 제의라는 일련의 평화 정책을 이어 나간다.[2] 이 같은 평화 정책 속에서도 계속하여 북한을 견제하는 모습을 보이는데, 모국방문은 그러한 대북

---

[1] 닉슨독트린에 따른 정부의 반응에 대해서는 장준갑(2008) 「닉슨독트린과 미국의 대한정책-1969년 8월 한미정상회담을 중심으로-」 『역사학연구』34, 호남사학회, pp.229-250을 참조할 만하다.
[2] 평화 정책 전개와 동시에 북한을 경계하는 정책에 관해서는 이재훈(2024) 「1974년 대한민국 정부의 대민단 인식 외교사료관 소장 문서철 『재일본민단확대 간부회의 개최 계획』을 토대로」 『일본근대학연구』제83집, 한국일본근대학회, pp.167-182를 참조.

견제책 중의 하나로 볼 수 있다.

이 모국방문 운동은 1. 남북이산가족찾기운동 전개의 촉진을 위해 북한적십자사 측이 문제 삼은 「한국의 내정문제(유신 정부)가 인도주의 문제 해결에 지장을 주지 않음」을 증명할 필요가 있었고 2. 60년대 이후의 경제건설과 새마을운동 전개로 인해 공산주의자들의 조국방문에 대한 자신감 획득과 3. 일본에 있는 동포들의 절반에 달하는 조총련계 교포들의 그릇된 인식으로 인한 반한활동을 체험으로서 극복케 하려는 목적이라는 데에 그 배경이 있었다.3) 그 결과 이를 조총련 와해의 단초로 보거나4), 조총련과 민단의 대립 상황에서 민단우세의 분수령5)으로 보기도 한다.

다만 이 모국방문 사업은 그 성격이 나름 뚜렷하기 때문인지 관련 연구가 희소하기 그지없다. 모국방문을 키워드로 RISS 검색시(검색일 2024.9.20.) 재일동포 관련 모국방문과 관련이 깊은 결과는 조일제(「조총련계동포 모국방문사업의 시말서」,『北韓』164, 북한연구소, 1985, pp. 134-161.)와 유창하(「재일동포의 모국방문단수행기: 이곳이 조국의 하늘이다」,『北韓』59, 북한연구소, 1976, pp.172-180.), 김두헌(「在日同胞 母國訪問의 政治的 意義」,『廣場』33, 세계평화교수협의회, 1976, pp.16-17.), 김성희(「1970년대 재일동포모국방문사업에 관한 정치사회학적 연구」, 서울대학교대학원 석사학위 논문, 2011.) 등에 지나지 않는다.

이중 본고가 지향하는 연구적 성과와 가장 관련이 깊은 것은 김성희

---

3) 한국학중앙연구원『한국민족문화대백과사전』『해외동포 모국』, (https://encykorea.aks.ac.kr/Article/E0062668).
4) 뉴스매거진(2022.03.18.)「조총련(朝總聯) 와해의 단초 만들었다」, (https://www.news-m.co.kr/news/articleView.html?idxno=189425 검색일: 2024.03.01.)
5) 중앙일보(1992.08.14.)「모국초청 조총련계 재일교포 민단우세 "분수령"」, (https://www.joongang.co.kr/article/2736781#home 검색일: 2024.03.01.)

의 연구로서, 그는 아래와 같이 그 의의와 한계를 지적하였다.

① 모국방문사업을 국제적인 흐름에 맞춘 인도주의적인 의사표시(humanitarian gesture)였으나 이는 남북 쌍방에 의한 인도적인 사업이 아닌 한국 정부의 일방적인 사업으로, 본 사업을 통해 남북한 화해 국면이 조성되지 못하였다.
② 모국방문사업은 한국 정부가 재일조선인들을 재외국민으로 포섭하려 한 정책실험(policy experiment)이었음에도 이들을 재외국민으로 인정하기 위한 법적·제도적 장치를 마련하는 단계에 이르지 못하였다.
③ 모국방문사업은 근대화라는 민족적 목표를 달성하기 위한 국가의 사회통합(social intergration)이었으나 개발동원체제(developmental mobilization regime)는 민중들의 정치사회적 불만에 따른 모순에 직면하였고, 이는 박정희 정권의 몰락과 함께 급격한 쇠퇴를 맞았다.
④ 모국방문사업은 재일조선인 사회와 한국 사회 사이에서 파생된 정치적 사건(political event)였으나 실제로 종련 그 자체에는 큰 타격을 주지 못했고, 이는 민단과 박정희 사건과의 신뢰관계 구축에 불과하였다.

김성희는 다양한 문헌을 이용하여 치밀한 조사 끝에 깊이 있는 분석과 결론을 내렸으나 그 주체를 민단과 재일동포 모국방문후원회에 한정시켜, 정작 상당수의 재일조선인들이 도일한 대대적인 이벤트였음에도 불구하고 결코 간과할 수 없는 축을 담당하였던 외무부의 외교사료를 많이 사용하진 않은 듯하다. 이러한 점은 입체적 시각의 결여를 초래하고, 당장 해당 사업의 전개과정을 투명히 밝히는 데에 걸림돌로 작용할 수밖에 없다.

 이에 본고에서는 김성희의 연구를 보완하는 의미로서 외교부 외교사료관 소장 외교문서, 그 중에서 모국방문단을 다룬 문서철들을 토대로 삼아 그 전개 양상을 살펴보고 한국 정부의 역할을 재조명해 보고자 한다.

2. 모국방문단에 대한 조력자들

 기존 모국방문은 본래 공적이 있는 동포들을 초청하여 훈장 등을 수여하기 위한 목적으로 실시되곤 하였다. 일본에서 한국에 초청되는 경우는 대개 민단계 현, 혹은 전 간부들이 그 공적을 인정받아 정부의 초청을 받아 방문하는 경우가 많다. 외교사료관 소장 공훈 관련 문서철들이 그러한 경향을 잘 드러내고 있는데, 특이하게 1975년 9월에 「모국방문」 이름을 띤 문서철에 이 같은 수훈 내용이 담겨 있기도 한다.6)

 우선 본고에서는 다루려는 조총련계 재일동포 모국방문은 일반적으로 1975년도부터 실시되었다고 알려져 있다. 그러나 실은 내밀하게 극히 소수의 인원에 한해 모국방문이 이루어지고 있었다. 근래에 들어 당시 기자였던 최덕수 박사가 1973년도부터 중앙정보부의 협조 아래 조총련 간부를 상대로 은밀히 이를 진행시켰다는 기사가 나온 바 있다.

---

6) 『해외유공동포 모국 방문, 1975.9.30~10.5』(8981), 본 문서에서는 국군의 날을 맞이하여 유공교포(일본 3명, 미주 2명, 구주 1명) 초청에 대한 내용을 다루고 있다.

내용이 짧진 않지만 본 기사 중 본 모임을 추진하는 과정을 보면 아래와 같다.

    1972년경부터 시작된 재일본조선인총연합회(在日本朝鮮人總聯合會 - 이하 조총련)의 모국방문사업은 남북대결의 역사에서 가장 중요한 전략적 승리 중의 하나로 손꼽힌다. 고향을 그리워하는 마음에 호소한 이 사업은 북한의 거짓과 공포의 결사체였던 조총련을 서서히, 그러나 확실하게 무너뜨려갔다. 이는 중앙정보부가 자랑하는 대표적 성과 중의 하나이자 역사적인 사업으로서, 그 이면에는 최덕수 박사로부터 출발했다는 점이 흥미롭다. 최덕수 박사는 조총련의 와해에 결정적 타격을 준 인물이다. (중략) 1972년 12월 18일은 당시 28세였던 최덕수 박사에게는 운명 같은 날이었다. 신문기자로 활동했던 그는 적성에 맞지 않아 돌연 사표를 내고, '어떤 공부나 활동을 하면 나라에 도움이 될 수 있을까'를 생각하며 무작정 도쿄행 비행기에 탑승했다. (중략) 최박사는 이후 일본에서 생활하던 중 노다의 알선으로 아오야마(青山) 대학 문학부 철학과를 다니게 된다. 대학에서는 같은 과의 일본인 여학생인 히로하루코(白 春子)의 도움을 받았는데 서툰 일본말을 배우기 위해 처음에는 한자로 소통하면서 일본어를 배우기도 하였고, 특히 관광 안내를 통해 일본의 지리 역사 문화 등을 알게 되는 계기가 된다. (중략) 그녀 부친의 뒷벽에 김일성 사진이 걸려있는 것을 발견하게 된다. (중략) 최 박사는 요시다가 고향에 대한 향수가 있는 듯 보여 이때를 놓치지 않았다. "한번 고향에 방문해 보시지 않겠느냐"며 권유했다. 하지만 그는 체념한 듯 "내가 어떻게 갈 수 있냐"고 힘없이 대답했다. 이러한 방식으로 최 박사가 쉼 없이 그의 집을 방문하면서 서로 친화관계를 유지를 하던 중 50여일이 지날 무렵, 요시다가 "너도 알다시피 내가 조총련 계 사람인데 어떻게 고향에 갈 수 있는 방법이 있겠느냐"고 물었다. (중략) 여권을 만든 지 이틀 만에 비행기를 예약했다. 이어 하네다 공항을 출발해 35년만에 요시다의 고향 칠곡을 방문하게 된다.[7]

---

7) 기사 링크는 주4 참조. 본인은 1982년까지 활동을 했다고 한다. 활동기간 중에

기사는 최덕수 박사가 우연히 가와사키(川崎)조총련 총연합회 회장인 시로 요시다(白 吉田)라는 인물을 만났고 그를 권유하여 고향방문을 성사시켰음을 그 골자로 하고 있다. 중략된 기사 중에는 최덕수 박사가 시로 요시다가 총련계 인물임을 알고, 훗날 한국에 돌아오고 나서 어떤 죄과를 치룰까 두려워 자수의 의미로 총영사관에 찾아갔더니 지인이었던 조일제가 총영사관에서 영사로 근무하고 있었고, 조일제가 공동작전을 펼치자고 제안하여 40여 일간 그의 집을 왕래하다가 이 같은 제안을 하였음이 실려 있다. 물론 여권을 만들어 주었던 것도 조일제의 힘이 있기에 가능했음은 두말할 나위가 없을 것이다. 한 차례 방문을 마친 시로 요시다는 73년 9월에 2억 엔을 들고 다시 고향을 방문하였고, 3차에 최 박사의 권유로 3명을 더 추가해서 4명이 방문하였다고 한다. 그리고 이 인원은 이후에 10명으로 늘었다가 74년도에는 46명까지 재일거류민단 신분으로 고향에 가서 육친과 재회한다고 기사에는 나와 있다.

이 기사 가운데에 최덕수 박사에게 모국방문을 권유할 것을 제안한 인물, 즉 총영사관에 있던 조일제 씨(전 중앙정보부) 또한 모국방문단을 실행함에 있어 최덕수 박사에 못지않은 영향을 끼친 인물로 알려져 있다. 실질적인 접촉을 최덕수 박사가 했다손 치더라도 이는 정부 기관의 지원이나 승인이 없이는 애초에 불가능한 일이었기 때문이다. 조일제 씨는 모국방문을 최초로 공개 석상에서 주장하였던 인물로 유명하다. 그는 그가 오사카 총영사관에 총영사로 부임할 시(1975.3.18.)에 그

총련에게 신변위협을 받았을 정도였는데, 75년 11월 즉, 모국방문단이 정식으로 시행되었을 때에는 박정희 대통령이 청와대로 불러 노고를 치하하였다고 한다. (모두 같은 기사를 참조)

취임식 자리에서 아래와 같은 폭탄 발언을 던진다.

> 이 자리에 불행히도 참석치 못한 조총련계 동포들에게 고합니다. 인간이라면 망향(望鄕)의 염원은 누구에게도 같습니다. (중략) 여러분들이 갖고 있는 한국에 대한 이미지는 북한이 선전하고 있는 것과는 전혀 다릅니다. (중략) 이제야말로 조국의 현실을 똑바로 직시할 때이며 우리 민족사도 재조명할 때입니다. (중략) 이제는 끝이어야 합니다. 조총련 동포 여러분이 원한다면 나는 나의 모든 직책을 걸고 여러분이 고향을 방문하고 안전히 돌아올 수 있도록 보장하겠습니다. 과거의 경력이나 사상 등 모든 것을 불문하고 여러분들의 고향 방문에 모든 편의를 제공할 용의가 있음을 이 자리를 빌어 분명히 밝혀둡니다.[8]

이 발언이 파격적으로 다가온 이유는 이 발언이 1974년 8월 14일 문세광에 의한 육영수 여사 저격사건이 일어나고 1년도 채 지나지 않은 시기였고, 월남 패망으로 인해 안보위기 의식이 팽배해진 상황이었기 때문이다.[9] 조일제는 이 같은 발언이 민단과 총련뿐만 아니라, 한국정부에도 파문을 야기시켰다고 한다. 그는 사이공이 함락되며 민단계 교포들은 위축되었기에 이런 분위기를 반전시키기 위해서는 극적인 대응책이 필요했다고 말한다. 이 같은 발언에는 ① 재일동포들의 구성비중 1세대가 25%에 불과하였고, ② 재일동포들의 98% 이상이 남한 출신자(총련 간부들도 태반이 남한 출신)로 고령에 접어든 1세대들의 고향애는 어쩔 수 없으리란 확신이 들었고, ③ 총련계에 속했다고 해도 이들의 생활환경이 공산주의자 그 자체와는 거리가 있다는 자료적인 뒷받

---

8) 조일제(1985) 「조총련계동포 모국방문사업의 始末書 1975년」 『北韓』164, 북한연구소, pp.136-141.
9) 메디컬 월드 뉴스(2013.09.27.) 「다큐극장30년만의 귀향－조총련 재일동포 모국방문」

침이 있었고, ④ 한국의 경제 도약으로 남북한 국력 비교에서 한국이 우위에 서 있다는 자신이 있었기 때문이라고 한다. 그리고 이 폭탄선언을 교포신문인 『통일일보』가 「조총련 동포의 한국 방문을 적극적으로 받아들이겠다-직책을 걸고 편의를 제공하겠다고 신임 趙 총영사 언명」이라는 제하에 1면 톱기사로 보도했다.10)

종합적으로, 최덕수 박사 인터뷰 때의 그의 행적을 보면 그는 이 모국방문을 숙원사업으로 삼았고 중앙정보부와의 협조 아래 이를 비밀리에 진행시키다가 사이공 함락을 계기로 이를 수면에 올렸으리라 예상할 수 있다. 다만 여기에는 물론 아래 조일제 씨의 인터뷰처럼 박정희 대통령의 재가가 있어야 함은 당연할 일이다.

> 75년의 공개사업 이전에도 조총련계 인사들을 비밀리에 모국에 불러들이는 사업은 있었습니다. 기업가들을 선별해 설득, 남한의 고향을 찾아볼 수 있게 하고 산업시찰을 주선하는 일들이 공작차원에서 이루어진 것이지요. 그러나 이런 일을 공개사업으로 전환하는 것은 엄청난 정책변화를 의미합니다. 그쯤되면 이미 정보부장 선에서 내릴 결정이 아니고, 최고통치자의 재가가 있어야 했지요. 또 대통령의 의중을 잘 모르는 상태에서 정보부가 문책 당할 위험 부담을 무릅쓰고 이런 사업을 기안해 올리기는 매우 힘든 분위기였습니다.11)

---

10) 본 문단의 내용은 모두 주7의 기사를 인용.
11) 조일제의 인터뷰는 모두 중앙일보(1992.08.14.) 「모국초청 조총련계 재일교포 민단우세 "분수령"」 다만 본 신문기사에 박정희 대통령이 '사업계획서를 제출하라'고 지시를 내렸다고 되어 있는데, 이 시기가 명확하질 않다. 기사의 맥락으로 보면 비밀리에 진행되던 사업이 조일제 영사의 발언이 보도된 후에 박정희 대통령이 이 같은 지시를 내린 것처럼 보이기도 하는데, 명확치 못하다.(기사 원 제목은 국한 혼용이나, 편의를 위해 모두 한글로 변환)

3. 모국방문단과 외교문서

(1) 서로 다른 모국방문단

그렇다면 외교사료 속에서의 모국방문은 어떻게 기록되어 있을까? 이하 본문에서는 외교사료관 소장 외교사료를 토대로 해당 모국방문단의 전개 과정을 정리해 보고자 한다.

우선 현재 외교사료관에 공개된 자료를 정리해보면 아래 표와 같다.[12]

외교사료관 소장 모국방문단 관련 외교사료 목록 일람

연번	연도	제목	등록번호	필름번호	분량
1	1975	전향 재일본 한국인 모국방문, 1975	9003	P-0016	24
2	1975	조총련계 재일본 한국인 모국방문, 1975	9007	P-0016	123
3	1975	해외유공동포 모국방문, 1975.9.30.~10.5.	8981	P-0015	47
4	1976	조총련계 재일본 한국인 모국방문, 1976. 전2권 (V.1 1-6월)	10041	P-0020	186
5	1976	조총련계 재일본 한국인 모국방문, 1976. 전2권 (V.2 7-12월)	10042	P-0020	269
6	1977	조총련계 재일본교민 모국방문	11204	2007-67	139
7	1978	조총련계 재일본 동포 모국방문, 1978	12513	2008-82	193
8	1979	조총련계 재일본 교민 모국방문, 1979	13937	2009-94	51
9	1980-1981	조총련계 재일본 교민 모국방문, 1980-81	31412	-	25
10	1980-1982	조총련계 재일본 교민 모국방문, 1980-82	38649	-	223
11	1991	조총련계 재일본 한국인 모국방문, 1991	33912	2021-0160	283
12	1991-1992	조총련계 재일본 한국인 모국방문사업 개선 및 신청현황, 1991~92	36307	2022-0154	365

---

12) 다만 3번(8981) 문서는 국군의 날 맞이 해외동포 초청 사업으로, 조총련계 동포 전향을 위한 금번의 대대적인 사업과는 사실 거리가 멀다. 이는 매년 행해오던 유공자들에 대한 행사인데, 대조, 참고를 위해 본 해제집에 기본적인 문서 몇 개를 편성하였다.

주의를 끄는 것은 9007번 문서철(이후 문서철은 모두 등록번호로 표시)로 본 문서철에는 총 두 팀의 방문에 대한 기록이 남아 있다. 우선 9007번 문서철의 시작은 4월 11일자 서울신문 「서울 가면 죽는줄로만..._朝總聯선전은 모두 거짓」으로 시작된다. 이 기사에는 지난 3월 25일~4월 4일에 모국을 방문했던 지병렬(池炳烈) 씨의 이야기가 실려 있다. 기사에는 「처음엔 목숨을 걸고 떠났으나 가보고서는 역시 잘갔다고 절감했으며 조총련의 선전이 얼마나 기만에 차 있고 일본 「매스컴」이 얼마나 편향되게 한국을 소개하고 있는지를 깨달았다.」며 그 감상을 말하고 있다. 기사에 따르면 지병열 씨는 경북 경산군 출신으로 부모를 따라 일본에 건너간 후로 한 번도 한국에 가는 일 없이 총련에 몸담으며 총련 조직에 막대한 자금을 제공해 온 상공인이었는데 골프를 즐기는 일본인 친구에게서 한국에 관한 이야기를 듣고 총련에게 듣던 이야기와 다르다는 데에 의심을 품기 시작했다고 전하고 있다.[13] 이후 4월 17일자 조선일보 기사에는 지병열 씨가 고국의 눈부신 발전상을 보고 긍지를 느꼈다며 민단으로 전향하였음을 전하고 있다.[14] 후술하겠지만, 정작 방문 시에는 신문기사 하나 나오질 않다가 돌아가고 나서 열흘이 지난 시국에 이것을 대대적으로 알리고 있음이 주목된다. 청구번호는 느리지만 모국방문단을 다룬 문서철 안에서는 사건적으로는 지병열 씨의 이야기가 가장 빠르다고 볼 수 있다.

두 번째로는 요꼬하마 총영사가 보내온 착신전보(YOW-0404)로, 여기에는 김쾌석 외 16명이 4월 14일 10시 20분발 KE-702편을 타고 입국

---

13) 경향신문 「"조총련 선전 모두 거짓 일 매스컴의 한국 소개도 편향적" 한국 다녀간 조련계 상공인 지병렬씨」(1975.04.11.) 7면.
14) 조선일보 「조총련계 교포 지병렬씨 전향」(1975.04.17.) 7면.

함을 알리는 내용이 기록되어 있다. 이들에 관한 뉴스는 방문 당일에는 보도가 되질 않다가, 17일 한국반공연맹에서 이들이 합동기자회견을 갖고 북괴에 속아왔던 죄과를 뉘우치며 반공구국대열에 앞장서겠다고 발표하며 비로소 세상에 알려지게 되었다. 신문에 따르면 이들은 민단의 도움을 받아 방문을 결심하게 되었는데 구성원에는 가나가와(神奈川)현 상공회 부회장 김쾌석, 가와사키 지부장 이만우 씨 등이 포함되어 있었다. 이들은 산업시설과 고적을 둘러본 후에 중앙의료원을 방문하여 10만 3천원을 갹출하였다고 한다.15)

이에 반해 9003번 문서는 1975년 4월 15일과 6월 24일 두 차례에 걸친 모국방문단을 다루고 있어 시기적으로는 거의 중복된다고 봐도 무방하다.

우선 4월 15일 방문 건을 살펴보면, 본건은 우선 1975년 4월 1일에 오사카 총영사관에서 장관을 대상으로 보낸 오사카 총영사관 공문(오오사카(영)725-1167)으로 시작한다. 이 전보는 대략 오사카 지부 민단이 조련계에서 전향하여 국민등록을 필한 민단 가입자 21명에 대해 본국 단체 방문 조치를 요청하였고, 오사카 총영사관이 이를 검토하고 그 유의성을 인정하였기에 본국에 이를 전달하겠다는 것이었다.

이 오사카 총영사관이 보낸 문서 안에는 본 방문에 대해 1. 목적, 2. 단체 인원의 성분, 3. 국내체재 계획, 4. 인솔자, 5. 건의사항, 6 기타와 같은 사항이 적혀 있다. 이를 하나하나 살펴보면, 우선 이들은 1. 그 목적을 ① 조총련 선전의 허위성을 각성시키고, ② 조국발전상을 직접 보아 완

---

15) 매일경제 「전 조련계 교포 16명 회견 "반공대열에 앞장설 터 조국 비약적 발전에 감명"」(1975.04.17.) 7면; 동아일보 「전 조총련 간부 16명 모국방문 "허위선전 깨달아"」(1975.04.17.) 7면; 조선일보 「조련에 속아왔다」(1975.04.18.) 7면 등

전한 전향을 촉구하고, ③ 귀일 후 민단원으로서 활약 기대라는 세 가지를 들고 있으며. 2. 그 단체인원의 성분에 대해서는 「대부분 조련계의 주요역직을 지낸 자는 없으며(명단 26번, 김원봉만이 68~70년까지 조총련 오오사카 후세지부 산하 분회 부분회장을 지냄) 최근까지 조선적을 가지고 있던 자와 자녀가 조련계 학교 출신자들로 구성됨」이라고 말하고 있다. 3. 그 일정에 관해서는 체재기간이 15일이나 되는데 이중 4일은 단체행동(산업시설 시찰)을 하고 나머지는 개인행동을 하게끔 짜여 있었다. 4. 인솔은 오사카 민단본부의 조직 차장 외 1명이 맡았고, 5. 울산과 포항 등의 산업 시설 시찰에 대한 알선과 입국 승인 요청을 하고 있다. 6. 기타 사항에는 오사카 총영사관의 중정 영사가 별도로 건의 보고한 건이라고 되어 있으며 첨부 문서에는 참가자들의 명단(명단, 가족구성, 본국 연고자)과 희망 일정표가 딸려 있다.

일정표(희망)[16]

제1일	서울	- KAL202편 김포공항 입국, 전용버스로 시내 관광 - 중식(시내 레스토랑) - 국립묘지 참배 후, 남산 등 시내 관광 - 석식(시내 레스토랑) - 호텔
제2일	서울	- 조식(호텔) - 호텔 출발, 시민관광, 경복궁, 박물관 - 중식(시내 레스토랑) - 서울출발, 경주에 향발 - 석식(고속도로 휴게소) - 경주도착, 호텔에

---

16) 원문은 한자 병용, 또한 원문 표기를 현대식에 맞게 수정하였음. 본 일정을 거의 모든 방문단이 비슷하게 답습한다.

제3일	경주	- 조식(호텔에서) - 호텔출발, 경주시내 관광, 석굴암, 불국사, 첨성대, 무열왕릉, 박물관 - 중식(시내 레스토랑)
	포항	- 경주출발, 포항도착 - 종합제철, 현대조선 등 견학 - 울산도착, 공업단지 견학 - 석식(부산시내 레스토랑)
제4일	부산	- 조식(호텔), 부산 극동호텔 - 호텔출발, 시내 관광, 용두산 공원, 송도UN묘지 등 - 동명목재KK견학 - 중식(시내 레스토랑) - 해산(자유행동) - 극동호텔에 집합 - 호텔도착, 숙박
제5일	부산집합	- 조식(호텔) - KAL305편으로 귀국

이들에 대한 뉴스는 도착하고 하루가 지난 4월 16일자 신문에 보도된다. 보도 내용은 기존의 방문단이 대대적으로 기자회견을 열던 것과는 다르게 구성원과 입국 사실, 그리고 정부의 의도를 추측하며 전하는 선에 그치고 있다.17)

그리고 두 달여가 지난 6월 21일, 오사카 총영사에서 다시 사전에 본부의 승인을 받았다며 29명의 전향자가 24일에 입국할 것을 알리는 전보(OSW-06729)를 보낸다. 이것이 9003 문서의 두 번째 방문팀에 해당되는데, 이들의 일정은 12박이고 민단 본부 감찰위원과 조직차장이

---

17) 매일경제「전향교포 12명 입국, 발전한 조국보러」(1975.04.16.) 7면, 김쾌석 씨 일행과 비슷한 시기에 입국했으나 언론의 주목은 김쾌석씨에게만 집중되어 있었다. 경향신문 4월 17일자 기사「조총련 선전은 모두 거짓-모국에온 조총련 간부 16명 좌담회」7면에는 '조국의 발전상을 보고 조총련의 기만에 분노를 느낀다고 말하는 조국방문 조총련 간부들의 좌담회' 사진이 실려 있는데, 이들은 모두 14일 입국한 자들로 보인다

이들을 인솔하였다. 역시 여기에도 일정표와 이들에 대한 명단이 첨부되어 있었다.

전술한 두 방문단과 방금 전에 이야기한 두 방문단, 즉 9007 문서와 9003 문서에는 눈에 띄는 몇 가지 큰 차이점이 있다. 이것이 바로 비슷한 시기의 방문을 굳이 두 개의 문서철로 나눈 이유에 해당한다고 볼 수 있다.

우선 첫 번째로 앞선 두 방문(9007 문서)의 구성원에는 총련에서 중요한 자리에 있는 사람이거나, 전직 총련의 간부가 들어가 있었다. 이에 반해 9003 문서의 첫 번째 방문에는 「주요 역직은 지난 자는 없으나 26번 김원봉은 오사카 후세(布施)지부 부분회장을 지냈음」으로 되어 있고 두 번째 방문에도 전직 총련 부분회장과 전직 총련 다카네(高根)분회 선전차장이 들어 있었으나 결정적으로 미디어에 이와 같은 정보는 흘러나가질 않았고, 정부조차 이들의 총련에서의 위치를 대대적으로 알리며 홍보의 수단으로 삼으려 하지는 않았다. 두 번째로는 첨부 문서의 유무이다. 9007 문서의 경우에는 참가하는 인원들에 관한 명단이 없고 단순히 입국 사실만 통보가 되어 온다. 그에 반해 9003 문서의 경우에는 명단이 첨부되어 있다. 수 명의 인원을 보내면서도 명단을 받아보지 못한다는 것은 곧 관리하지 않거나 아예 주요 업무를 맡지 못했음을 의미한다고 볼 수 있다. 세 번째로 언론의 노출도에 있어 현저한 차이가 있음을 알 수 있다. 9007 문서의 방문단들의 경우에는 대대적으로 언론에 보도가 되었고 기자회견도 갖은 반면에 9003 문서의 방문단의 경우에는 언론의 주목을 거의 받질 못하였다.

총괄하자면, 9003 문서와 9007 문서의 방문단은 그 성격이 전혀 다른 것으로 보아야 하며, 이것이 곧 비슷한 시기의 방문단에 관한 기록을 굳이 두 개의 문서철로 나누게 된 이유에 해당한다고 볼 수 있다. 그리고 9003 문서의 두 방문단 모두 오사카 총영사관을 통해 이루어졌다는 사실에 주목할 필요가 있다. 이는 결국 오사카 총영사관에 취임하던 날 조일제 씨가 본인이 공약한 대로 모국방문사업을 추진했음을 의미한다. 물론 여기에는 2장 말미에 언급했듯이 박정희 대통령의 재가가 있었을 것이라 유추해 볼 수 있다.

앞서 신문기사에도 등장했듯이 모국방문단은 이전에도 비밀스럽게 진행되고 있었다. 그러나 이에 관해서는 제대로 된 문서조차 남기질 않다가[18] 9007 문서에 기록된 모국방문단과 같이 굳이 이를 공개한 것은 대통령의 재가가 떨어지고 9003 문서에 수록된 것과 같은 성격의 방문단을 실행시킴에 앞서 이를 정책적으로 홍보할 필요가 있었거나, 혹은 이제 더 이상 숨길 이유가 없어졌다고 유추해 볼 수 있을 것이다. 9003 문서의 두 번째 방문에는 오사카 총영사관이 보낸 착신전보에 「관계 파견관이 사전본부 승인」이라고 적혀 있는 것도 아마 이와 같은 이유에 기인할 것이다.

(2) 모국방문단, 그 본격적인 시작

상술한 9007 문서에는 흥미로운 문서가 하나 수록되어 있다. 5월 23일자 「조총련계와 중립계 재일동포의 성묘를 위한 모국방문 허용 기획(안)」에 관한 협조문(교일725-123)이 외무부 내부에서 작성되고 이튿날인 5월 23일에 중앙정보부장과 7국장에게 검토를 요청하는 공문(교일

---

[18] 전술한 최덕수 박사의 경우에는 관련 문서철이 존재하질 않는다.

725-)이 발송된다. 본 문서에는 모국방문단의 목적, 모국방문 관련 사항들, 이에 따르는 문제점 등이 적혀 있어 그야말로 처음으로 시작하는 단계임을 알 수 있게 한다. 이는 지금까지 중정의 지휘 아래에서 외무부가 특별한 역할 없이 이들에 대한 창구 역할만 하다가 이제 비로소 외무부의 협조 아래 본 사업을 시행하게 되었으리란 추측을 뒷받침하는 문서로 볼 수 있을 것이다.

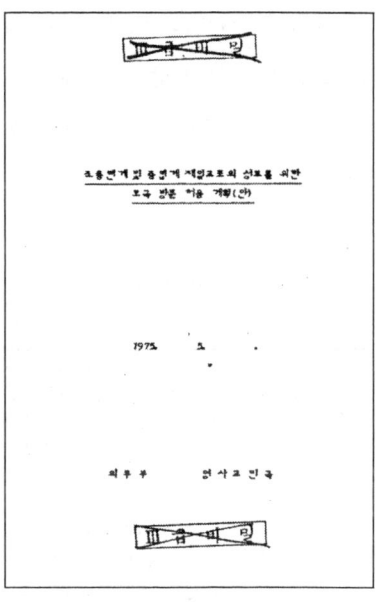

본 문서 「조총련계와 중립계 재일동포의 성묘를 위한 모국방문 허용 기획(안)」을 보면 모국방문단의 목적은 「재일교포로서 모국을 방문하지 못한 조총련계 및 중립계 교포들에게 고향을 방문, 친척 상면 및 성묘할 수 있는 기회를 부여함으로서 총력안보 체제의 공고화에 기여」라고 되어 있다. 그리고 구체적으로 총력안보 체제의 공고화란 곧 「① 이산가족의 재회 및 성묘 및 기회 부여라는 정부의 인도적 조치를 널리 홍보하여, 이를 반대하는 북한의 비인도적 처사를 도드라지게 함으로서 국제 여론을 유리하게 조성 ② 조국의 발전상을 직접 보게 하여 조국에 대한 인식 변화와 북한 선전 허구성의 실감을 통한 조총련 세력의 약화」에 맞춰져 있음을 알 수 있다. 본 모국방문에 관련된 사항이 적힌 항목에는 재일 교포 중 97% 이상이 남한 출신이고, 총련이 조직 내 분열을 겪고 있을 뿐 아니라 총련 내부의 시스템에 대한 반발 등의 이유로

그 세력이 약화되고 있음을 거론하고 있다. 이는 곧 총련의 세력이 약화되고 있는 시기에 맞춰 그 세력을 급진적으로 약화시킬 수 있는 방책으로 보고 있는 것이고, 무엇보다 효과적인 방법임을 증명하고 있는 것이었다.

「조총련계와 중립계 재일동포의 성묘를 위한 모국방문 허용 기획(안)」 중
Ⅳ. 계획시행에 따르는 효과분석[19]

정치적 측면	장점	1. 남한 출신이 대부분인 재일동포사회에 모국방문을 허용함으로서 인도주의에 입각한 일관된 정책 홍보, 이로 인한 국제 여론 획득 2. 일본 언론에 대한 대한국 편향보도 자세 시정에 기여. 　- 육영수 여사 저격사건 발생 이후임에도 인도적인 조치 시행 　- 7.4남북공동성명의 이념 준수 　- 일본이 제창하는 인도주의에 따르는 정책으로 북한이 비난할 시에는 일본 언론들의 북한 비판이 기대 3. 한국의 평화적 통일 기반 조성 및 남북대화 계속 노력의 일환으로 성묘를 허용함으로서 이후 각종 국제회의 석상에서의 대한국 태도 호전 기대 4. 북한과 총련의 반대와 방해공작이 북한의 비인도적이고 호전적 태도의 폭로로 이어지며, 대북 비난의 국제적 여론 조성 기대 5. 총련 구성원에게 조국의 발전상을 보게 하여 총련의 허위성 폭로와 조국의 충성심을 고취하여 대남 파괴 공작 분쇄에 기여
	단점	1. 수세에 몰린 북측의 대한국 비방 선전 및 방해 공작 격화 우려 2. 프락치가 침투한 후에 한국 사정에 대한 허위, 날조 가능성 존재
사회적 측면	장점	1. 장기적으로 재일동포 사회의 융화단결 촉진 2. 재일동포의 모국과의 유대 강화 증진 3. 민단 육성에 이바지

상기 표는 본 문서 「조총련계와 중립계 재일동포의 성묘를 위한 모국방문 허용 기획(안)」에서 예상되는 정치적, 사회적 장단점을 든 것인데, 단순히 조총련 세력에 대한 압박이라는 측면을 넘어서 국제적인 면에 있어서도 압도적으로 실이 득보다 많다고 보았음을 알 수 있다. 본 기획

---

19) 표 안의 문구는 필자가 원문을 정리한 것이다.

서의 말미에는 인도적 조치의 일환으로 성묘를 위한 모국방문 기회 부여로 그 틀을 잡고, 방문하는 자들의 거부감이나 두려움을 없애기 위해 무조건적인 국적 변경이나 재외국민 등록을 강요하지 않겠다고 하며, 적절한 시기를 성묘를 위한 방문을 준비하고 홍보할 수 있는 추석(09.20.)의 2개월 전으로 설정한다. 이로서 모국방문단의 기본적인 틀이 잡히게 된 것이다.

이후 외부무는 각 부처(영사교민국, 구주국, 정보문화국)에게 의견을 물어보는데 약간의 우려는 있었으나 모두 실보다는 득이 많은 것으로 인식하였다.(협조문 북일700-   (75.5.28.), 협조문 구삼770-133(75.5.30.), 협조문 북일700-56(75.6.4.), 협조문 정이770-79(75.6.4.))[20]

七·四共同声明 三周年에 즈음하여 朝總聯傘下 同胞여러분께 呼訴합니다

(전략) 우리 동포들은 사정상 일본에 거주하고는 있지만 우리는 어디까지나 외국인에 지나지 않음으로 삼십 년동안 가슴 아프게 살아 왔읍니다. (중략) 우리는 국토의 통일을 숙원하고 있읍니다만 우선 이산가족의 상봉과 고향에의 왕래가 실현될 수 있도록 꾸준히 노력하여 왔읍니다. 아시는 바와 같이 <u>7.4 남북공동성명 중에는 남북 간의 동족이 상통상봉할 수 있는 가능한 염원부터 먼저 실현해 가면서 통일하자는 데 목적이 있지 않습니까?</u> (중략) 오늘 제가 여러분께 제안하고자 하는 것은 금년의 추석만큼은 여러분들이 꿈에 그리던 고향산천을 찾아 일가친족들이 상봉하여 그리던 정을 풀고 조상을 사모하여 성묘하는 추석모국방문을 권유하는 것입니다. (중략) 현재 일본 각지의 총련산하 동포들이 적색분자들의 모략과 탄압을 <u>무릅쓰고 속속 한국을 방문하여 일가친척을 만나 같이 조상의 성묘를 마치고 돌아오고 있습니다.</u> (중략) 본단은 여러분들에 대한 과거현재의 행

---

20) 대개의 경우 단점은 안보적인 측면에 집중되어 있다.

<u>적을 일절 불문하고 이역에서 고생해온 동족의 일원으로 방문을 환영하며 귀환하실 때까지 절대 안전과 자유행동을 보장하고 있습니다.</u> (후략)

1975년 7월 4일
재일본대한민국거류민단 중앙본부 단장 윤달용[21]

추석을 두 달여 앞두고 7.4 공동성명 3주년을 맞이하여 중앙본부 회의실에서 거류민단 중앙부장은 기자회견을 갖고「7.4. 공동성명의 정신에 입각하여 조총련 산하 동포들에게 인도적인 입장에서 모국을 방문하여 성묘를 하고 친척을 만날 수 있는 기회를 마련하겠다.」며 모국성묘단에 관하여 상기 성명서를 발표하며 참여를 호소한다.

그리고 며칠이 지나 7월 15~16일 양일 간 열린 민단지방본부 단장, 사무국장 및 중앙산하 단체장 합동회의에서는 모국방문 권유 운동을 적극 추진하기로 결정한다.[22] 여기에서 민단 간부들은 각 1명씩 책임지고 모국방문을 권유하는 권유책임제를 실시하기로 하는데, 지방본부는 고문과 3기관 임원 및 부장급 이상 직원, 지부에서는 고문과 3기관 임원 및 과장급 이상 직원, 분단에서는 3기관 임원 및 반장급 이상이 그 대상에 해당되었고 그 목표는 5천 명에 달했다. 그리고 이를 매달 5일까지 중앙본부에 보고하게끔 하였다. 모국방문단이 공포되기 이전에는 정부 주도임이 분명하였을 것이다. 그러나 시기가 흐르면서 경험자들에 의해 생기는 선전효과도 있었을 테지만 초기에 모국방문단 사업이 어떤 실패도 맛보지 않고 성공적으로 막을 올린 데에는 이 같은 민단의 노력을 간과할 수 없다. 오사카 총영사관에서 첫 대상자를 보내올 때(9003 문

---

21) 원문 중 필요한 부분만 발췌하였다. 원문은 국한문 혼용이나 표준어에 맞게 수정하였다.
22) 주일대사관 공문 일본(영)725-5557, 1975.8.21.

서)에도 민단의 추천이 있었으니, 대상자가 총련의 주요 역직을 지낸 자가 아니라 일반인으로 범위가 확대된다면 오롯이 민단의 인적 네크워크에 기댈 수밖에 없는 노릇이었기 때문이다.

그리고 추석을 한 달 앞둔 8월 중순 한일 양쪽에서 대대적인 선전이 시작되었다. 8월 12일 재일동포 효고(兵庫)현 지구 모국방문단 18명이 재일거류민단 본국사무실에서 기자회견을 가졌고 언론은 이를 크게 보도하였다. 신문에는 전향한 조총련 간부라고만 표현되고 정확한 직책은 표기되어 있지 않으나 이들 중 백모 씨는 「조국의 발전상에 놀랐다」, 「일본에 돌아가면 모국방문에서 보고 느낀 것을 친지들에게 알려 조총련의 기만선전으로 조국에 대해 그릇된 생각을 가지고 있는 재일동포들에게 올바른 조국관을 갖게 하겠다」고 말하고, 「조국에 오는 순간까지 조총련으로부터 나가면 위험하다. 돌아오면 좋지 않을 줄 알라」는 등의 협박을 받았다」고 말하며 한국에 온 놀라움을 표현했다.[23] 흥미로운 지점은 이들에 대해서는 외교부 문서철에 신문 기사 스크랩 외에 아무 문서도 남아 있질 않다는 점이다. 이는 곧 외교부가 관여하지 않은 방문단에 해당함을 의미하니, 9003 문서에 들어 있던 중정 주도의 방문단과 같은 성격으로도 볼 수 있을 것이다. 이 방문단의 목적이 홍보를 위함이었는지 혹은 통상적인 비밀 방문을 9003 문서의 방문단과 마찬가지로 중도에 공개한 것인지는 알 수 없다. 다만 이미 외교부에서 기획안까지 올려버린 마당에 이를 별도로 추진하는 것은 아무래도 그 행위에 특별한 목적이 있다고밖에 보이질 않는다. 그리고 일본에서는 8월

---

23) 경향신문 「"모국발전에 놀랐다", 전조총련 간부 18명 전향……모국방문 회견」 (1975.8.12.) 7면; 동아일보 「조총련 거짓 이제 알아, 전향한 민단간부회견 "조국 참모습 이제 봤다"」(1975.8.12.) 7면; 서울신문 「"너무도 속아만 살아왔다 북괴 악선전 새삼 치떨려" 전향한 전 조총련계 교포 18명 좌담회」(1975.8.12.) 등.

18일, 산케이(産経) 신문 15면에 민단에 의해 「총련산하 동포 여러분 고향을 방문합시다.(朝総連傘下同胞の皆さん、故郷を訪問しましょう)」[24]라는 광고가 게재된다.

민단의 모국방문단 모집 광고(산케이 신문(75.8.18.))

(3) 1975년 추석 모국방문단

그리고 드디어 9월 15일부터 24일까지 771명이 방문할 것임을 알리는 주일대사 발신의 공문(JAW-09300, 1975.9.11.)이 발송된다.[25] 때마침 중정에서 보내온 공문(중대보400, 1975.9.9.)에서는, 해외 여행자들이 입수한 정보라고 하며 「재일 민단 간부(명 불상) 언동에 의하면 한국 방문을 마치고 돌아간 전 조총련 인사들의 대부분이 중립적인 입장을 지양하고 민단으로 전향하는 경향이 점차 많아지고 있다하는 바 그 직접적인 동기는 조총련에서만 듣던 한국을 직접 보고난 후 그들의 선전

---

24) 본문의 내용은 민단의 성명서와 크게 다를 바 없는 글이다. 다만 성명서에 있는 공포를 조장하여 가면 잡아 넣는다, 못 돌아온다는 등의 부정적인 말들은 생략되어 있다.(본문은 9007 문서철 스크랩 기사임)
25) 단, 이는 예정으로 실제 일정과는 다름(실제로는 9.13.-9.29., "722명 조총련 전향 및 방한 현황")

이 허위임을 깨닫기 때문이라 하므로 유동적인 재일교포들의 한국방문 개방정책을 과감히 시행토록 추진하면 상당한 성과가 있을 것」이라고 전하고 있다. 가시적인 효과가 분명히 확인된 것이기에 모국방문단은 언뜻 브레이크 없이 추진되는 모양새를 띠는 것처럼 보인다. 이 기간 동안(9월 18일 기준) 주일대사관에서 771명, 후쿠오카에서 88명, 요코하마 28명, 오사카에서 221명, 나고야에서 105명, 시모노세키에서 55명, 삿포로 17명, 총 1,257명이 입국을 하였다. 목표량에는 물론 한참 못 미치는 수이지만 대단한 숫자임에는 틀림이 없었다.

조총련 추석 성묘단 일정

9.16.	오전	-현충사 견학 -신탄진 연초 제작창 견학 -연초 제작창에서 오산
	오후	-포항제철 견학 -경주 도착
9.17.	오전	-울산공업단지 견학 -현대조선소 견학 -현대조선소에서 오찬
	오후	-부산향발 -부산시장 주최 리셉숀 -부산역전에 집결(연고자와 상봉 후 개별행동)
9.23.		귀경
9.24.		서울시 주최 환영대회(국립극장)
9.25.~29.		일본 거주지(각 현)별로 귀일

이들의 일정은 공관별로 조금씩 달랐던 듯한데 아무튼 이들은 「모든 것이 꿈만 같다」, 「민단의 권유로 모국방문을 결심한 이후 한달 남짓동안 잠도 제대로 못잤다」고 말하며 그 소감을 밝혔다.[26] 일정표를 보면

---

26) 동아일보 「조총련계 교포 700명, 성묘로 모국방문」(1975.9.15.) 1면, 7면; 신아일보

이들에게는 2일 정도만 단체행동을 하면 5일 정도 자유시간이 부여되었음을 알 수 있다.

그러나 조총련 측의 방해 공작도 이에 맞추어 기승을 부리기 시작하였다. 첫 방문이 행해지고 한창 여정을 즐기기 시작하는 9월 17일, 경향일보는 「조총련의 각 지방 조직은 이를 방해하기 위해 혈안이 되어 움직이고 있다」고 말하며 「조선대학은 여름방학이 끝나서 개학을 해야 함에도 학생들을 지방에 보내 방해공작을 시키기 위해 개학을 늦추고 있다」고 전하고 있다. 이외에도 다양한 예를 들고 있는데, 가나가와(神奈川)에서는 조총련이 서울로 떠나려 하는 교포의 집에 4명씩을 보내 감시하고 출발을 방해하였다고 하고, 니가타(新潟)에서는 조총련계 청년들이 모국방문단 참석자 4명을 납치하여 행방불명이 되었고, 도치키(栃木)에서는 집단으로 북해도 여행에 데려가는 예도 있었다고 한다. 그리고 이런 이유로 100여 명이 수속을 마쳤지만 차마 방문을 하지 못하였다고 전하고 있다.27)

이에 9월 19일, 외무부 정무차관보가 마에다 주한 일본대사관 공사를 불러들여 조총련의 방해 공작에 대한 적절한 대응과 이에 대한 협력을 부탁하는 모습도 확인이 된다.(면담요록, 면담자료)28) 이 방해공작에 대비해 민단에게도 구체적인 사항에 대해 증거를 수집하고 고발 조치

「해후의 기쁨…뜬눈으로 첫밤, 모국방문 조련 교포 1진」(1975.9.16.), 경향신문 「망향 30년 恨푼 첫밤, 조총련계 교포 벅찬 감격에 잠못 이뤄」(1975.9.16.) 등.
27) 경향신문 「日공항마다 환송 법석, 조총련계 방해 혈안…방한 예정자 4명 납치도」; 서울신문 「조총련서 방해 공작, 오사카 교포들 협박 뿌리치고 모국방문」, 다만 문서철 속의 면담자료(제목: 조총련의 재일한국인 모국방문 방해 공작)에서는 '오사카에서 약 40명의 조총련 청년 맹원들이 공항에 나와 '가면 못 돌아온다'는 방해 공작을 벌였고, 이쿠노쿠(生野区)에서는 조총련에게서 '남한에 가면 죽이겠다'는 협박 전화를 받은 일도 있다'고 기록되어 있다.(서울신문 인용)
28) 외무부 발신전보(WJA-09333, 75.09.17.)

하여 일본 당국에 조총련 규제에 대한 공약을 이수하도록 촉구할 것을 지시하고, 덧붙여 방문단이 일본으로 돌아간 후에 조총련에게 보복조치를 당하는 일이 없도록 민단이 사후 보호조치 및 전향을 권유할 것을 지시하였다. 실제로 주일대사가 보내온 「조총련 전향 및 방한 현황」을 살펴보면 75년 1월부터 8월말까지 전향한 재일 조총련계 동포는 218명이었고 같은 기간 조선적 소지자가 한국적으로 변경한 숫자는 3,145명에 달한다고 보고하고 있어, 총련의 이 같은 방해 공작이 도리어 모국방문의 가시적인 효과를 반증하고 있는 것이다.[29]

4. 이후의 모국방문단

(1) 모국방문단의 안정화

모국방문 사업은 이후 활기를 띠게 된다. 주일대사가 650명 규모의 제2차 모국방문단(1975.11.1.~15.) 구성을 알리는 공문(일본(영) 725-6810, 1975.10.21.)을 보내오는데, 이 문서 안에는 「민단에서 이 방문단을 추진하고 있다.」고 밝히면서 제반 편의를 제공해 줄 것을 요청하고 있다. 이 때의 목표 인원은 650명으로 설정하였으나 명절이 아니었기에 실제 방문인원은 그보다 한참 미치지 못하였다. (오사카 108명, 후쿠오카 30명) 연이어 후쿠오카에서 3차 성묘단(12.2, 12.6. 입국)[30]을 파견하지만 7명에 불과했다. 대규모는 아닐지언정 계속하여 방문단이 파견됨은 민단

---

29) 이후에 이루어지는 평가에서 참가자의 60%가 전향하였다고 밝히고 있다. (외무부 공문 「모국방문사업 추진실태파악 출장결과 보고」(재일20800- , 91.12.24.)
30) 이 ~차는 각 공관별로 부르는 게 일정치 않다.

의 열의와 본 사업에 대한 당시 재일동포들의 관심도를 잘 보여준다.31)

그리고 이 기세를 타고 1975년 12월에 이북 5도민 연합회에서 성명을 낸다. 이들은 조총련계 동포들의 모국방문이 남북한 이산가족 성묘를 실현하는 꿈을 앞당기는 촉진제가 된다는 뜻에서 이를 지원하지 않을 수 없다고 밝히며, 모국방문을 가고 싶어도 경제적 여건이 허락지 않아 몸부림치고 있는 불우 재일동포들을 위해 거국적인 모금운동을 벌이기로 한다며 200여만 원을 각출하였다.32) 그리고 이를 따라 본격 모국방문돕기 불우이웃돕기 성금의 접수가 시작되었고, 각 기업의 대표들을 비롯하여 국회의원, 민단, 시민단체, 일반시민들도 손을 보태기 시작했다.33)

朝總聯母國訪問은 民族再結合의 始發
以北5道民會서 募金運動

동아일보(1975.12.06.) 7면

1976년 1월 21일에 신문방송협회 회장단이 언론기관이 모금한 불우이웃 및 재일동포돕기 성금 10억 3천여만 원을 청와대에서 박정희 대통

---

31) 76년도 구정 성묘단 시에는 민단 간부들의 책임할당제에서 한 걸음 더 나아가 공관직원은 물론 국영기업체, 상사 주재원까지 동원 가능한 전 인원을 동원하여 지역별 책임제로 방문단을 유치하게끔 외무부에서 지령이 떨어지기도 했다.(외무부 발신전보(WJA-0103, 1976.1.26.)
32) 한국일보「조총련계 모국방문위해 모금, 以北5도연합회서 성명」
33) 신문에서 모금 기사가 보이는 것 중 1975년 12월 21일 조선일보가 가장 빨라 보인다.(「在日僑胞 母國訪問 돕기 不遇 이웃돕기 誠金접수」)

령에게 전달하였고34) 이후에도 4월에 2억 3천만 원35), 8월 한 달 간만 1억 6천여만 원36) 등 각계각층으로부터 성금이 모금되었다.37)

박정희 대통령에게 성금이 전달되던 1월 21일, 서울에서는 청와대 정무수석 1명을 비롯하여 중정에서 3명, 외무부에서 2명이 모여 모국방문돕기 성금 사용에 관한 회의를 열었다. 이는 성금으로 막대한 돈이 모였기에 이를 운용하는 방법을 모색하기 위함이었다.38) 박정희 대통령은 성금은 국내에서만 사용하고 오로지 자비 부담 능력이 되지 않는 자에 한해 사용할 것을 지시하였다. 그리하여 이 회의에서 「재일동포 모국 방문추진 위원회」를 설립하여 자금을 집행하는 것이 결정되었다. 이 위원회를 구성한 것은 「표면적으로는 사업이 민간에 의해 진행되는 것처럼 보이기 위함」이었는데, 「사무총장 이하 사무국 직원까지 모두 중정의 직원으로 배치」하였고 본 위원회를 「중정의 한 기관」으로 취급하였다. 그리고 모든 계획 역시 중정의 계획에 따라 실시되었다.39) 이들이 작성한 내규 가운데, 업무 분장(제4조)을 살펴보면 외무부는 자금 집행 결과에 대한 감독, 중정은 사업추진을 주관하며 자금 운용상의 통제와 조정, 모국방문추진위원회는 자금의 관리 및 집행, 민단은 사업

---

34) 경향신문 「朴 대통령에 전달 불우이웃·재일동포돕기성금 언론기관모금 10억3천만 원」(1.21.) 1면.(다만 같은 날 동아일보 기사에는 9억이라고 기사에 게재되어 있다.)
35) 조선일보 「재일동포돕기성금 2억3천만원전달」(1976.4.29.)
36) 경향신문 「재일동포방문성금 1억6천5백만원 8월이후 총액」(1976.9.25.)
37) 당시의 기사를 보면 현금에 한하지 않고 신발이나 피복 등의 각종 현물도 상당수 제공되었다. 주지하고 있는 바와 같이 망향의 동산도 본 성금으로 조성되었다.
38) 관련 사료는 『재일본 교민 모국방문 돕기 성금의 관리 및 운용에 관한 내규, 1976』 (11355)
39) (11355) 「재일동포 모국방문돕기 성금 사용에 관한 회의」 중 '제 15조. 자금의 집행'. 본 자금으로 지원되는 부분은 자기 부담이 불가한 자에 한하여 왕복항공료, 산업시찰비, 체재비, 환영행사 준비 등에 이용되었다.

추진과 지원대상자 선정 후 공관에 추천하는 역할을 부여 받는 것으로 되어 있었다.[40]

한국 내에서 성금이 모였다면, 일본에서는 민단이 인적인 지원을 행하였다. 히로시마 민단에서는 지방본부 주최 아래「조총련계 동포 1, 2차 모국방문단 환영식(11.15.)」을 개최하여, 모국방문을 다녀온 이들에 대한 관리(축하식)을 하였다. 이 자리에는 총련계 모국방문단 참가자는 20명이었지만, 민단 단원은 그 열 배가 넘는 250명이 참가하였다.[41] 요코하마에서도 가나가와현 각 민단의 반장 이상의 민단원 250명이 모여 73명의 모국방문단 참가자들과 같이『혈육의 정』을 관람하고 간담회를 갖았다.[42]

같은 해 7월 도쿄에서 성묘단에 참가했던 인원들로 구성된「조총련 동포 모국방문추진 중앙연합회」가 결성되었고, 뒤이어 일본 각지에서도 성묘단 참가자들의 모임인 오사카의 정로회(正路會), 가나가와의 상록회 등이 결성되어 친목 도모와 조총련 동포에 대한 참가 권유에 뛰어들게 된다.[43] 박정희 대통령도 민단 유공자들에게 훈장을 수여하며 환담을 가지고 모국방문에 대해 각별한 관심을 표하며 이를 적극 장려하였다.[44]

물론 이런 상황 속에서도 총련의 격렬한 반대는 지속되고 있었다.

---

40) 76년 4월에 작성된「재일본 교민 모국방문 돕기 성금_관리 및 운용에 관한 내규개정건의」중 제4조. 업무 분장.(4월 16일에 개정된 내규를 알리는 공문(교일725-)이 각 지역 공관장에게 발송된다.
41) 주시모노세키 대한민국 영사관 공문(1975.11.20.)「민단행사보고」
42) 주요꼬하마 총영사관 공문(요꼬하마725-1357, 1975.12.16.)「조선적 교포성묘단 간담회 개최」
43) 매일신문(2000.01.13.)「재일포 100년 (13)재일동포 모국방문단(하)」
44) 매일경제(1976.09.18.)「'수시로 모국방문토록'- 박대통령, 민단유공자들과 환담」단, 박정희 대통령의 모국방문에 대한 격려와 당부는 이전에도 계속 있어왔다.

1976년의 구정성묘단의 모국방문 저지를 위해 「열성자대회」에서 조직방위란 명목 아래 모국방문을 망국적 책동이라고 규정 짓고 이를 방해하도록 지시했다. 또한 만경봉 호의 선장이 출항 날짜마저 미루며 조총련 산하 조직(요꼬하마 신용조합, 조총련계 학교 등)을 찾아다니며 모국방문 저지 공작을 펴도록 강력히 지시하였고, 조총련 의장은 전 조직에게 1월 20일부터 26일까지 모든 활동을 중지하고 성묘단 저지에 총력을 기울일 것을 지시하였는데, 그 일환으로 ① 중앙 기구의 대폭 강화, ② 정치국 부국장을 3명으로 증원, ③ 조직·선전·경제·교육국 등의 부위원장을 2명으로 증원, ④ 대한·대민단 파괴 전담부서 신설했다.[45]

「조총련의 방해활동 실태」 발췌

지역	일자	방해활동실태
일본전역	76.1.15.	- 76.1.15.부터 조총련은 각급조직의 평상학습을 중지했으며, 1.20~26.간은 평상조직 업무로 중단, 조선대학 휴강 등으로 전조직 간부를 동원하여 구정성묘단의 방한 저지활동을 전개함.
	1.17.	- 76.1.17.~23. 간 북괴 만경봉호가 「요꼬하마」항에 정박 선원을 가장한 정치공작원 20명이 상륙, 조총련 중앙본부「가나가와」현 조선은행 신용조합, 「가와사끼」조선초중고등학교를 각각 방문, 조총련의 조직 활동을 독려함.

	1.21.	- 76.1.21. 북괴는「교육문화 직업동맹 대표단」명분의 공작원 10명을 일본에 파견, 조총련의 교육문화사업 실태를 점검, 지도하는 동시 조총련의 전반활동을 독려함.
		- 일반적인 방해활동 형태
		  1. 학생들을 이용, 부모형제의 방한 저지
		  2. 인고자를 통한 회유, 강요, 생활자금 제공 유혹
		  3. 조은 융자 및 재산 차압 등 위협
		  4. 구약소, 입관주변에서 출입방해, 납치, 여권탈취 등 위협
		  5. 민단 활동원 및 공관원 미행, 위협, 방해
		  6. 방한 결심자 집에 떼를 지어 들어와 강제적으로 방한 포기 강요, 위협, 유혹
		  7. 허위선전 활동(가면 죽는다, 방한은 민족분열 책동이다는 등)

---

45) 외무부 발신전보(WJA-01393, 76.01.24.)

동경	76.1.23.	- 11:00경 조총련「아라가와」지부 간부 5명이 민단「아라가와」지부 사무실에 출현,「조총련동포의 성묘단 방한책동」은 민족들 분열하는 것이라고 민단의 활동 방해
	1.24.	- 11:00경「아라가와」구 거주 □□□여인(70세)가 모국방문을 위하여 민단 사무실에서 수속중, 그의 아들과 조총련계 3명이 출현, 수속서류 등을 빼앗고 송여인을 강제로 데리고 나가 방한 못함.
	1.26.	- 13:30「하네다」발 칼-704편으로 입국하려던 □□□여인(49세)은 공항 입구에서 조총련의 위협으로 일시 피신하므로서 입국하지 못한 사실이 있음(1.27. 민단 간부 동행하에 입국)
가나가와 현	1.25.	- 조총련이 성묘단원,□□□,□□□ 모자를 납치,「오사까」로 도피하여 방한하지 못함. - □□□을 조총련이 집에 납치하여 방한하지 못함.
오사까	1.23.	- 17:00 조총련「오사까」본부 간부 6-7명이 성묘단원□□□□□□□ 집을 찾아가 방한하지 말도록 강요, 이에 불응시는 결코 집에서 나갈수 없다고 협박하여 경찰에 연락하여 사태를 수습한 사실이 있음.
	1.24. 및 2.3.	- 12:00경「오사까」공항에 조총련 3명이 출현, 사진촬영 등으로 심리적인 위협을 가해 사진촬영을 하지말라고 하자 행패를 부려, 경찰에 연락하여 사태를 수습함.
삿뽀로	76.1.25.	- 08:30~09:30간 조총련 북해도 본부 역원 3명이「지도세」공항에 나타나 동경행 비행기 탑승수속 중인 성묘단원 □□□과 □□□ 등에게「방한하지 말라, 갔다오면 좋지 않다」는 등 공갈 협박한 사실이 있음.
후꾸오까	1.26.	- 10:30 경 조총련「후꾸오까」본부 교육부 □□□(35세)등 간부 5명이 출현, 성묘단원에 대하여 사진 촬영등 심리적인 위험을 가함.
미에	1.23.	- 성묘단 방한저지를 기하여 동명의 아들을 통하여 무담보 500만엔의 융자지원, 유혹
기후	1.23.	-「교토」조총련 본부 간부가「기후」현 거주 장인에게 방한하면 딸을 돌려 보내겠다고 엄포
이시가와	1.23.	- 조총련 본부 부위원장이 자기 친형부부의 방한저지를 위해 심한 공박과 농성으로 위협을 가함.

  1976년도 1월에 작성된 상기 표「조총련의 방해활동 실태」[46]에서는 도쿄가 3건, 가나가와가 2건, 오사카가 2건, 삿포로, 후쿠오카, 미에, 기후, 이시카와가 각 1건씩 그 피해사례가 보고되고 있다. 그렇지만 한

---

46) 주일대사관 공문(일본(영)725-39, 1976.02.05.)「구정성묘단 모국방문에 대한 조총련의 방해 활동 실태」

국 정부는 법률적 측면보다는 조총련의 비인도적 책동에 대한 일본 내 비판 여론의 고조에 역점을 두는 게 낫다고 판단을 하였고 아예 대사관이나 영사관이 본 사실을 조사했다는 사실조차 공포되지 않게끔 주의를 주며, 민단이 이를 직접 항의하게 하였다.47) 1975년도 초기에 대사를 초치하여 항의하던 모습과는 달리 정부가 총련의 책동에 이처럼 적극적인 대응을 하지 않게 된 데에는 대외적으로 격렬하게 항의하여 한국 정부의 과격한 모습을 보이기보다는 시종 인도주의적이고 인간적인 면모를 보이는 것이 도리어 더 득이 될 것이라는 계산이 있었을 테고, 이미 모국방문단이 어느 정도 안정적인 노선 즉 굳이 한국 측에서 홍보를 하지 않아도 모국방문단을 경험한 자들로부터 입소문을 통해 자연스레 홍보가 될 것이라는 자신감이 바탕이 되었으리라 본다. 실제로 76년도 구정(3차) 방문단 이후에 작성된 기사를 보면 아래와 같다.

> 재일 거류 민단 측은 지난해 추석까지 2차에 걸친 모국 성묘단으로 조총련 조직이 흔들리고 있는 것은 숫자로 나타났다고 의기양양했다. 민단의 고위 간부는 『숫자는 밝힐 수 없으나 2차 성묘단으로 모국을 방문한 조총련계 조직 책임자가 많고 이들이 조총련직을 떠나 민단에서 일할 날이 멀지 않을 것』이라고 말했다. 더우기 <u>조총련 산하 신용조합 등 각 기관 간부들이 임기 만료가 되어 오는 3월 이후 모국을 방문하겠다고 약속하는 사람이 늘어나는 것은 1, 2차의 모국방문의 성과라고 분석했다. 조총련계 조직 간부들이 동요하게 된 데에는 일본의 여론 영향을 크게 받은 것으로 지적된다.</u> 작년 추석 성묘단 때만 해도 모국 성묘단에 대해 냉담했던 일본 신문과 방송이었다. 그러나 구정 성묘단 때는 중앙 유력지를 비롯, 일본 「매스컴」망은 전부가 큰 반응을 보여 상세히 보도했고 TV에서는 특집 보도까지 했다.48)

---

47) 협조문(북일700-23, 76.2.13.) 「조총련의 재일동포 모국방문 방해 공작에 대한 조치」

그렇게 모국방문단은 안정적으로 1975년 추석부터 79년 1월 31일까지 2만 2,054명(이중 기타 해외동포 690명)에 달하는 혁혁한 공을 세워 갔다.49) 박정희 대통령의 뒤를 이은 전두환 대통령도 1981년 1월 12일 국정연설에서 「앞으로도 모든 해외동포들이 모국과의 유대를 강화하고 그들의 권익을 보장할 수 있도록 노력해 나」50)가겠다고 하였고, 같은 해 한식 성묘단과 추석 성묘단도 무사히 치러졌다.51)

(2) 변화하는 모국방문단

그렇지만 기세 좋은 출발에 비해 1975년부터 1979년까지 2만 2천여 명이 참가한 모국방문단의 1991년까지 참여한 누적 인원은 5만 2천여 명에 불과하였다.52) 1975부터 1979년까지 4년 동안의 참가 인원이 1980부터 1990년까지 11년 동안의 참가 인원과 다를 바 없는 셈이다. 1991년도 상반기 참가인원은 880명(이중 재중국 동포의 숫자가 276명이고, 민단 동포가 26명으로 순수 총련계 동포는 578명이다) 밖에 되지 않았다.53)

---

48) 중앙일보「흔들리는 조총련 조직, 재일동포 모국방문 결산」(1976.02.09.)
49)『조총련계 재일본 교민 모국방문, 1979』(13937) 중 해외동포모국방문후원회「1979년도 제1차 총회 및 이사회 회의록」
50) 경향신문(1981.1.12.) 4면,「大統領 國政연설〈全文〉」
51) 서두에 언급한 바와 같이 공개가 되지 않은 것인지 자료가 작성되지 않은 것인지, 외교사료관에 82년부터 90년까지의 모국방문단 관련 문서철은 남아 있지 않고 현재로선 91-92년의 모국방문단 문서철까지만 열람할 수 있다.
52) (33192) 외무부 보도자료「재일조총련계 동포 한식 모국방문단 방한」(91-85호, 91.3.25.)
53) 해외동포 모국방문후원회 공문「상반기 사업실적 보고」(모방 제14호, 91.7.11.)

1975년부터 1979년까지의 모국방문단 참가인원 추이

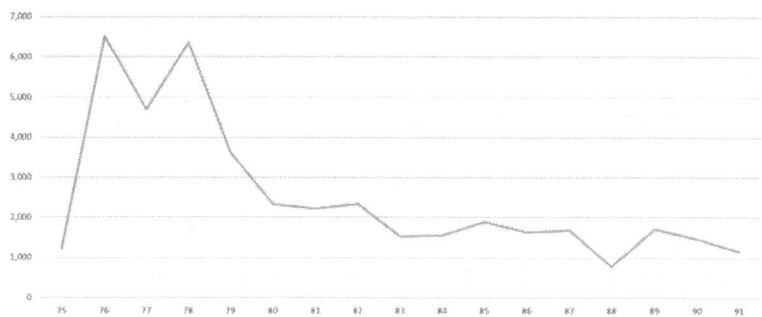

모국방문성묘단 사업 연도별 실적54)

시기	75	76	77	78	79	80	81	82	83
인원	1,225	6,518	4,698	6,366	3,639	2,319	2,221	2,334	1,527
시기	84	85	86	87	88	89	90	91	total
인원	1,549	1,889	1,626	1,684	784	1,710	1,455	1,161	42,705

이런 이유가 일어난 이유는 무엇일까? 후술하겠지만 가장 큰 이유는 시간이 흐르며 이미 참여할 사람은 다 참여하였고, 1970년대 참여한 인원들도 이미 고령이 태반이었던 상황이

金丸信・金日成・田辺誠(1990.9.)
(https://ameblo.jp 참조)

었는데 시간이 지나면서 재일동포 2, 3세대가 주류로 바뀌자 민족적인

---

54) 재일본대한민국거류민단동경지방본부 조직부「모국방문성묘단사업자료」

부분이 많이 약해졌을 뿐만 아니라 평화적 무드에 올라타 정식으로 한국을 방문할 수 있다는 등의 여러 요인이 작용한 것이 그 주된 원인에 해당한다.

1990년 9월 28일, 북한 노동당과 일본자민당, 일본사회당이 「3당공동선언」을 제창하고 1991년 1월에 시작된 북일 국교정상화교섭[55]은 북일 양국 간의 화해 무드를 자아냈다. 이로 인해 총련계 동포들은 급변한 북한 정부의 정책에 대해 동요의 기색을 나타냈고 정부는 이 기회를 틈타 모국방문단을 적극적으로 활용하고자 하였다. 정부는 북한의 자세 변화로 인한 조총련 조직 내부의 예상되는 동요를 확대하고, 일·북한 수교에 대비하여 조총련계 교포의 대거 전향을 유도, 조총련 조직을 와해 내지 약화시키고자 하였다.[56] 이를 위해 각 공관별 모집 목표 인원을 1,500명으로 늘리고 상공인의 참가를 적극 추진하며, 가족적 연대감이 비교적 낮은 총련계 동포 2, 3세를 목표로 삼아 모방단 경험이 있는 친지들이 직접 권유하도록 하였다. 그리고 실적이 좋은 민단 조직이나 관계자에게는 공로를 치하할 것을 약속하였다.

각 영사관은 민단을 독려하고 포상을 약속하며 할당을 채우고자 하

---

[55] 관련 연구로는 장박진(2010) 「식민지관계 청산을 둘러싼 북일회담 (평양선언까지)의 교섭과정 분석」,『국제・지역연구』19권 2호, 국제지역학회, pp.135-174; 곽성웅・장하영(2023) 「1991년 북한의 대미, 대일 관계개선 시도와 한국의 대응: 1990~1991년 외교문서를 중심으로」,『한국정치외교사논총』44-2, 한국정치외교사학회, pp.209-237; 최희식(2024) 「일본 대북정책의 메커니즘과 북일교섭 - 와다 하루키 지음, 길윤형 옮김,『북일교섭 30년』(서해문집, 2023)을 읽고」,『아시아리뷰』제14권 제2호, 서울대학교 아시아연구소, pp.311-322. 등 다수의 논고가 있다.

[56] 외무부 발신전보(WJAM-0026, 91.07.12.), 외무부 발신전보(JAW-4416, 91.08.01.) 「조총련모방사업」등. 다만 이보다 앞선 국가안전기획부 공문「재일거류민단요원 교육관련 협조」(국일400-168, 91.6.26.)에서는 이미 통일원, 외무부와 협조하여 민단요원에 대하여 북일수교회담 진행 상황 및 전망 등 재일동포들의 관심사항에 대한 교육을 실시할 계획을 세우고 있다.

였으나, 각 영사관들은 고전을 면치 못했다. 이에 외무부는 신청 마감일을 일주일 뒤로 연기하고 목표 인원도 1천 명으로 하향 조정하였다.[57] 몇 차례 연기를 하고 각 공관과 민단에 대해 독려를 행하였지만 최종 숫자는 그 정성에 턱없이 모자른 720명에 불과할 뿐이었다.[58]

외무부는 추석 성묘단을 모집하는 과정에서 이 같은 상황을 단지 기한을 늘리고 민단을 독려하는 것만으로 크게 변화가 없음을 이미 깨닫고 있었다. 이에 추석 성묘단이 방한하기 전에 이미 한 차례 질적인 변화를 꾀할 준비를 한 적이 있었다.

> '91 추석모방단 입국에 따른 관계관 회의자료(91.08.22.) 중
> 관계부처(서)에 대한 협조 의뢰사항[59]
> ㅇ 치안본부, 3국 대공과
> – 국내 보안활동의 간접 비노출화
> • 산업시찰 일정을 끝내고 해산 후 모방자 연고지 해당지(당부)에서 경찰과 통・반장 등 주민조직을 활용하여 보안활동을 하고 있으나 보안활동을 하고 있는 <u>실무자가 시간적, 거리적 제약요건으로 인해 대상자에 대해 직접적이고 노출된 동향파악 및 신변보호 활동을 해옴으로써 대상자들이 귀일 후 불만을 토로하고 있는 실정인 바 점차적으로 간접 비노출 활동으로의 전환이 요구됨.</u>
> ㅇ 모방후원회
> – 국내 홍보활동 강화
> • <u>모방사업의 장기화로 국내언론매체와 국민의 관심이 저하되어</u>

---

57) (33912) 「'91추석모방단 입국에 따른 관계관 회의 자료」(91.8.23.)
58) (33912) 외무부 보도자료 「재일 조총련계 동포 추석 모국방문단 방한」(91.9.7.)
59) 상기 자료는 본래 개조식이나, 원문을 알기 쉽게 하나의 문장으로 합치고 불필요한 부분을 생략한 부분이 있다.

국내홍보가 미약하며, 일본 현지에서도 변화된 상황에 맞는 상세한 안내, 권유, 동기 부여등 선전활동이 미흡한 실정인 바 입국자 중 희망자를 선정, TV대담 및 라디오 프로에 출연시키는 등 국내 홍보활동 강화방안이 요망됨.
- 관계자 교육 강화
  • 여행사 측에서 상업성에 치중, 산업시찰 기간중 모방자들에 대한 편의제공이나 각종 서비스 활동에 소홀하여 모방사업 이미지를 실추시키는 사례가 있는 바, 관계자에 대한 소양 교육 및 국가사업 종사에 대한 사명감 고취가 필요.
- 2·3세 젊은 세대를 적극적으로 유치하기 위한 산업시찰 코스 및 일정 조정

그리하여 추석이 끝나고 본격적으로 문제점을 파악하고 다가오는 1992년도 모국방문단 사업을 효과적으로 수행하기 위해 조사원을 일본에 파견시킨다.[60] 각 공관별로 지적한 문제점과 건의 사항을 추려보면 아래와 같다.

니가타
- 장기화에 따른 모국방문 사업에 대한 관심도 저하, 모방에 참가치 않더라도 국민등록이 가능함, 상시 모방 참여 가능, 북일 관계 정상화 교섭, 방문 후의 총련과의 관계 단절 곤란, 민단원과의 거리감, 민단 가입권유 노력 부족
- 모국방문 숫자를 줄이고 대상자 선택조건 강화

나고야
- 민단의 소극적 대처, 사후관리 부진, 민단지부 사무부장 추진
- 민단지부사무부장 기본 활동비 및 성과급 지금, 모방자 대상 홍보물 배포, 전향자에 대한 따뜻한 대우(입단식 등)

---

60) 해외동포모국방문후원회 공문 「업무협조의뢰」(모방 제19호, 1991.11.13.)

오사카
- 간부진들의 노령화와 특정지역에 편중된 인사들로 활동이 저조, 추진위원회와 민단 간의 협조관계 미약, 새로운 젊은 간부진들의 참여와 재정지원에 대한 회피
- 여권 유효기간 귀일편(일시, 항공권), 국내 실시 일정 등의 개선 필요

고베
- 양적인 것보다는 질적인 것에 중점을 두는 것이 바람직, 연중실시·소규모 모방 추진 필요

후쿠오카
- 개별적 외출 부자유, 친척 상봉시 제복 경찰 방문에 대한 부담, 참가자가 노령층임에 비해 일정이 hard, 입국 수속에 장시간 소요
- 개별적 행동 허용·자유스러운 분위기 제공, 경찰의 사복 착용, 입국 편의 제공, 여유있는 일정 주선, 사후관리 소요예산(간담회, 만찬회 등) 지원 필요, 모방단 참가자 출신지역(전라, 경상)에 집중한 일정 작성 필요

상기 결과들을 반영하여 작성된 보고서를 보면[61] 우선 현재의 문제점을 ① 사업이 장기화 되며 이미 방문할 사람은 다 방문하였고, 미방문 중인 사람들은 조총련 간부, 북송가족, 동포 2, 3세이며, ② 미방문자는 혈연, 재정(조은 융자), 이데올로기 등 총련·북한과 깊은 관계자들로 은밀한 개별입국을 선호(동포 2, 3세는 주말, 연휴 등을 통한 소규모 단체 및 골프 투어 희망)하며, ③ 북일 수교후 재산권·공민권 문제를 염려하고 있고, ④ 한국의 명절에 맞추어 휴가를 내는 데 얻는 어려움이

---

[61] 이후에도 조사는 다시 한 번 이루어진다. 이하 내용은 두 번의 조사 내용을 모두 통합하여 반영시킨 것이다. (33912) 외무부 공문(재일20800-) 「모국방문사업추진 실태파악 출장결과 보고」(91.12.24.)와 『조총련계 재일본 한국인 모국 방문사업 개선 및 신청현황, 1991~92』(36307) 외무부 공문(JAW-5250)(91.9.12.)「모방사업」

있음을 지적하였다. 그리고 전향자 사후관리가 충분치 못하였는데[62], 모방자들은 이에 대하여 「모방 후 민단과 총련 양측에서 소홀함을 당해 심적 갈등이 크고, 한국 체류시에 신상 및 동정 파악에 대한 감시에 본인뿐만 아니라 방문지의 친척들에게도 미안하다며, 좀더 따뜻한 대접을 해 달라」는 의견을 내었다.

외무부는 안기부(중정에서 81년도 명칭 변경)와 협의하여 연중실시와 소규모 모방(소규모 친선단체-친목회, 향우회 등) 등을 허용하기로 하고 이를 각 공관에 전달한다.[63] 그리고 이 개선책은 관계부처 회의자료에서 구체적으로 드러난다.[64] 회의자료에 담긴 대책을 보면 ① 2, 3세 교포들을 위해 산업시찰을 줄이고 관광 위주로 다양한 코스 개발, ② 경찰의 과잉 동향 감시 삼가, ③ 여행사 및 호텔업계 종사자 서비스 개선 등이 있음을 알 수 있다.

91년부터 92년까지 이 같은 개선의 노력은 수 차례 토의되었다. 이 개선의 의지를 단적으로 실감케 하는 것 중에 하나로 민단·조총련 접촉 및 교류 문제를 다룬 것을 들 수 있다.[65] 92년에 들어 앞으로 1년간의 모방단에 관한 회의를 하는 자리에서 이 같은 안건이 나온 것인데, 회의자료 중에는 「민단·조총련 접촉 및 교류 증가추세에 대비하여 「재외국민 및 재외국민단체와 친북단체 간의 접촉 및 교류에 관한 지침」을 주일지역에서만이라도 잠정적으로 시행하겠다.」며 「재외국민 및 재외국민단체와 친북한단체간의 접촉 및 교류에 관한 지침(안)」이 들어 있

---

62) 김성희(2011)에 따르면 전향자가 다시 총련으로 재전향하는 케이스도 있다고 한다.
63) (36307) 발신전보(WJAM-0042, 91.10.28.) 「모방사업개선」
64) (36307) 「'92년도 모국방문단 유치관련 관계부처 회의」(92.1.16.)
65) 「'92년도 모국방문사업 관계기관 회의자료」(1992.1.) 중 「3. 민단·조총련 접촉 및 교류문제」

다. 본 자료를 요약하자면 7·7선언과 「남북한 화해와 불가침 및 교류협력에 관한 합의서」를 채택하며 남북관계를 개선해 나가고자 하는 정부의 실천 의지에 맞추겠다는 것인데, 여기에는 친북한 단체 구성원과의 개인적인 접촉이나 교류를 별도 허가 없이 허가하겠다는 것이고, 자료 안에는 접촉 교유 유형별 허용범위까지 세세하게 적혀 있었다. 모방단 논의를 함에 있어 굳이 이와 같은 자료가 삽입되었음은 모방단 접촉 대상의 적극적 활동을 촉진하는 데에 그 의미가 있으리라 쉽게 파악된다.

그리고 조금씩 변화를 거치다가 5월 5일부터 5월 8일까지 일본의 골덴위크에 맞춰 조총련 2, 3세 청년 계층을 대상으로 골프투어를 전면에 내세운 모방단 모집에까지 등장한다.[66]

> **한국 골프 투어 방문단 안내장**
>
> 신록의 계절, 여러분께서 건승히신다고 들었습니다. 축하 말씀드립니다. 금번에 좋아하는 골프를 즐기면서 조국의 정서를 눈으로 확인하고 피부로 느끼는 좋은 기회를 얻어 기쁘게 생각합니다. 짧은 기간이지만 충분히 조국의 장점을 만끽하시고 많은 추억을 남기시길 기원하며 일정표와 주의사항을 하기와 같이 안내 드립니다.
>
> (후략)

---

66) (36307) 주요꼬하마총영사관 공문(요꼬하마725-91, 92.5.15.) 「92년도 수시모방사업보고」. 중 訪親会에서 발행한 「韓国ゴルフツアー訪問団案内状」. 다만 명목은 골프투어를 내세웠으나, 3박 4일 일정 중 마지막 날에는 삼성전자공장 시찰, 민속촌 견학이 들어 있었다. 다만 흥미로운 사실은 91년도 8월 9일자 경향신문에 「북한 골프장 재일동포 "북적"」이라는 기사가 실려 있다. 아시히 신문의 보도를 전하고 있는 본 신문은 「평양 교외에 4년전에 골프장이 건설되었는데 이용객의 대부분은 조총련계 재일동포」라는 보도를 낸다. 이같은 기사는 본 건 기획에 적당한 영향을 주었을 것이다.

상기 표의 방문은 5월 5일부터 8일까지의 일정으로 1일(입국)-2일(골프)-3일(골프)-4일(삼성전자 견학, 민속촌 견학 후 자유행동)으로 이루어져 기존의 방문단과는 완연히 다른 모습을 보인다. 이 요코하마 총영사관을 통한 수시 모방단을 시작으로, 돗토리현에서 13명(92.10.14.~17.)[67]에 이어 주일대사관을 통한 청년모국방문단(92.12.4.~7.)[68]까지 다양한 기간에 이르는 모국방문단이 파견되고 있다. 또 기존 명절 모국방문단에서는 기존과 흡사한 일정으로 1일(잠실종합운동장 견학, 올림픽공원 견학)-2일(민속촌 관광, 망향의 동산)-3일(경주, 포항제철 견학, 경주고적 관광)-4일(울산현대중공업, 현대자동차 견학-자유행동)으로 이루어져 있으나, 청년모국방문단에서는 또 한 차례 크게 변화를 주어 국회의사당과 방송국(가요쇼), 롯데월드, 서울 타워 등의 견학을 일정을 일정에 넣어 산업시찰은 아예 없애고 상례였던 경주나 부산에도 들르지 않은 채 그대로 서울에만 머물렀다. 4대 명절 때(신정, 구정, 한식, 추석) 때에는 그대로 기존의 루트를 쫓았으나 수시 방문단은 정확하게 재일동포 2, 3세대를 그 목표로 설정하였음이 잘 드러난다.

  기존에 모든 공관들의 모국방문단 현황 조사에는 거의 빠짐없이 사후관리에 대한 지적이 적혀 있었는데, 이는 공식적인 전향 여부에만 관심을 갖고, 심정적 전향이나 동조자를 육성하는 측면을 소홀히 한 탓이라 볼 수 있을 것이다.[69] 그러나 이후에는 지역별로 적당한 차이는 있었겠지만 오사카 총영사관의 모방사업 추진현황 자료[70]를 보면 전

---

[67] (36307) 주고오베총영사관 공문(주고오베(영)790-203, 92.9.30.), 참가들에게 배부되는 일정표에는 「전세기로 가는 모국방문단 일정표(チャーター機で行く母国訪問団日程表)」로 표제를 걸고 있다.
[68] (36307) 주일대사관 공문(일본(영)725-677, 92.10.5.)
[69] (36307) 주고오베 총영사관 「모방사업추진현황」(1992.11.20.)
[70] 주오오사카총영사관 「모방사업 추진현황 자료」(1992.11.20. 현재)

참가자 전원을 대상으로 좌담회를 개최하고 좌담회 자리에서 참석자의 의견과 직접 방문 소감을 청취하였으며, 과거의 참가자들에게도 각종 유인물과 잡지, 화보 등을 배포하였음을 알 수 있다. 전향자와 조선적인 자를 한 자리에 모아 환담을 겸한 송년회(망년회)도 개최하였고, 신원 특이자 및 조선학교 졸업자에 대해서는 수시 전화 통화를 가져 애로점을 상담하며 전향을 유도하며 사후 관리에도 진전이 생겼음을 알 수 있다.

이와 같은 노력에도 실상 다시 참가자의 숫자가 늘지 않은 것에는 분명 숫자적인 부분에 얽매여 사후관리의 부실과 같은 질적인 면에 있어서도 문제가 존재했던 것은 사실이나 초두에서 언급한 바와 같이 시간의 흐름이라는 요인이 분명 존재한다. 1992년 시점에선 이미 대개의 공관들이 피로와 그 한계를 호소하고 있기 때문이다. 그렇지만 모방단의 효과는 분명하고 적절한 것이었다. 상기 보고서의 「모방자 성향분석 및 동향」란에는 「모방실시 이후 표면적 특이동향은 나타내지 않고 있으나 내면적으로는 본인을 포함, 전가족의 호적정리, 외국인등록상 국적변경 등을 개별적으로 추진하는 경향이 증가하고 있으며, 남·북한 양방을 방문한 인사들이 더욱 적극적」이라는 문구가 확인된다.

안타깝게도 현재로서는 1992년도 이후의 모국방문단 사업의 외교문서는 공개되지 않아 확인이 불가능하다. 이를 조금 더 추적해 본다면 모국방문단이 실제로 어떤 영향을 재일한인들 사이에 끼쳤는지 보다 더 명확하게 확인할 수 있으리라 생각된다.

4. 나가며

본고는 1975년부터 시작된 조총련계 재일동포들의 모국방문단 사업의 전개 과정에 관해 살펴보고자 한 것이다. 외교적으로, 그리고 국가적으로 큰 이벤트였음에도 불구하고 본 사업은 그 색채가 너무나도 뚜렷해서인지 지금껏 극히 소수의 연구만이 진행되어 있었다. 김성희(2011)의 연구가 가장 눈에 띄는데 김성희는 외무부의 자료를 크게 활용하진 않은 것 같다.

이에 본고는 이를 위해 현재 외교부 외교사료관에서 공개하고 있는 1975년부터 1981년까지, 그리고 1991년부터 1992년까지의 모국방문단 관련 외교사료(문서철)를 확인해 본 사업의 전개과정을 살펴보고 이것이 어떤 변화를 겪어 나갔는지를 살펴보고자 한 것이다.

기존에도 모국방문 사업은 일부 유력가들을 대상으로 진행되었는데, 당시에는 중정에서만 단독으로 진행한 듯 외무부에서는 관련 문서가 보이질 않았다. 그러다가 1975년에 들어 박정희 대통령의 승인과 함께 대대적으로 언론에 공표되며 본격적인 사업이 시작되었고 외무부에서도 관련 자료가 만들어지며 대규모 재일조선인들을 받아들이는 것에 대한 계획이 세워졌다. 이 기획에는 많은 우려도 뒤따랐지만 그를 웃도는 현저한 이득이 보여 본 사업은 일사천리로 진행되었다.

그러나 기세 좋은 출발과는 달리 그 수는 금세 감소해 갔다. 조총련계 중 많은 수가 이미 모국방문을 경험했고 이미 재일동포들이 세대가 바뀐 탓에 민족적인 면이 약해진 이유가 컸으며 역설적으로 평화무드에 힘입어 자유왕래가 가능해질 것이라는 기대 때문에 한국을 방문을 미루는 사람이 등장하고 또한 방문 이후 관리의 소홀 등 다양한 이유가

지적되었다. 이에 정부는 90년도에 들어 동포 2, 3세대를 목표로 삼아 명절과 성묘란 큰 명목을 버리고 일본의 연휴에 맞추어 일정도 굳이 지방이 아닌 서울과 관광 위주로 배치하며 여러 변화를 가하였으나 이미 그 수는 쉽게 회복될 기미가 보이질 않았다.

현재 외교사료가 1992년까지만 공개되어 있어서 이후의 일은 아직 알 수 없다. 기회가 된다면 이후의 사료를 통해 이후 정부의 노력과 총련계의 대응, 교민 사회의 반응 등을 명확히 하여 이 모국방문단 사업을 좀더 입체적으로 그려내고자 한다.

[附記]
본고는 한국일본문화학회 103집(pp.135~152)에 게재된 것을 바탕으로 일부를 수정, 가필한 것이다.

소설과 외교문서로 본 재일한인 북송사업
가와사키 에이코의 소설 『일본에서 「북한」으로 간 사람들의 이야기』와 1979~1981년 외교문서를 중심으로

○ ○ ○
김선영
(동의대학교 동아시아연구소 연구교수)

1. 들어가며

　이 글은 고등학교 3학년 때 북송선을 타고 북한으로 간 재일한인 가와사키 에이코(川崎栄子)의 실화 소설『일본에서「북한」으로 간 사람들의 이야기』(日本から「北」に帰った人の物語)과 그녀의 언론 인터뷰를 중심으로, 동시대 한국 정부의 외교문서를 통해 북한송환(이하,「북송(北送)」으로 표기)의 문제를 재조명한다. 이 과정에서 북송사업의 시작과 전개 과정을 살펴보고, 한국 정부가 이에 어떻게 대처했는지를 고찰하고자 한다.

　1960년, 17살의 가와사키는「북한은 지상낙원」이라는 선전에 매료되어 북송선 만경봉호에 몸을 실었다. 그녀를 기다리고 있던 것은「낙원」이 아닌「지옥」과 같은 삶이었다. 가와사키는 북한에서 겪은 참혹한 경험을 실화 소설을 통해 생생하게 증언하며 그 고통을 세상에 알리고자 하였다.

　시간을 거슬러 1959년 12월, 일본 니가타(新潟)항에서 첫 북송선이 출항했다. 그 후 1984년까지 25년간 9만 3,340명의 재일한인[1]들이 조선민주주의인민공화국(약칭: 공화국, 이하「북한」으로 표기[2])으로 이주했다.[3] 그들은 모두「지상낙원」이라는 환상에 사로잡혀, 돌아올 수

---

[1] 일본에 거주하는 사람들에 대한 호칭은 재일교포, 재일동포, 재일한국인, 재일조선인, 자이니치, 재일코리안 등 다양하게 사용되고 있다. 본 글에서는 가독성과 일관성을 위해「재일한인」으로 통일하여 사용하기로 한다. 다만, 인용문이나 외교문서, 특정 문맥에 있어서는 원문의 용어를 그대로 사용할 것이다.
[2] 조선민주주의인민공화국(DPRK, Democratic People's Republic of Korea)은 정식명칭이나, 일반적으로「북한(North Korea)」으로 더 많이 알려져 있다. 이 글에서는 「북한」으로 표기하겠지만, 인용문이나 외교문서에 있어서는 원문의 용어를 그대로 사용할 것이다.
[3] 조정남(2002)『북한의 재외동포 정책』집문당, p.52.

없는 길을 선택한 사람들이었다. 이들 중에는 일본인 아내와 자녀 등 일본국적자 6,731명과 중국인 가족 6명도 포함되어 있었다.

이 대규모 이주를 두고 각 국가는 다양한 명칭을 사용하고 있다. 북한과 재일본조선인총연합회(이하,「조총련」으로 표기)는 이들이 본인의 의지로 조국으로 돌아왔다고 하여 이를「귀국사업」이라고 부르며, 일본 역시 재일한인들이 고향으로 돌아갔다 하여「재일조선인 귀환사업(在日朝鮮人の帰還事業)」이라 부른다. 반면, 한국에서는 이들이 북한에 송환되었다고 하여 통상적으로「북송사업(北送事業)」이라고 한다. 이러한 명칭의 차이는 각국의 이해관계를 반영한다.

소설에서는「귀국운동」이라고 표기하고 있지만,[4] 이는 자발적 귀국이나 귀환이 아니다. 1959년부터 시작된 재일한인「대량 이주」의 본질은 일본, 북한, 조총련의 이해관계 속에서 강제적으로「보내진」것이다. 이러한 문제의식을 바탕으로, 본 글에서는「북송사업」이라는 용어를 사용하여 이 사안을 다루고자 한다.

가와사키 에이코의 이야기는 단순한 재일한인의 북송 경험담이 아니다. 이는 같은 아픔을 겪은 사람들의 증언이며, 그녀의 이야기는 그들의 고통을 대변하고 인류 보편의 가치를 지키는 마중물이다. 2018년 8월, 가와사키 에이코를 포함한 재일한인 다섯 명은 북한과 김정은 국무위원장을 상대로 손해 배상 청구 소송을 제기했다. 북송사업은 오랜 시간이 지났음에도 불구하고 여전히 불완전한 상태로 남아 있다. 법적 절차가 진행되는 동안 피의자들의 고령화로 인해 하나둘씩 사망하고 있어,

---

[4] 귀국운동은 1958년 조총련 지원 아래 재일한인들이 북한으로의 귀국을 요구한 집단적 운동을 말한다. 저자가 이를 귀국운동이라고 표기한 것은 당시 시대적 배경을 반영한 것으로 보인다.

북송된 재일한인들의 삶을 기록하는 작업이 시급한 과제로 대두되고 있다. 가와사키 에이코의 소설『일본에서「북한」으로 간 사람들의 이야기』5)는 북송사업의 실상을 생생하게 증언하는 중요한 문헌적 가치를 지닌다.

이러한 맥락에서 이 글은 소설을 통해 북송사업의 실상을 살펴보고자 한다. 작품 속 묘사를 근거로 북송사업의 전개 과정을 추적한 후, 당시 한국 정부의 외교문서를 분석할 것이다. 이를 바탕으로 우리 정부의 대응 양상과 북송사업이 지닌 정치·사회적 함의와 그것이 주는 시사점에 대해 논의한다.

2. 가와사키 에이코의 소설 속 북송: 일본에서「북한」으로 간 사람들의 이야기

북송사업에는 몇 가지 의문점이 존재한다. 25년 동안 9만 3,340명의 재일한인이 북으로 향하는 배에 몸을 실었다. 그들은 마치 안개 속으로 사라지듯 역사 속으로 자취를 감췄다. 제2차 세계대전 이후, 자본주의 진영에서 공산주의 진영으로 대규모 인구 이주가 극히 드문 상황에서, 당시 일본은 1964년 올림픽 개최와 경제 고도성장을 통해 아시아에서

---

5) 2003년 탈북한 그녀는 43년 동안 북한에 살면서 재일한인들의 삶을 직접 목격했고, 그 역사가 사라져가는 현장을 소설로 담아냈다. 이 실화 소설은 북송사업을 배경으로 하며, 신변 보호를 위해 등장인물의 이름과 정보 등을 일부 수정했다. 총 8편의 단편을 통해 북한으로 강제 이주된 재일한인들의 삶을 생생하게 보여주며, 북송사업의 실체를 고발하고 있다.『일본에서「북한」으로 간 사람들의 이야기』는 2007년 저자 가와사키 에이코의 소설『日本から「北」に帰った人の詒』을 한국어로 번역하여, 2021년 국내에 출간된 책이다.

가장 잘 사는 자유민주주의 국가였다. 그런데 재일한인의 9만 명에 달하는 사람들이 상대적으로 풍요로운 자유민주주의 국가인 일본에서의 생활을 포기하고, 사회주의 국가인 북한으로 이주하게 된 배경은 무엇일까? 누가, 어떤 정치적 목적으로 이 거대한 사업을 추진했는가? 더 나아가, 정치적 중립을 표방하는 국제적십자가 왜 인도주의라는 명목 하에 일본과 북한이 추진한 북송사업의 핵심 주체가 되었는가?

이 장에서는 가와사키 에이코의 소설과 그의 언론 인터뷰를 통해, 북송사업의 숨겨진 면면을 살펴본다.

(1) 북송 배경과 재일한인들의 삶

가와사키는 북송선을 탄 경위에 대해 여러 차례 국내외 언론과의 인터뷰에서 토로한 바 있다. 2023년 10월 31일 자 『스카이데일리 신문』 기사에 따르면, 조총련 간부가 가와사키의 자택을 방문하여 「북한은 세금도 없고, 무상의료, 무상주택, 무상교육이 제공되는 지상낙원」이라고 설명하자, 가와사키는 그 말에 이끌려 북송선에 올랐다고 한다.[6]

2015년 6월, 『자유아시아방송』과의 인터뷰에서도 그는 북송선을 탄 이유를 다음과 같이 설명하고 있다.

> 저는 일본 교토에서 태어났어요. 17살까지 교토에서 살았습니다. 제가 17살 때 고등학교 3학년이었는데 혼자서 북한으로 갔어요. 왜 가게 됐느냐면, 저는 조총련 학교에 다녔거든요. 그런데 <u>그때 당시 일본 전국에서는 귀국사업이라는 북송사업으로 들끓고 있었어요. 일본이라는 국가도 그랬</u>

---

6) 곽수연(2023.10.31.) 「도쿄고법 "북송 피해자 손배 재판권 일본에 있다"」『스카이데일리』, https://www.skyedaily.com/news/news_view.html?ID=210336(검색일: 2024. 07.15.).

<u>고 조총련은 북한의 앞잡이가 되어서, 북조선은 지상낙원이다. 모든 자유가 보장되어 있고, 모든 인권이 보장되어 있다고 선전을 했어요. 그래서 저도 가게 되었지요.</u>7)

위의 인용문에서 알 수 있는 것처럼, 일본 정부와 조총련은 당시 북송사업에 깊이 관여하고 있었다. 소설 속에서도 「그 당시 일본에서의 귀국운동은 자본주의에 대한 사회주의의 승리로서 아주 알맞은 선전 재료」8)가 되었다고 적고 있다. 그렇다면 일본 정부는 왜 북송사업에 적극적으로 관여했을까?

몇몇 주요 선행연구에 따르면, 1950년대 초 재일한인들은 일본 사회의 하층민으로 자리 잡았고, 이는 사회 치안을 교란하고 공공 재정에 부담을 주는 요인이 되었다. 따라서, 일본 정부는 재일한인들을 일본 사회에서 제거하고자 했으며, 북송사업을 통해 그 문제를 해결하려 했다는 의견이 지배적이다.9)

---

7) 이현기(2015.6.3.) 「조총련 탈북자 에이코 증언 ①」 『자유아시아방송』, https://www.rfa.org/korean/weekly_program/baa9c694-b300b2f4/fe-hk-06032015103859.html(검색일: 2024.07.16.) *인용문 속의 밑줄은 필자에 의한 것임.
8) 가와사키 에이코(2021) 『일본에서 「북한」으로 간 사람들의 이야기』[日本から「北」に帰った人の物語](리소라 옮김), 다큐스토리(원전은 2007년에 출판), p.229.
9) 오태영(2018) 「월경의 욕망, 상실된 조국-탈북 재일조선인의 귀국사업에 관한 기록과 증언을 중심으로」 『구보학보』제19호, pp.206-207. 테사 모리스 스즈키(2011) 「북한행 엑서더스를 다시 생각한다-재일조선인 귀국문제」 『일본비평』제4권, p.194.

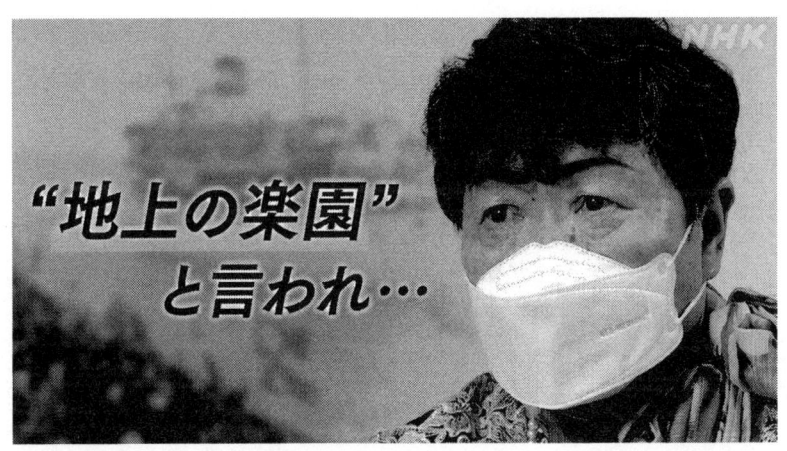

가와사키 에이코 씨가 NHK와 인터뷰하고 있는 모습(사진=『NHK』)[10]

그 시절, 재일한인들의 삶은 어땠을까? 1945년 8·15 광복 직후, 일본에 거주하던 재일한인은 약 240만 명에 달했다고 한다. 이 중 140여만 명은 귀국했지만, 나머지 약 60여만 명은 다양한 이유로 일본에 남았다.[11] 당시 일본과 연합군 최고사령부는 잔류한 재일한인에게 귀국을 권유하면서도 동시에 그들을 공공연하게 박해했다. 더욱이 1952년 4월 28일 샌프란시스코 강화 조약이 발효되면서, 일본에 거주하고 있는 한인과 대만인은 「일본국적을 갖는 자」에서 「외국인」으로 법적 지위가 변용되었다. 일본국적이 상실된 것은 물론, 재일한인들은 공영주택 입주권과 주요 사회복지에 대한 권리도 박탈당했다.

일본 법무성 입국관리국이 작성한 출입국관리와 그 실태(出入國管理とその實態, 1959)에 따르면, 약 60여만 명의 재일한인 중 약 45만 9천

---

10) 伊沢浩志(2022.3.25.) 「北朝鮮帰還事業裁判「苦しみは今も続いている」『NHK』, URA: https://www3.nhk.or.jp/news/special/jiken_kisha/shougen/shougen38/(검색일: 2024.07.16.)
11) 김용찬(2000) 「남북한의 재외동포 정책」『민족연구』제5권, pp.62-76.

여 명이 무직 상태였다.12) 재일한인 대부분은 일본인들이 꺼리는 일을 했다. 예를 들어, 토목공사장의 인부로 일하거나, 냄비 수리공으로 일했으며, 작은 곱창구이 가게, 국수 및 수제비 가게, 판매업 등을 운영하며 생계를 이어갔다.13)

소설 속 재일한인들이 일본에서의 삶이 얼마나 비참했는지는 다음의 글에서 확인된다.

> <u>조선 사람들은 자기 자신들을 엽전이라고 부르고 있었다. 그것은 일본 사람과 같은 일을 하여도, 일본인들은 지폐로 임금을 받는데 조선 사람은 쇠붙이 잔돈밖에 받지 못하는, 자기들을 비하해서 붙인 이름이었다.</u> (중략) 수십 년 이국 생활 속에서 제일 쓰라렸던 것은 「센징」(조선 사람을 멸시해서 부르는 말)이라고 멸시당하고, 자식들이 「죠셴」이라고 까닭없이 천대받는 것이었다. 신의 마음에는 망국의 괴로움과 슬픔이 까만 재가 되어 눌어붙어 있었다. 거기에서 피할 수만 있다면 신은 그것으로 족하였다. 이 배를 같이 탄 모든 사람들이 같은 마음이었을 것이다. 그래서 모두 얼굴들이 활짝 피어 있는 것이다. 늙은이도 젊은이도 「공화국으로 가기만 하면…」이라는 기대와 희망에 얼굴들이 생생하게 빛나고 있었다.14)

인용문에 등장하는 인물 「신」은 소설 속 인물인 신길진이다. 그는 경상남도의 한 가난한 집에서 태어났다. 17세에 「일본에 가서 열심히 일하기만 하면 걱정 없이 살 수 있다」라는 형의 권유에 일본으로 건너가 유리공장에서 일하게 된다. 그러나 일본에 도착한 후, 그는 재일한인으로서 차별과 멸시 속에서 고통스러운 삶을 살아야 했다. 일본인과 같

---

12) 최진욱・박영호・배정호・신상진・이래리아(2004) 『동북아 한민족 사회의 역사적 형성과정 및 실태』, p.40에서 재인용.
13) 최진욱 외(2004), 앞의 책, p.40.
14) 가와사키 에이코(2021), 앞의 책, pp.41-42. *인용문 속의 밑줄은 필자에 의한 것임.

은 일을 하면서도 동등한 대우를 받지 못하고, 자식들까지도 차별의 대상이 되는 현실은 그들에게 큰 상처를 주었다. 이러한 상황에서 북송선은 그들에게 새로운 희망의 상징으로 보였다.

일본에 온 재일한인들은 어떤 사람들이었는지 소설 속에서 확인해 보자.

> 식민지 아래 조선에서 살아갈 수 없어서 살기 위해 고향을 버리고 일본으로 건너 온 사람, 징병, 징용, 학도동원, 종군위안부 등으로 강제적으로 끌려와서 고향으로 돌아가지 못한 사람들, 모두가 일본의 밑바닥에서 생활고와 차별에 허덕이고 있었다. 내일이 보이지 않는 가혹한 현실 속에서 불량 청소년을 잡아들이면 세 명 중 한 명은 조선인이라고 했었다.15)

인용문에서 보듯이, 재일한인은 한국과 일본 사회에서 철저히 소외된 존재였다. 그들은 끊임없는 차별과 억압 속에서 어쩔 수 없이 「불량 조선인」으로 내몰릴 수밖에 없었다. 일본 정부는 이들을 해결해야 하는 「골칫거리」로 여겼다.

아래의 소설 속 내용에서도 이러한 상황을 확인할 수 있다.

> <u>일본 정부는 패전에 의해 갑자기 자기 나라 국민에게 제외된 재일조선인 문제로 골치를 앓고 있었다. 재일조선인을 쫓아버리고 싶어 UN이나 국제적십자사 등을 통해 로비활동을 하고 있었다.</u> 식민지 시대에 자기들이 데리고 와서 부려먹을 대로 부려먹고, 쥐어짤 대로 쥐어짜낸 재일조선인에 대하여 아무런 책임도 지려고 하지 않았을 뿐만 아니라 거추장스러운 존재인 재일조선인들을 제거하려고 했었다.

---

15) 가와사키 에이코(2021), 앞의 책, p.117.

> 공화국 정부와 소련을 비롯한 사회주의 진영은, 사회주의가 옳다고 세계에 과시하는 선전용으로 재일조선인 귀국운동을 이용하였다. 그들은 「자본주의로부터 사회주의에로의 민족대이동!」이라고 이름 짓고 대대적으로 선전하였다. 이렇게 각자의 이해관계가 일치하여 귀국운동은 실현되었다.16)

소설 속 인용문을 보면 일본 정부는 패전 후 재일조선인을 쫓아내기 위해 UN 및 국제적십자사와의 로비를 시도하는 한편, 식민지 시대에 자신들이 활용해 온 재일조선인에 대한 어떤 책임도 지지 않으려 한다는 사실을 알 수 있다. 또한, 공화국 정부와 소련을 중심으로 한 사회주의 진영은 이들 재일조선인의 귀국운동을 자신의 선전 수단으로 활용하면서, 「자본주의로부터 사회주의로의 민족대이동」이라는 슬로건 아래 대대적인 선전을 펼쳤다. 결과적으로 각 이해관계가 맞물리며 귀국운동이 성사되었다는 점에서, 당대의 복잡한 정치적 맥락을 엿볼 수 있다.

(2) 일본 정부와 사회주의 진영의 이해관계가 맞아떨어진 북송사업

당시 자유주의 진영에 속한 일본과 공산주의 진영에 속한 북한은 우호적인 관계가 아니었고, 국교도 없었다. 그럼에도 북송사업이 추진된 이 추진된 배경에는 복잡한 정치적 이해관계가 숨어 있다.

---

16) 가와사키 에이코(2021), 앞의 책, p.345. *인용문 속의 밑줄은 필자에 의한 것임.

1959년 12월 재일한인들을 태운 북송선이 일본 니가타항을 출발하고 있는 모습
(사진=『NHK』)17)

1954년 1월, 일본적십자는 평양의 조선적십자회에 「북한 내 일본인의 일본 귀국과 재일한인의 북송을 맞바꾸자」라는 메시지를 보냈다.18) 이는 단순한 인도주의적 교환이 아닌, 일본 정부의 사회적, 경제적 부담을 덜려는 방안이었다. 당시 일본 정계에서도 좌우 세력 모두 북송사업에 공감했다.19) 이는 일본 사회 전반에 걸쳐 재일한인 문제 해결에 대한 욕구가 얼마나 컸는지를 보여준다.

이 과정에서 일본적십자는 일본 정부와 조총련의 중재자 역할을 했다. 특히, 일본 언론은 북한을 「지상낙원」으로 미화하며 북송사업을 정당화했다. 『아사히신문(朝日新聞))』 등 여러 언론사는 북한의 천리마 운동20)을 선전했고,21) 진보 논단을 대변하는 시사 잡지 『세카이(世界)』

---

17) NHK(2022.3.25.) 앞의 기사
18) 테사 모리스 스즈키(2008) 『북한행 엑서더스』[Exodus to North Korea](한철호 옮김), 책과 함께(원전은 2007년에 출판), p.127.
19) 테사 모리스 스즈키(2008) 위의 책, pp.139-140.

는 재일한인들이 북한에서 행복하게 살고 있다는 내용을 보도했다. 이러한 언론의 선전은 재일한인들로 하여금 북송이 인도주의적이고 합리적인 선택이라고 믿게 하였다.

소설에서도 북으로 향하는 사람들의 지상낙원에 대한 기대감에 부풀어 있던 당시 분위기가 생생하게 묘사된다.

> 사람들은 이 사업을 「자본주의로부터 사회주의에로 민족의 대이동」이라고 하였다. 억압과 천대의 땅에서 「지상낙원」으로 간다고 쌍손을 들고 기뻐하였다. 한편 배 위의 승객들은 작은 깃발을 흔들어대며 「김일성 장국의 노래」를 부른 다음 각각 침실로 안내되었다. 자기의 손짐을 올려놓고 침대에 걸터앉아 쉬는 사람, 늙은이를 돌보는 자, 뛰어다니는 아이들을 달래는 사람, 친지들끼리 모여서 소리 높이 수다를 떠는 젊은이들로 각양각색이었다. 그러나 어느 얼굴 할 것 없이 활기와 희망에 차고 넘쳤다. 조선민주주의인민공화국에 닿기만 하면 모든 것이 보장될 것이라는 믿음이 있었다. 그곳에 가면 누구나 자신이 살고 싶은 곳에서 살고, 일하고 싶은 곳에서 일하며, 공부하고 싶은 곳에서 배울 수 있다고 했다. 사람은 능력에 따라 일하고 필요한 만큼 가질 수 있는 이상적인 사회로 향하고 있다는 것을 단장으로부터 학생에 이르기까지 누구도 의심하지 않았다.[22]

억압과 천대의 땅 일본을 떠나 북한으로 가는 것을 기쁨으로 여겼다. 이는 일본에서 차별과 빈곤에 시달리던 재일한인들에게 일본이 「희망

---

20) 「하루에 천리를 달린다는 말」에서 빗댄 「천리마 운동」은 김일성이 1956년 한국전쟁 이후 북한의 경제 재건을 위해 내세운 운동을 말한다.
21) 박수영(2022.4.13.) 「일 법원, 북송 손해배상 기각에도 문제 제기 계속돼」, 『자유아시아방송』, URA:https://www.rfa.org/korean/news_indepth/nk_nuclear_talks-0413 2022162101.html(검색일 : 2024.07.15.)
22) 가와사키 에이코(2021) 앞의 책, pp.10-11. *인용문 속의 밑줄은 필자에 의한 것임.

없는 땅」으로 비쳤기 때문이다. 반면 북한은 「지상낙원」으로 비쳤다. 또한 북한 정권은 귀국 비용을 전부 부담한다는 선전을 하며 재일한인들을 유혹했다.23)

결국 북송사업은 일본 정부의 사회적, 경제적 부담을 덜어줄 기회였고, 동시에 북한에는 사회주의 체제의 우월성을 선전할 수 있는 중요한 수단이었다. 이 사업은 일본과 북한의 복잡한 정치적 이해관계 속에서 탄생한 것으로, 일본 사회의 재일한인 문제 해결에 대한 강한 욕구와 북한의 체제 선전 욕구가 맞물려 있었음을 보여준다.

(3) 남한 출신 재일한인의 북송 선택 배경과 북송 이후의 삶

북송사업은 많은 이들에게 「지상낙원」이라는 환상을 심어주었지만, 그 실제는 전혀 다른 것이었다. 특히, 북송을 선택한 사람들의 98%가 남한 출신24)이라는 사실은 여러 가지 의문을 불러일으킨다. 북한과 아무런 연고도 없는 이들이 과연 「당시의 혹독한 생활 환경 때문에」, 「일본과 북한 정부, 언론의 선전」에 의해 북송을 선택한 것일까? 이 외에 다른 이유가 또 있었을까?

가와사키 에이코는 경상남도 창원 출신 아버지와 전라남도 목포 출신의 어머니를 둔 재일한인으로25) 그녀 역시 남한 출신으로 북송을 선

---

23) 황예주·박예주(2022.8.9.) 「나는 이렇게 北에 귀국했다가, 이래서 탈북해 다시 돌아왔다」『통일과 미래』 https://www.tongnastory.com/news/articleView.html?idxno=358 (검색일: 2022.07.20.)
24) 가와사키는 소설에서 북송을 선택한 사람들의 98%가 남한 출신이라고 언급하였다. 반면, 이상신(2009)은 97%라고 서술하고 있으며, 이들 중에는 4·3 항쟁을 계기로 제주도에서 온 사람들도 상당수 포함되어 있다고 한다. * 이상신(2009) 「서평: 연옥의 안과 밖: 북송(北送)과 탈북(脫北)의 이야기들」『통일과 평화』, p.342.
25) 스카이데일리(2023년 10월 31일 자), 앞의 기사

택했다. 그녀는 집안 형편이 어려웠지만, 조총련과 일본의 귀국협력 단체들이 「귀국하여 2년 후부터는 일본으로 친정 나들이를 할 수 있다」라고 선전했기 때문에 북한으로 갔다고 회고한다.26) 당시 재일한인들은 남북 분단의 현실을 충분히 인식하지 못해 「하나의 조선」이라는 정체성을 가지고 있었다. 그래서 북한에 가면 일본도, 남한도 자유롭게 왕래할 수 있다고 착각했던 것이다.27)

그러나 북송자들은 북한에 도착하자마자 속았다는 것을 깨달았다. 청진항에 도착한 순간, 환영 나온 사람들의 초라한 얼굴색과 낡은 옷차림은 그들이 꿈꾸던 「지상낙원」과는 분명히 다른 세상이었다. 그들은 북한 생활에 쉽게 적응할 수 없었다. 그들이 꿈꾸던 「지상낙원」은 실제로는 「자본주의국가에서 온 사람들은 믿을 수 없다」라는 낙인이 찍힌 차별의 사회였다. 귀국자의 개인정보에는 모두 「교양개조 대상」이라는 붉은 도장이 찍혀 있어, 이들은 처음부터 제대로 된 기회를 가질 수 없었다.

북한의 교육제도는 더더욱 불합리했다. 다음의 인용문은 북한의 교육제도가 얼마나 불합리하고 부조리한지 보여준다.

북한은 진학 때 학생 본인의 성적이 문제되는 것이 아니라, 출신성분과 부모의 직책이 기본 문제였다. 부모나 조부모가 항일투쟁에 참가했다든가 6·25 전쟁 때 공로가 있다든가 하는 것이 결정적인 역할을 하였다. 즉 그런 간판을 가진 인간은 모두 간부들이었으므로 결국 간부의 자식은 아무리 성적이 나빠도 본인이 바라기만 하면 어디든지 가고 싶은 학교로

---

26) 가와사키 에이코(2021) 앞의 책, p.350.
27) 북한에 대한 정보가 없었기 때문에 많은 이들이 온천이나 국외여행을 가듯 가볍게 가방 하나만 들고 북한으로 건너갔다고 한다. *출처: 박종철(2012.12.3.) 「귀국자를 통해서 본 북한사회 JPI정책포럼」『세미나 발표 자료(No.2012-17)』, p.7.

들어갈 수 있었다. 참으로 해괴망측한 교육제도가 횡행하고 있었다. 기식처럼 성적이 특출한 학생이라 할지라도 그 범주 내에 들지 못하면 종합대학 같은 것은 바랄 수도 없는 일이었다. 먼저 귀국한 학생들 중에서도 부모가 조총련 간부를 하는 학생은 학력에 관계없이 누구나 김일성종합대학에서 거들먹거리며 쏘다니고 있었다. 기식은 그런 현실을 이해할 수 없었으나, 아무리 노력해도 들어갈 수 없다고 하니까 할 수 없이 지방에 있는 공업대학에 들어갔다. 물론 본인에게는 말하지 않았지만 기식은 부모 때문에 평양에 거주할 대상도 되지 못했다. 이 얼마나 황당한 일인가.[28]

성적이 아닌 「출신성분」과 「부모의 직책」이 모든 것을 결정짓는 북한의 교육제도는, 아무리 뛰어난 학생일지라도 그 범주에 들지 못하면 꿈을 이루기 어려운 현실을 보여준다. 대학을 졸업한 기식은 자신의 재능을 발휘해 과학원에서 열심히 일했지만, 그 노력과 성과는 결코 공정하게 평가되지 않았다. 출신성분뿐만 아니라, 자본주의의 국가에서 왔다는 이유만으로 이들은 법관이나 경찰이 될 수 없었으며, 권력의 지위에도 오를 수 없었다.

위 인용문을 통해 일본에서 「한인」이라는 이유로 천대를 받던 사람들이 북한으로 와서는 자본주의의 국가에서 왔다는 이유로 더욱 심한 차별을 겪는다는 사실은 매우 아이러니하다. 기식의 이야기는 단순히 한 개인의 좌절을 넘어서 「지상낙원」이라고 믿고 찾아온 북한 사회가 하나의 신화에 불과하며, 그 이면에는 북한 사회의 근본적인 모순이 깔려있음을 적나라하게 드러낸다.

결론적으로 북송사업은 북한이 자본주의에 대한 사회주의의 승리로서 외형을 포장하기 위한 것이었으며, 실제로는 탄광, 광산, 농촌 등

---

[28] 가와사키 에이코(2021) 앞의 책, p.220. *인용문 속의 밑줄은 필자에 의한 것임.

중노동 부문에서 노동력을 보충하기 위한 수단이었다. 일본 정부와 언론, 국제적십자사, 조총련, 그리고 북한 정부의 이해관계에 따라 북송사업이 추진되었음을 알 수 있다. 특히 소설 속에서 25년간 이주한 9만여 명 중 남한 출신이 98%에 달한다고 언급되지만, 당시 대한민국 정부의 대응은 거의 다루어지지 않고 있다.

다음 장에서는 당시 대한민국 정부의 태도와 대응을 분석하여 소설 속 배경에 대한 이해를 한층 더 심화하고자 한다. 대한민국 정부의 역할과 반응을 조명함으로써, 그 시대의 복잡한 정치적, 사회적 맥락을 명확하게 파악할 수 있을 것이다.

3. 외교문서(1979~1981)로 본 북송사업

(1) 북송사업의 경위

북송사업에 관한 외교문서를 검토하기 전에, 먼저 북송사업의 경위를 간단히 정리하면 다음과 같다.

〈표1〉 북송사업 경위

날짜	주요내용
1958년 8월 11일	일본 가나가와현에 거주하는 재일한인들이 「집단적인 귀국 희망 의사」를 표명함
1958년 8월 13일	도쿄에서 조총련이 해방기념대회를 열고 김일성에게 재일한인의 북송을 요구함
1958년 9월 8일	김일성은 「정권 수립 10주년 기념식」에서 재일한인의 귀국을 환영한다고 발표함
1958년 9월 16일	북한의 외상 남일이 「북송 희망자는 언제든 받아들이며, 귀국 후 생활과 교육을 보장한다」라고 성명을 발표함

1958년 11월 17일	일본에서「재일조선인 귀국협회」를 결성하여 재일한인들의 북송을 지원함
1959년 4월 13일	스위스 제네바에서 북·일 적십자 간 실무협의가 열림
1959년 8월 13일	인도 칼카타에서 북·일 간 적십자 회의가 개최되어「재일조선인 송환에 관한 협정」이 체결됨
1959년 12월 14일	제1차 북송사업이 시작됨
1967년 11월 12일	칼카타 협정이 종료되고 1965년 한일수교 이후 한국 정부의 강력한 반대로 인해 북송사업이 3년간 중단됨(68~70년)
1971년 2월 5일	북·일 간 모스크바 합의서를 서명함
1971년 10월 14일	모스크바 합의서 유효기간이 종료됨
1971년 12월 17일	일본 정부는 일반 외국인의 출국을 처리하는 방식과 동일하게 북송을 계속 진행함

〈표1〉에 따르면, 북송사업은 1958년 8월 재일한인들의「집단적 귀국 희망」으로 시작되었다. 조총련계 동포들은 전국적으로「집단적 귀국실현운동」을 전개하며 귀국 의지를 강하게 표명하였다. 이러한 움직임은 결국 북한 정부의 귀국사업 공식 결정으로 이어졌고, 1959년 2월에 해당 결정이 내려졌다.

이후 1959년 4월과 8월에는 북일 간 적십자 회의가 개최되어「재일조선인 송환에 관한 협정」이 체결되었다. 이 협정은 북송사업의 법적 근거를 마련하는 중요한 계기가 되었으며, 그 결과 1959년 12월부터 1984년까지 9만 3천여 명의 재일한인들이 북송되었다. 그러나 1965년 한일수교 이후 한국 정부의 반대가 심화되면서, 1968년부터 3년간 중단되었다. 이후 1971년에 북송사업이 재개되었다.

북송사업의 근거가 되는 협정서와 합의서는 〈표1〉에 명시되어 있다. 이러한 내용은 다음 문서인 〈북송 근거 및 현황〉에서 구체적으로 다루어질 것이다.

북송 근거 및 현황[29]

1. 칼카타 협정(정규 북송)
   가. 협정효력
      o 1959. 8. 13. 일본적십자회와 "조선민주주의인민공화국" 적십자회 간에 서명
      o 발효: 1959. 11. 12.(서명 3개월 후)
      o 유효기간: 1년
      o 연장: 7회
      o 만료: 1967. 11. 12.
   나. 북송대상자(협정 1조)
      o 재일조선인(Koreans in Japan)
      o 일본국적을 취득한 조선인
      o 상기인의 배우자(미등록인 자 포함)
      o 기타 상기인의 피부양자
   다. 북송 기간 및 인원
      o 1959. 12. 14.-67. 12. 22.(1차~155차)
      o 88,611명

2. 모스코바 합의서(잠정 북송)
   가. 합의서효력
      o 합의: 1971. 2. 5. 일적과 북적[30] 간에 합의
      o 유효기간: 6개월
         (제1회 북송선의 니이가다 입항일부터 가산하여 6개월째의

---

29) 외교문서 원문을 그대로 수록하되, 띄어쓰기는 현행 표기에 맞추었다. 참고한 외교문서철은 『재일본 한국인 북한송환, 1979-81』이다. 분류번호: 797.242 1979-81 / 등록번호: 17941/생산과: 동북아 1과/생산년도: 1981/기능명칭: 재일본 한국인 북한 송환, 1979-81.
30) 「일적」은 일본적십자사를, 「북적」은 북한적십자사를 각각 줄인 말이다.

말일로 종료)
나. 북송대상자
- ㅇ 귀환 미료자(칼카타 협정 기간 중 귀환 신청 후 동 기간 내 미귀환자)

다. 북송 기간 및 인원
- ㅇ 71. 5. 14-71. 10. 22.(156차- 162차)
- ㅇ 1,081명

3. 모스코바 회담요록(사후조치 내지 일반출국)
   가. 채택: 71. 2. 5. 일적과 북적 간에 채택
   나. 내용
   제1조: 일적과 북적이 "일적과 북적 간의 재일조선인의 귀환에 관한 협정"의 기간만료에 따라, 금후 새로히 귀환을 희망하는 재일조선인의 귀환 방법에 관해 협의하였다.
   제2조: 일적과 북적은 재일조선의 귀환에 관한 일본 국내에 있어서 일정부의 조치가 다음과 같이 실시될 것을 확인하고 또한 일적은 이를 보장하였다.
   1) 귀환자 범위
      귀환을 희망하는 재일조선인(일본국적을 취득한 조선인 포함)과 그 배우자(내연관계자 포함) 및 그의 자, 기타 피부양자
   2) 출국 신청
      - 입국 관리사무소에 출원
      - 신청자에 대해 모든 출국 증명서 발급
   3) 출국 수속
      재일조선인의 귀환을 위한 출국 수속(1967. 8. 12. 법무성 고시 제1467호)에 의함.
   제3조: 일적과 북적은 재일조선인의 귀환에 관한 일·조 양 적십자 단체의 업무에 관하여 다음과 같이 합의하였다.

> 1) 일적은 니이가다의 숙박시설, 화물보관 운송, 의료, 명부작성, 북적에의 수교 등 귀환자에 필요한 뒷바라지를 함.
> 2) 북적은 2-4개월에 1회 예정으로, 일적으로부터 귀환 희망자 수가 250~300에 달하였다는 통보에 따라 배선
> 3) 일적은 북적 대표 3-4명의 재일보증인이 되며, 이들의 입국허가 취득에 필요한 수속을 함.
> 4) 일적은 북적이 출국신청자로부터 출국 신청 사실을 통보받기를 희망하고 있음을 신청자에게 주지시킴.
> 5) 일적은 선박 도착 1개월 전 출국 증명서 발급 보장
>
> 다. 유효기간: 명시되어 있지 않음.
> 라. 모스코바 회담 요록에 의한 북송 인원
>   ○ 1971.12.17(163차)~1979.3.30.(182차)
>   ○ 3,452명
>
> 북송 인원 총계 북송: 93,144명

〈북송 근거 및 현황〉이라는 제목의 문서는 1959년부터 1979년까지의 북송사업을 체계적으로 다루고 있다. 이 사업의 법적 근거는 여러 협정과 합의서를 통해 마련되었으며, 특히 1959년의 「칼카타 협정」, 1971년의 「모스크바 합의서」 및 「모스크바 회담 요록」이 중요한 기초자료로 작용하였다. 그러나 이러한 협정들은 표면적으로 북송사업의 정당성을 확보하려는 시도로 보일 수 있으나, 실제로는 이를 합리화하기 위한 수단으로 활용되었다고 추정된다.

1959년 8월 13일, 일본적십자회와 북한적십자회 간에 체결된 「칼카타 협정」은 1959년 11월 12일 발효되어 1년 동안 유효하였다. 이 협정

은 총 7회 연장되었으며, 최종적으로 1967년 11월 12일에 만료되었다. 협정 제1조에 따르면, 북송 대상자는 재일조선인, 일본국적을 취득한 조선인, 그들의 배우자 및 기타 피부양자로 규정되었다. 북송 기간은 1959년 12월 14일부터 1967년 12월 22일까지였으며, 총 155차례에 걸쳐 88,611명이 북송되었다. 1984년까지 총 93,340명이 북송되었으며, 그중 약 94.9%가 「칼카타 협정」에 따라 이루어진 것으로 나타났다.

1971년의 「모스크바 합의서」와 「모스크바 회담 요록」은 잠정 북송 및 사후조치와 일반 출국에 관한 규정을 포함하고 있다. 「모스크바 합의서」는 칼카타 협정의 연장선상에서 일시적으로 체결된 것으로, 북송 기간과 유효기간이 상대적으로 짧았다. 이는 칼카타 협정 기간 중 귀환하지 못한 인원들을 임시로 송환하려는 조치였다. 북송 기간은 1971년 5월 14일부터 1971년 10월 22일까지였으며, 총 156차에서 162차까지 1,081명이 북송되었다. 한편, 「모스크바 회담 요록」은 사후조치 및 일반 출국에 관한 내용을 다루고 있으며, 회담에서 논의된 재일조선인의 귀환 방법과 절차가 일본과 북한 간의 이전 협정이 만료된 이후에도 계속 적용될 수 있도록 하기 위한 목적이 있었다.

이상의 내용을 토대로, 외교문서에서 언급된 북송사업의 법적 근거는 여러 협정과 합의서를 통해 마련되었지만, 이러한 협정과 합의서가 실제로는 북송사업의 정당성을 확보하기 위한 최소한의 장치로 기능했다고 볼 수 있다. 특히 1959년의 「칼카타 협정」과 1971년의 「모스크바 합의서」, 그리고 「모스크바 회담 요록」은 각기 다른 시점에서 체결되었지만, 그 목적은 본질상 유사하다. 즉, 일본과 북한 간의 정치적 이해관계를 조정하고, 북송사업을 지속하기 위한 명분을 제공하는 것이었다. 이러한 관점에서 본다면, 합의서와 협정들은 표면적으로는 재일한인의 귀환을 위한 법적 근거를 마련한 것으로 보이지만, 실제로는 일본 정부와 북한 간의 복잡한 정치적 계산과 타협의 산물로 해석될 수 있다.

「칼카타 협정」의 경우, 그 발효 이후 1년 동안 총 155차례에 걸쳐 88,611명이 북송되었으나, 이는 일본과 북한 간의 외교적 관계의 변화에 따라 언제든지 중단되거나 수정될 수 있는 불안정한 상황을 내포하고 있었다. 또한 「모스크바 합의서」와 「모스크바 회담 요록」은 북송기간이 짧고 일시적이라는 점에서, 실질적으로 북송사업이 안정적인 법적 근거를 갖추지 못했음을 시사한다.

결국 이러한 협정들은 북송사업의 정당성을 확보하기 위한 표면적 장치에 불과했으며, 북송사업이 지속될 수 있었던 배경에는 일본과 북한 간의 정치적 이해관계와 외교적 협상이 깊게 얽혀있었음을 알 수 있다. 이는 북송사업이 단순한 인도적 조치가 아니라, 정치적 계산과 이해관계에 의해 복잡하게 얽혀있다는 점에서 시사점을 갖는다.

(2) 1979~1981년의 북송사업과 한국의 외교문서

1970년대와 1980년대 사이에 한국 정부가 생산한 북송과 관련된 외교문서는 아래의 〈표2〉와 같다. 1971년 북송사업의 재개와 함께 새로운 쟁점들이 부상하였으며, 이는 한국 정부의 외교 전략에 큰 영향을 미쳤을 것이다. 〈표2〉에서 확인할 수 있듯이, 「북송 재일동포의 일본 내 자유 왕래 문제」, 「귀환 의사를 변경한 재일동포 처리 문제」, 「송환 대기 중 발생한 재일동포의 탈출 사건」 등은 북송 송환에 따른 부작용과 향후 처리 문제로 주요한 관심사가 되었다. 이러한 문제들은 북송사업의 복잡성과 그로 인한 사회적 갈등을 반영하고 있다.

〈표2〉 북한송환사업 관련 한국 외교문서[31]

분류번호	문서철명	생산년도
725.1JA	북한 송환 재일동포 일본인처 자유왕래 실현문제	1974
791.242	재일본 한국인 북한 송환	1974~1975
791.242	재일본 한국인 북한 송환	1976
791.242	북한 송환 대기 재일본 한국인 김미혜 탈출사건	1977
791.242	북한 송환 대기 재일본 한국인 김태훈 일가족 탈출사건	1978
791.242	북한 송환 예정자 중 귀환 의사 변경 재일교포 처리문제	1979
791.242	재일본 한국인 북한 송환	1981

이 글에서 중점적으로 살펴볼 문서철은 『재일본 한국인 북한송환, 1979~1981』이다. 본 문서는 1979년부터 1981년까지의 재일한인 북송에 관한 외교통상부 보존문서이다. 본 글은 해당 외교문서의 내용을 자세히 검토하여, 북송사업과 관련한 정부의 전략적 대응이 어떻게 변화하였는지를 살펴볼 것이다. 이를 통해, 앞서 살펴본 소설 속 역사적 배경에 대한 이해를 심화시키고, 당시 정부의 정책 결정 과정과 외교적 맥락을 더욱 명확히 규명하고자 한다.

---

31) 1961년까지 전체 북송자의 약 80%에 해당하는 7만 4천 700여 명이 북한으로 송환되었다. 그러나 1971년 이후 15년간 4천 700여 명이 추가로 북송되는 등 70~80년대의 북송 규모가 현격히 감소하였다. 이에 따라 관련 외교문서 건수도 1950~60년대 19건에서 1970~80년대 7건으로 현저히 줄어든 것으로 판단된다. * 1950-60년대 북송사업 관련 외교문서 건수는 임상민(2023) 「재일문학과 공진하는 북송 외교문서; 김달수 『직함없는 남자』를 중심으로」, 동의대학교 동아시아연구소 편 『외교문서로 보는 재일한인의 귀환·송환·봉환』, p.319 참조.

(3) 1979년 북송사업과 한국의 외교문서

주 니가타(新潟) 총영사는 대한민국 외무부 장관에게 〈183차 북송선 출항 예정일 보고〉와 관련하여 공문을 발송하였다. 이 공문들의 취지와 내용은 거의 같다.

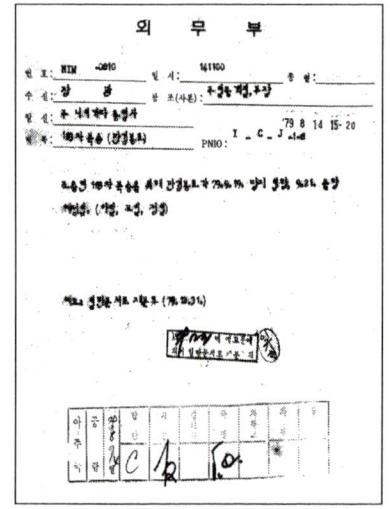
외무부 착신 첫 번째 공문
(1979년 8월 14일)

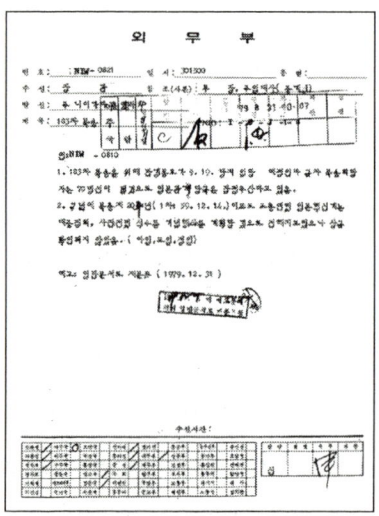
외무부 착신 두 번째 공문
(1979년 8월 31일)

첫 번째 공문은 1979년 8월 14일 자로, 〈조총련 183차 북송을 위해 만경봉호가 1979년 9월 19일 일본에 입항하여 9월 21일 출항할 예정〉이라는 내용이 담겨있다. 만경봉호는 재일한인을 실어나르는 배로, 소설과 외교문서에서 자주 등장한다. 이 배는 북송사업의 상징으로 자리 잡고 있다.

두 번째 공문은 1979년 8월 31일 자로, 183차 북송을 위해 만경봉호가 9월 19일 일본에 입항할 예정임을 알리고 있다. 이번 북송 희망자는 약 70명으로, 일본 관계 당국이 잠정적으로 추산하고 있다는 내용도 포함되어 있다. 주목할 점은, 이 공문이 1959년 12월 14일 제1차 북송사업 이후, 1979년이 북송 제20주년임을 강조하며, 조총련 및 일본 혁신계가 대중집회, 사진전 및 식수 등 다양한 기념행사를 계획하고 사실이다. 소설의 서두에서는 떠들썩한 항구 풍경이 생생히 그려지며, 조총련 계열 조선학교 취주악단이 끊임없이 「김일성 장군의 노래」를 연주하고, 부두와 사람들 사이에는 형형색색의 테이프가 드리워져 있다. 이와 같은 묘사는 마치 북송사업이 기념될 만한 경사처럼 비치게 하여, 북송사업에 대한 환상을 자아낸다. 그러나 이러한 미화된 이미지 뒤에는 북송사업의 복잡한 역사와 그 과정에서 겪는 고통이 가려져 있다. 이처럼 소설과 외교문서 모두에서 북송사업은 조총련과 일본 혁신계의 손에 의해 어떻게 미화되고 있는지를 목격할 수 있다.

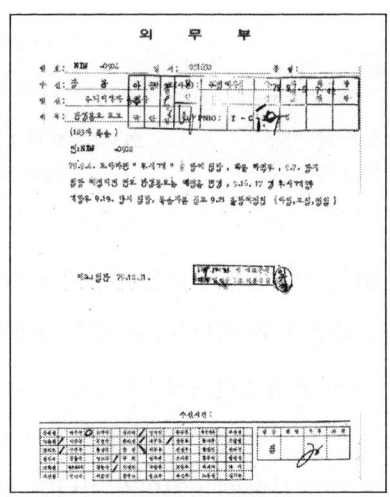

외무부 착신 세 번째 공문
(1979년 9월 6일)

세 번째 공문은 1979년 9월 6일 자로, 다음과 같은 내용을 담고 있다. 이 공문에 따르면, 만경봉호는 원래 1979년 9월 4일 도야마(富山)현 후시키(伏木) 항에 입항할 예정이었으나, 일정을 변경하여 9월 16일 또는 17일경 후시키(伏木) 항에 다시 기항한 후, 9월 19일 일본에 입항할 계획이다. 이후에는 북송자를 싣고 출항할 예정이다.

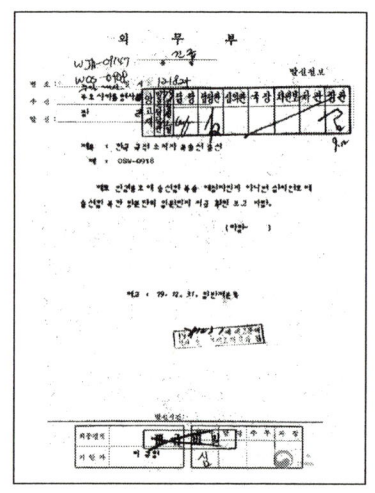 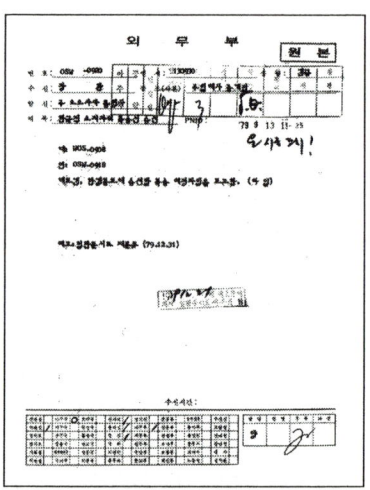

외무부 발신 네 번째 공문 　　외무부 착신 다섯 번째 공문
(1979년 9월 12일)　　　　　　(1979년 9월 13일)

이어지는 네 번째와 다섯 번째 공문은 대한민국 외무부와 주 오사카(大阪) 총영사 간의 작성된 외교문서이다. 공문서에 따르면, 외무부는 9월 12일 자로 주 오사카 총영사에게 「한국국적 소지자 북송선 승선 여부」라는 제목의 공문을 발송하였다. 이 공문에서는 대호 건(관련 문서)이 만경봉호에 승선할 북송 예정자인지 아니면 삼지연호에 승선할 북한 방문단의 일원인지를 신속히 확인하여 보고하라고 요청하였다.

이에 대한 답변으로 주 오사카 총영사는 9월 13일 자 공문을 통해 대호건(관련 문서)이 만경봉호에 승선할 북송 예정자임을 통보하였다.

이어지는 문서들은 〈한국국적 소지자의 북송선 승선 문제〉와 관련하여, 외무부 장관이 주일대사에게 발송한 공문이다.

대 한 민 국 외 무 부[32]

수신　주일대사
발신　장관

제목: 한국적 소지자 북송선 승선
　대: OSW-0918, 0920

　　대호[33] 관련, 주재국 외무성 및 법무성과 긴급 접촉하여 하기에 따라 아국[34] 입장을 표명하고, 본건에 대한 일측의 입장에 해명을 구함과 동시에 아측의 요망을 전달하고, 결과 수시 보고 바람.
　　또한 본건 한국적 소지자의 북송이 허용될 시, 국내 여론이 크게 자극될 것은 물론이고 양국관계에 바람직하지 않은 결과를 초래할 우려가 크므로 본건 저지를 위하여 귀관 및 산하관계 총영사관을 동원하여 최대의 노력 바람.

　　1. 아측 입장
　　　가. 소위 59년 칼카타 협정, 71.5. 모스코바 합의서 및 71.12. 모스코바 회담 요록에 의거 일측[35]이 북송을 허용해 온 것을 아국이

---

32) 외교문서 원문을 그대로 수록하되, 띄어쓰기는 현행 표기에 맞추었다.
33) 대호(對號)는 일본에서 유래한 한자어로, 우리말로 「관련 문서 또는 관련 문서 번호」를 뜻한다.
34) 아국(我國)은 우리나라를 지칭하는 말이다. 아래 문장에 나오는 아측은 우리나라 측을 가리킨다.

계속 반대해 왔음에도 불구하고 아직도 북송이 계속되고 있음은 대단히 유감스러움.

나. 특히 금번 한국국적 소지자 8명이 북송선 승선 신청을 하였다는데, 만약 그것이 사실이고 일측이 이들의 북송을 허용하는 사태가 발생한다면 그간 칼카타 협정이나 잔무처리 목적의 북송마저 끝난 현시점에서, 이제는 국적을 한국으로 명백히 하고 있는 사람까지 북송대상에 확대시키는 결과가 되어 이는 소위 북송사업의 ESCALATION 이라는 중대한 사태로 됨.

다. 한국적 교포까지 북송대상에 확대시키는 경우 이는 일본을 근거로 한 북괴의 대남적화 공작과 관련, 한국의 안보에 위협을 초래함은 물론, 한국민의 북송은 아국 국민의 감정을 자극하여 양국관계를 크게 저해할 것이 우려됨.

라. 따라서 북송사업 자체가 즉각 중지되어야 함은 물론 한국적 교포의 북송은 여하한 경우에도 허용되어서는 안 될 것임.

2. 일측 입장 해명 요구 및 아측 입장 전달 사항

가. 소위 북송에 관련된 1971년 일적과 북적 간의 모스코바 회담 요록이나 1967년 법무성 고시에 따르면 "재일조선인"이 그 대상자임에 비추어 금번 경우 한국국적의 재일한국인도 소위 북송의 대상이 되는지에 대한 일측의 입장 해명을 요구함.

나. 1971. 2. 26일 자 외무성 구상서36)로 일측이 소위 칼카타 협정을 연장하거나 새로이 체결할 의향이 없고, 새로이 출국을 희망하는 자가 다수에 달하지 않으면 사실상 북송배선이 불가능함을 밝혔고 동일자 아이찌 당시 외상이 당시 이호 주일대사에 잔무처리를 위한 잠정조치 후의 배선은 북송 희망자가 250-300명에 달하지 않을 경우 실제 배선 요청이 없을 것이라고 밝힌 바 있음에도 불구하고, 최근 희망자가 100명 미만임에도 빈번히

---

35) 일측은 일본 측을 가리킨다.
36) 구상서는 말로 설명한 내용을 기록하여 상대국에 전달하는 외교문서를 말한다.

배선이 되고 있는바 이에 대한 해명을 구함.
다. 본건 8명의 북송선 승선 신청에 관련된 제반 사실관계 및 경위를 문의하고 특히 동인들에게 출국 증명서 및 니이가다 입국심사관으로부터의 출국 승인 발급 여부를 지급 확인해 줄 것을 요망함.
라. 만약 상기 8명을 포함한 한국적 교포에 대한 북송에 관련된 절차가 진행 중인 경우 즉각 이를 중지해줄 것과 여하한 경우에도 한국적 소지자에 대한 북송은 허용치 말 것. (아일)

본 외교문서는 한국 정부가 일본 정부에 대해 명확한 태도를 밝히고, 일본 측에 대한 해명을 요구하는 내용을 포함하고 있다. 한국 외무부는 일본의 북송 허용에 대해 구체적인 해명을 요구하며, 한국국적 소지자의 북송이 허용될 경우 국내 여론 및 양국 관계에 미칠 심각한 부정적 영향을 경고하고 있다. 특히 외무부는 북송사업의 즉각적인 중지를 촉구하며, 한국국적 교포의 북송이 절대적으로 허용될 수 없음을 명시하였다.

한국 정부의 태도는 이어지는 문서에도 명확히 드러난다.

자료[37]

1. 71. 2. 26일 자 구술서에서 일정부는 칼카타 협정의 연장이나 새로운 협정체결을 할 생각이 없다고 하였으나, 유효기간이 무한정한 모스코바 회담요록(71. 3. 5)에 따라 사실상 칼카타협정 내지 일정부의 의도대로 북송을 계속해 왔음.
2. <u>모스코바 합의서에 의한 북송이 종료된 후의 재일조선인의 북송은 재일 일반 외국인의 출국과 마찬가지로 취급된다고 해 놓고 일적</u>

---

[37] 외교문서 원문을 그대로 수록하되, 띄어쓰기는 현행 표기에 맞추었다. *문서 속의 밑줄은 필자에 의한 것임.

과 북적이 여전히 북송사업을 전개하고 있는 것은 인도주의라는 명분하에 재일동포를 강제적으로 출국시키고 있다는 비판을 면키 어려움.

3. 모스코바 합의서에 의한 소위 잔무처리로서의 귀환 미료자 북송 종료 후, 새로운 출국 희망자에 대한 배선은 정기적이 아니며, 따라서 출국 희망자 수가 다수에 달하지 않으면 사실상 배선은 정지하게 된다고(71. 2. 26일자 일측 구술서 아북 제29호)하고 당시 아이찌 외상도 주일 이호 대사에게 북송 희망자가 250-300명 정도가 되지 않는 한 일본적십자가 북괴에 배선 통지를 하지 않도록 할 것이므로 실제로는 배선이 없을 것이라고 말한 바 있으나 일측은 이를 지키지 않았음.

4. 일측이 내세우는 북송 이유가 기본적 인권에 근거한 거주지 선택의 자유와 외국인의 출국 자유 존중라고 하나 북송의 근본 원인이 재일교포의 생활 안정 문제를 일본 정부가 소홀히 다룬 데 있다는 점을 직시하여야 함.

5. 자유로운 사회에서 자유로운 생활을 영위하는 사람을 폐쇄적이고 통제된 사회로 북송하는 것은 인도주의에 어긋남.

6. 대한민국은 한반도의 유일 합법정부이며, 북한 공산주의자는 대한민국을 무력으로 전복시키려는 정책을 추구하고 있는 만큼 우리는 한국 국민의 북송을 반대함.

    가. 북송으로 한국 국민의 대일감정 악화 및 불신감을 증대시키고 결과적으로 한·일 우호 협력관계를 저해하게됨.

    나. 재일한국인은 일법무성 외국인등록 국적 표기에 있어 조선이든 한국이든 모두 대한민국 국민이며, 단지 조선적은 실제에 있어 조총련의 속박에 매여있다는 점 이외는 한국적 재일동포와 차이가 없음. 따라서 한국 정부는 소위 재일조선인(조총련계)의 북송을 처음부터 강력히 반대하여 왔으며, 더구나 한국적의 재일동포가 북송되는 것은 법적인 문제에서뿐만 아니라 한·일 간의 정치·외교적인 친선 우호 관계에 비추어서도 용납될 수가 없는 것임.

다. 북송 루트는 북괴의 대한민국 안보를 저해할 목적에 이용될 수 가 있으며, 따라서 북송 계획의 계속적인 실시는 양국우호 협력 관계 증진에 심히 저해될 것임.
라. 과거 북송 교포가 북송 직전에 탈출하거나 북송 후 간첩으로 남파되었다가 자수한 사건 등을 볼 때 인도주의 명목하의 북송 이 잘못된 것임을 알 수 있음.

〈자료〉라고 적힌 위의 문서를 보면, 일본은 과거「칼카타 협정」의 연장이나 새로운 협정체결에 대해 부정적인 견해를 밝혔으나「모스크바 회담 요록」에 따라 북송을 지속해 왔다. 모스크바 합의서에 따른 북송이 종료된 후에도 재일한인의 북송은 지속되었으며, 이는 일본 정부가 재일한인을 강제적으로 출국시키고 있다는 비판을 받고 있다. 일본 정부는 거주지 선택의 자유와 외국인의 출국 자유 존중을 북송의 이유로 내세우고 있지만, 이는 재일한인의 생활 안정 문제를 소홀히 다룬 책임을 회피하기 위한 것임을 지적하였다. 자유로운 사회에서 통제된 사회로의 북송은 인도주의에 어긋난다고 주장하였다.

대한민국은 한반도의 유일 합법정부로서, 북한 공산주의자가 대한민국을 무력으로 전복시키려는 정책을 추구하고 있는 상황에서 재일한인의 북송을 반대하였다. 북송은 한국 국민의 대일감정을 악화시키고 불신감을 증대시키며, 결과적으로 한일 우호 협력관계를 저해할 것이라고 경고하였다. 재일한인은 조선국적이든 한국국적이든 모두 대한민국 국민이며, 조선국적은 조총련의 속박에 매여있다는 점 외에는 한국국적 재일동포와 차이가 없음을 강조하였다. 따라서 한국 정부는 재일한인의 북송을 강력히 반대하였으며, 한국국적 재일동포의 북송은 법적, 정치적, 외교적으로 용납될 수 없음을 밝혔다.

한국 정부는 또한 북송 루트가 북한에 의해 대한민국 안보를 저해할 목적으로 이용될 수 있으며, 북송계획의 지속적인 실시가 양국우호 협력관계 증진에 심각한 저해가 된다고 경고하였다. 과거 북송된 동포가 간첩으로 남파되거나 자수한 사건 등을 고려할 때, 인도주의 명목하의 북송이 잘못된 것임을 지적하였다.

결과적으로, 한국 정부는 일본 정부에 재일한인의 생활 안정을 보장하고, 강제적인 북송을 중단할 것을 지속해서 요구하고 있다. 인도주의와 국제법을 준수하는 것이 한일 양국의 우호 관계를 계속 유지하는 데 필수적이라는 점을 강조하면서, 한국 정부는 재일한인의 인권 보호와 안전을 최우선으로 고려할 것을 촉구하고 있다.

아래의 〈일측 제시사항에 대한 대응〉이라는 제목의 외교문서를 보면, 일본 측의 불합리한 북송 정책에 대한 비판 내용을 담고 있다.

일측 제시사항에 대한 대응

1. 북송된 선례가 있었다라는 점.
    - 아측이 파악하고 있기로는 금번이 처음
    - 과거에 있었다는 것은 매우 유감스러운 새로운 사태 파악임.
    - 도대체 어떻게 한국민을 한국에 일언반구 통고 없이 일본이 자의적으로 처리할 수 있는 가.
    - 선례가 있었다니 그간 얼마나 북송되었는지 즉각 명단 통보하여 줄 것

2. 한국적자라도 자의로 북송 의사 밝힌 자에 대하여는 거주지 선택, 인도적 견지에서 북송 불가피라고 하는 점.
    - 출생지/본적지 등을 검토해 보았는가 (북한 무연고)

- 자유의사로 간주할 수 없음 (조총련의 악랄한 활동)
  (시이나 메모상 "반한단체 활동 일본 국내법상 적의 규제" 즉 반한단체가 있다는 것은 분명)
- 그렇다고 이들이 정치적 망명자인가? 천재지변에 의한 난민 본국 송환인가?
- 일측이 북송 중지에 성의 없는 것은 알고 있으나 진정 인도적 견지라면 북한 실정을 잘 알고 있는 귀국으로서는 당연히 아국으로 인도(引渡)해 주어야 할 Moral Obligation
- 자국민에 대한 보호권 (영사 관계 비엔나 협약)

3. 재일조선인은 한반도 출신자를 의미하는 것으로 해석하여 왔다는 점.
   - "65. 한·일 기본관계에 관한 조약 중 일본 거주 대한민국 국민의 법적 지위" 내용상 "대한민국 국민" 기술사항
   - 우리가 이해하고 있는 "대한민국 국민"이라는 개념은 바로 일본에 거주하는 "한반도 출신자" 의미
   - 그렇다면 재일조선인=대한민국 국민이라는 개념인가?
   - 또한 71.12. 회담 요록상 "일본 적십자사와 조선인민민주공화국 적십자사 간에 재일조선인의 귀환 문제 …… 협의"
   - 일본측 해석에 따르면 일적-북적 간에 "일본 거주 한반도 출신자"의 북송문제를 협의한 폭이 되는데, 어떻게 남의 나라 국민의 소위 귀환 문제를 협의할 수 있는가?
   - 따라서 용어 해석상 "재일조선인"은 한반도 출신자로 볼 수 없고, 더구나 그 범주에 한국적 소지자가 포함되지도 않고, 포함될 수도 없음.

4. 과거부터 일적-북적 간 약정에 의거한 Routine한 처리였다는 점.
   - 외국인의 출입국이 분명 정부 간 국가적 차원의 문제인데 단순히 적십자 간의 Routine 업무처리라는 이유 마땅치 못함.

위의 문서 내용을 드러난 바와 같이, 한국 정부는 일본이 과거 북송한 한국 국민에 대한 새로운 사실을 확인하고, 깊은 유감을 표명하였다. 이와 같은 유감 표명은 단순한 형식을 넘어, 각 사안을 면밀히 분석할 필요가 있다.

첫째, 일본이 한국 정부에 통지 없이 한국민을 자의적으로 처리한 사실은 외교관계에서의 기본적인 절차를 위반한 것으로, 이는 일본 정부의 외교적 태도가 자의적이고 불합리하다는 점을 시사한다. 통보와 협의는 외교관계에서 필수적인 요소이며, 이를 무시한 것은 심각한 외교적 결례로 해석될 수 있다.

둘째, 일본 측은 한국국적자라도 스스로 북송 의사를 밝힌 경우에 대해 거주지의 선택과 인도적 견지에서 북송이 불가피하다고 주장하고 있다. 그러나 이러한 주장은 논리적 비약으로 보인다. 특히, 북한과 무연고인 출생지와 본적지를 충분히 검토했는지에 대한 의문이 제기된다. 조총련의 선전으로 인해 이들의 의사는 자유의사로 간주될 수 없으며, 일본 정부는 이들이 정치적 망명자인지 아니면 천재지변에 의한 난민인지에 대한 명확한 판단을 회피하고 있다. 이러한 태도는 인도적 책임을 외면하는 것으로 비춰질 수 있으며, 일본이 진정으로 인도적 견지에서 접근하고자 한다면 한국으로 인도해야 할 도덕적 의무를 간과하고 있는 것으로 평가될 수 있다. 자국민에 대한 보호권은 영사 관계 비엔나 협약에 명시되어 있으나, 일본이 이를 무시하고 있다는 점은 주목할 필요가 있다.

셋째, 재일조선인이 한반도 출신자를 의미한다는 일본 측의 주장은 혼란을 초래하고 있다. 1965년 한·일 기본관계에 관한 조약에서 일본 거주 대한민국 국민의 법적 지위가 명시되어 있으며, 이는 일본에 거주하는 한반도 출신자를 의미한다. 그러나 일본 측의 재일조선인과 대한민국 국민 개념의 혼재는 일본 정부의 정책 일관성을 의심하게 만든다. 일본 적십자사와 북한 적십자사 간의 회담에서 재일조선인의 귀환 문제를 논의한 사실은 일본이 남의 나라 국민의 귀환 문제를 협의할 권한이 있는지를 심각하게 의문시하게 만든다. 일본은 이러한 문제를 단순한 행정 절차로 간주할 것이 아니라, 국제적 맥락에서 진지하게 재검토해야 할 것이다.

마지막으로, 일본이 과거부터 북송을 일상적인(routine) 처리로 간주한 것은 문제로 지적될 수 있다. 외국인의 출입국 문제는 국가 간의 중요한 사안이며, 이를 적십자 간의 단순한 루틴으로 다루는 것은 부적절하다. 일본 정부는 이러한 문제를 간과하지 말고, 인도적 관점과 국제법적 관점에서 신중하게 접근해야 할 필요가 있다. 이는 한국과 일본 간의 문제가 아니라, 전 세계가 주목해야 할 인권 문제로서 심각하게 다루어져야 한다.

이러한 맥락에서 1979년 북송사업의 주요 사건을 정리해보면, 한국 국적을 보유한 12명이 북한송환을 신청한 사실이 두드러진다. 한국 정부는 이에 대해 명확히 반대 입장을 표명하고 재일한인의 송환 중지를 요청하였다. 그러나 같은 해 10월 발생한 10·26 사태로 인해 관련 항의 구술서의 전달이 보류되면서, 한국 정부의 소극적인 대응이 드러났다. 이는 단순한 외교적 대응을 넘어, 정부의 위기관리 능력과 정치적 판단이 얼마나 부족했는지를 보여주는 사례로 해석될 수 있다. 이러한 상황은 향후 외교 전략에 대한 심각한 반성을 요구하며, 보다 적극적이고 일관된 대응이 필요함을 시사한다.

(4) 1980년 북송사업과 한국의 외교문서

동 문서철에는 184차 북송과 관련된 주 니가타(新潟) 총영사와 대한민국 외무부 간의 주요 공문들이 포함되어 있다. 이를 요약하면 다음과 같다.

첫 번째 공문은 1980년 3월 25일 자 공문으로, 니가타 총영사는 대한민국 외무부 장관에게 세 가지 중요한 내용을 보고하고 있다. 첫째, 1976년 이후 매년 3월과 9월에 두 차례씩, 6개월 간격으로 배선을 시행해왔다는 점을 서술하고 있다. 둘째, 184차 북송이 5월 하순경에 예정되어 있다는 점을 알리고 있다. 셋째, 6개월 간격 배선을 연 1회로 변경하는 문제에 대해 북한과 일본 적십자간의 협의가 진행 중이라는 미확인 정보가 포함되어 있다.

두 번째 공문은 1980년 4월 17일 자 공문으로, 북송선 출항 예정 날짜가 5월 30일로 설정되었으며, 예상 인원수가 60~70명에 이를 것이라는 보고가 담겨있다.

세 번째 공문은 5월 31일 자 공문으로, 5월 30일 오후 4시에 만경봉호가 북송자 40명을 싣고 출항한다는 내용을 포함하고 있다.

네 번째 공문은 6월 4일 자 공문으로, 북송자 중 5명이 한국국적 소지자임을 보고하고 있다. 추가로 6월 공문에는 184차 북송자 명부 송부와 함께 북송 시의 환영 및 환송사 녹음테이프가 별첨된다는 내용이 포함되어 있다.

1980년 북송사업과 관련된 외교문서의 내용을 종합적으로 정리하면, 공문들은 북송사업의 진행 상황을 상세히 보고하고 있음을 확인할 수 있다. 즉, 북송선의 출항 날짜, 북송자 인원수, 그리고 한국국적 소지자의 수와 관련된 정보를 제공하고 있었다.

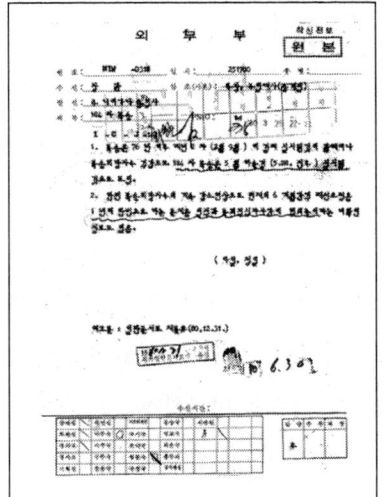

외무부 착신 첫 번째 공문
(1980년 3월 25일)

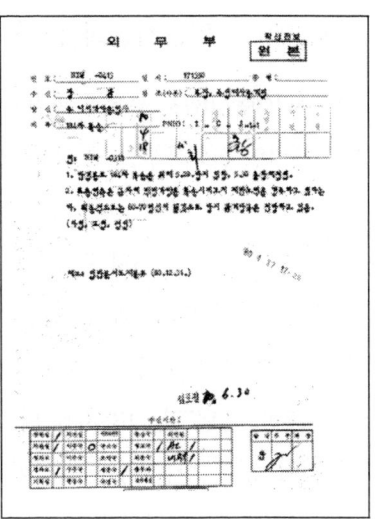

외무부 착신 두 번째 공문
(1980년 4월 17일)

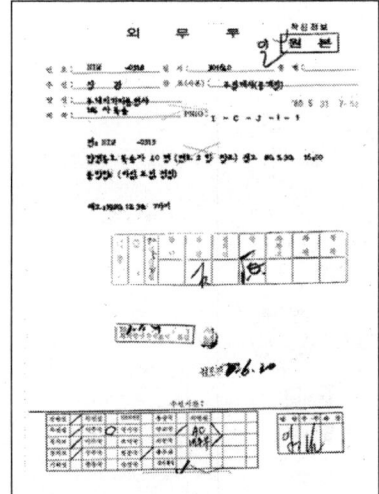

외무부 착신 세 번째 공문
(1980년 5월 31일)

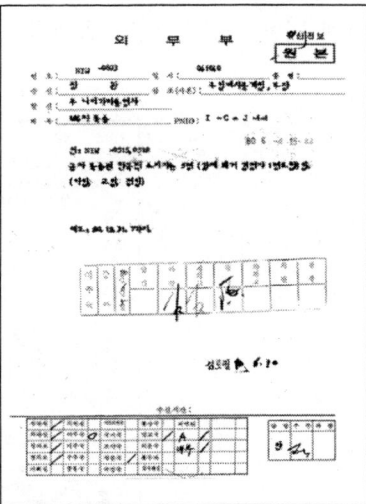

외무부 착신 네 번째 공문
(1980년 6월 4일)

(5) 1981년 북송사업과 한국의 외교문서

1981년에는 185차 북송과 관련된 외교문서가 포함되어 있다. 10월 14일자로 대한민국 외무부는 국가안전기획부장에게 〈북송자 명단 송부〉라는 제목의 공문을 발송하였다. 이 공문에서는 1981년 9월 25일 만경봉호로 니가타항을 출발한 185차 북송자 38명(일본인 4명 포함)의 명단을 보낸다는 내용이 담겨있다. 본래 44명이 북송을 희망하였으나, 희망자 중 일부가 사정으로 연기 또는 중지하여 최종적으로 38명이 북송되었다고 보고하고 있다. 또한, 금년도는 185차를 마지막으로 북송을 마감하였다는 내용이 포함되어 있다. 다른 공문들도 이와 비슷한 내용을 담고 있다.

1959년부터 1984년까지 25년 동안 총 187회의 북송선이 운항된 가운데, 1981년의 185차 북송선은 사실상 북송사업이 거의 막바지에 접어들었음을 의미한다. 동 문서철의 185차 북송과 관련해서 한국국적 소지자에 대한 언급이 전혀 발견되지 않는다.

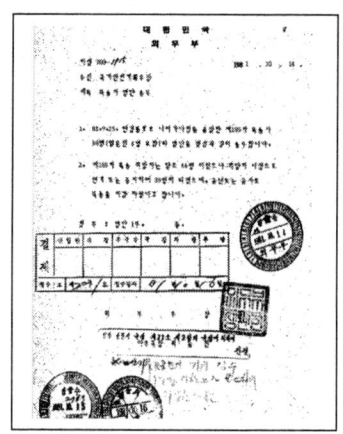

외무부 발신 공문
(1981년 10월 14일)

이 장의 내용은 다음과 같은 중요한 시사점을 담고 있다.

첫째, 1979년부터 1981년까지의 외교문서는 총 114쪽이었으며, 연도별로는 1979년에 87쪽, 1980년에 15쪽, 1981년에 12쪽이었다. 특히 1979년의 문서가 전체 문서의 약 76.32%를 차지하는 것은 주목할 만한 사실이다. 이러한 높은 비율은 외무부가 일본 대사관에 재일한인의 북송에 대한 항의 구술서를 포함했기 때문으로 해석된다. 그러나 당시 박정희 대통령이 시해되었던 10·26 사태로 인해 구술서 전달이 보류되면서, 이후 문서의 비중은 급격히 감소하고 내용 또한 형해화된 것으로 보인다. 이는 한국 정부가 외교적 대응을 충분히 준비하지 못했음을 반영하며, 정치적 사건이 외교 정책에 미치는 영향을 명확히 드러낸다.

둘째, 한국국적 소지자의 수는 1979년에 12명, 1980년에 5명으로 나타났다. 이는 1971년 이전의 1차 북송 인원수보다 현저히 적은 수치이다. 이러한 수치는 북송사업의 전개가 점차 감소하고 있음을 시사한다.

셋째, 이 시기에 작성된 공문들은 모두 한국국적 소지자의 북송을 반대하는 견해를 밝히고 있으며, 그 취지와 내용은 유사하였다.

결론적으로, 1979~1981년의 한국 외교문서들은 북송사업이 일본과 북한의 정치적 이해관계 속에서 추진되었음을 명확히 입증한다. 당시 한국 정부는 외교적 대응을 통해 재일한인의 북송 반대 태도를 분명히 밝혔으나, 정치적 불안정성으로 그 효과는 제한적이었다. 즉, 한국 정부의 태도는 표면적으로 강력했지만, 동시에 이러한 일관된 입장이 실제 정책으로 이어지지 못한 것은 심각한 한계를 드러낸다. 이러한 맥락에서 보면, 북송사업은 국내외의 복잡한 정치 역학 속에서 형성된 역사적 산물로, 오늘날에도 여전히 중요한 교훈을 제공하는 사례라고 할 수 있다.

4. 나가며

북송사업은 단지 역사의 한 페이지로 치부될 수 없는 비극적 사건이다. 가와사키 에이코의 소설을 통해 드러난 이 사업의 실상은 많은 이들에게 충격을 안겨주었다. 이 글은 「25년간 9만 3천여 명의 재일한인이 자본주의 진영에서 사회주의 진영으로 대규모 이주해야만 했던 배경」에 대한 문제의식에서 시작되었다. 9만 3천여 명의 재일한인들이 북한으로 이주한 사실은 한국 전쟁 당시 발생한 납북자 수와 맞먹는 규모로,[38] 그중 90% 이상이 남한 출신이라는 점에서 이 사건은 단순한 이주가 아닌 깊은 정치적 맥락을 지닌 것이다. 필자는 이들의 대규모 이주가 단순한 이주가 아니라 「정체성 회복의 과정」이 아닐까 생각해본다. 전후 일본 사회와 분단된 남북 사회에서 이들은 끊임없이 포섭되면서도 동시에 배제되는 이중적 상황에 놓여 있었다. 이러한 경험은 이들의 정체성 형성에 큰 영향을 미쳤을 것이다. 일본 사회에서 소속감을 잃고 외부의 압박 속에 살아온 이들은 이러한 북송사업을 통해 잃어버린 정체성을 찾고자 하는 간절한 욕망을 품게 되었을 것이다. 그러나 이 과정에서 일본과 북한 정부, 조총련, 적십자, 일본 언론 및 지원 단체들은 이들의 정체성과 귀속 문제를 더욱 어렵게 만들었다. 이들은 재일한인이 느끼는 정체성의 혼란을 증폭시키며, 그들의 역사적 경험을 단순한 정치적 도구로 전락시켰다. 한국 정부 또한 이 과정에서 간과할 수 없는

---

38) 사단법인 북한 인권 김태훈 이사장은 2023년 9월 19일 (NGO 모두모이자)가 주최한 「북송 재일교포와 그 가족 일본인들의 강제 실종 문제 해결을 위한 세미나」에서 "사각지대에 놓인 재일동포는 규모 면에서 10만여 명에 달하는 6.25 전시납북자와 맞먹는 숫자입니다"라고 말했다. *출처: 김연주(2023.9.20.) 「억류 북송재일교포 10만⋯한·일 공동 귀환 운동 나설 때」『스카이데일리』, https://skyedaily.com/news/news_view.html?ID=206534(검색일: 2024.08.01.)

책임이 있다. 이러한 복잡한 상황은 필자를 비롯하여 많은 사람에게 재일한인의 정체성과 소속 문제에 대해 깊은 고민을 하게 만들었다.

이승만 정권 시절, 한국에서는 재일한인 북송 규탄 국민대회가 개최되었지만, 이후 한국 정부의 공식적인 대응자료는 매우 부족한 실정이다. 특히, 가와사키 에이코의 소설 속에서도 한국 정부의 구체적인 대응에 대한 정보가 부족해, 독자들은 한국 정부의 태도에 의문을 가질 수밖에 없다. 1971년 이후 북송사업의 재개는 새로운 쟁점들을 부각했다. 북송 송환에 따른 부작용과 향후 처리 문제 등은 가와사키가 소설을 통해 전달하고자 하는 문제의식과 깊은 연관이 있다. 저서의 원서가 2007년에 출판되었음을 고려할 때, 북송사업이 종료되는 시점에서 한국 정부의 대응 전략을 규명할 필요성이 제기된다.

이에 본 글은 1979~1981년의 한국 외교문서에 주목하여 당시 한국 정부의 대응 전략을 규명하고자 했다. 이 시기의 외교문서를 살펴보면, 북송사업은 단순한 귀국 과정이 아닌 복잡한 정치적 역학관계가 얽힌 상징적인 사건임을 알 수 있다. 한국 정부는 북송사업에 대해 강한 반대의견을 표명했음에도 불구하고, 「조용한 외교」라는 딜레마에 직면해 있었다. 정부는 북송사업이 자국민의 인권을 침해하고 있다는 사실을 인식하고 있었지만, 이에 대한 대응은 여전히 소극적이었다. 일본 정부에 재일한인의 북송 반대의 태도를 명확히 표명했음에도 불구하고, 이러한 일관된 입장이 실제 정책으로 이어지지 않는 한계가 존재한다. 특히 1979년 10·26 사태 이후 정부의 대응이 미완으로 남은 것은 이 문제의 단적인 예라 할 수 있다. 이는 한국 사회가 북송자의 문제를 인권의 관점이 아닌 정치적 소재로 인식하기 때문일 것이다.

한 가지 주목할 점은, 북송사업은 그 용어의 복잡성에서 나타나듯이 일본과 북한의 정치적 이해관계와도 깊이 연결되어 있다는 사실이다. 1979년 12월 17일 자『아사히신문』의 기사(「북조선 귀환 20년(北朝鮮帰還二十年)」)에서는 일본 정부가 북송사업을 인도적 차원에서 추진했다는 주장이 결국 일본과 북한의 정치적 목적을 위한 수단에 불과했음을 드러내고 있다.

> 북한으로의 귀환은 남북한의 대립, 일본 정부의 대남·대북 정책, 치안 대책 등 「정치」적 압력에 지속해서 노출되었다고 할 수 있다. 그럼에도 북한으로의 귀환이 「거미줄 같은 가는 실」처럼 이어져 온 이유는, 일본과 북한 양측의 관계 단체와 지원 단체들이 인도적 차원에서 노력해왔기 때문이다. 이들은 위기 때마다 정치의 벽을 뚫어 왔다. 북한 귀환의 역사는 인도주의가 때로는 정치에 승리할 수 있음을 보여준다.[39]

당시 일본 정부는 북송사업을 통해 자국 내 재일한인 문제를 해결하고, 국내 정치적 안정을 꾀하려 했다. 반면 북한은 북송자들을 통해 사회주의 건설에 필요한 인력을 충원하고, 체제 선전에 활용하고자 했다. 이처럼 두 나라의 정치적 이해관계가 얽힌 북송사업은 단순한 인도적 조치가 아니라, 복잡한 정치적 계산의 결과로 태어났다. 결국, 북송사업은 인권과 인간의 존엄성을 고려하기보다는 각국의 정치적 이해와 이익을 우선시한 결과로 탄생한 산물임을 명확히 보여준다.

그렇다면 북한에 남아 있는 북송자들을 위해 우리는 어떻게 해야

---

39) 『아사히신문』 1979년 12월 17일 자의 제목은「북조선 귀환 20년(北朝鮮帰還二十年)」이다. 이 기사는 동 문서철에 수록된 내용을 참고하였으며, 이 글의 발췌문은 일본어 기사의 일부를 한국어로 번역한 것이다.

하는가? 현재 북한에 남아 있는 북송자들은 심각한 인권침해에 직면해 있는 상황이다. 이러한 상황 속에서 일본 정부는 북한에 의한 일본인 납치사건40)을 공론화하며 피해자로서의 목소리를 높이고 있지만, 북송사업에 대한 책임은 철저히 회피하고 있다. 납치사건에서는 일본이 「피해자」였던 반면, 북송사업에서는 일본이 「가해자」의 위치에 있기 때문일 것이다. 한국 정부 역시 북송의 실체를 정확히 규명하고 이를 명확히 인식할 필요가 있다. 몇 년 전, 북한 여행을 갔다가 징역 15년을 선고받은 미국 대학생의 사례41)가 국제적으로 공론화된 것처럼, 북송사업의 실체도 널리 알려져야 한다. 25년 동안 북한으로 9만여 명의 삶은 여전히 미비한 인식 속에서 잊혀지고 있으며, 이로 인해 많은 이산가족이 발생했고, 북한으로 간 사람들의 생사 및 행방은 불투명한 상태이다. 북송한 9만 3천여 명의 재일한인들은 일본이라는 이국땅에서 재일한인으로서의 정체성을 지키며 살아온 사람들이다. 이들의 경험과 고통에 대한 우리의 태도는 과거의 역사를 되짚는 것을 넘어, 현

---

40) 북한에 의한 일본인 납치사건은 1970~80년대 일본 서부 해안을 중심으로 발생한 원인 불명의 실종 사건들을 말한다. 당시 일본 경찰은 행방불명의 원인을 규명하지 못했으나, 이후 망명한 북한 공작원의 증언 등을 통해 북한이 관련되었음이 밝혀졌다. 특히 1987년 대한항공 858편 폭파 사건의 주범 김현희는 북한에 「이은혜」라는 일본인 여선생이 존재한다고 증언했다. 일본 정부는 1991년부터 북한을 상대로 이 문제를 계속해서 제기해왔지만, 북한은 이를 부인했다. 이 문제가 다시 주목받은 것은 2002년 9월, 고이즈미 준이치로 당시 일본 총리가 평양을 방문해 김정일 국방위원장과의 1차 북일 정상회담을 가지면서였다. 이 회담에서 김정일 국방위원장은 처음으로 북한의 납치 사실을 공식 인정하고 사죄했으며, 재발 방지를 약속했다. 이는 일본과 북한 간의 긴장 관계에 중대한 전환점을 마련한 사건이었다.

41) 북한 관광 중 북한 당국에 체포된 미국 대학생 오토 웜비어가 17개월 동안 억류된 후 혼수상태로 고향에 돌아왔다가 결국 숨진 사건을 말한다. 건강하던 20대 청년이 북한에 장기간 억류되었다가 혼수상태로 풀려난 직후 사망한 이 사건은 미국 사회에 큰 파장을 불러일으켰을 뿐만 아니라, 국내 언론에서도 대대적으로 보도되었다.

재와 미래의 인권 문제를 해결하는 중요한 교훈으로 삼아야 할 것이다.

[附記]

본고는 한『일본근대학연구』제86집에 간행된 졸고『소설과 외교문서로 본 북송사업의 실체와 한국 정부의 대응 전략』을 대폭 수정·가필한 것이다.

사할린 잔류 코리안의 「귀환 운동사」
일본에서의 당사자·지원자에서 정치·행정 영역으로

○○○
기즈키 나기사
(도쿄대학 대학원 종합문화과 박사과정·일본학술진흥회 특별연구원)

1. 들어가며

본 연구는 사할린 잔류 코리안을 둘러싼 시민운동의 역사를 밝히는 것을 목적으로 시작되었다. 그러므로 시민운동 관련 자료와 지원자들의 저작물의 조사를 통해서 그 실태와 변천 과정을 밝히고자 한다. 본 연구에서 사용하는 「사할린 잔류 코리안」이라는 용어는 이미 확립되어 있는 학술적 용어가 아니라, 이 문제를 학문적 연구 형태로 밝혀내기 위해 새롭게 사용하는 표현이다. 보다 구체적으로 말하면, 사할린 잔류 코리안이란 1945년 종전 이전에 일본령이었던 사할린으로 건너간 한반도 출신자 중에서 전후에 사할린에 남을 수밖에 없었던 사람들을 지칭한다. 이들이 사할린으로 건너가게 된 경위는 다양하지만, 전시 체제하의 식민지 조선이라는 특수한 상황에서 탄광이나 공장 등의 노동력으로 동원된 사례가 많았다. 사할린으로의 이주는 모집이나 징용이 주된 이유로 꼽히며, 국가 차원에서 전쟁 수행을 위한 통제 시스템을 통해서, 모집의 경우에도 노동자를 모으는 현장 관계자들의 압박이나 실제 노동 현장과는 전혀 다른 좋은 조건을 내세운 채 이루어진 경우가 많았다.[1] 개인적인 사정으로 이주한 사람도 있었지만, 당시 「일본령」이었던 식민지 조선에서 역시 「일본령」이었던 사할린으로 「일본국적」을 가진 사람들이 이주한 채 전후 고향으로 돌아갈 방도가 사라지면서 사할린 잔

---

1) 오누마 야스아키(1992)『사할린 기민』중앙공론사; 다카기 겐이치(1992)『사할린과 일본의 전후책임』(증보개정판) 가이후사; 나가사와 시게루(2019)『유언-화태귀환 재일한국인회 회장, 이희팔이 전하고 싶은 것-』삼일서방.
또한, 사할린 잔류 코리안에 대한 수많은 인터뷰가 존재하지만 개별 증언에 있어서의 "징용"이 국가총동원법 제4조에 따른 국민징용령의 적용에 의한 징용이었는지는 케이스 바이 케이스이다. 동원을 거절할 수 없는 상황이 있었음에도 불구하고, 피해를 입은 당사자가 정확한 법적 근거를 파악하지 못했던 경우도 많았기 때문이다.

류 코리안이 발생하게 된 것이다.

본 연구에서는 사할린 잔류 코리안의 귀환을 둘러싼 시민운동, 즉 「귀환 운동」에 초점을 맞추어 그 역사를 밝히고자 한다. 지금까지 사할린 잔류 코리안에 관한 연구는 사할린 잔류 코리안의 실태를 조사한 내용이나 한국에서의 수용에 관한 내용을 중심으로 이루어져 왔다. 그러나 사할린 잔류 코리안의 「귀환 실현」 과정에서 귀환 운동이 중요한 의의를 가지고 있음에도 불구하고, 오랜 기간 동안 귀환 운동에 관한 학술적 연구는 그다지 이루어지지 않았다.

그럼에도 불구하고 몇몇 대표적인 선행 연구가 있는데, 현무암(2013)은 네트워크 관점에서 이 문제를 다루고 있다. 그리고 최근에는 귀환 운동에 관한 연구도 등장하게 되었다. 오일환(2020)은 귀환 운동을 주도한 대표적인 인물인 박노학(朴魯學)에 주목하여, 관련 기록을 단서로 그의 생애와 귀환 운동의 양상을 정리하고 있다. 또한, 임성숙(2022)은 사할린 잔류 코리안 일부가 일본인 여성과 결혼하여 예외적으로 일본으로 귀환한 후 새로운 생활을 시작하면서 겪은 갈등과 귀환 운동에서 수행한 역할에 대해 밝히고 있다. 그러나 지원자였던 오누마(大沼保昭, 1992)나 다카기(高木健一, 1992)의 시점을 넘어 사할린 잔류 코리안 귀환 운동의 전체적인 그림을 조망한 학문적인 운동사의 개관은 여전히 기초적인 연구 과제임에도 불구하고 지금까지 명확히 규명되지 않았다. 본 연구는 일본인 지원자의 저작물, 운동 참가자의 일기, 지원 단체의 간행물, 재외 공관 보고서 등을 활용하여 학문적 연구로서 그리고 운동사로서 귀환 운동의 개관과 의의를 명확히 밝히고, 사할린 잔류 코리안의 귀환 운동이 과연 어떤 운동이었는지 그 실체를 풀어가고자 한다.

2. 귀환 운동의 시작

(1) 진정 활동

사할린 잔류 코리안 남성 중에는 당시 사할린에서 잔류 생활을 이어가던 일본인 여성과 혼인 관계를 맺은 이들이 적지 않았다.[2] 종전 직후 귀환 사업이 시행되었지만, 모든 일본인이 귀환선을 통해 본국으로 돌아올 수 있었던 것은 아니었다. 정보가 전달되지 않거나 가정 사정, 귀환선을 놓친 경우 등 다양한 이유로 사할린에 남을 수밖에 없었던 사람들이 존재했다. 사할린 지역에 대한 일본의 집단 귀환 사업은 1954년에 한 차례 종료되었고, 1957년 데보시안 주일 소련 대사의 통보에 따라 재개되었다고 한다.[3] 1957년부터 사할린 지역을 대상으로 한 후기 집단 귀환이 시작되었으며, 이는 1959년까지 계속되었다.[4] 당시 후생성이 주된 대상으로 상정했던 이들은 전기 집단 귀환에서 귀환하지 못한 일본인 여성 잔류자들이었다. 그러나 실제로는 일본인 여성만 귀환한 것이 아니었다. 당시 여성 혼자 생활하기 어려운 시대적 배경과 함께 반드시 일본인 남성과 결혼한 경우만 있는 것도 아니었다. 물론 전쟁 이전부터 결혼한 사례도 있었으나, 종전 후 사할린에서 잔류 코리안으로 남은 남성과 혼인 관계를 맺은 사할린 잔류 일본인 여성도 드물지 않았다. 이 때문에 귀환선에는 일본인 여성의 수보다 동반 가족이 더 많이 탑승해 있었다.[5] 이 시기의 상황은 일본 언론에서 「조선다모이(朝

---

[2] 나카야마 다이쇼(2019)『사할린 잔류 일본인과 전후 일본: 사할린 주민의 경계지역사』국제서원.
[3] 후생성 귀환원호국 편(1977)『귀환과 원호 30년의 발자취』후생성, p.107.
[4] 상동.
[5] 상동.

鮮ダモイ)6)」라고 조롱적으로 표현되었다. 한편, 여기서 주목할 점은 당시 1985년에 일본에서 개정 국적법이 시행될 때까지 부계 혈통주의가 채택되어 있었으며, 국제 결혼 부부 사이에서 태어난 아이는 아버지의 국적을 따르게 되어 있었다. 이로 인해 귀환선에 동반 탑승할 수 있었던 대상은 일본인 귀환자 본인, 배우자, 그리고 부부의 자녀였다. 따라서 수치상으로는 명확히 「일본인」으로 간주되지 않았지만, 실제로는 사할린 잔류 코리안 남편, 일본인 아내, 그리고 이들 부부의 자녀 중 일본인 여성만이 일본인으로 카운트된 셈이다.7) 이 시기에 일본인 아내와 함께 일본에 입국한 사할린 잔류 코리안 남성 중 일부는 도쿄를 거점으로 귀환 운동을 시작했다. 일본인 여성과의 결혼이 간혹 있는 현상이긴 했지만, 여전히 다수는 아니었고, 사할린 잔류 코리안의 많은 수는 그대로 잔류할 수밖에 없었다. 이에 따라 귀환 운동은 남겨진 동포들을 위한 것이었다. 도쿄를 거점으로 활동하기로 한 일부 사람들은 일본에서의 생활을 시작한 1958년에 「화태 억류 귀환자 동맹 본부(樺太抑留帰還者同盟本部)」를 결성했다.8) 활동을 위해 부인의 고향이 있는 지방 대신 도쿄에서의 생활을 선택했지만, 당시 일본 내에서 일본인 해외 귀환자 자체를 기피하는 풍조가 있었고, 외국인인 남편에게 일본에서의 생활은 당연히 쉽지 않았다. 일본 입국 후 이들은 도쿄 내 귀환자 숙소를 거처로 정하고 지원단체 없이 자기 부담으로 진정 활동을 시작했다.9) 그러나 일용직 노동으로 생계를 이어가며 활동해야 했기 때문에, 이들

---

6) 조선다모이의 「다모이」는 러시아어로 「집으로」를 의미하는 домой를 가리킨다.
7) 후생성, 전게서, p.107.
8) 오누마 야스아키(1992) 『사할린 기민』 중앙공론사, p.48.
 또한, 화태(樺太)는 옛 사할린 호칭이며, 일본이 사할린을 지배했던 당시 사용되었다.
9) 나가사와 시게루(2019) 『유언-화태귀환 재일한국인회 회장, 이희팔이 전하고 싶은 것』 삼일서방, pp.151-152.

이 가장 먼저 의지했던 한국 대표부의 반응도 썩 긍정적이지 않아서, 대대적인 활동을 전개하지 못했다.10) 한편, 이 문제는 동맹 본부 결성 직후인 1958년 2월 17일, 중의원 예산위원회 제2분과회에서 다루어졌다. 이 자리에서 사회당 의원이었던 시마가미 젠고로(島上善五郎)의 발언 일부를 소개한다.

(전략) 그들 중 대부분은 일본 여성과 결혼하여 자녀를 둔 조선인, 즉 일본 여성의 남편인 조선인입니다. 비율로 따지면 아마 90% 이상일 것이라고 생각됩니다만, 이 조선인들에 대해서는 귀국 수당도 여행 경비도 지급되지 않은 것으로 보입니다. 저는 이것이 올바르지 못하다고 생각합니다.
왜냐하면 이들 대부분은 젊은 시절 조선에 거주하며 일본인이었던 사람들입니다. 일본인으로서 징용된 사람들이 대부분입니다. 물론 이 중 일부는 모집 형식으로 가기도 했지만, 그 모집은 거의 징용과 다름없는 것이었습니다. 모집에 응하지 않으면 바로 징용 명령서를 발부하여 징용한다고 위협하는 식이었습니다. 또한 모집의 경우 2년이라는 기간이 설정되어 있었으나, 그 2년 동안의 기간이 지나도 질질 끌고 징용으로 이어졌습니다. 전반부는 모집으로, 후반부는 징용으로 분류된, 이러한 배경을 가진 사람들입니다. 그런 이들이 패전 후 오늘날 일본으로 귀환해 이제 더 이상 일본인이 아니며, 국적도 다르다고 하는데, 일본 여성을 아내로 맞이하고, 자녀를 여럿 둔 사람도 있습니다. 이런 사람들에 대해 지금과 같은 처우를 하는 것은 아무리 생각해도 일본 정부가 책임을 다하고 있다고 보기 어렵습니다. (후략)11)

이후 발언에서 시마가미 의원은 일본인 이상의 대우를 요구하는 것

---

10) 상동.
11) 제28회 국회 중의원 예산위원회 제2분과회 제4호, 1958년 2월 17일 분과위원 시마가미 젠고로(일본사회당、중의원)의 발언에서 국회 회의록 검색 시스템, https://kokkai.ndl.go.jp/#/detail?minId=102805272X00419580217&current=146(2024年 7月 9日 閲覧)

은 아니라고 하면서도, 「과거 국가의 책임을 통감한다면 일본인 이상으로 대우해야 한다」는 논리도 성립할 수 있다고 지적하며, 「적어도 일본인과 동일한 따뜻한 마음으로」 취업·주택·자녀 교육 문제에 필요한 예산 조치 및 법률 개정에 대한 배려를 해야 한다고 주장했다.12) 이 자리에는 당시 귀환 사업을 주관하던 후생원호국 국장인 고노 시즈오 (河野鎭雄)가 참석하고 있었다.13) 고노 국장은 처음에 인용된 시마가미 의원의 발언에 대해, 「조선인 그 자신, 남편 그 자신은 귀환자로 간주하기 어렵다14)」고 답변했다. 그러나 어머니가 일본인이라면, 부부의 자녀에 대해서는 「여러 문제가 있을 수 있지만, 이는 논리적으로 일본인과 동일하게 대우해도 된다고 생각한다」며, 자녀도 일본인과 동일하게 대우해야 한다15)」고 말했다. 실제로 이미 일본에 도착한 귀환자를 각지로 운반하는 열차 안에서 정부의 방침이 제시되었다. 아내와 자녀에게는 열차 안에서 도시락이 지급되었으나, 「조선인」인 남편만 도시락 지급 대상에서 제외되었다.16) 시마가미 의원의 질문에 대한 정부의 답변에 따르면, 예외적으로 일본인 아내와 함께 귀환한 사할린 잔류 코리안은 「귀환자」로 간주되지 않았으며, 「군속」이 아니었던 식민지 출신 민간인은 기본적으로 이 「귀환 사업」에서 제외되었다.

---

12) 상동.
13) 제28회 국회 중의원 예산위원회 제2분과회 제4호, 1958년 2월 17일 참석 정부 위원으로부터의 발언, 국회 회의록 검색 시스템,
https://kokkai.ndl.go.jp/#/detail?minId=102805272X00419580217&current=146(2024年 7月 9日 閲覧)
14) 제28회 국회 중의원 예산위원회 제2분과회 제4호, 1958년 2월 17일 고노 시즈오(후생사무관, 후생원호국장)으로부터의 발언 국회 회의록 검색 시스템,
https://kokkai.ndl.go.jp/#/detail?minId=102805272X00419580217&current=146(2024年 7月 9日 閲覧)
15) 상동.
16) 오누마, 전게서, pp.48-49.

그러나 동시에 본래라면 국회의원을 통해 정부 답변을 얻는 것 자체가 쉽지 않았다는 점도 지적할 수 있다. 일본인 아내의「남편」이라는 형태로 외국인으로서 일본에 거주하게 된 귀환자의 사회적 입장이 취약했으며 일반적으로 정치적인 공간에 접근할 수 있는 인맥이나 노하우를 갖지 못한 상태였을 것이다. 그러나 진정이라는 형식으로 귀환 운동을 시작한 지 얼마 되지 않은 단계에서 국회 답변으로 다루어지는 성과를 얻어낼 수 있었다. 이는 귀환 초기 시절, 만주 귀환자였던 일본인 아리카와 요시오(有川義雄)의 협력이 있었기 때문이다.17) 지원자였던 오누마 야스아키에 의하면, 귀환 운동을 하던 이들에게 생활 보호 절차를 진행하게 하고, 귀환자 숙소에서 퇴거를 강요당했을 때는 언론에 연락하여 이를 단념시켰다고 밝혔다.18) 당시의 일에 대해 운동을 시작한 발기인 중 한 명이자 사할린귀환 재일한국인회 회장을 맡았던 이희팔(李羲八)은 다음과 같이 회고하고 있다.

> 같은 기숙사에 만주에서 귀환해 온 사람이 있었어. (중략) 거기 있는 기숙사 사감과 사이가 좋지 않다는 걸 여기저기서 듣고 알게 되었지. 그 사람은 우리가 오기 전에 여러 운동을 했다고 하더라고. (중략) 그래서 그 사람을 만나서 우리의 사정을 여러 가지로 이야기했어. 그러자 그 사람이 우리 이야기를 열심히 들어주었어. (중략) 그리고 바로 일본 국회에 진정해야 한다고 해서, 진정서와 탄원서 작성법, 그리고 대신(大臣)을 만나려면 소개 의원이 필요하다는 것도 가르쳐 주었어. (중략) 결국 아리카와 씨가 다 해줬어. 진정서도 탄원서도 모두 자신이 써주고, 그걸 제출했어. (후략)19)

---

17) 상동, p.52.
18) 상동.
19) 나가사와, 전게서, pp.152-153. *대신(大臣)은 일본에서 한국 장관에 해당하는 직위

아리카와 씨는 이미 여러 형태로 「운동」이나 「활동」의 경험이 있었던 것으로 보이며, 동맹은 일본에서의 생활이 시작된 지 얼마 되지 않은 시점부터 진정서과 탄원서 작성법을 배우는 방식으로 활동을 이어갔던 것으로 보인다. 또한, 귀환 운동의 거점은 도쿄도의 아다치구(足立區)였으며, 여기에서 병원 이사장을 맡고 있던 재일한국인 김주봉(金周奉)도 훌륭한 지원자였다.[20] 김주봉은 자민당 고문이었던 호시지마 지로(星島二郎)를 소개하고, 호시지마는 외무성이나 정치인들에게 탄원 및 진정할 때 동행했다고 한다.[21]

(2) 한국에 호소

한국 정부는 귀환 운동이 진행된 수십 년 동안, 다양한 탄원서와 진정서를 받았다.[22] 화태억류자귀환자동맹본부(이후, 화태억류귀환한국인회, 화태귀환재일한국인회로 시대와 상황에 따라 변경)는 초기 단계부터 탄원서와 진정서를 제출해 왔으며, 1958년 일본 입국 후 바로 한국 대표부를 방문하여, 당시 참사관으로 근무하던 최규하(崔圭夏)[23]와 면담한 것으로 전해지고 있다.[24] 그러나 오누마(1992)에 따르면, 1960년대 전반에는 운동에 「상당히 어려움이 많았다[25]」고 한다. 실제로

를 가리키다.
20) 상동.
21) 상동.
22) 오누마(1992), 나가사와(2019)에서는 일본에 입국하여 귀환 운동을 시작한 1958년 당시 한국 대표부에 진정서를 제출했다고 언급되지만, 「진정서」「탄원서」 등이 한국 외교사료관에서 공개되는 외교 관계 자료들 중에 등장하기 시작한 것은 1965년 부터이다. 공개번호 1689 [사할린교포 귀환문제] 한국외교사료관 소장.
23) 제10대 대한민국 대통령(1979.10.~1989.8, 대통령 직무대행 기관 포함).
24) 오누마, 전게서, p.47.
25) 상동, p.60.

1960년경 박노학의 일기 내용은 오히려 일상적인 사건이나 한국의 정치 동향 등이 많았고, 반드시 운동 자체의 경과가 드러나는 내용은 아니었다.[26] 또한 그 후 60년대 후반의 일기에서는 서명이나 지원을 받는 모습도 자주 나타나지만, 이러한 지원은 「민단」지부를 방문하는 등의 방법을 통해서 얻어진 것이며, 주로 재일한국인들로부터 얻은 것으로, 일본 일반 시민에게 호소하는 방식은 아니었다.[27] 한편, 운동을 활발히 계속하기 어려운 상황 속에서도, 먼저 귀환한 당사자들이 운동을 가늘고 길게 지속할 수 있었던 이유를 알 수 있다. 그것은 그들이 동일한 지역에서 집단적으로 거주를 계속했기 때문이다. 도쿄도 아다치구의 귀환자 숙소(공영주택)를 거점으로 하여 활동 내용의 기록과 함께, 귀환해 온 멤버들의 이름은 1960년 전후의 일기 속에서도 자주 등장하고 있다. 사할린에서 귀환해 왔다는 점, 「일본인」과 혼인 관계에 있는 「외국인」이라는 점, 일본 사회에서는 식민지의 「조선인」 또는 재일한국인으로 간주된다는 점 등 동일한 배경과 동일한 환경에 놓여 있는 사람들끼리 일상적인 생활권 내에서 서로 접촉할 수 있는 거리에 있었던 점이 「운동」이 자연스럽게 소멸되지 않고 지속될 수 있었던 이유 중 하나라고 할 수 있을 것이다.

또한, 1960년대는 운동으로서 큰 발전이 있었던 시기는 아니었지만, 사할린 귀환 한국인회(동맹의 후신)의 멤버들은 그 후 이어지는 중요한 일을 하게 되었다. 사할린 잔류 코리안 중 귀환을 희망하는 7,000명의 명단을 작성한 것이다.[28] 1960년대부터 1970년대에 걸쳐, 예외적으로

---

26) 자료번호 20 「[일기 1권]」 자료번호 2008B 『사할린잔류한국인귀환관계자료』 국문학연구자료관 소장(일본).
27) 자료번호 21 「[일기 2권]」 자료번호 2008B 『사할린잔류한국인귀환관계자료』 국문학연구자료관 소장(일본).

소련의 출국을 허가받은 사할린 잔류 코리안들이 몇 명 존재하였으나, 이들이 일본과 한국 정부 간에 정보를 교환할 때, 명부에 기록되어 있는지의 여부를 확인하는 절차가 있었으며, 민간에서 작성된 명부가 정부 내 자료로도 사용되었던 것으로 보인다.29)

3. 귀환 운동의 시민 운동화

(1) 일본인 지원자, 미하라 레이(三原令)와의 합류

기존의 귀환 운동 방식에 있어서 그 한계를 드러내면서, 1970년대 전반에 진정을 중심으로 했던 당사자 중심 형태에서 시민 운동적 활동으로 크게 방향을 전환하게 되었다. 좀 더 구체적으로 말하자면, 미하라 레이(三原令)라는 새로운 일본인 협력자가 등장하여, 그녀의 시민 운동 경험을 바탕으로 귀환 운동에 새로운 운동 노하우와 아이디어를 공유하게 된 것이 전환점이 되었다. 미하라는 생협 운동·반입국관리 운동에 참여하거나, 시의회 의원 선거 출마, 학생 운동에 참여하는 학생들과의 교류 등을 통해 일정한 운동 노하우를 얻었다고 볼 수 있다.30) 그 동안, 일종의 「정석」으로 여겨지던 거리에서의 전단 배포나 기부 호소 등은 귀환자들이 주도하는 귀환 운동의 활동 내용으로 상정되지 않았다. 또한, 운동은 결국 당사자인 남성들이 중심이 되어 진행되었으나, 미하라는 여기에 「일본인 처」라는 새로운 운동 주체를 통합시켰다. 미

---

28) 오누마, 전게서, p.75.
29) 공개번호 10017 [재사할린 동포 개별 귀환], 21, 24, 39-42, 84-90
30) 오누마, 전게서, pp.116-117.

하라는 화태억류귀환한국인회의 운동에 대해 「남성 중심의 운동이었고, 친한이라는 부정적인 이미지가 붙어 있었다」고 언급하며, 「그렇다면 여성의 운동으로 바꾸면 된다」고 하며 「아내의 모임(妻の會)」을 창립했다고 전해진다.31) 다음 내용은 화태억류자귀환동맹본부 결성 멤버이자, 그 후신인 화태억류귀환한국인회(이하 한국인회) 회장을 역임했던 박노학이 작성했다고 간주되는 일지에서 인용한 것이다.

오전 9시 반쯤 아사쿠사 국제극장에 도착. 제28회 광복절 기념행사가 열리는 것을 이용해 서명과 기부를 받았다. 회원들이 열심히 호소하며 기부를 받았다. 더운 날씨 속에서 서명 약 500명, 기부금 10만 4,090엔이었다. 운동 참가자, 박노학(朴魯學), 이희팔(李羲八), 심계섭(沈桂燮), L·D, S·G. 회원. 부인회원 호리에 가즈코(堀江和子), I·M, U·Y, T·R, M·T. 구내에 들어가서 미하라 씨의 권유로 서명과 기부를 받았고 또 효과를 얻었다. 이런 일은 처음이라 걱정했지만, 부인들의 활약 덕분에 좋은 결과를 얻었다. 우리들 모임에 적극적으로 협력하는 아내의 모임(妻の會)을 칭찬하지 않을 수 없다.32) 33)

이 인용문에서는 그동안 당사자의 일부에 불과한 소수의 멤버들이 진행해 온 진정 활동과는 전혀 다른 경험, 성과, 반응에 대한 고양감을 느낄

---

31) 상동, p.116.
32) 자료번호 27 「일지No.3」 자료번호 2008B 『사할린잔류한국인귀환관계자료』 국문학연구자료관 소장(일본).
33) 인용문에 기재된 미하라(三原) 이외의 지원자들에 대해서는 이름이나 얼굴을 공개하여 미디어에 출연하거나 기고, 인터뷰에 응한 활동의 흔적이 보이지 않으며, 또한 지원자들에 의해 작성된 저작물에서도 이름이 거론되지 않은 점을 고려하여, 개인 정보 보호 차원에서 이니셜로 표기하였다. 한편, 심계섭(沈桂燮)은 박노학(朴魯學), 이희팔(李羲八)과 마찬가지로 운동 발기인 멤버 중 한 사람이다. 또한, 호리에 가즈코(堀江和子)는 박노학의 아내로서 오랜 기간 운동에 참여하였으며, 후에 합류한 일본인 지원자인 아라이 사와코(新井佐和子)와 함께 국문학연구자료관에 운동 자료를 기증하였다.

수 있다고 할 수 있다. 이처럼 활동을 칭찬하는 문장은 남겨진 일지 속에서도 드물며, 일본의 「일반 시민」에게 이 문제를 거리에서 호소하는 경험이 그에게 매우 신선한 사건이었음을 알 수 있다. 또한 박노학을 비롯한 한국인회의 주요 협상 대상이었던 한국 정부와 일본 정부 양측에서 이 문제에 대한 반응은 전무하지 않았지만, 구체적인 해결책이나 지원 제도 등을 끌어내는 데는 성공하지 못했다. 박노학이 감격하는 모습에서 볼 때, 일본 사회의 「시민」에게 호소하는 다음의 운동 형태로 전환함으로써 새롭게 희망을 찾고 있던 시기가 1970년대 전반이라고 할 수 있을 것이다. 당시 일본에서는 시민·학생 운동에서 회보가 자주 작성되었다. 이하는 아내의 모임이 발행한 회보인 『아내(妻)』에서 인용한 것인데, 한국인회의 멤버들이 그동안 어떤 활동을 해왔는지 살필 수 있다.

(전략) 아다치의 공영주택에서 노동 일을 하며 야근으로 피곤한 몸에 「채찍」을 가하면서, 「국회」에 청원을 했다. 「외무성」, 「후생성」, 「일본적십자사 본사」에 대한 진정의 연속이었다. 비가 오면 기꺼이 관청과 정치가들 사이를 「동포 구제의 호소」로 돌아다니는 모습은 일본인들이 무시할 수 없는 것이었다.
본국 정부와 일본 정부의 눈치를 보면서 하는 운동이라 어렵다. 『정의는 반드시 승리한다』… 이해해줄 사람이 나올 것이라고 하며 『15년』이 지났다고, 모두 외롭게 씁쓸한 미소를 지으며 시작된 모임이었습니다.
외국인(한국국적 재일조선인)이 데모를 해도 효과가 없으니, 「슬그머니」 일본 정부의 기분을 상하지 않게 「가늘고 길게」 (느긋하게)하고 있다고 책임자들이 말합니다. (후략) (모두 원문 그대로)[34]

---

34) 화태억류귀환한국인회에 협력하는 아내의 모임 『妻』 제1호, 1973년 8월 1일, p.2, 오사카코리안연구 플렛폼 소장, 다나카 히로시(田中宏) 자료.

또한, 여기에는 미하라의 의도에 부합하는 새로운 시각이 있었다. 『아내(妻)』에는 당사자의 목소리가 실리기도 했지만, 이를 옆에서 지켜보는 「일본인 처」 또는 「일본인 여성」의 시선에서 이 문제에 대한 감정이나 생각이 표현되었으며, 이는 확실히 그동안 없었던 새로운 접근 중 하나였다. 이 운동이 폭발적으로 확산되지는 않았지만, 확실히 반향은 있었다. 사실상 원래 한국인회 멤버들과 그들의 아내들이 주축이 되었으며, 미하라가 참여한 이외에는 큰 변화가 없는 소규모의 운동이었음에도 불구하고, 회보인『아내(妻)』 1,800부를 우편으로 발송하고, 추가로 1,200부를 직접 나누어 주었다고 전해진다.[35] 그리고 이러한 회보에는 독자들의 『소식란(お便り欄)』이 있었는데, 점차적으로 남녀를 불문하고 「일본인」한테서 보내지는 편지가 증가하게 되었으며, 활동을 지원하는 기부금도 보내지기 시작했다.[36] 이것은 기존의 운동에서는 얻을 수 없었던 효과였으며, 운동 단체는 확실히 중요한 「일본인」들에게 사할린 잔류 코리안 문제를 알리는 한 걸음을 내딛었다고 할 수 있다.

당사자들이 1970년대 전반까지 실행한 귀환 운동은 아이디어 측면에서 다음 단계를 필요로 했다. 제한된 조직(한일 정부)으로의 진정 활동만으로는 구체적인 이야기를 이끌어낼 수 없었고, 미디어 출연을 통한 한국 사회에 대한 호소가 한국 내 반공주의적 태도와 결합되면서 반드시 긍정적인 효과만을 얻어내지 못했기 때문이다.[37] 미하라의 등장은

---

35) 화태억류귀환한국인회에 협력하는 아내의 모임『妻』 제7호, 1950년 3월 1일, p.3, 오사카코리안연구 플렛폼 소장, 다나카 히로시(田中宏) 자료.
36) 화태억류귀환한국인회에 협력하는 아내의 모임『妻』 제7호, 1950년 3월 1일, p.4; 화태억류귀환한국인회에 협력하는 아내의 모임『妻』 제8호, 1950년 9월 1일, p.5; 모두 오사카코리안연구 플렛폼 소장, 다나카 히로시(田中宏) 자료.
37) 오누마, 전게서, pp.81-82

이러한 다음 단계를 요구하는 상황에서, 협력자 및 지원자들과 함께 활동하는 「시민운동」으로의 변화를 이끌어냈다. 이렇게 시민운동으로서의 귀환 운동은 그 후, 사회적인 명예·학력·인맥 등을 가진 모종의 사회적 자원을 가진 일본인 협력자들을 새롭게 맞이하게 되었다. 처음에는 일본이나 한국의 어떤 「기관」이나 「조직」에 대한 진정과 탄원에 기반을 두고 있었던 귀환 운동이 1970년대 전반부터는 일본 사회에 호소하는 것을 염두에 둔 시민운동으로서의 활동 형태로 변화하게 되었고, 1975년에는 일본 정부를 상대로 소송을 제기하게 되었다.

(2) 화태(樺太) 잔류자 귀환 청구 소송

귀환 운동에서 큰 전환점을 맞이한 화태(樺太) 잔류자 귀환 청구 소송은 1975년부터 1989년 소송 철회까지 15년에 걸쳐 진행된 소송이었다. 원고는 사할린에 있는 사할린 잔류 코리안 4명이었으며, 피고는 일본 정부였다. 당연히 소련에서 일본으로 출국할 수 없었던 원고들은 재판에 출석할 수 없었고, 15년 동안 변호인단과 그 지원자들에 의해 소송은 계속되었다. 귀환 청구 소송에서 중요한 쟁점은 「일본국적의 기능 일부」가 사할린 잔류 코리안에게 여전히 남아 있는지 여부였다. 1952년 샌프란시스코 평화조약이 발효되면서, 식민지 출신자들은 일본국적을 상실한 것으로 취급되어 왔다. 그러나 사할린 잔류 코리안들은 당시 일본의 영토였던 식민지 조선에서 같은 일본의 영토였던 북방의 식민지 사할린으로 「일본국적」을 가진 일본인으로서 이주해 갔으며, 일본 정부가 「원상 회복」의 의무를 다하지 않았기 때문에 일본국적을 상실하지 않았다는 것이 변호인단의 주장이었다.[38] 당초 원고측은 최종적으로 일본 정부가 원고들을 귀환시키는 것을 요구했지만, 본래 삼권분립의 관점에서 사법부가 행정부에 요구하는 것은 어려운 일이었다. 이에 따라 소송에 못 들어가면서 각하될 가능성이 있었기 때문에, 재판을 계속할 수 있도록 시행착오를 거듭한 결과, 앞서 언급한 일본국적의 기능 일부가 남아 있으며 본국에 귀국할 수 있는 지위에 있는지 여부가 쟁점이 되었다.[39]

이 귀환 청구 소송이 시작되면서, 소송을 지원하는 단체로서「사할린 억류한국인 귀환청구소송 실행위원회(이하, 실행위원회)」가 결성되었다. 단체의 사무국장에는 앞서 언급된 미하라 레이가 취임하였다. 그러나 소송 자체는 귀환을 위한 직접적인 성과를 도출하지는 못했다. 물론, 소송이 무의미했던 것은 아니었으며, 원고가「패소하지 않은」상태에서 재판이 계속된 것 자체가 일본 정부에게 문제를 의식하도록 하는 일정한 효과를 가져왔다고 할 수 있다. 한편, 소송을 통해 일본 정부로부터 해결을 위한 현실적인 정책을 이끌어내는 것은 그리 현실적인 방법이 아니었다. 앞서 언급한 대로, 국가를 상대로 한 행정소송에서 할 수 있는 구체적인 행위의 요구는 포함되지 않았으며, 또한 행정소송에서 원고가 승소하는 것은 극도로 어려운 일이었다. 이 소송은 1975년에 시작되어 80년대 말까지 계속되었으나, 아내의 모임(妻の會) 대표 및 실행위원회의 사무국장 등을 맡는 등 지원의 중심에 있던 미하라는 80년대 전반에는 운동의 메인스트림에서 벗어나게 된다. 미하라뿐만 아니라, 소송의 전반기와 후반기에서도 지원의 중심인물이 크게 바뀌게 되

---

38) 다카기 겐이치(1992)『사할린과 일본의 전후책임』(증보개정판) 가이후샤, pp.77-78.
39) 오누마, 전게서, pp.122-129. 동 소송에 관해서는 이하에 상세히 기술한다.
  기즈키 나기사(2021)「외무성기록으로 보는「화태잔류자귀환청구소송」」『아시아지역문화연구』 No.17, pp.1-22.

었다.

(3) 지원자 간의 갈등

1980년대 전반, 소송 그 자체는 계속되었지만, 미하라가 사무국장으로 대표를 맡고 있던 재판의「실행위원회」와 변호인단 사이에는 메울 수 없는 간극이 생겼고, 1983년에는 협력 관계가 해소되기에 이르렀다.[40] 그 이유는 미하라의 여러 행동에 의문이 제기되었기 때문이다. 오누마(1992)에 따르면,「사할린으로부터의 귀환자에게는 일본의 공안 당국이 관심을 가지고 있었다[41]」고 하며, 미하라는 공안 당국의「접촉을 거부하지 않았을 뿐만 아니라, 공안에서 제공한 정보를 바탕으로[42]」, 사할린에서 일본으로 입항하는 선박을 찾아 거기에 승선한 소련 선박의 선원들과 접촉을 반복했다고 전해진다.[43] 또한, 미하라와의 결별에 대해 지원자였던 변호사 다카기 겐이치는 미하라의 행동에 대해 다음과 같이 언급했다.

> 어떤 문제 의식에서인지, 중반 이후부터는 재판의 지원보다 사할린의 한국·조선인의 실태 파악에 중점을 두기 시작했고, 변호단과 거리가 생기게 되었으며, 결국에는 재판을 포기하기에 이르렀다.[44]

이 이야기는 오누마(1992)가 언급한, 소련 선박의 선원들을 만나기

---

40) 자료번호 55-30「화태재판실행위원회뉴스 제45호 1983년 8월 15일」, 자료번호 2008B『사할린잔류한국인귀환운동관계자료』국문학연구자료관 소장(일본).
41) 오누마, 전게서, p.138.
42) 상동.
43) 상동.
44) 다카기, 전게서, p.164.

위해 「공안 정보」를 바탕으로 찾아갔던 이야기를 가리키는 것으로 보인다. 또한 다카기는 아울러, 당시 재일대한부인회에서 받은 기부금의 사용에 대해서도 의문이 제기되었다고 지적하고 있다.[45] 다음은 실행위원회가 발행한 「화태재판실행위원회뉴스(樺太裁判実行委員会ニュース)」에서 인용한 내용입니다.

> 「미하라 씨에게 들었는데, 변호인단이 돈을 내라고 요구한다고 하지 않았나요?」라는 말이 제 귀에 들어왔다.
> 사실 한국에서 마지막 승인을 받을 때 등 이곳에 참석한 대리인들이 각각 20만 엔씩 내고 있었는데, 이런 말은 정말 어이가 없었다. (중략) 일전에도 어느 사람한테 들었습니다. 재판 비용이라고 해서 기부했는데, 그 돈이 변호단에 가지 않은 건가요? 라고.
> 그런 말은 오해를 불러일으킬 뿐이니까 우리는 우리 돈으로 할 것이라는 것이었습니다.[46]

위의 회보는 1983년 변호인단과 실행위원회가 관계를 해소한 후 발행되었으며, 이후 미하라는 운동단체의 주류에서 벗어나게 되었다. 또한, 미하라가 주요 지원자로서의 입장에서 벗어난 사실은 한국의 외교문서에서도 확인할 수 있었다. 구체적으로는, 주일 한국대사관이 본국에 보낸 외교 공무 전보의 내용 변화이다. 미하라는 실제로 소련 선박의 선원들을 만나러 갔으며, 그 「출장보고서」가 70년대 말부터 주일 한국대사관에 제출되었다. 다음은 「보고서」로써 공무 전보에 첨부된 미하라의 제출물을 일부 발췌한 것이다.

---

45) 상동.
46) 자료번호 55-30 「화태재판실행위원회뉴스 제45호 1983년 8월 15일」, 자료번호 2008B 『사할린잔류한국인귀환운동관계자료』 국문학연구자료관 소장(일본).

선장 고제호 씨(45세) 외 선원 30명, 사할린 조선인은 전기기사 김석초 씨 1명. 선장님과 부선장님, 선원들에게 양과자 선물과 사과 한 상자를 가져갔다. 김석초 씨에게는 최근호 통일일보와 카레가루, 농산물 씨앗(팥, 대두, 고구마, 참깨, 배추, 소송채, 한국 캘린더, (미인화집) 등 5K 상자에 포장)을 전달.[47]

위의 인용에서 사할린 잔류 코리안이 방문지 선박의 선원에 포함되어 있었음을 알 수 있다. 미하라 자신이 이러한 기록을 「출장보고서」라는 인식으로 제출했는지는 확인할 수 없지만, 주일 한국대사관에 근무했던 당시 외교관들은 본국에 보낸 보고서 중에서 미하라의 행위를 「출장」이라고 표현하고 있다.[48] 이 관점에서 보면, 본 건은 지원 단체인 실행위원회의 활동 범위 내에서 미하라가 「출장」을 갔다고 인식될 가능성도 있지만, 미하라가 대표였던 실행위원회는 앞서 언급된 대로 재일 대한 아내의 모임으로부터 기부금을 받았고, 그 사용처에 대해서는 변호인단에서 의문을 제기하는 상황에 있었다. 또한, 본래의 이야기로 돌아가면, 아내의 모임(妻の會)이나 실행위원회와 같은 일본인을 중심으로 한 지원 단체가 결성되기 이전 단계에서, 박노학이나 이희팔 등 당사자 조직은 조선총련과는 거리를 두면서 한편으로 민단이나 한국대사관과의 관계가 깊었다. 더욱이, 「동맹」으로 활동하던 운동 초기에는 독립된 당사자 조직으로 활동했던 것으로 보이지만, 1970년에 일본대사에게 제출된 탄원서에는 「재일 대한민국 거류민단 중앙본부 민생국 소속」의 「화태 억류 귀환 한국인회(이하, 귀환 한국인회)」로 기재되어 있다.[49]

---

47) 공개번호 13921 [재사할린 교민 귀환 문제] 1979, 60-62 한국외교사료관 소장.
48) 공개번호 13921 [재사할린 교민 귀환 문제] 1979, 59, 125 한국외교사료관 소장.
49) 공개번호 3965 [사할린교포 귀환 관계 진정서] 1970, 2131, 한국외교사료관 소장.

당시 한국 정부는 반드시 사할린 잔류 코리안 문제 해결에 적극적이지는 않았지만, 귀환 한국인회의 회원들을 포함한 많은 사할린 잔류 코리안의 대다수는 고향이 한반도의 남쪽에 있었고, 운동참가자들과 민단 및 주일 한국대사관과의 관계는 오랫동안 지속되었다. 오누마나 다카기 등이 미하라에 의한 주일 한국대사관에 대한 상세한 보고서를 알고 있었는지는 불명확하지만, 미하라의 「출장」 기록은 1979년부터 외교 공무 전보의 첨부 자료로 등장하기 시작했다. 그 기록은 1980년대 전반에도 계속 나타났고, 이후 1983년 변호인단과의 관계 해소 이후 미하라의 이름은 본국으로 보고되는 문서에서 거의 보이지 않게 되었다.

또한, 미하라가 소련 선박을 방문하여 사할린 잔류 코리안과 면담했던 사실은 결코 「비밀」이 아니었다. 실제로 실행위원회가 발행한 『화태재판실행위원회뉴스(樺太裁判実行委員会ニュース)』에는 그 당시의 모습이 보도된 호가 있었으며, 소송이 시작된 지 3년 후인 1978년 시점에 이미 접촉이 있었다는 기록도 있었다.[50] 그러나 이들은 회보 사양에 맞춰 제대로 「원고로서」 집필된 것이며, 주일 한국대사관에 제출된 내용과는 다르다. 한국대사관에 제출된 보고서는 날짜나 승선한 방법을 포함하여, 사할린 잔류 코리안 선원들로부터의 순수한 청취 기록이 있으며, 미하라가 소련 여행을 했을 때의 자세한 사항도 제출되었다.[51] 미하라가 들은 내용은 사할린에서의 생활 상황뿐만 아니라, 사할린 잔류 코리안들이 어떤 귀속 의식을 가지고 있는지, 소련의 현황, 북한에 관한 정보도 다수 포함되어 있었으며, 소련과 북한에 관한 일종의 「정

---

50) 화태억류한국인귀환청구소송실행위원회『화태재판실행위원회뉴스』제26호, 1979년 5월 25일, p.5, 오사카코리안연구 플렛폼 소장, 다나카 히로시(田中宏) 자료.
51) 공개번호 13921 [재사할린 교민 귀환 문제] 1979, 126-150, 한국외교사료관 소장.

보원」역할을 했다고 볼 수 있다.

또한, 소련 선박의 입항 정보를 일본의 공안으로부터 얻었다는 기록이 있었지만,[52] 이 내용이 맞다고 한다면 같은 내용의「보고서」가 공안에 의해 전달된 것일 수도 있지만, 사실 관계를 확인할 방법이 현재로서는 존재하지 않기 때문에, 실제로 정보가 어디에서 오고, 왜 주일 한국대사관에 상세한 정보가 전달되었는지, 다른 지원자들이 이 사실을 알고 있었는지에 대해서는 진위가 불분명하다. 어쨌든, 운동 스타일에 큰 변화를 일으켰고, 지원의 중심이었던 미하라는 소련 선박 방문을 포함한 기부금의 사용처, 미디어에서의 발언 등 다양한 행동들이 변호사들로부터 문제시되었으며, 결과적으로 운동의 주류에서 벗어나게 되었다.

4. 정치·행정 공간과 운동의 합류

(1) 지원·운동참가자들의 모색

1980년대에 들어서면서 지원의 중심을 담당하는 인물들에 변화가 일어났다. 구체적으로는 두 가지 사례를 들 수 있다. 첫 번째는 앞에서 언급한 미하라를 중심으로 한 실행위원회와는 관계를 맺지 않는 형태로「아시아에 대한 전후 책임을 생각하는 모임」이라는 대학교수 등 연구자와 변호사들에 의해 운영되는 모임이 설립된 것이다. 이 모임의 대표는 도쿄대학에서 교수직을 맡고 있던 오누마 야스아키가 맡았다.[53]

---

52) 오누마, 전게서, p.138.
53) 상동, pp.148-149.

이 모임의 활동 중에 유엔 인권위원회에 통보를 시도했으나, 결과적으로 실패로 끝났고, 그로 인해 소련의 반발을 초래하게 되었다.54) 또한, 사람을 한국에서도 초청하여 국제심포지엄 형태로 회의를 개최하고, 그 외에도 일본과 소련 정부에 대한 촉구나 이미지 개선 등을 위해 노력한 것으로 알려져 있다.55) 그러나 모임의 활동은 몇 년 만에 쇠퇴하기 시작했고, 1986년에는 사무직 직원이 한 명 겨우 사무소를 유지하는 정도의 상황에 이르게 되었다.56) 두 번째는 주일 한국대사관에서 본국으로 송신되는 보고서에 등장하는 인물들의 변화이다. 운동단체 내의 사람들은 보다 이른 단계에서 지원의 중심이 서서히 이동하고 있음을 느꼈을 수도 있는데, 특히 1983년에 미하라가 운동의 주류에서 이탈한 이후,57) 어떤 의미에서는 제3자로서 이 운동을 지켜본 주일 한국대사관의 보고 내용에도 변화가 일어난다. 미하라의 이름이 본국으로 보내는 보고서에는 등장하지 않게 되었고, 대신 관련 보도나 자료 수집 등의 간접적인 정보원을 중심으로 보고가 이루어지기 시작했다. 그러나 이는 일시적인 현상에 불과하며, 1985년경부터는 변호인단인 다카기 겐이치 등과의 접촉이 드러나기 시작했다.58) 1985년을 기점으로 귀환 운동의 지원자로서 보고서에 등장하는 인물들은 다카기를 비롯하여 대학

---

54) 상동, pp.153-156.
55) 현대의 긍정적인 이미지와는 달리, 당시 일본에서의 한국은 군사 독재를 포함하여 부정적인 이미지가 있었기 때문에 운동에서도 한국적 색채를 보이지 않을 필요가 있었다고 오누마는 회고하고 있다. 상동, pp.156-160.
56) 상동, pp.175-176.
57) 미하라가 활동을 완전히 그만둔 것은 아니었으며, 1987년에「사할린 조선인의 방일 실현 모임」이라는 별도의 조직을 설립하는 등 분파 활동적인 움직임을 보였다. 구체적으로는 아래의 자료를 참고하였다.
자료번호 37-4「미하라 레이[사할인 조선인의 방일 실현 모임 인사말」, 자료번호 2008B『사할린잔류한국인귀환운동관계자료』국문학연구자료관 소장(일본).
58) 공개번호23124 [재사할린 동포 귀환문제] 1985, pp.104-106, 한국외교사료관 소장.

교수였던 오누마나 예외적으로 지원을 하고 있던 국회의원 등, 일종의 「사회적 자원」을 가진 인물들에게 집중되기 시작했다. 특히, 다카기에 관해서는 방한 시 외무부에서 면담을 진행한 모습이 자주 기록되어 있으며, 최소한 외무부에서는 중요한 지원자로 인식되었음을 알 수 있다.

한편, 이러한 모종의 사회적 명예를 수반하는 직업에 종사하는 남성과는 별개로, 「풀뿌리」지원자도 계속 존재했다. 특히, 중간부터 참여한 지원자 중 하나인 아라이 사와코(新井佐利子)는 무교회파 기독교인으로, 그 회고에 따르면 무교회파는 「가장 안정된 재판 지원 단체가 되었다[59]」고 평가되고 있다. 경위는 불명확하며 자료가 많이 발견되지 않았지만, 「아내의 모임」시대에도 회보인 『아내(妻)』의 소식란에는 「기독교신문」을 통해 상황을 알게 되었다는 취지의 독자 게시물이 있었다.[60] 실제 경위나 규모에 대한 확인은 향후 과제가 되겠지만, 이 귀환 운동에서 기독교인들은 운동의 일부를 담당하고 있었다. 아라이는 실행위원회가 자신을 매개로 점차적으로 「기독교인들의 신뢰를 얻어갔다」고 하며, 실제로 아라이가 활동 당시 사용하던 노트에는 지원에 관여한 것으로 보이는 교회 관계자의 이름과 「무교회」파의 이름이 기록되어 있었다.[61] 지원자 명단에서 차지하는 비율은 다른 분류보다 무교회파 사람들이 많았으며, 아라이가 후년 저술한 「가장 안정된 재판 지원 단체[62]」

---

59) 아라이 사와코(2016) 『사할린한국인은 왜 돌아오지 못했나 귀환운동에 바친 한 부부의 40년』 소시사, p.218.
60) 화태억류귀환한국인회에 협력하는 아내의 모임 『妻』 제6호, 1974년11월1일, p.4, 오사카코리안연구 플랫폼 소장, 다나카 히로시(田中宏) 자료.
61) 자료번호 37-28 「노트[사할린재판지원회 명부]」 자료번호 2008B 『사할린잔류한국인귀환운동관계자료』 국문학연구자료관 소장(일본).
62) 아라이, 전게서, p.218.

라는 기술은 어느정도 사실로 보인다. 그 후 아라이는 1983년 이후에도 지원 활동에 열중했던 것으로 자료에서 확인할 수 있다. 보다 구체적으로는, 일본 내 지원자들과 주고받은 편지나 일본의 지원자들에게 카운터 파트에 해당하는 한국의 중소이산가족회 대표였던 이두훈(李斗勳)으로부터 받은 편지들이 다수 남아 있으며,63) 아라이가 1980년대 당시 기록한 활동 일지에는 박노학이나 아내 호리에 가즈코 등과 자주 함께 행동했던 모습과 소련대사관 서기관과 빈번하게 상담했던 모습 등이 기록되어 있다.64) 한편, 아라이는 귀환 사업이 한일 정부의 예산으로 운영되기 시작하고, 운동에 일정한 방향성이 잡히게 된 1990년대쯤부터 언론 활동을 시작했다. 지원 활동을 돌아보는 내용을 포함한 저서도 집필하였다.65) 그러나 이러한 활동은 지금까지의 아라이의 이미지와는 다른 성격의 내용이었다. 저서에서 아라이는 박노학에 대해서는 결코 비판적이지 않았으며, 오히려 박노학의 인품과 삶의 방식에 대해 호의적인 내용을 기술되어 있지만, 전후 보상에 대해서는 회의적인 기술이 나타난다. 특히, 다카기・오누마・사회당 등에 대해서는 비판적인 시각을 보였다.66) 아라이는 미하라가 실행위원회의 대표를 맡고 있던 시절부터의 지원자 중 한 사람이었으며, 미하라의 이탈 후에도 변호인단 측과 협력 관계를 유지하고, 박노학이나 아내인 호리에 가즈코와도 친밀한 관계를 맺고 있었다. 그 아라이의 마음에 변화가 생긴 것은 1980년

---

63) 아래 자료에 다수의 편지와 엽서가 보관되어 있다.
　　자료번호 2008B『사할린잔류한국인귀환운동관계자료』국문학연구자료관 소장(일본).
64) 자료번호 37-21「사할린메모 활동기록」자료번호 2008B『사할린잔류한국인귀환운동관계자료』국문학연구자료관 소장(일본).
65) 아라이 사와코(2016)『사할린한국인은 왜 돌아오지 못했나 귀환운동에 바친 한 부부의 40년』소시사.
66) 상동, pp.270-274, pp.288-296.

대 중반부터 사할린 잔류 코리안이 조금씩 소련을 떠날 수 있게 되면서, 영구 귀국이나 한국 방문은 이루어지지 않았지만, 일본에서 일시적으로 체류하며 가족 재회를 할 수 있는 기회가 현실화되기 시작한 시점으로 보인다. 아라이의 활동 기록 노트에는 그 당시 아라이가 느꼈던 감정과 함께 당시의 상황을 추적할 수 있는 내용이 있으며, 다음은 그 내용의 일부를 발췌한 것이다.

> 다카기 변호사도 원고 4명 중 2명은 이미 사망했고, 한 명은 입장을 바꾸었기 때문에 남은 한 명인 엄 씨가 돌아오면 더 이상 재판을 계속하지 않겠다고 말했다. 10년 동안 재판을 계속해 온 변호인단의 속내를 알게 되었다.[67]

이 내용은 사할린재판에서 원고의 한 명인 엄수갑을 초청하려고 했던 1985년 8월의 기록이다. 1983년 실행위원회 해산 당시, 아라이가 다카기·오누마 등에게 비판적인 발언을 한 흔적은 없다. 그러나 사할린 잔류 코리안의 출국이 증가하고, 아라이와 박노학 등이 사할린 잔류 코리안의 초청과 수용을 활발히 진행하던 시기에 점차 두 사람 간의 간극이 벌어지고 있음을 확인할 수 있다. 다음은 사할린 잔류 코리안과 한국의 유가족들이 일본에서 일시적인 재회가 늘어났던 1987년의 기록이다.

- 12시 2분 마스미(升味) 변호사에게 출국 절차(신청 절차)에 대해 설명
- 1시 30분 정부 관계자가 나온 후 박 씨와 둘은 방에서 내보낸다.

---

67) 자료번호 37-21 「사할린메모 활동기록」, 자료번호 2008B 『사할린잔류한국인귀환운동관계자료』, 국문학연구자료관 소장(일본).

- 3시 회의실에 호출되어 질문을 받는다. 5분 정도 후에 폐회. 처음 대화에서는 이 회의 후 하라 분베에 사무소에서 초청 당사자의 의견과 요구를 듣고자 했으나, 아무 말도 하지 않은 채 해산되어, 오누마 씨에게 항의하고 결국 하라 의원의 비서인 사이토라는 사람에게 요망서를 전달했다. 그러나, 여러 요구를 해도 실현 불가능하다고 하여 이번에는 일시 귀국 추진에 집중하고 싶다는 것이었다.

정말 어처구니없다. 일시 귀국에 관해서는 돈 외에 아무 요구 사항이 없다. 그 중요한 예산도 참석한 마스미 변호사에 의하면, 내년에도 조사비라는 명목으로 우리는 사용할 수 없다고 한다. 마치 거절당한 느낌이었다. 박노학 씨에게 미안하다.[68]

실제로, 사할린 잔류 코리안 문제에 대해 1987년에 「조사비」 형태로 처음으로 정부 예산이 배정되었다. 오누마(1992)는 이를 「아시아에 대한 전후 책임을 생각하는 모임」의 활동의 일환으로 정부에 요청을 하였고, 소련에서의 유대인 출국 문제를 참고한 결과로 평가하고 있다.[69] 하지만, 그 외에도 유럽과 소련 간에는 데탕트가 진행되고 있었고, 1985년 경부터 사할린 잔류 코리안의 출국이 점차 인정되었으며, 일본으로 한국의 가족을 초청하는 형태로 가족 재회가 증가한 사실도 국가의 과제로서 「조사비」를 확보하는 데 도움이 되었을 것으로 추측된다. 아라이는 처음의 정부 예산이 끝까지 「조사비」라는 명목이기 때문에, 자비로 활동하는 박노학 씨 등 귀환 한국인회 멤버들과 자신을 포함한 지원자들이 사할린 잔류 코리안의 초청 및 수용에 이용할 수 없다는 점에 실망했다. 게다가 정부 관계자가 온다고 해서 「박 씨와 두 사람을 방에서 내보내게」 되었고, 당사자와 현장의 지원자들이 외면당하는 형태가 되

---

68) 상동.
69) 오누마, 전게서, pp.160-161.

었다. 한편, 예산 규모와 운용 방법을 예산「계획」에 맞추는 논리와 제도를 이해한 상태에서 제안을 하기 위해서는 실무를 맡고 있는 관료들의 사고방식에 어느 정도 통달하고 있어야 한다. 자주「전례주의」로 비판받지만,「전례」와「실적」이 만들어지느냐 아니냐는 것은 국가의「사업화」내지, 차년부터도 계속해서 지출 대상이 될 수 있을지의 중요한 판단 자료가 되기 때문에, 정부에 접근하여 어떻게든 조사비를 끌어낼 수 있었던 오누마와 다카기 등에게는 우선 예산 집행이 원활하게 이루어지는 것을 우선시했을 가능성도 있다. 이러한 이유로 이미 어느 정도 상황을 이해하고 있는 사람들끼리, 제한된 시간 안에 논의하면서 현장의 목소리를 반영할 여유가 부족했던 것으로 볼 수도 있다. 하지만 시간이나 노동력, 금전 등 많은 자원을 현장에서 소진한 아라이 씨의 상황이나 희생을 치르더라도 여전히 일이 머리 너머로 진행되어 가는 환경을 고려하면, 후년에 아라이 씨의 발언을 긍정하는 의미는 아니지만, 아라이 씨가 속상한 마음을 가지게 된 것은 어쩔 수 없는 부분도 있다고 할 수 있다. 결국 1988년 박노학이 사망한 후, 지원자들 사이에서 다시 분파적인 움직임이 일어났다. 아라이와 호리에 가즈코를 중심으로 새롭게「사할린 재개 지원회」가 설립되었으나, 이는 박노학 사망 후, 아내인 호리에 가즈코가 일시적으로 다음의 사할린 귀환 재일 한국인회를 맡았으나, 부회장이었던 이희팔과 합의가 이루어지지 않았기 때문이었다.70) 최종적으로는 호리에 가즈코는 회장직을 사임하고, 이희팔이 회장이 되었다. 아라이와 호리에는 다른 찬동자 2명과 함께 4명이 새로운 단체를 설립하게 되었다고 전해진다.71)

---

70) 아라이, 전게서, pp.269-270.
71) 상동.

(2) 사할린 잔류 한국·조선인문제 의원 간담회 설립

4.1에서 언급한 바와 같이, 처음 정부 예산이 책정된 1987년은 운동으로 정부의 정책을 이끌어냈다는 점에서 큰 진전을 이룬 해였다. 지원자였던 오누마와 다카기가 국회의원들을 설득했고, 야당뿐만 아니라 여당인 자민당을 포함한 초당파 의원 간담회의 설립을 성사시켰다. 귀환운동은 이미 다양한 방법을 경험했지만, 1975년에 시작된 소송이나 80년대 전반에 시작된 아시아에 대한 전후 책임을 생각하는 모임 등 큰 전환을 모색했음에도 불구하고, 구체적인 해결에 이르지는 못했다. 오누마는 위의 활동 외에도 이미 여러 경로를 통해 사태의 진전을 도모했지만, 이것 역시 성과로 이어지지는 않았다.[72] 그렇게 해서 추진된 것이 바로 「초당파」 의원 간담회의 결성이었다. 국회의원들의 협력은 사실 그때까지 전혀 없지는 않았지만, 일부 사회당 의원이나 오랫동안 협력적이었던 구사카와 쇼조(草川昭三) 공명당 의원, 다부치 데쓰야(田渕哲也) 민사당 의원 등의 개인적인 노력이었을 뿐, 실제로 정책에 연결될 수 있는 자민당 의원이나 여러 국회의원들을 조직하여 영향력을 강화하는 등의 움직임에는 이르지 못했다.

오누마(1992)는 문제 해결을 위해서는 국회의원 특히 자민당 의원을 움직이겠다고 결심한 것에 대해 「악마와 손을 잡고라도 자민당을 움직여야겠다[73]」는 마음을 가지고 있었다고 밝혔다. 그때까지 자민당 의원은 오누마·다카기, 그리고 운동단체의 시야에 거의 들어오지 않았으나, 이때 오누마는 자민당의 하라 분베에(原文兵衛) 참의원 의원에게 접촉하여 설득을 시도했다.[74] 하라는 「자신은 조선인의 연행에 직접

---

72) 오누마, 전게서, pp.146-176.
73) 상동, p.180.

적으로 관련된 것은 아니지만, 과거 일본 정부의 일원으로 일한 이상, 책임을 느낀다75)」고 하며 나섰는데 다행히 협력을 얻는 데 성공했다. 또한, 다카기는 오누마와 협력하여 국회의원들에게 협력을 요청하고 있었다.76) 이 일에 대해서 다카기는 다음과 같이 언급하고 있다.

> (전략) 사할린 잔류자의 한국 측 가족들 중에서 남편의 귀환을 기다리는 고령의 여성들 다섯 명을 사할린 재판에 대한 방청도 겸해 일본으로 초대한 적이 있었다. 그때, 그녀들은 하라 분베에(原文兵衛), 구사카와 쇼조(草川昭三), 다부치 데쓰야(田淵哲也), 도이 다카코(土井たか子), 이가라시 고조(五十嵐広三), 사토 간주(佐藤観樹), 가네코 미쓰(金子みつ), 가스야 데루미(粕谷照美), 지바 게이코(千葉景子) 등 여러 국회의원들과 면식을 갖게 되었다 (중략) 나는 전에, 이쪽의 멱살을 잡을 듯이 격렬하게 일본인을 비난하며 고소하던 한국의 유가족들을 지적하면서, 일본의 위정자들이야말로 그들에게 추궁당하는 고통스러운 체험을 겪어야 한다고 언급한 적이 있었다. 그러한 것이 이때 일본의 국회의원들 앞에서 일어난 일이었다.77)

오누마(1992)에서는 언급되지 않았지만, 다카기는 협력을 요청한 국회의원들 중에서 호의적인 반응을 얻은 인물들에게, 위에서 인용한 대로 한국의 유가족들을 만날 기회를 제공했다. 그때, 의원들은 「모두가 가슴을 울린 듯한 모습78)」이었다고 전하고 있으며, 「하루라도 빨리 해결을 위해 노력하겠다고 의원들이 약속했던79)」모습을 「인상 깊게 기억

---

74) 상동, p.181.
75) 상동, p.182.
76) 다카기, 전게서, pp.182-183.
77) 상동, p.183.
78) 상동.
79) 상동.

하고 있다80)」고 당시의 일을 회고하고 있다. 이때, 종전으로부터 이미 42년이 경과했으며, 사할린 잔류 코리안도 한국에서 돌아오기를 기다리는 가족 및 친족들이 고령에 접어들고 있었다. 다카기(1992)는 의원들의 약속이「의원 간담회의 설립이라는 형태로 급속히 현실화되었다」고 언급하며, 이 사건은 사할린 잔류 코리안 문제가 반소·반공산주의 또는 여당 비판을 목표로 한 것이 아니라, 가족 이산이라는 인도적 문제라는 전제에 기반한 것으로 추측된다. 이후 1987년 7월 17일,「사할린 잔류 한국·조선인 문제 의원 간담회」가 결성되었다.81)

의원 간담회는 결과적으로 큰일을 하게 되었지만, 사실 초기에는 한국 정부로부터 의심의 눈초리를 받았다. 그 이유는 의원 간담회에는 북한에 우호적인 의원들이 다수 포함되어 있었기 때문이다. 1987년 11월 외무부 아시아국이 작성한 자료에는 의원 간담회에 대해「남북한과 관련되는 문제에 친북 성향의 의원이 함께 참여한 점에 대한 면밀한 분석이 필요하다」는 문제점이 지적되었으며,「친북 성향 의원들이 북한 입장을 대변할 경우 문제 해결을 더욱 어렵게 만들 가능성」을 우려하고 있었다.82) 그러나 다행히도 이러한 우려가 현실로 나타나지 않았다.

자민당을 포함한 초당파 의원 간담회의 설립은 냉전의 끝자락에 접어드는 시대적 배경 속에서 사태의 진행을 가속화시켰다. 의원 간담회는「실무자 소위원회」를 설치하고, 위원회에서는 실무에 능숙한 담당자들의 검토를 통해 지원 제도 구축을 목표로 하게 되었다.83) 구체적으

---

80) 상동.
81) 사할린잔류 한국·조선인 문제 의원간담회 편(1994)『사할린잔류 한국·조선인 문제와 일본의 정치』사할린잔류 한국·조선인 문제 의원간담회, p.19.
82) 공개번호30977(재사할린 동포 귀환 문제), 1987(V. 2 8-12월), 110 한국 외교사료관 소장.
83) 사할린잔류 한국·조선인 문제 의원간담회, 전게서, p.32.

로는 외무성 아시아국 북동아시아과, 대신관방사증실, 유라시아국 소비에트연방과, 법무성 입국관리국 입국심사과, 후생성 원호국 업무 제1과, 원호과, 일본적십자사 외사부 제2과에서 담당관이 모였다.[84] 처음에는 일본으로의 출국을 허가받은 사할린 잔류 코리안이 일본에 방문하는 시점에 맞추어, 한국의 중소이산가족회를 통해 한국에 있는 가족들을 초청하여 일본에서 일시적으로 재회하는 형태로 자원봉사 기반의 지원이 이루어졌다. 도중에, 소련의 태도가 완화되면서「일본을 경유」하여 한국으로의 일시 귀국도 이루어지게 되었으나, 어쨌든 일본에서는 자원봉사의 활동이 필수적이었다. 그럼에도 불구하고, 앞에서 인용된 아라이의 고뇌에서 볼 수 있듯이, 금전적인 면에서도 자원봉사자들은 지쳐 있었고, 증가하는 방문자에 대한 정부의 지원은 시급한 과제로 떠오르게 되었다.[85] 1988년에는 드디어 외무부의 사할린 문제 관계 예산에서 391만 엔이 체류비 지원으로 배정되었지만, 증가하는 방문자 수에는 미치지 못했고 연말에 가서야 후생성에서 지원을 받아 비용을 마련한 것으로 전해지고 있다.[86] 오누마는 이 당시의 일에 대해「의원 간담회는 잘 움직여 주었다[87]」고 언급했으며, 자신에 대해서「호랑이의 위세를 빌린 여우[88]」와 같은 느낌이었다고 회상했다.

한편, 1988년은 방문자 수의 증가와 함께 큰 변화가 있었다. 앞에서 언급한 대로, 귀환 한국인회의 대표였던 박노학이 사망한 후, 아라이와 그의 아내 호리에, 다카기와 새로운 회장인 이희팔 등은 다른 수용 조직을 구성

---

84) 상동.
85) 상동, pp.30-31.
86) 상동, p.36.
87) 오누마, 전게서, p.191.
88) 상동.

했다. 또한, 그 전년도인 1987년부터 미하라는 독자적으로 수용 조직을 설립하기 시작했으며,[89] 수용 조직의 난립으로 인해 사할린 잔류 코리안과 한국의 유가족·일본 정부 간에 혼란이 발생했다고 전해진다.[90]

그러나 수용자 측의 사정과는 별개로 사할린 잔류 코리안은 계속해서 일본으로 출국하고 있었으며, 의원 간담회 또한 문제 해결을 향해 계속해서 움직이고 있었다. 1989년에는 마침내 대규모 예산 5,800만 엔이 계상되었으며,[91] 같은 해 이 대규모 예산을 지출하기 위한 방법으로 일본적십자사와 대한적십자사가 공동으로「재사할린 한국인 지원 공동사업체」를 발족시켰다.[92] 이 사업은 실제로 현재까지 계속되고 있으며, 일본 정부는 계속해서 예산을 책정하고 있다.[93] 그리고 이 해, 1975년부터 계속되어 온 사할린 잔류자 귀환 청구 소송은 원고 측의 소송 취하로 마무리되었다.[94]

5. 맺으며

사할린 잔류 코리안의 귀환 운동은 1950년대 후반 사할린에서 일본으로 이주한 일본인 아내들의「남편」으로 일본에 입국한 것이 계기가

---

[89] 자료번호 37-4「미하라 레이[사할린 조선인의 방일 실현회 인사말」, 자료번호 2008B『사할린잔류한국인귀환운동관계자료』 국문학연구자료관 소장(일본).
[90] 오누마, 전게서, p.197.
[91] 사할린잔류 한국·조선인 문제 의원간담회, 전게서, p.37.
[92] 상동, pp.42-43.
[93] 외무성「출연금평가시트 일람」,『레이와5년도 국제기관 등에 관한 출연금에 대한 평가」, https://www.mofa.go.jp/mofaj/ms/pe_ar/page23_004411.html(2024년 7월 15일 열람).
[94] 오누마, 전게서, p.205.

되었다. 아내의 고향으로 향하는 사람도 적지 않았지만, 연고도 없는 도쿄를 목적지로 선택하고 귀환자 기숙사를 중심으로 생활을 시작하면서 우연히 진정이나 탄원 방법을 안내해주고 생활보호를 받을 수 있도록 도와준 아리카와 등과의 만남이 있었다. 이후도 오랫동안 일용직 노동으로 생활을 이어가면서 운동을 조용히 이어갔고, 1970년대에는 일본인 지원자인 미하라와의 만남을 통해 운동은 큰 변화를 겪었다. 그동안의 진정이나 탄원의 효과가 제한적이었으나, 미하라의 「아내의 모임」과 그로부터 더 큰 영향을 목표로 한 화태 잔류자 귀환 청구 소송은 일부에서 이 문제에 대해 전혀 알지 못했던 일본 시민들을 지원자로 끌어들이는 데 성공했다. 그리고 시민 운동에 관한 풍부한 경험을 가진 미하라와 같은 타입부터 문제에 대해 가슴 아파했던 일반 회사원, 주부, 기독교인, 대학 연구자, 변호사 등 실로 다양한 사람들이 운동에 합류하게 되었다. 이는 수단을 변경하며 운동을 지속할 수 있었던 이유로 볼 수 있지만, 의견 차이가 생기기 쉬워 운동으로서 하나로 뭉쳐서 움직이는 데는 적합하지 않았다고 말할 수 있다. 그러나 1950년대 후반 예외적으로 소련을 출국한 박노학이나 이희팔 등의 원 잔류자들은 중도에 포기하지 않고 마지막까지 운동을 지속했고, 그들 곁에는 항상 누군가의 지원자가 있었으며 다양한 경과를 거치며 「귀환 운동」은 계속되었던 것이다. 최종적으로는 오누마와 다카기 등이 당을 넘어서 국회의원을 움직이는 데 성공하여, 운동은 행정·정치 공간으로의 직접적인 접근을 통해 국가 예산을 기반으로 한 귀환 사업에 도달하게 되었다. 또한 이러한 화려한 성과 뒤에는 아라이와 같은 풀뿌리 지원자도 계속해서 존재했다. 안타깝게도 지원자들 간에 갈라지는 결과를 초래했지만, 귀환 운동의 각 시기에 각자가 몸담은 자리에서 역할을 해온 지원자들이 있었다. 물론 누구도 정답을 알 수 없는 상황에서 어렵사리 진행된 운동이었기 때문에 때때로 상황 판단을 잘못하거나 부적절한 행동을 하는 경우도 있었지만, 이 운동은 어떤 형태로든「계속」되었고, 인원과 방법도 시대에 따라 변화하면서 최종적으로는 시민 운동이면서도 정치 공간으로 합류하는 유연한 자세로 구체적인 지원을 이끌어냈다. 당사자들에게는 너무나도 늦은 귀환이 되었음은 부인할 수 없지만, 소련의 페레스트로이카와 한국의 북방 외교가 전개되는 변화를 추구하는 분위기를 타고 변화를 계속해 온 귀환운동이 시기를 놓치지 않고 정치적 해결에 나선 것이 오늘날까지 이어지는 사할린 잔류 코리안 지원에 대한 기초가 되었다고 할 수 있을 것이다.

[附記]

본고는 SPS科研費24KJ0774의 지원을 받은 연구성과물로「サハリン残留コリアン帰還運動史―日本における当事者・支援者から政治・行政空間へ―」(일본근대학연구, 제85집, 2024)를 수정・가필하였다.

참고문헌

교착상태 속의 사할린 한인동포 귀환문제와 당사국의 상황 인식 … 박희영

김성종(2006)「사할린 한인동포 귀환과 정착의 정책과제」『한국동북아논총』제40집, 한국동북아학회
김성종(2009)「사할린 한인동포 귀환의 정책의제화 과정 연구」『한국동북아논총』제50집, 한국동북아학회
김성종(2023)「외교문서를 통해 본 사할린 한인동포 귀환문제의 본질과 당사국들의 인식 연구-1970년~1975년까지의 사할린 한인동포 관련 외교문서를 중심으로-」『일본어문학』제99집, 한국일본어문학회
박희영(2022)「사할린 한인동포 귀환문제를 둘러싼 시대 인식과 의미 연구-1957년~1970년까지의 외교문서를 중심으로-」『일본근대학연구』제78집, 한국일본근대학회
오일환(2020)「박노학의 생애와 사할린한인 귀환 운동에 관한 연구」『한일민족문제연구』제38집, 한국민족문제학회
이연식(2014)「사할린 한인 귀환문제에 대한 전후 일본 정부의 대응」『동북아역사논총』제46호, 동북아역사재단
최경옥(2012)「사할린 동포의 한국과 일본에 있어서의 법적지위-일제시대 강제징용과 관련하여-」『헌법학연구』제18집, 한국헌법학회
한혜인(2011)「사할린 한인 귀환을 둘러싼 배제와 포섭의 정치」『史學硏究』제102호, 한국사학회
황선익(2012)「사할린지역 한인 귀환교섭과 억류」『한국독립운동사연구』제43집, 한국독립운동사연구소
이경규 외(2022)『해방이후 재일한인 외교문서 해제집1(1945~1969)』박문사
이경규 외(2023)『해방이후 재일한인 외교문서 해제집4(1970~1974)』박문사
외교부(1970)『대한민국 외교사료해제집』

외무부(1971) 『대한민국 외교사료해제집』
외무부(1972) 『대한민국 외교사료해제집』
외무부(1974) 『대한민국 외교사료해제집』
외무부(1975) 『대한민국 외교사료해제집』
외무부(1976) 『대한민국 외교사료해제집』
외무부(1977) 『대한민국 외교사료해제집』
외무부(1978) 『대한민국 외교사료해제집』
외무부(1979) 『대한민국 외교사료해제집』

1970년대 재일한인 법적지위 및 대우 문제 고찰 … 이행화·이경규

김광열(2004) 「전후 일본의 재일조선인 법적지위에 대한 정책」, 『한일민족문제연구』 제6호, 한일민족문제학회
김병묵(1987) 「재일교포의 법적지위에 관한 연구」, 『경희법학』 제22집, 경희법학연구소
김부찬(2012) 「재일교포 법적지위협정의 국제법적 의의와 문제점」, 『법과 정책』 제18집 제1호, 제주대학교 법과정책연구소
장박진(2009) 「한일회담에서의 재일한국인 법적지위 교섭의 문제점 검토」, 『민족학연구』 제8호, 한국민족학회
정인섭(1990) 「재일한국인 법적지위협정-그 운영 25년의 회고-」, 『재외한인연구』 제1호, 재외한인학회
외교부(1966~1967) 『대한민국 외교사료해제집』
외교부(1968~1969) 『대한민국 외교사료해제집』
외교부(1971) 『대한민국 외교사료해제집』
조상균(2004) 「재일동포의 법적지위」, 『한국동북아논총』 제9권 4호, 한국동북아학회
허전(2012) 「일본의 국적제도와 재일동포」, 『세계헌법연구』 제18권 3호, 국제헌법학회 한국학회

외교문서 속의 1970년대 일본 내 「반한단체」의 동향 … 이수경

이수경(2019)「在日韓国人の母国への教育・奨学事業の貢献について」『学校法人 金井学園 秀林外語専門学校創立30周年記念誌(特別号)』学校法人金井学園
이수경(2005)「일본의 한류 현상과 한일 교류의 과제」『비교문화연구』제17권
金芝河(1975)「苦行…1974」『三千里』통권 제2호, 도쿄, 三千里社
青地晨・和田春樹 編(1977)『日韓連帯の思想と行動』東京, 現代評論社
大江健三郎・安江良介(1984)『『世界』の40年 戦後を見直す、そして、いま』岩波ブックレット
梶村秀樹(1979)「韓国の労働運動と日本」李丞玉編『韓国の労働運動 胎動する闘いとその思想』도쿄, 社会評論社
梶村秀樹(1984)「語りはじめた労働者たち」『祖国統一新報』370号・371号
梶村秀樹(1987)「韓国現代史における「南民戦」」『金南柱詩集 農夫の夜』도쿄, 凱風社
金芝河(1978)『苦行 獄中におけるわが闘い』도쿄, 中央公論社
金芝河(詩)・富山妙子(絵)(1976)『詩画集「深夜」』도쿄, 土曜美術社
和田春樹・梶村秀樹共編(1986a)『韓国の民衆運動』도쿄, 勁草書房
和田春樹・梶村秀樹共編(1986b)『韓国民衆―学園から職場から』도쿄, 勁草書房
和田春樹・梶村秀樹共編(1987)『韓国民衆―「新しい社会」へ』도쿄, 勁草書房

〈외교사료관 소장 사료〉
『재일본 반한단체 동향,1975』(공개번호 9000)
『재일본 반한단체 동향,1976』(공개번호 10039)
『반한단체 및 재외동포 활동,1976』(공개번호 10033)
『재일본 반한단체 동향,1977』(공개번호 11201)
『재일본 반한단체 동향, 1977』(공개번호 9090)
『재일본 반한단체 동향,1973』(공개번호 6599)

〈인터넷 검색〉
재일본대한민국민단 웹사이트,
　　https://www.mindan.org/kr/aboutus.php(검색일자 : 2024.11.09.)

『한겨레』 2022년 01월 02일 기사,
> https://www.hani.co.kr/arti/society/society_general/1025659.html(검색일: 2024.11.08.)

「映画「三里塚のイカロス」―三里塚闘争で農民を支援した若者たちの"あの時代"と現在」『クリスチャン新聞』 2017년 9월 5일 기사,
> https://xn--pckuay0l6a7c1910dfvzb.com/?p=16962(검색일: 2025.2.7.)

국가기록원 국가기록 포털사이트,
> https://archives.go.kr/next/newsearch/listSubjectDescription.do?id=002814&pageFlag=C&sitePage=1-2-2(검색일: 2025.2.8.)

「전태일 평전 日서 25년만에 재출간」『경향신문』 2003년 11월 16일 기사,
> https://www.khan.co.kr/article/200311161821001(검색일: 2025.2.9.)

「解放運動犠牲者追悼と歴史掘りおこし運動」『新札幌市史 第5巻 通史5下』新札幌市デジタルアーカイブ, https://adeac.jp/sapporo-lib/text-list/d100060/ht013260 (검색일자: 2025.01.31.)

『통일신문』「북한의 6월 23일―「조국통일 5대강령」 발표―」 2004년 6월 21일 기사

국사편찬회 우리역사넷 「10월 유신 민주주의의 암흑기, '겨울공화국'이 도래하다」 (검색일: 2024.12.1.)

행정안전부 국가기록원,
> https://www.archives.go.kr/next/newsearch/listSubjectDescription.do?id=000947&pageFlag=&sitePage=(검색일: 2025.02.12.)

「민주주의, '젊은이의 피'와 '리영희의 혼' 먹고 자랐다[토요판S] 커버스토리 '전환시대의 논리' 발간50주년 거짓·폭압, 권력 판칠수록…푸르게 타오르는 진실의 불꽃」『한겨레신문』 2024년 10월 5일 기사,
> https://www.hani.co.kr/arti/culture/culture_general/1161120.html(검색일: 2025.02.12.)

〈한국 문헌〉

이지영(2012)「연구노트:한인원폭피해자문제 관련 연구와 자료 현황」『일본공간』12, 국민대학교 일본학연구소

이치바 준코, 이제수 역(2003)『한국의 히로시마』역사비평사

〈일본 문헌〉

金鍾勳(2019)「韓国被爆者に対する市民団体の援護活動：孫振斗裁判と日本市民団体の結成」『地球社会統合科学研究』11, 九州大学大学院地球社会統合科学府バージョン

小林聡明(2022)「在韓被爆者救護をめぐる日韓交渉：1960s~1970s—問題の発見から日韓の合意成立まで—」『歴史系検討会論文集』日本国際問題研究所

辛亨根・川野徳幸(2013)「韓国人被爆者問題をめぐる草の根交流」『広島平和科学』35, 広島大学平和科学研究センター

〈외교사료관 소장 사료〉

『한국인 원폭피해자 구호 1968-71』(공개번호 4104)

『한국인 원폭피해자 구호 1972-73』(공개번호 5855)

『한국인 원폭피해자 구호 1975』

『한국인 원폭피해자 구호 1974』(공개번호 6877)

『한국인 원폭피해자 구호 1978』(공개번호 11529)

『한국인 원폭피해자 구호 1979』(공개번호 17705/12761)

『한국인 원폭피해자 구호 1980』(공개번호 17686/14207)

『재한 원폭피해자 도일치료 실시에 관한 합의서 연장 검토, 1985~86』(공개번호 17707)

『한국인 원폭피해자 지원, 1987』(공개번호 17682)

『한국인 원폭피해자 지원, 1988』(공개번호 17676)

『生きて』前広島市長平岡敬さん<1>~<20>,
    https://www.hiroshimapeacemedia.jp/?m=2009&cat=127(검색일: 2024.09.01.)

KAKKIN(核兵器廃絶·平和建設国民会議), http://www.kakkin.jp(검색일자: 2024. 09.01.)

在韓被爆者問題市民會議,

    http://www.asahi-net.or.jp/~hn3t-oikw/(검색일: 2024.09.01.)

「ノーベル平和賞に日本被団協「核なき世界実現へ努力」」『日本経済新聞』(2024.10.11.),

    https://www.nikkei.com/article/DGXZQOCB07B700X01C24A0000000/(검색일: 2024.10.12.)

대한적십자사 원폭피해자지원,

    https://www.redcross.or.kr/business/atomicbomb_support.do(검색일: 2024.10.01.)

헌법재판소 2008헌마648-CaseNote, https://casenote.kr/(검색일: 2024.10.12.)

2005년 8월 26일 국무조정실 보도자료「한일회담 문서공개 후속대책 관련 민관공동위원회 개최」,

    https://www.opm.go.kr/flexer/view.do?ftype=hwp&attachNo=73036(검색일: 2022.11.30.)

    https://www.law.go.kr/법령/한국인원자폭탄피해자지원을위한특별법(검색일: 2024.10.01.)

「"원폭 피해 2세 등 후손 지원 가능한 법률 개정안" 발의」,『오마이뉴스』(2024.09.06.),

    https://www.ohmynews.com/NWS_Web/View/at_pg.aspx?CNTN_CD=A0003061420(검색일: 2024.10.01.)

조총련계 재일동포 모국방문단 … 이재훈

〈논문〉

곽성웅·장하영(2023)「1991년 북한의 대미, 대일 관계개선 시도와 한국의 대응: 1990~1991년 외교문서를 중심으로」『한국정치외교사논총』44-2, 한국정치외교사학회, pp.209-237

김성희(2011)「1970년대 재일동포모국방문사업에 관한 정치사회학적 연구」서울대학교대학원 석사학위 논문

이재훈(2024)「1974년 대한민국 정부의 대민단 인식 외교사료관 소장 문서철『재일본민단확대 간부회의 개최 계획』을 토대로」『일본근대학연구』83, 한국일본근대학회, pp.167-182.

장준갑(2008)「닉슨독트린과 미국의 대한정책-1969년 8월 한미정상회담을 중심으로-」『역사학연구』34, 호남사학회, pp.229-250.

장박진(2010)「식민지관계 청산을 둘러싼 북일회담(평양선언까지)의 교섭과정 분석」『국제·지역연구』19권 2호, 국제지역학회, pp.135-174.

조일제(1985)「조총련계동포 모국방문사업의 始末書 1975년」『北韓』164, 북한연구소, pp.136-141.

최희식(2024)「일본 대북정책의 메커니즘과 북일교섭-와다 하루키 지음, 길윤형 옮김,『북일교섭30년』(서해문집, 2023)을 읽고」『아시아리뷰』제14권 제2호, 서울대학교 아시아연구소, pp.311-322.

〈인터넷 공개 자료〉
한국학중앙연구원『한국민족문화대백과사전』『해외동포 모국방문』(검색일: 2024.09.01.)

〈인터넷 공개 신문자료〉
경향신문
뉴스매거진
동아일보
매일경제
매일신문
메디컬 월드 뉴스
서울신문
신아일보
조선일보
중앙일보
한국일보

〈외교사료관 소장 사료〉
『해외유공동포 모국 방문, 1975.9.30.~10.5』(공개번호 8981)

『전향 재일본 한국인 모국방문, 1975』(공개번호 9003)
『조총련계 재일본 한국인 모국방문, 1975』(공개번호 9007)
『조총련계 재일본 한국인 모국방문, 1976. 전2권(V.1 1-6월)』(공개번호 10041)
『조총련계 재일본 한국인 모국방문, 1976. 전2권(V.2 7-12월)』(공개번호 10042)
『조총련계 재일본교민 모국방문』(공개번호 11204)
『조총련계 재일본 동포 모국방문, 1978』(공개번호 12513)
『조총련계 재일본 교민 모국방문, 1979』(공개번호 13937)
『조총련계 재일본 교민 모국방문, 1980-81』(공개번호 31412)
『조총련계 재일본 교민 모국방문, 1980-82』(공개번호 38649)
『조총련계 재일본 한국인 모국방문, 1991』(공개번호 33912)
『조총련계 재일본 한국인 모국방문사업 개선 및 신청현황, 1991~92』(공개번호 36307)

소설과 외교문서로 본 재일한인 북송사업 … 김선영

〈논문 및 서적〉

가와사키 에이코(2021)『일본에서「북한」으로 간 사람들의 이야기』[日本から「北」に帰った人の物語](리소라 옮김), 다큐스토리(원전은 2007년에 출판)

김용찬(2000)「남북한의 재외동포 정책」,『민족연구』제5권, 한국민족연구원

박종철(2012.12.3.)「귀국자를 통해서 본 북한사회 JPI정책포럼」,『세미나 발표자료(No.2012-17)』제주평화연구원

오태영(2018)「월경의 욕망, 상실된 조국—탈북 재일조선인의 귀국사업에 관한 기록과 증언을 중심으로」,『구보학보』제19호, 구보학회

이상신(2021)「서평: 연옥의 안과 밖: 북송(北送)과 탈북(脫北)의 이야기들」,『통일과 평화』제1권 2호, 서울대학교 통일평화연구원

임상민(2023)「재일문학과 공진하는 북송 외교문서: 김달수『직함없는 남자』를 중심으로」, 동의대학교 동아시아연구소 편『외교문서로 보는 재일한인의 귀환·송환·봉환』박문사

조정남(2002)『북한의 재외동포 정책』집문당

최진욱·박영호·배정호·신상진·이래리아(2004)『동북아 한민족 사회의 역사적 형성과정 및 실태』통일연구원

테사 모리스 스즈키(2008)『북한행 엑서더스』[Exodus to North Korea](한철호 옮김), 책과함께(원전은 2007년에 출판)

테사 모리스 스즈키(2011)「북한행 엑서더스를 다시 생각한다: 재일조선인 귀국문제」,『일본비평』제4권, 서울대학교 일본연구소

〈외교사료관 소장 사료〉

『재일본 한국인 북한 송환, 1978~81』(공개번호 17941)

〈인터넷 신문기사 자료〉

곽수연(2023.10.31.)「도쿄고법 "북송 피해자 손배 재판권 일본에 있다"」,『스카이데일리』, https://www.skyedaily.com/news/news_view.html?ID=210336(검색일: 2024.7.15.)

김연주(2023.9.20.)「억류 북송재일교포 10만…한·일 공동 귀환 운동 나설 때」,『스카이데일리』, https://skyedaily.com/news/news_view.html?ID=206534(검색일: 2024.8.1.)

박수영(2022.4.13.)「일 법원, 북송 손해배상 기각에도 문제 제기 계속돼」,『자유아시아방송』, https://www.rfa.org/korean/news_indepth/nk_nuclear_talks-04132022162101.html(검색일 : 2024.7.15.)

이현기(2015.6.3.)「조총련 탈북자 에이코 증언 ①」,『자유아시아방송』, https://www.rfa.org/korean/weekly_program/baa9c694-b300b2f4/fe-hk-06032015103859.html(검색일: 2024.7.16.)

황예주·박예주(2022.8.9.)「나는 이렇게 北에 귀국했다가, 이래서 탈북해 다시 돌아왔다」,『통일과 미래』, https://www.tongnastory.com/news/articleView.html?idxno=358(검색일: 2022.7.20.)

伊沢浩志(2022.3.25.)「北朝鮮帰還事業裁判 "苦しみは今も続いている"」『NHK』, https://www3.nhk.or.jp/news/special/jiken_kisha/shougen/shougen38/(검색일: 2024.7.16.)

오일환(2020)「박노학의 생애와 사할린한인 귀환 운동에 관한 연구」『한일민족문제연구』Vol.38

임성숙(2022)「포스트제국 공간속의 이동: 사할린 한인과 일본인 처의 갈등」『인문사회 21』Vol.13 No.1

城渚紗(2021)「外務省記録に見る「樺太残留者帰還請求訴訟」」『アジア地域文化研究』No.17

新井佐和子(2016)『サハリンの韓国人はなぜ帰れなかったのか 帰還運動にかけたある夫婦の四十年』草思社

大沼保昭(1992)『サハリン棄民』中央公論社

玄武岩(2013)『コリアン・ネットワーク―メディア・移動の歴史と空間』北海道大学出版会

厚生省引揚援護局編(1977)『引揚げと援護三十年の歩み』厚生省

サハリン残留韓国・朝鮮人問題議員懇談会編(1994)『サハリン残留韓国・朝鮮人問題と日本の政治』サハリン残留・韓国朝鮮人問題議員懇談会

高木健一(1992)『サハリンと日本の戦後責任 増補改訂版』凱風社

長澤秀(2019)「遺言―「樺太帰還在日韓国人会」会長、李羲八が伝えたいこと」三一書房

中山大将(2019)『サハリン残留日本人と戦後日本:樺太住民の境界地域史』国際書院

〈韓国外交史料館所蔵〉

『사하린교포 관련 진정서, 1970』(공개번호 3965)

『사할린교포 귀환문제』, 1958~1965 (공개번호 1689)

『재사할린 동포 개별 귀환, 1976』(공개번호 10017)

『재사하린 교민 귀환문제, 1979』(공개번호 13921)

『재사하린 동포 귀환문제, 1981』(공개번호 16513)

『재사하린 동포 귀환문제, 1982』(공개번호 17086)

『재사할린 동포 귀환문제, 1983 V.1 1-7월』(공개번호 17086)

『재사할린 동포 귀환문제, 1983 V.2 8-12월』(공개번호 17086)

『재사할린 동포 귀환문제, 1984』(공개번호 21820)
『재사할린 동포 귀환문제, 1985』(공개번호 22962)
『재사할린 동포 귀환문제, 1987 V.2 8-12월』(공개번호 30977)

〈国文学研究資料館所蔵〉
「[日記1巻]」資料番号2008B『サハリン残留韓国人帰還運動関係資料』(整理番号 20)
「[日記2巻]」資料番号2008B『サハリン残留韓国人帰還運動関係資料』(整理番号 21)
「日誌No.3」資料番号2008B『サハリン残留韓国人帰還運動関係資料』(資料番号 27)
「三原玲[サハリンの朝鮮人訪日実現の会あいさつ文]」(資料番号 37-4)
「サハリンメモ 活動記録」(資料番号 37-21)
「ノート[サハリン裁判支援会名簿]」(資料番号 37-28)
「樺太裁判実行委員会ニュース第 45号 1983年 8月 15日」(資料番号 55-30)

〈大阪コリアン研究プラットフォーム所蔵 田中宏資料〉
「樺太抑留帰還韓国人会に協力する妻の会」『妻』第1号、1973年8月1日
「樺太抑留帰還韓国人会に協力する妻の会」『妻』第6号、1974年11月1日
「樺太抑留帰還韓国人会に協力する妻の会」『妻』第7号、1975年3月1日
「樺太抑留韓国人帰還請求訴訟実行委員会」『樺太裁判実行委員会ニュース』第26号、1979年5月25日

〈インターネット資料〉
外務省「拠出金評価シート一覧」『令和5年度 国際機関等への拠出金に対する評価』、https://www.mofa.go.jp/mofaj/ms/pe_ar/page23_004411.html(2024年7月15日閲覧)
第28回国会衆議員予算員会第二分科会 第4号 1958年2月17日 分科員島上善五郎(日本社会党、衆院議員)の発言国会会議録検索システム、https://kokkai.ndl.go.jp/#/detail?minId=102805272X00419580217&current=146 (2024年7月9日閲覧)
第28回国会衆議員予算員会第二分科会 第4号 1958年2月17日 出席政府委員国会会議録検索システム、https://kokkai.ndl.go.jp/#/detail?minId=102805272X00419580217&current=146 (2024年7月9日閲覧)

第28回国会衆議員予算員会第二分科会 第4号 1958年2月17日 河野鎮雄(厚生事務官、厚生援護局長)の発言 国会会議録検索システム, https://kokkai.ndl.go.jp/#/detail?minId=102805272X00419580217&current=146 (2024年7月9日閲覧)

찾아보기

(ㄱ)

가와사키 에이코 262, 263, 264, 265, 267, 273, 300, 301
가지무라 히데키 120, 121
간첩단 114, 130, 149, 150
강제징용 14, 160, 214
강제퇴거 54, 55, 57, 58, 60, 62, 63, 64, 65, 66, 67, 68, 71, 73, 74, 102, 103
건강수첩 155, 156, 157, 164, 174, 185, 186, 197, 204
계엄령 125
고위실무자회의 75
공산주의 111, 140, 148, 149, 219, 224, 264, 270, 290, 291
공영주택법 67, 71
관알선 14
광주사건 121, 134
광주사태 121
교착상태 12, 13, 14, 32, 49, 50
국가안전기획부 207, 208, 298
국가총동원령 14
국민연금법 60, 63, 65, 67, 71
국적자 22
국제인권규약 72, 73, 74, 75

국제적십자사 24, 46, 269, 270, 276
국제적십자위원회 19
국제조약 73
귀국운동 263, 266, 270
귀환 13, 14, 15, 16, 17, 18, 19, 20, 21, 22, 23, 24, 25, 26, 28, 29, 30, 31, 32, 34, 35, 36, 37, 38, 39, 40, 42, 43, 44, 45, 46, 47, 48, 49, 153, 236, 263, 279, 280, 281, 283, 290, 302, 307, 308, 309, 310, 311, 312, 313, 314, 315, 318, 319, 320, 321, 323, 324, 326, 327, 328, 330, 331, 333, 335, 336, 337, 338
귀환문제 12, 13, 14, 15, 16, 17, 18, 19, 22, 25, 27, 31, 32, 35, 36, 45, 46, 47, 49, 50, 51, 293, 295
귀환선 308, 309
귀환운동 332, 338
귀환을 282
귀환청구소송 36, 320
기독교 68, 122, 123, 128, 132, 133, 327, 337
긴급조치 148
김대중 114, 116, 122, 123, 125, 126, 127, 128, 131, 134, 136, 139, 144,

145, 146, 148
김대중납치사건 112, 123, 126, 127, 131, 184
김대중사건 128, 144, 146
김석범 120, 129
김일성 136, 139, 142, 173, 222, 272, 275, 276, 285
김지하 112, 114, 116, 117, 122, 123, 126, 128, 129, 130, 132, 133, 134, 145, 148

(ㄴ)

나가사키 153, 161, 172, 178
냉전체제 16
노벨평화상 216
노태우 134, 210
니가타 240, 252, 262, 271, 284, 296, 298
닉슨독트린 218

(ㄷ)

다카기 겐이치 14, 37, 321, 326
다케시타 노보루 210
대일민간청구권 162
대일보상문제 160
대한적십자사 48, 153, 156, 157, 158, 170, 177, 212, 213, 336
도일치료 155, 157, 159, 161, 183, 184, 191, 192, 194, 195, 197, 198, 199, 200, 201, 202, 203, 204, 205, 206, 207, 208, 209

도쿄도 186, 313, 314
도쿄지방재판소 48

(ㄹ)

러시아 12

(ㅁ)

만경봉호 144, 245, 262, 284, 286, 287, 296, 298
모국방문 218, 219, 221, 223, 225, 226, 232, 233, 234, 235, 236, 237, 239, 241, 242, 244, 245, 247, 252, 258
모국방문단 218, 221, 223, 226, 227, 228, 232, 233, 235, 236, 237, 238, 239, 240, 241, 244, 247, 248, 249, 250, 252, 256, 257, 258, 259
모집 14, 238, 250, 251, 255, 306, 310
무국적자 22, 54
문서철 18, 20, 22, 23, 25, 30, 32, 38, 40, 42, 43, 44, 45, 46, 48, 110, 112, 135, 136, 145, 158, 163, 164, 165, 189, 191, 203, 206, 218, 221, 227, 231, 232, 237, 258, 283, 296, 298
미하라 레이 14, 36, 315, 320
민단 58, 76, 79, 84, 85, 110, 112, 116, 127, 136, 137, 138, 139, 146, 149, 159, 167, 219, 220, 224, 227, 228, 229, 230, 234, 236, 237, 238, 239, 240, 241, 242, 243, 244, 245, 247, 248, 250, 251, 252, 253, 254, 314, 323, 324

민단계 60, 113, 167, 221, 224
민주화운동 117, 118, 121, 122, 125, 126, 128
민중운동 121
민청학련 128, 129, 144, 148
밀항자 62, 63, 64, 166

(ㅂ)

박경식 120
박노학 14, 22, 25, 35, 36, 50, 307, 314, 316, 317, 323, 328, 329, 330, 331, 335, 337
박정희 15, 23, 24, 114, 119, 121, 125, 126, 128, 130, 134, 147, 173, 174, 176, 184, 218, 220, 225, 232, 242, 243, 244, 248, 258, 299
반한단체 110, 112, 113, 114, 115, 120, 135, 139, 140, 149, 150, 293
법률 126-2-6 61
법무성 23, 78, 79, 84, 88, 91, 95, 96, 103, 267, 279, 287, 288, 335
법적지위 55, 56, 60, 66, 68, 71, 72, 73, 74, 75, 77, 78, 81, 85, 86, 91, 93, 94, 95, 96, 97, 98, 99, 100, 101, 102, 103, 104, 105, 106, 107, 108, 116
법적지위협정 15, 54, 55, 56, 58, 59, 61, 62, 63, 65, 68, 76, 77, 78, 79, 80, 81, 82, 88, 89
베트콩파 110, 112, 116, 136, 139, 145, 146

보사부 158, 176, 180, 181, 182, 183, 184, 185, 187, 188, 189, 190, 191, 192, 194, 196, 198, 199, 200, 201, 202, 204, 206, 207, 208
보상청구권 209
복지향상 63, 65, 72
북송사업 143, 144, 262, 263, 264, 265, 266, 270, 271, 273, 275, 276, 277, 280, 281, 282, 283, 284, 285, 288, 289, 290, 295, 296, 298, 299, 300, 301, 302, 303
북한 16, 22, 26, 28, 115, 137, 139, 143, 144, 172, 173, 218, 220, 222, 224, 233, 234, 250, 253, 257, 262, 263, 264, 265, 266, 270, 271, 272, 273, 274, 275, 276, 277, 281, 282, 283, 286, 290, 291, 292, 293, 294, 295, 296, 299, 300, 302, 303, 324, 334
비상계엄령 134

(ㅅ)

사토 에이사쿠 216
사할린 12, 13, 14, 15, 16, 17, 18, 19, 20, 21, 22, 23, 24, 25, 26, 27, 28, 29, 30, 31, 32, 33, 34, 35, 36, 37, 38, 39, 40, 41, 42, 43, 44, 45, 46, 47, 48, 49, 50, 51, 138, 212, 214, 306, 307, 308, 309, 311, 314, 315, 318, 319, 321, 323, 324, 329, 330, 331, 332, 333, 334, 335, 336, 338
사할린 잔류 코리안 306, 307, 308, 309,

311, 314, 315, 318, 319, 323, 324, 329, 330, 332, 334, 335, 336, 338
사할린억류교포귀환촉진회 25, 46
사할린재판 13, 32, 36, 37, 50, 329
사회당 47, 127, 171, 310, 328, 332
사회주의 111, 140, 172, 265, 266, 270, 272, 273, 275, 300, 302
삼천리 117
새마을운동 219
서경식 122
서승 122, 125, 126
서준식 125, 129
성명문 20, 21, 36, 137, 144
소련 13, 14, 15, 16, 17, 19, 20, 21, 22, 23, 25, 26, 27, 28, 29, 30, 31, 32, 33, 35, 36, 37, 39, 41, 43, 44, 46, 47, 48, 49, 172, 270, 308, 315, 319, 321, 322, 324, 325, 326, 329, 330, 335, 337, 338
손귀달 163, 164, 165, 166, 167, 168, 169, 170, 184
손진두 155, 164, 174, 182, 184, 185, 186, 189, 190, 192
송환 15, 16, 24, 27, 29, 31, 35, 43, 48, 55, 69, 70, 167, 263, 277, 281, 282, 283, 293, 295, 301
순혈주의 16, 17
시민단체 154, 171, 175, 176, 185, 242
신영수 174, 175, 176, 177, 178, 184, 186, 206
실무자회의 56, 57, 58, 59, 60, 61, 62, 63, 64, 65, 66, 67, 68, 71, 75, 85, 86, 89, 90, 91, 93, 94, 95, 97, 98, 99, 100, 101, 102, 104, 107, 108, 188, 189, 191

(ㅇ)

아동부양수당법 67, 71
아리카와 요시오 312
아사히신문 178, 198, 271, 302
엔도 슈사쿠 122
연대운동 121, 124
영주권 24, 25, 54, 55, 57, 58, 59, 60, 61, 65, 68, 74, 86, 87, 88, 95, 96
영주권(이하 69
오누마 야스아키 312, 325
오에 겐자부로 122, 126, 127, 130
와다 하루키 122, 127
외교문서 13, 14, 18, 31, 32, 40, 45, 49, 50, 56, 76, 110, 111, 112, 120, 135, 140, 149, 150, 157, 164, 165, 176, 214, 221, 226, 257, 262, 264, 276, 281, 282, 283, 284, 285, 286, 289, 292, 296, 298, 299, 301
외교부 76, 135, 157, 160, 164, 165, 221, 237, 258
외국인등록법 100, 124
외무부 18, 19, 20, 22, 23, 25, 27, 28, 30, 32, 33, 34, 35, 38, 39, 44, 47, 48, 76, 77, 78, 79, 80, 81, 82, 83, 85, 86, 87, 88, 89, 90, 91, 95, 96, 97, 98, 99, 100, 101, 102, 103, 104,

105, 106, 107, 110, 112, 136, 145,
158, 159, 160, 161, 165, 166, 167,
169, 170, 173, 176, 178, 181, 182,
183, 184, 185, 187, 188, 189, 190,
191, 192, 194, 196, 199, 201, 204,
206, 208, 209, 210, 211, 212, 220,
232, 233, 240, 243, 251, 254, 258,
284, 285, 286, 287, 289, 296, 297,
298, 299, 327, 334, 335
외무성 21, 23, 26, 35, 40, 41, 42, 45,
46, 47, 88, 91, 160, 178, 179, 181,
194, 195, 197, 200, 201, 204, 206,
211, 287, 288, 313, 317, 335
요망서 39, 72, 174, 175, 177, 185, 206,
209, 210, 330
요미우리신문 198
원수폭금지일본협의회 167, 171
원폭상해조사위원회 159
원폭의료법 155, 158, 176, 185, 186,
190
원폭특별조치법 155
원폭피해자 153, 154, 155, 156, 157,
158, 159, 160, 162, 163, 164, 169,
170, 172, 173, 174, 175, 176, 177,
178, 179, 180, 181, 182, 184, 185,
186, 187, 188, 189, 190, 191, 192,
193, 194, 195, 196, 197, 198, 199,
200, 203, 207, 208, 209, 210, 211,
212, 213, 214, 215, 216
원폭피해자법 152, 153
원폭피해자센터 170, 173

원폭희생자위령제 174
원호법 153, 155, 156, 176, 186
위령비 212
유신체제 112, 115, 121, 126, 148, 149,
150
유신헌법 126, 147, 148
육영수 130, 184, 224, 234
이데올로기 12, 18, 253
이희팔 312, 316, 323, 331, 335, 337
인민혁명당 128, 129, 130, 148
일본공산당 143, 144, 168, 172
일본국국제협력기구 187
일본군위안부 214, 215
일본변호사협회 37, 43
일본원수폭피해자단체협의회 172, 216
입관법 111, 124, 135

(ㅈ)

자민당 127, 168, 171, 195, 196, 198,
200, 313, 332, 334
자본주의 111, 113, 114, 264, 266, 270,
272, 274, 275, 300
자유민주당 171, 195
재일동포 47, 87, 90, 105, 112, 114,
115, 116, 117, 118, 133, 143, 144,
146, 149, 150, 218, 219, 220, 221,
224, 232, 233, 234, 237, 242, 243,
249, 256, 258, 282, 283, 290, 291
재일민단 58, 61, 72, 73
재일조선인 56, 220, 258, 263, 269,
270, 277, 278, 279, 281, 288, 289,

290, 293, 294, 295, 317
재일한국인　15, 16, 59, 60, 68, 69, 71,
　　76, 77, 78, 85, 86, 87, 93, 96, 97,
　　98, 100, 101, 102, 103, 104, 105,
　　106, 107, 122, 125, 127, 130, 131,
　　133, 136, 288, 290, 312, 313, 314
재일한인　54, 55, 56, 58, 59, 60, 61,
　　62, 63, 65, 66, 67, 68, 71, 72, 73,
　　74, 75, 76, 79, 82, 85, 90, 91, 94,
　　97, 98, 108, 110, 111, 113, 120, 124,
　　125, 128, 131, 134, 139, 149, 257,
　　262, 263, 264, 265, 266, 267, 268,
　　269, 271, 272, 273, 274, 276, 277,
　　281, 283, 284, 291, 292, 295, 299,
　　300, 301, 302, 303
전두환　134, 248
전일본노동총동맹　171
전태일　125, 133, 147
전학련　137, 139
전후처리　17, 35, 210, 211
정치범　122, 123, 124, 125, 130, 131,
　　132, 133, 134, 143, 145
제국주의　14, 120
조선민주주의인민공화국　33, 118, 140,
　　262, 272, 278
조선적십자회　271
조총련　61, 63, 113, 114, 116, 118, 136,
　　137, 138, 139, 140, 142, 143, 144,
　　145, 149, 166, 219, 221, 222, 223,
　　224, 225, 227, 228, 229, 233, 234,
　　236, 237, 238, 239, 240, 241, 244,
　　245, 246, 247, 250, 253, 254, 255,
　　258, 263, 265, 266, 271, 274, 275,
　　276, 284, 285, 290, 291, 293, 294,
　　300
조총련계　62, 64, 111, 113, 115, 149,
　　168, 219, 221, 224, 225, 226, 232,
　　233, 234, 240, 241, 242, 244, 245,
　　247, 250, 258, 277, 290
좌익계　142, 168
주일대사　22, 23, 26, 35, 76, 77, 78,
　　79, 80, 81, 82, 83, 85, 86, 87, 88,
　　89, 90, 91, 95, 96, 97, 98, 99, 100,
　　101, 102, 103, 104, 105, 106, 107,
　　136, 137, 159, 160, 165, 166, 167,
　　168, 169, 170, 178, 179, 180, 184,
　　186, 190, 191, 192, 194, 195, 196,
　　197, 198, 200, 201, 203, 204, 206,
　　207, 238, 241, 287, 288
주일한국대사관　58, 73, 205
주택금융공고법　67, 71
중립계　232, 233, 234
중앙정보부　30, 126, 131, 148, 149,
　　168, 187, 191, 221, 222, 223, 225,
　　232
중일전쟁　14
지문날인　111, 124, 135
지상낙원　262, 265, 266, 271, 272, 273,
　　274, 275
직계비속　54
진보성향　114, 117, 138
진정서　13, 18, 20, 23, 24, 25, 35, 38,

39, 43, 44, 46, 47, 48, 85, 161, 170, 174, 177, 312, 313

(ㅊ)

차별제도 111
처우문제 56, 91
청구권 160, 197, 209, 211, 214, 215
청구권협정 178, 179, 186, 193, 195, 197, 198, 211, 214, 215
출입국관리령 55, 57, 60, 69, 70

(ㅌ)

탄원서 18, 20, 21, 22, 25, 158, 312, 313, 323
태평양전쟁 14
통일일보 47, 225, 323
특별법 152, 158, 162, 216

(ㅍ)

피폭자 153, 154, 155, 156, 157, 158, 159, 160, 161, 163, 164, 167, 171, 173, 174, 175, 176, 177, 178, 179, 182, 183, 184, 185, 186, 187, 188, 189, 190, 191, 192, 193, 194, 197, 198, 200, 201, 202, 204, 205, 206, 209, 210, 211, 216
피폭자원호법 155, 156, 157, 175

(ㅎ)

한국교회여성연합회 154, 190
한국원폭피해자원호협회 159, 163, 177
한국원폭피해자협회 154, 157, 161, 170, 174, 182, 184, 185, 189, 192, 206, 209
한국일보 161, 165, 179
한덕수 137, 139
한민통 127, 132, 133, 145, 146
한인단체 111, 148, 149
한인동포 12, 13, 14, 15, 16, 17, 18, 20, 21, 22, 23, 24, 25, 27, 28, 29, 30, 31, 32, 33, 34, 35, 36, 37, 38, 39, 40, 41, 42, 43, 47, 48, 49, 50, 51
한일각료회의 106, 181, 187, 188
한일국교정상화와 15, 144, 158
한일기본조약 15, 55, 113
한일정상화 113, 115, 120
한일협약 17
한일협정 14, 15, 49, 157, 161, 214, 215
한일회담 21, 143, 144, 160, 176, 185, 209, 214
핵금회의 154, 170, 171, 172, 173, 174, 175
헌법재판소 215
혐한단체 112, 113
협정영주권 22, 23, 55, 57, 58, 59, 60, 62, 63, 64, 65, 66, 69, 71, 78, 86, 87, 88, 89, 90, 92, 100
협정영주권자 55, 57, 63, 64, 66, 67,

69, 71, 72, 74
화교계　111, 135
화태소송변호단　36
화태소송재판　36
화태억류귀환한국인회　20, 21, 22, 25, 34, 36, 313, 316
화태억류자귀환자동맹본부　313
화태잔류자귀환청구소송　36
후생성　21, 186, 190, 192, 193, 198, 200, 202, 203, 204, 205, 206, 208, 209, 308, 317, 335
히로시마　153, 154, 158, 159, 167, 170, 171, 172, 174, 178, 186, 205, 214, 244
히로시마원폭병원　170, 205
히비야공회당　127, 132

(A)

ABCC　159

(I)

ICRC　19, 20, 29, 30

(J)

JICA　187

〈재일한인 외교문서 연구총서 제2권〉
외교문서로 보는 1970년대 재일한인 시대 표상

초판인쇄 2025년 05월 10일
초판발행 2025년 05월 15일

편　　자 동의대학교 동아시아연구소
저　　자 박희영・이행화・이경규・이수경・소명선
　　　　　　 이재훈・김선영・기즈키 나기사
발 행 인 윤석현
발 행 처 박문사
등록번호 제2009-11호
책임편집 최인노

우편주소 서울시 도봉구 우이천로 353 성주빌딩
대표전화 (02) 992-3253(대)
전　　송 (02) 991-1285
전자우편 bakmunsa@hanmail.net
홈페이지 www.jncbms.co.kr

ⓒ 동의대학교 동아시아연구소 2025 Printed in KOREA

ISBN 979-11-7390-013-6　　93340　　　　　　　　**정가 31,000원**

* 저자 및 출판사의 허락 없이 이 책의 일부 또는 전부를 무단복제・전재・발췌할 수 없습니다.
* 잘못된 책은 교환해 드립니다.

> 이 저서는 2020년도 정부(교육부)의 재원으로 한국연구재단의 지원을 받아 수행된 연구임. (NRF-2020S1A5C2A02093140)